制造东京

东京城市文化指南

《第一财经》杂志·未来预想图／赵慧 主编

東方出版社

WELCOME。

撰稿人 Correspondents
邢梦妮 Xing Mengni (Shanghai)
米川健 Yonekawa Ken (Tokyo)
管家艺 Guan Jiayi (Shanghai)
钟昂谷 Zhong Anggu (Tokyo)
程绚 Cheng Xuan (Tokyo)
甘若兰 Gan Ruolan (Edinburgh)
刘小宇 Liu Xiaoyu (Tokyo)
陈明希 Chen Mingxi (Beijing)
董思哲 Dong Sizhe (Shanghai)
顾笑吟 Gu Xiaoyin (Shanghai)
费灿亚 Fei Canya (Hangzhou)
陈紫雨 Chen Ziyu (Tokyo)
戴恬 Dai Tian (Tokyo)
刘迪新 Liu Dixin (Tokyo)
林绘 Ling Hui (Shanghai)
李梦郁 Li Mengyu (Beijing)
白若晶 Bai Ruojing (Shenzhen)
江练 Jiang lian (Tokyo)
张凯 Zhang Kai (Beijing)
乔蔚 Qiao Wei (Tokyo)
汤一涛 Tang Yitao (Beijing)
刘津瑞 Liu Jinrui (Canberra)
励蔚轩 Li Weixuan (Shanghai)
罗焕婷 Luo Huanting (Hongkong)
侯珺 Hou Jun (Seoul)
杜竞草 Du Jingcao (Shanghai)
杨舒涵 Yang Shuhan (Jinhua)
朱一君 Zhu Yijun (Tokyo)
夏颖翀 Xia Yingchong (Tokyo)
唐雅怡 Tang Yayi (Tokyo)

专栏作者 Column Writers
Sauser 美帆 Sauser Miho (Tokyo)
森冈督行 Morioka Yoshiyuki (Tokyo)

未标注版权图片来自
东方IC与视觉中国。

—

本书为《第一财经》杂志
“未来预想图”项目 主题书系列 · 第四册
Mook Series of Dream Labo Project
YiMagazine·No.4

主编 Editor in chief
赵慧 Zhao Hui

—

编辑 Editor
肖文杰 Xiao Wenjie

—

视觉总监 Creative Director
戴喆骏 Dai Zhejun

—

设计总监 Design Director
徐春萌 Xu Chunmeng

—

新媒体设计总监
New Media Design Director
王方宏 Wang Fanghong

—

资深美术编辑 Senior Designer
景毅 Jing Yi

—

图片编辑 Photo Editor
王安娜 Wang Anna

—

插画 Illustrator
于瑒 Yu Yang
袁良明 Yuan Liangming

—

图片后期制作 Photo Art
李靓 Li Liang

—

品牌经理 Branding Manager
俞培娟 Yu Peijuan

摄影 Photographers
佐佐木谦一 Sasaki Kenichi (Tokyo)
岩泽高雄 Iwasawa Takao (Tokyo)
米川健 Yonekawa Ken (Tokyo)
市村德久 Ichimura Norihisa (Tokyo)
陈伊宁 Chen Yining (Tokyo)
三吉史高 Miyoshi Fumitaka (Tokyo)

加入撰稿人团队，
请联系：
dreams@cbnweek.com

CONTENTS IN THIS BOOK

C O N T E N T S

PART
02
商店街的死与生
050-085

PART
03
Omotenasi:传统文化与现代服务
086-125

PART
04
媒体变迁：编辑们的观察视角
126-145

PART
05
潮流旋涡：时尚的秘密
146-187

PART
06
城市新生：一个生长的城市
188-245

PART
07
文化看板：他们如何牵引了时代的注意
246-299

PART

08

多元化：自在生活与自我认知

300-335

PART

09

秩序都市：系统的建立与完善

336-359

PART

10

东京人的东京一瞬

360-393

制造东京：给读者们的东京文化指南

text / 赵慧

我们在东京驻扎的时间，到了第七年。

在这七年时间里，我常常接到读者们发来的各种与东京乃至日本有关的疑问。从“日本女性真的一结婚就辞职吗？”到“日本匠人真的一辈子只做一件事？”，深入行业一点，还有“东京对商业空间与公共空间有哪些新的利用方式？”“东京到底有哪些让人兴奋的城市建设经验？”。

人们对东京与日本充满好奇。东京到底是一座怎样的城市？它最光鲜的商业街似乎只是中国大城市的异国版，但它又在许多地方充满特色。在很多文章里，东京是日本文化的代表，充满让外国人惊讶的细节。这些细节经常被描述成与生俱来的传统，但我们觉得，这可能有些“刻板印象”了，现在，东京的有趣之处值得重新观察。

这也是我们推出这本《制造东京：东京城市文化指南》的根本原因。几年前，在“未来预想图”主题书 mook 系列的第一册《一个人去东京》里，我们从城市观察的视角，为读者们呈现了“东京为什么发展成如今这个样貌”这个核心议题，是一个“从以前到现在”的思路；如今这本书，则是从当下与未来的视角，去呈现一个活生生的“现在进行时”与“未来预想图”状态的东京。

举个例子，这本书的第一部分是“交通系统”。这是因为东京这座城市的发展与交通系统密切相关，人与车的动线，都牢牢固定在这个交通系统构造的基础结构里。这种结构也决定了我们观察到的城市的样貌与未来的拓展方向。

但这种观察思路，不意味着我们会一一历数这座城市有哪些路线——那未免也太无趣啦。我们试图让读者们充分享受阅读的乐趣，让这些看起来有些深度的内容，从一个出租车司机的视角开始。他会看着东京从晨雾中醒来，一直到夜深人静。那些你可能在记忆中有印象的“东京上班高峰期的电车是不是挤得要命？”之类的疑问，也会在不同文章里得到解答。你会在文章里发现很多我们总结出的词条，它们是与东京有关的各种文化现象，我们会对它们分别延伸说明。

我们还设置了一些 Picture Insight 板块，这是我个人觉得很有趣的部分：用图片直观呈现出那些认知上的好奇，然后解释清楚原因。为什么东京的街区不像我们那样编排门牌号？为什么东京商店街总

赵慧

“未来预想图”主编，
《第一财经周刊》编委

有那种带顶棚的拱廊？下雨天购物袋外面怎么就出现了一个塑料袋？列车员在地铁发车时都在比划啥？他们到底还堵不堵车？……你会慢慢发现答案。

这本书里也会有很多一手的访谈。研究社会文化趋势的学者三浦展、创意指导佐藤可士和、潮流文化生活方式代表公司 BEAMS 社长设乐洋、生活方式杂志《BRUTUS》主编西田善太、研究与实践 long life design 的长冈贤明、时尚街拍教父青木正一等人都接受了我们的专访，他们会在各自领域提供自己的全新视角。还有银座“一册一室”森冈书店的主理人森冈督行，他为我们撰写了东京建筑巡礼的专栏。曾经出版《诚实的手艺》《造物的温度》等书的作者 Sauser 美帆，也为我们在东京职人领域分享了她的经验观察。可以说，这本书的每篇文章都没有臆测与肆意的思维发散，都建立在扎实的资料研究或者采访之上——这也是我们想为读者们呈现的内容：一个客观的东京。

这本书制作期间正值疫情。疫情给东京这座城市乃至全球都带来了很大影响，它一定会影响人们的生活方式乃至工作方式。这些变化，我们会忠实体现，但并不打算刻意渲染，你可以从我们和很多采访对象的对话中发现这种倾向。因为我们觉得，人们更想认识的，是一个常态的东京。人本来就是一种不断适应变化的有创造力的生物群体，正因为有这些应对各种问题的能力，我们的城市才会保持魅力。

这本书的篇幅接近 400 页，也是我们 mook 系列中最厚的一册。全书一共分为 10 个部分，除了交通系统，它还有商店街的死与生、传统文化与现代服务、编辑们的媒体视角、时尚与潮流的秘密、城市新生与城市改造、文化看板、多元化、垃圾处理与水道系统、职业与趣味及东京人生活瞬间等不同角度的内容。

同时，我们还会在各个播客平台推出“制造东京”同名播客。如果你有兴趣，也可以搜索收听。那会是另一个维度的听觉内容体验。

我相信，如果你曾对东京一无所知，读完这本书，你会认识一个意料之外的新东京；如果你对东京已有了解，通过这本书，你可能会进一步拓展关于东京的认知框架，发现更多城市观察的新视角。

那就让我们再说一次：让我们开始这一轮的东京之旅吧。

PART 01

人们常常会惊讶于
东京交通网的复杂与便利
让我们从出租车司机
与地铁职员开始
通过他们角度各异的
体验与观察
开始这段不同寻常的
东京之旅吧

东京脉络：他们眼里的东京

03 TAXI
NIHON
TOKYO 2020
TOYOTA
START YOUR IMPOSSIBLE
タクシーに
GO
TAXI
GOes Next.
北

让我们通过出租车司机
原洸助的一天，来看一看东京吧。

出租车司机眼里的东京生活

text／管家艺 photo／佐佐木谦一

出租车司机原洸助和他的“工作搭档”。

电视剧里那些把人塞进电车车厢的场景都是真的。

在工作日，东京的早高峰从7点开始。如果把铁路比作这个城市的血脉，那么清晨的东京“血压”明显升高，实际平均运输人数达到输送力的163%。为了保证列车准时出发，JR东日本（即Japan Railway东日本，东日本旅客铁路公司的简称）常年在上班、上学的高峰时段招募打工者，协助旅客上下车。

因为这些临时工大多是兼职的学生，在这个职位最早出现于1955年的新宿站时，他们被称为“旅客整理系学生班”。这个工作的确就像整理行李的最后一步——把箱子合上。他们要协助站员，把乘客推进车厢，确保乘客的鞋尖、衣角、公文包没有露在车门外。为了乘客安全，他们会尽量推后背、手臂等不易受伤的位置。

东京的铁路系统以精确闻名，但并非分秒不差。电车延迟、暂停运行并不少见，只不过，任何变动都会通过各种方式及时告知乘客。人们通过乘车软件或站台显示屏，能立刻看到车辆预计延迟的时间，以便调整自己的出行计划。

太多人选择铁路这种交通方式了。JR东日本一天平均运输1780万人次，4条都营地下铁线路则达到282万人次。打车上班的人就没那么多，日本全国的出租车一天也才载客383万人左右。

所以像原洸助（Hara Kousuke）这样的人，得有更加灵敏的职业嗅觉才行。他是“日本交通”出租车公司的司机，入行已有两年。如果在7点到9点之间，他能从稍远离城市中心的住宅区收获一拨去不远处上班的客人。到了市中心，六本木附近会是个不错的目标——那里有许多近年兴起的IT公司，从海外派遣过来的外国员工很可能愿意打车出行。

这些经验也是原洸助的前辈告诉他的。原洸助的同事有7成已超过50岁，即便在普遍高龄化的日本，这个数字也足够惊人。

原洸助所在的“日本交通”出租车公司推出了黑色新车型，更大的车身空间方便轮椅等设备乘降。有趣的是，这一车型延续了日本出租车后视镜“长”在车头的传统。

与很多看起来人员结构稳定的公司不同，不少出租车公司的司机都是跳槽来的。日本泡沫经济破灭后，虽然终身雇用制和年功序列制（按资排辈）等职场制度开始松动，但多数毕业生还是期望能长期服务于一个公司。这些社会新鲜人会用“终身薪资”这个标准来比较不同公司的薪资待遇，它指的是从入职到退休可以拿到的总工资。在年功序列制下，员工在一个公司获得的待遇与他在这家公司的工龄成正比。

所以，一个公司的资深职工跳槽出来做出租车司机，会被视作一件很“亏”的事情。这些选择背后的原因常常是为了照顾父母。出租车公司大多实行隔日勤务制度，在一天接近 20 小时的工作后，第二天就可以休息。这给需要照顾老人、病患的人留出了灵活安排时间的余地。

出租车司机能帮助的老人不仅是他们的家人。据日本总务省统计，2015 年 65 岁以上人口中，有 13.3% 的老人由于失去配偶、终身未婚等原因独自居住。在原洸助的印象中，他运载的乘客除了上班族和游客，最多的就是前往医院的客人，其中不乏坐着轮椅自己上下楼的老人。

为了适应这类客人的需求，出租车公司开始投放可以直接搭载轮椅的车型。辅助客人上车就座并回到驾驶位入座后，按照标准操作手册，原洸助要回头询问客人目的地——这是为了让客人看到驾驶员的脸，知道是什么人在为他们服务，从而获得安全感。

类似这样的服务细节早已成为日本的国家名片，2013 年东京申奥大使泷川雅美在申奥陈述中也以这种“无微不至”的文化为题眼介绍东京。无论是否出于商业目的，对生

东京的老龄化

东京都政府发布的人口调查报告显示，2020 年，东京每 5 位常住居民中，就有 1 位年龄达到了 65 岁以上。到 2060 年，这个比例将超过三分之一。更可怕的是，与日本全国相比，东京的老龄化程度还算低的。这或许是因为东京还能不断吸引周围的年轻人。老龄化会带来许多问题，比如劳动力不足、老年人口贫困和老年人犯罪率上升。为了解决这些问题，日本政府推出一系列政策：鼓励生育、引进外国劳动力、完善社会保障制度，以及延迟退休。2015 年，东京都政府通过决议，幼儿园教师每月可以获得 3 万日元、养老院护理员每月可得 2 万日元的补贴。当然，老龄化也带来商机，索尼从 2016 年开始在东京连续开设了多家收费养老院，旨在为老年人提供比公立养老院更加个性化的养老服务。（text / 刘津瑞）

活在其中的人而言，被重视的感觉是真实的。服装店店员会记下常客的喜好，到岁末年终，所有会员都能收到他们逐一手写的明信片；搬家公司会提前给客人寄空纸箱，以防私人物品被外人看到；下雨天时，店家会在购物袋外面再包上一层塑料薄膜，防止客人购买的商品被雨水打湿。

东京的确是一座需要在更小的尺度上好好体会的城市。车站在开发时一般会考虑 750 米的步行辐射半径，JR 山手线两站之间的平均距离只有 1140 米。东京中央商务区大手町、丸之内、有乐町一带在规划时就通过多车站叠加，使轨道交通 100% 步行

原洸助一天的工作，从在公司车库为车辆加满油开始。日本不同公司的出租车会漆成不同的颜色，采用的车型也不一样。

可达。这么近的距离，加上想到路上可以穿过一片公园、闻到咖啡香或发现新的小店，的确很难让人拒绝散步这个选项。

从银座大道路口到银座八丁目路口之间的中央大道长约 1100 米，是银座的核心地段，两边坐落了松屋、三越百货、Ginza Six 等标志性百货店。到了周末，道路两端会竖起木板，上书“步行者天国”——此时任何机动车辆都不可入内。行人的多样性又仿佛让街道变了一副模样。

在世人眼中，这是东京典型的城市形象。但东京的样貌其实经过数次改变。1923 年发生的关东大地震及其次生火灾，摧毁了超过 29 万户人家的房屋。灾后东京路网以防止火灾蔓延为原则设计，在战后基本成形。钢筋混凝土的集合住宅也在灾后重建时期逐渐被大众接受。

进入经济高速发展时期，东京沿着国有铁路和民营铁路快速扩张，公共交通早于私人汽车在城市中普及开来。大手町、日本桥、新桥等老牌商务中心率先建立。1968 年，霞之关大厦首先突破 31 米高的建筑物防震限制，新宿的超高层建筑群随后拔地而起。泡沫经济崩盘之后，东京进入更注重运营和维护的再开发阶段。丸之内大厦、索尼大楼都是在原址上拆旧建新。

即便经历多轮开发，这个已经成熟的城市依旧会在不经意间悄然变化。东京城市密度极高，公共空间也谈不上有多少，但人们渐渐开始学习在既有建筑中开辟新的公共空间。比如，被视作老龄化严重、年轻人口逐渐流失的丰岛区，在 2016 年增加了一片年轻夫妇愿意带着孩子一块儿度过周末时光的草地——南池袋公园。曾经是流浪汉寄居首选的涩谷宫下公园，历经三年改造，把原本从街道上匆匆来往原宿和涩谷的年轻人重新吸引至这个空中公园驻足。而在寸土寸金的银座，索尼拆掉了自己的旧建筑，在高楼丛林中造了一座公园。

对原洸助和他的同行来说，银座等商业区的交通管制虽然令人不快，但出行的人因此增多是他们乐意看到的。东京的出租车司机也有属于自己的“步行者天国”——夹在东京青山陵园与青山公园间的一条长约 140 米的小路，司机们称它为“出租车调整待机所”。东京禁止在路边长时间停车，但那条路为出租车开了绿灯，所以经常满满当当地停着出租车。穿着制服的司机们或车里小憩，或打开自制便当进餐，也有人会下车来活动活动筋骨，与素不相识的同行聊一聊今天的业绩。

从生活方式的角度看，东京这座城市像它的经济走势一样变化极慢。一方面，日本生产着全世界 47% 的工业机器人，软银公司推出的 Pepper、索尼公司推出的 Aibo 等机器人也走进了日常生活。搭配上那些列车从挂满霓虹招牌的高楼缝隙中穿梭而过的想象，东京仿佛已经成为影视作品中赛博都市的现实版本。可另一方面，比起移动支付，生活在这座城市中的人很大一部分依旧习惯现金消费。

受冲击的行业联盟常常是这些新浪潮的反对者。出现新旧矛盾时，日本采取先立法再实践的态度。出租车行业就是个极好的例子。发展超过五十年的日本出租车行业已高度成熟，载客车辆需持有特殊牌照才可营业。这本身就是 Uber Taxi 最早的发展障碍。即便 Uber Taxi 顺应法规，改为与市场上已有的出租车运营商合作，又因日本出租车协会的强烈反对，最终只能在协会力量薄弱的乡村地区开展业务。

直到进入日本市场六年后的 2020 年，Uber Taxi 才得以与东京的 3 家出租车运营商合作，被允许在市中心的 9 个区营业， 可调派 600 辆出租车。原洸助没有经历过 Uber Taxi 刚登陆日本，势头正劲的那个时期，但他认同法律对 Uber Taxi 的限制，因为这保护了从业者的利益。

规则——这是东京这座城市运营的基础。就连人与人之间也有很多无形的规范。东京人早已习惯进入地铁车厢后不大声说话、垃圾收在包中带回家丢弃、大声吃面条以表达对商家手艺的称赞，至于年轻人大多会犯的毛病——走路时看手机，在一档综艺节目中被票选为“公共场所中最不受欢迎的行为”。

夜幕降临，把镜头拉到这座城市的上空看看吧。在远离城市中心的西边，或许隐约可以看到手头没那么宽裕、从便利店买了几瓶啤酒就坐在井之头公园聊天的年轻人。与此同时，一群早起挤地铁的上班族可能刚结束“二次会”，解开穿戴一天的西装、领带，三三两两簇拥着从新宿的居酒屋走出，站在路边鞠着躬，絮叨着最后的寒暄。小钢珠店里闪着明晃晃的冷白色灯光，痴迷于这些游戏的老人们互不挨着地守住自己的机子，不断拍打面前的按钮或往里面添加硬币。

原洸助也将迎来一天中营业额最高的时段。他会载到几个喝了酒之后话很多的乘客，他们因为错过“终电”（末班电车）而不得不打车回家。便利店会守着这个城市度过整晚。第二天清晨，忙碌的人们又会再次醒来。

主妇与家庭

结婚生下第一个孩子后就辞职在家当主妇——这算得上日本职场不成文的规矩。值得一提的是，“所得税法”规定，如果夫妻一方年收入在 103 万日元（约合 6.5 万元人民币）以下，另一方可以享受固定的减税额度。尽管税法同样适用于“主夫”，但因为固有观念，日本企业一般不会雇用女性正式工，这导致近 4 成女性从事非正式工作，而男女的薪资差异，也让女性更容易放弃工作。但一切正在改变。越来越多女性选择留在职场。日本前首相安倍晋三甚至提出了“女性经济学”。为了填补高龄少子化带来的劳动力缺口，自 2015 年以来，安倍内阁颁布并修正了一系列法案，意在促进女性职场活跃度。当你看到日本企业说要推行男性育儿假、增加管理层女性占比，别太惊讶，这都是政策推行的结果。（text / 邢梦妮）

二次会

如果一定要用中文解释“二次会”，或许“我们接下来到哪儿喝”最为贴切。通常，日本人和朋友等人聚餐后，意犹未尽的人会留下来举办二次会，即找个地方，再聚一场。最受欢迎的二次会场地是卡拉 OK 包间，和朋友边吃边唱；或者居酒屋，三五好友，深度谈话；也流行打保龄球，把“一次会”留下的成员分成两三组，团队竞技增进感情。仍然意犹未尽？还可以有“三次会”“四次会”。厌倦了卡拉 OK 和居酒屋，也可以在“一次会”场地附近的便利店买上烤串和啤酒，和朋友去深夜的公园坐坐。（text / 米川健）

在这个以轨道交通为核心的超级大都市，
小路有着不可替代的作用。

东京迷宫：为什么小路那么多？

text / 顾笑吟

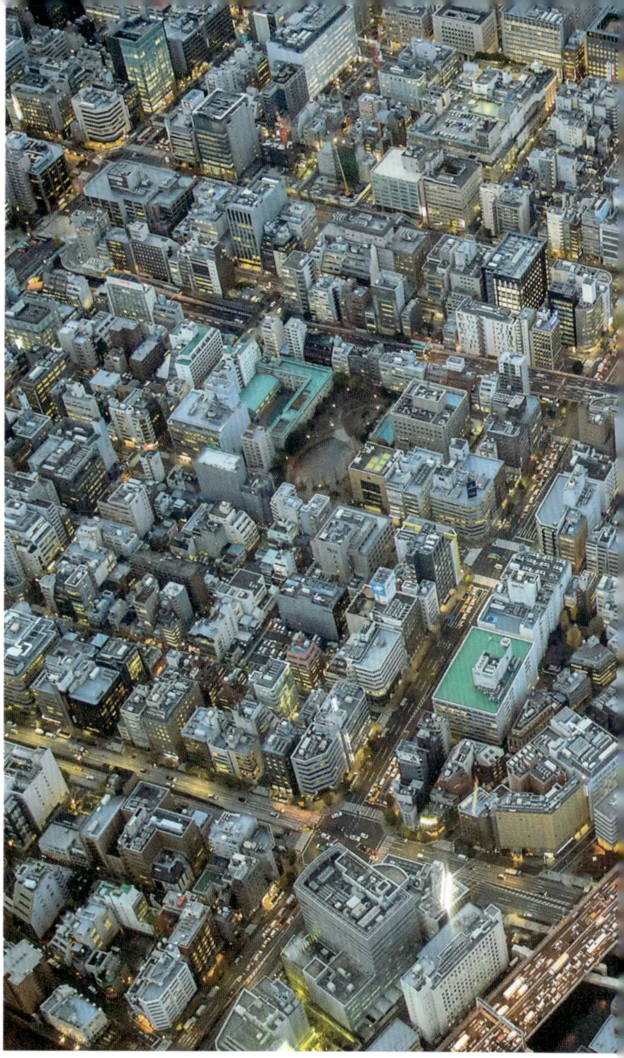

你很难在东京中心城区找到一条八车道的主干道，但却很容易陷入各类迷宫小径。

几百年前就是这样。东京的前身江户，是1457年（战国时期）始建的城市。建城伊始，最重要的是军事防御，其次才是居住和商业功能。因此城里的道路普遍不宽，街道多折角。可以想见，岔道迫使敌军不断分兵，从而削弱了进攻的力量。

到了近代，由于人多地少，东京政府也倾向于采取紧凑的道路用地政策，多数干道为二车道，四到六车道是特例。正因为道路普遍不宽，过街天桥和地下通道在市内也不多见，行人可以方便地在地面穿行。

社区内部，也存有大量弯曲狭窄的街道，很多街区没有人行道，只有一条窄窄的双向车道。这些小道如血管一样贯穿各条主路，为干道分流，形成了高密度的城市道路交通网络。

东京曾经也经历过严重的交通拥堵，如今这种情况却很少发生。以公共交通为中心的交通规划，被认为是东京最具代表性的一项城市规划措施。随着轨道交通网络的成熟，居民的市内出行主要依靠铁路，而公路更多承担着物流通道的角色。人们也已经习惯将公共汽车作为连接轨道车站与分散在各个社区中最终目的地的补充手段。

日本城市高速公路的主要形式是高架道路，这种形式首先出现于东京。早在1959年，战后的日本处于复兴时期，为了应对汽车的急剧增加，东京政府开始规划建设高速公路。

俯瞰东京，小路蜿蜒至不同街区深处。整个城市宛如一个巨大的迷宫。

要落实规划却没那么容易。日本土地多为私有，政府要建设道路，需要从产权者手中购入土地，除了要支付高昂的土地购置费用，与产权者的交涉同样是挑战。因此，为了避免购买土地造成成本上涨和交涉的麻烦，许多高架桥建在了河流上方。

世界上很多地区的高速公路往往建在城市外围，在东京，它们却渗透到了城市中心。高速路和下方的城市道路并行，车辆、行人可以在高速路下方自由穿行，互不干扰。

现今东京的高速公路是在 1964 年奥运会开幕前匆忙建成的。由于道路老化，东京政府计划翻新首都高速公路，优先提上议程的是将跨越地标建筑日本桥的路段转移至地下。这个项目已于 2020 年 11 月动工，预计将在 2040 年前完成。漫长的工期也是东京特色。在这个高密度的迷宫里，大改造只能慢慢来。

PICTURE INSIGHT

街区编号 / 东京的小路太多、太复杂，区域规划时很难全部命名，所以日本城市较少使用名称来为门牌编码。1962年，“住居表示法”颁布之后，各地借由道路、河流、人工水道、铁路或轨道等永久性设施划定区块，逐渐确立“街区编号”体系。在此过程中，开放式街区取代了封闭式小区，整个城市空间融为一体。

例如森美术馆位于东京都港区六本木 6-10-1。地址的后三个数字分别表示“丁目”、“番”和“号”，是指在“区”这个行政区划下，街区区块由大到小地划分（就像切蛋糕一样），最终分配给建筑物的编号。建筑物名称和楼层可以写在街区编号的后面。（text / 励蔚轩　photo / 陈伊宁）

电线杆 / 在很多城市里，随着推广高架电线入地，电线杆和电线都消失了。但在东京和大多数日本城市的街道，不经意抬头，还是会看到一片被密密麻麻的电线分割的天空。日本被称为“电线杆王国”，伴随着无数电影、动画、照片的传播，这个原本枯燥甚至不那么美观的设施，已经成为一种独具日本味道的风景。在战后经济高速发展时期，一根根电线杆迅速出现在日本的各个角落，日本也在城市化早期阶段就实现了灯火通明。不过，抛却这种审美上的价值，错综复杂的电线还是会带来不少麻烦。东京政府也有改造计划，但资金预算和地震等灾害的未知性，让电线入地的进程变得非常缓慢。（text / 陈紫雨　photo / 陈伊宁）

窨井盖 / 在东京，窨井盖是城市的另一张面孔。明治初期（1868 — 1912），政府整顿城市下水道，当时的窨井盖只是木制的格子块。随着汽车普及、道路拓宽、城市系统的成熟与复杂，模仿英国制造的铁制圆形井盖逐渐取代木井盖，并沿用至今。20 世纪 60 年代起，日本政府开始将直接放在井下卡口上的平放式井盖换成嵌入式井盖，因为前者在汽车驶过时发出的噪声影响了附近居民。1985 年，日本建设省下水道部的龟田泰武游说各地更新窨井盖，主张要让大众“看得到”：体现当地特色、美观，还能宣传城市文化。此后，动植物、名胜、庆典、神话，甚至漫画联名款，都成了窨井盖的设计主题，比如，由东京都都花“染井吉野”樱花、都树银杏的叶子、都鸟百合鸥构成的设计就是东京最常见的窨井盖图案。“井盖迷”们还可以收集由日本下水道协会（GKP）发行的窨井盖小卡片。截至 2020 年年底，该系列卡片已有七百多款不同的设计。（text / 励蔚轩 photo / 陈伊宁）

施工 / 在日本，遇上修路也不是那么糟心的事。至少，施工道路旁一字排开的卡通路障就会让人眉头舒展——眨眼小青蛙都在说“sorry”，绕行一下也无妨。身穿带荧光条制服的工人站在施工路段两头，戴着白手套，挥动荧光棒，疏导交通。工程车辆或机械体积不大，能留出一半以上的道路。筑路工人“铺一层、压一层”，分段推进，铺到新旧路面没有高度差为止。如果扬尘殃及周围路面，他们就拿起扫把及时清理，这样行人也不会弄脏鞋。除抢修外，住宅区的道路多在白天施工，而一般道路、干道等则在晚上——如果夜间修不好，清晨他们会填回土方、铺好沥青、复原路面，等夜深人静再行修缮。（text / 励蔚轩　photo / 陈伊宁）

坂道 / “江户”是东京的旧称，意为“入江之口”。这里自古并非平原，而是面向东京湾的一片高地，河流冲积，形成河谷。伴随城市化，这里共修建了700多条连接高地与低地的坡道——也就是日语中的“坂”。如果“平路”走得很累，那你没准是遇上了一条长长的缓坡。坂道起初是城市功能的边界。比如四谷、青山、本乡等地，坂上多是武士之家和寺院；京桥、日本桥、浅草等地的坂下，则汇集了一些工商业者。再后来，坂上的人会去坂下购物和娱乐，坂下的人会去坂上做生意，“边界感”渐渐淡化，坂道也成了市井气息浓郁的场所。因为坂道随处可见，它逐渐融入人们的日常语言和文化生活。《坂上之云》是日本电视史上评价最高的电视剧之一，“上り坂”“下り坂”（上坡路、下坡路）成为俗语，如今还出现了以坂道命名的偶像团体。（text / 励蔚轩 photo / 陈伊宁）

首都高速中央环状线 / 2015 年 3 月，随着中央环状线的开通，东京首都高速公路系统中的三条环线（还有首都圈中央联络自动车道、东京外郭环状道路）终于建成通行。总长约 47 千米、半径离都心约 8 千米的首都高速公路中央环状线串起了新宿、池袋、涩谷等副都心地区，羽田机场、东京港和城市的大小角落也被它连接起来。它几乎可以带你前往东京所有地标性建筑。这套交通系统不仅分散了都心环状线上的车流，缓解了以往都心主路的拥堵，车辆不再走走停停也减少了尾气排放，让城市环境得到了改善。当然，在夜深人静的时候沿着中央环状线驾车兜风，也是体验东京都市生活的一种方式。图为首都高速公路的一部分。（text / 陈紫雨）

副都心 / 基于 1958 年日本“首都圈整改计划”，为分散都心内人口、商业压力等提出的地区概念。最开始以涩谷、新宿、池袋“三大副都心”为主，后随着都市开发的完善，又陆续出现了上野、浅草、锦系町等地区。副都心支撑起了东京的整体商业发展，同时也逐渐发展出自己的区域文化。比如新宿日夜通宵达旦、霓虹闪烁，遍布各式酒吧、俱乐部和居酒屋，象征着日本夜生活的繁荣；涩谷是年轻人的潮流聚集地、应运而生的时尚风向标；池袋遍布商店与餐厅，是都市生活气息的代表。（text / 钟昂谷 photo / 陈伊宁）

堵车 / 全球的大城市都在为交通拥堵烦恼，东京也不例外。但总体来说，这座全球人口密度最大的城市拥堵情况没那么糟。这主要归功于东京有着全球最发达的轨道交通网络，它可以准时高效地带你通往城市的各个角落。东京市区道路狭窄，车流量大，但行人和车辆相互礼让，给拥挤的道路减轻了负担。严惩违章停车也是解决道路拥堵的手段之一。在东京，不小心停错车，车主可能要支付高达 1.5 万日元（约合 904 元人民币）的罚款，停车费普遍也很高，这多少都减少了东京市中心的车流。总的来说，东京是通过便利的公共交通和高昂的驾车成本以减少拥堵。（text / 陈紫雨）

桥梁 / 东京的千代田区和中央区（东京都心区域）留存着不少明治时代筑造的桥。虽然造型、材质各不相同，但它们身上都留有浓郁的明治维新工业风格的印记。中央区的日本桥被认为是日本全国公路网的起点。从日本桥开始，一条条公路和铁路向外延伸，相互独立的区域被连接起来，东京由此成为一个完整的都市。至今，你仍可以在上世纪初的浮世绘作品中看到以日本桥为代表的东京桥梁。现在日本桥的上方建造了首都高速中央环状线，穿越东京最重要的三大都心地区，附近的东京站和大手町也聚集了无数超现代的建筑和办公大楼。但在东京的桥梁上走一走，依旧能感受到明治时代的复古气息。（text / 陈紫雨）

ありがとう

“我只要拼命工作，就会找到乐趣。因为拼命总是没错的。”

字体设计师佐藤修悦：我的本职是保安

text／photo／米川健

66 岁的字体设计师佐藤修悦穿着车站保安制服，来到他曾经的“老东家”——咖啡连锁店“喫茶店 Renoir”。

“我刚刚下班。”佐藤修悦刚刚结束在 JR 新宿站的夜间安保工作，“我明天休息。下午的字体设计工作结束后，明天就能睡大觉啦。”

18 岁高中毕业后，佐藤修悦从乡下来到东京。他换了许多份工作，从银行职员到“喫茶店 Renoir”区域店长，再到拉面店员工。最终，他在保安工作上“安定”了下来。

新宿站，一个 2018 年时被吉尼斯世界纪录认证为全球“最繁忙车站”（Busiest Station）的大型综合站点，日均乘车人数超过 350 万人。2003 年，新宿站开始一系列改建工程，不仅调整了站内通往各站台的路径，通道也变得更狭窄了。佐藤修悦在新宿站的工作，简单说来就是“指路”，负责引导乘客去各个站台。

这工作简单、乏味却至关重要。“每天引导无数乘客，重复说一样的话。”佐藤修悦开始思考更高效的引导方法，他注意到身后围绕工地安放的白色铁板，还有每个工地上都会用到的黑、白、黄三色胶带。

他立刻做了件不那么“日本”的事。他没有征询领导的意见，而是直接用胶带在铁板上贴出文字加箭头的指路标志，引导乘客去各个站台。

“不可思议。做完标志后，几乎没人问我怎么去各个站台了。”佐藤修悦回忆道，“当时我既开心又害怕，担心领导指责我。”

几天后，新宿站的改建工程负责人突然出现在佐藤修悦面前，指着他身后用胶带做的字说：“佐藤，这个太棒了！你别引导乘客了，用胶带做站内其他地方的标志吧！”那时，除了保安公司和车站职员，没多少人知道这“最繁忙车站”里大量的临时指路标志，都是由保安佐藤修悦设计、制作的。

四年后，佐藤修悦被公司指派到东京日暮里站负责乘客引导工作。这次他遇到同样的状况，又再次“擅自”用胶带做起标志。几天后，他又听到一句熟悉的话：“佐藤，这个太棒了！”这句话来自日暮里站站长。

与在新宿站不同的是，日暮里站站长不仅让

佐藤修悦在站内做更多的指路标志，他还是个活动爱好者，喜欢参加商店街祭典，或举办车站的摄影展。“当时，我很怕站长从我身边经过。他常塞给我小纸条，上面写着想让我制作的字，如摄影展的主题名称。”佐藤修悦说。

佐藤修悦在日暮里站工作期间，有人在互联网上发帖写下了新宿站胶带指路标志的事，佐藤修悦出名了。他忙了起来，开始接受采访、上电视节目、设计电影标题和唱片封面、举办美术展，人们称他用胶带做的字体为“修悦体”。

“但我还是‘心有余悸’。”佐藤修悦说。“任何合作方来找我合作时，我问对方的第一句话都是：‘真的让我来做吗？用胶带，会不会太失礼了？’”

Q = 未来预想图（Dream Labo）

佐藤 = 佐藤修悦（Sato Shuetsu），三和警备保障株式会社保安，设计了胶带字体“修悦体”

Q：设计“修悦体”前，你学过字体设计吗？

佐藤：我曾在高三时选修了学校的商业美术课程。那时，我第一次知道黑体（Gothic typefaces）、明朝体等字体。其中，我最喜欢方方正正的黑体。可以说，“修悦体”的设计是受到了黑体的影响。

Q：你是怎么制作“修悦体”的？每幅作品花多长时间？

佐藤：先在材料上用胶带贴出横和竖的“参考线”，以此设定好字体大小，再用胶带贴字，然后撕掉“参考线”。最后，根据文字的设计，用小刀切掉多余部分。大多数情况下，这是为了让文字的边角看起来更“圆润”。一般而言，制作一幅“修悦体”作品要花两小时以上。

Q：你享受工作吗？你是怎么工作的？

佐藤：我的工作状态就是拼命。因为拼命总是没错的。我只要拼命工作，就会找到乐趣。比如说，我最近需要做单字宽度达到两米的“修悦体”文字，我还在拼命想怎么做。拼命想和拼命做的过程特别有趣。

Q：对你来说，车站是什么？

佐藤：是大家每天的“日常”。因此，只要“日常”有些变化，人就会感到难受。常有乘客问我“怎么还没修好”，或者抱怨“这路太难走了吧”。有时，还有乘客会因此心情不好，经过我身边时骂我一顿——可我明明什么都没做啊。我希望他们看到我做的指路标志后，压力少一些，甚至能会心一笑。

佐藤修悦设计的“修悦体”。在东京的一些车站里，醒目且有个性。

Q: 你有想过离开东京吗?

佐藤: 没有。我刚来到东京时做银行职员，后来到咖啡连锁店“喫茶店 Renoir”工作，然后，我一直在做保安。人各有志，有些人想在自己的职业道路上“出人头地”；有些人想创业，不断扩大商业版图，过上富足的生活。但是，我喜欢做保安，简单、没有压力。我一边做保安，一边设计字体，虽然常常因此睡眠不足，但我很开心。

Q: 对你来说，东京是什么?

佐藤: 我 18 岁高中毕业后，从农村来到东京，我的一生几乎都在这里度过。如果现在问我东京是什么，我答不上来……它可能更像一个家。但东京这个家有各种“刺激”。比如你看，这儿、那儿，街上有各种好看的招牌，它们常常让我感到吃惊。那个颜色、字体形状，我设计不来，但我有我的做法。如果你问我喜欢东京的原因，那应该就是“刺激”。

车站里的残疾人服务

残疾人在日本的部分电车站购票时，可以使用有较大倾斜角度的倾斜型售票机。购票处有盲文运费表、盲文地图和语音提示。在车站内，几乎各处都有大面积的黄色警示标志，如地上的黄色引导线。如果乘坐轮椅进出车站，可以选择较宽敞的检票口。上洗手间时，残疾人可以选择空间宽敞的多功能卫生间。去站台时，可以乘坐电梯，或者选择支持轮椅乘降的自动扶梯。在没有电梯、自动扶梯的车站，有方便轮椅上下台阶的专用升降机。通常，车站内有台阶的地方就有坡道或电梯，方便轮椅移动。上电车时，车站人员会帮忙抬轮椅上电车。车内也有轮椅专用的位置。(text/米川健)

在站台捡东西

如果手里的东西不慎掉进电车轨道里，怎么办? 没关系，车站人员会用他们的“magic hand”帮你捡起来，那是一个有长柄的夹子。东京许多站台没有护栏，东西很容易掉下去，这使得 magic hand 成为车站常用工具。那些用 magic hand 也实在捡不起来的东西，车站人员会在当天末班车停驶后跳下轨道捡拾。以前，magic hand 最常捡到的东西是手机、鞋子、电车卡，但最近多了一种常见物品——蓝牙耳机。(text/米川健)

终电

东京人把末班电车称为“终电”，这是这座巨大城市的重要时刻。在东京，超过 8 成的人乘坐电车等公共交通工具到市区上班。由于出租车费昂贵，如果想在天亮前回家，他们往往得赶“终电”。不过凌晨车次少，终电经常是全天最拥挤的一班车，车厢会变得比早高峰还挤，能不能挤上从市区出发的末班车还得看运气。为了迎合旅客需要，周末和一些节假日期间，铁路运营公司会延迟末班车的时间。如果错过“终电”，不少人不愿破费打车，会干脆到车站附近将就一夜，他们因此成为网咖、胶囊旅馆和居酒屋的顾客。东京电视台一档深夜综艺节目《去你家可以吗?》(家、ついて行ってイイですか?)就经常在车站旁蹲守“错过终电的人”，以代为支付出租车费交换去受访者家拍摄的许可，那也是个城市观察的特别视角。(text/邢梦妮)

人身事故

在东京繁忙的铁路线上，每年都会发生几百起自杀事件，电车公司在发出的事故通告中，将其称为“人身事故”。死亡本身已是个人和家庭的不幸，从宏观角度来说，它甚至又会影响几千甚至上万人的出行。如果因人身事故导致列车延迟 30 分钟以上，铁路公司有权根据处理事故的人工费、与其他铁路公司协议替代运输产生的费用、车辆损伤情况等，向造成事故的个人或者亲属要求“损害赔偿”。这类赔偿也会引起争议，有时亲属实在无法支付，铁路公司只能作罢。所以近年来，以东京奥运会为契机，多家铁路公司纷纷拨出预算，在站台修建护栏。尽管近十年自杀率已经在逐年降低，日本仍是世界上自杀率最高的发达国家之一。2019 年，平均每天有 55 人自杀。常见的自杀诱因有失业、抑郁和社会压力等。(text/罗焕婷)

铁路构成了东京的交通命脉，
多家铁路公司既互为补充，又相互竞争。

轨道上的东京

text / 顾笑吟

东京是一座建立在轨道上的城市。JR 山手线和地铁银座线，构成了它最早的城市轨道交通基础。

第二次世界大战前，东京已经建成了山手线，这条重要的城市地上铁路环线串起了东京城区大多数的主要区域，成为东京轨道交通的大动脉。环线上的众多站点是前往周边城市的起点，从全国各地来东京的列车也以这里为终点。

环线内，铁路轨道则深埋地下。1927 年，连接浅草站和上野站的银座地铁线投入使用，开启了东京地下城市的发展历程，这也是亚洲首条地铁线路。之后数年间，为缓解地面交通的压力，轨道越挖越深，渐渐形成了一整座以轨道为动脉的地下城。

东京地铁的背后实际有两个经营主体：东京地下铁株式会社和东京都交通局，分别负责东京地铁（Tokyo Metro）和都营地铁（Toei Subway）的运营。这两个机构在线路上互为补充，同时也保持竞争关系，因此你会看到，地铁公司每年会推出大量企划活动，以吸引人们乘坐自家的线路。

经过一百多年的发展，地面上运行的山手线和地下运行的都营大江户线形成了两条市中心环线，环内穿插着 12 条地铁线路，每条都与环线连接，共同构成了一个几乎覆盖整个东京的城市轨道交通网络。

到了郊外，私营铁路则负责延伸到更远的城郊和邻近都市。20 世纪初的日本政府财力有限，无力负担修建铁路所需的巨额资金，因此，政府允许民间资本在城市外围区域投资铁路建设和运营。很快东京涌现了大量私营铁路。

那时私铁不能进入山手线圈内，只能接在环线上，呈放射状向外扩散，负担大都市圈内市县到中心城区的通勤出行。如今这种状况有了改变，大部分私铁与地铁实现了直通运转，借用地铁轨道，私铁可以将乘客从邻近市县直接送达中心城区。

如今东京的轨道交通建设几近饱和，基本找不到可供新建的地方，因此，政府将未来提升的重点放在了站点的功能优化上。根据 2017 年 9 月东京制定的最新一版城市总体规划“东京 2040”，东京政府将围绕轨道站点，持续更新新宿、大手町、丸之内、有乐町、涩谷、品川、六本木等大型商业中心，重塑车站的站前空间。

东京主要地铁 / 电车线路平均单日客流量

运营方	每日平均乘车人数（万人）
东日本旅客铁路（JR 东日本）	1024
私营铁路公司	
小田急电铁	131
西武铁道	115
东京急行电铁	195
京浜急行电铁	75
京王电铁	112
京成电铁	47
东武铁道	165
东京地铁（东京地铁公司）	439
都营地铁（东京都交通局）	193

资料来源：《各铁道 2019 年度 1 日平均乘坐人数与通过人数》，关东交通广告协议会；《东京都统计年鉴》（平成三十年）。

●东京地下铁、东京急行电铁和京浜急行电铁的数据不计入重复乘坐的旅客人数。

本统计为 2019 年数据。JR 东日本的数据为 2019 年度的推算数据，计算方法是根据售出的车票数来统计乘客数量。具体来说，就是将售出车票数量（往返车票为双倍）与通过其他公司的接驳票而流入 JR 线的乘客数量相加。

东京 VS 全球大城市地铁客运总量（年客运量 / 千万人次）

东京	莫斯科	上海	北京	首尔	纽约	新德里	广州	墨西哥城	香港
346	237	204	199	189	181	179	173	168	160

资料来源：《世界地铁数据》（World Metro Figures 2018），国际公共交通联会（UITP）。

电车线路命名规则

不同于国内惯用数字来为地铁线路编号，东京的地铁都有自己的名字。从线路名称就能看出这条线路经过的核心区域或运行方向，如银座线、南北线。车站标志由这条路线的英文名称首字母、车站编号和代表线路颜色的圆圈组成，通过这些标志，人们可以方便地找到目标车站。东京并没有统一的铁路线命名规则，由各家运营公司自行决定。除了用地名作为主要命名方式外，有些公司也会选择走“文艺”路线——东急电铁就将旗下一条连接涩谷与郊外住宅区中央林间的铁路线路命名为“田园都市线”。（text / 顾笑吟）

繁忙的东京轨道系统

东京是亚洲最早导入地铁系统的城市，也是全球地铁系统客运量最大的城市之一（这还没算上电车的数据）。乍一看密密麻麻的东京轨道交通线路图，你可能会摸不着头脑。东京的铁路系统由电车、地铁两大部分组成。绝大部分市区电车都由铁路巨头 JR 东日本运营，东京郊区则被各种私营铁路公司占据，它们被统称为“私铁”。

市中心人潮拥挤，客流量却不均衡。根据 JR 东日本每年公布的“各站 1 日平均客流量”，最繁忙的新宿站和排在第 100 位的田端站相差 72 万人。东京都西多摩郡有座白丸车站，平均每天只服务 74 名乘客，因此，运营方不会在客流少的车站配置员工。原本，日本的“无人车站”主要出现在废弃铁路和人口减少的地区，但随着一卡通“Suica”和自动贩卖机的普及，更多运营成本较低的“无人车站”开始受到铁路公司的青睐。根据国土交通省 2020 年的统计，日本全境目前有将近一半的车站无人值守。（text / 邢梦妮）

在东京，Suica 几乎已经是
移动支付的有效替代品了。

一张交通卡
征服日本生活

text／管家艺 photo／Chiharu Sakazaki
JR 东日本 DENTSU

01 photo／C.S／JR 东日本／D

02 photo／Chiharu Sakazaki／JR 东日本／DENTSU

习惯了用智能手机解决一切的中国人，经常抱怨日本的支付手段落后。一个经典的说法是：日本人发明了二维码，却没有赶上二维码的潮流。一方面，最近十年日本公司对新技术确实有些保守；另一方面，日本已有的移动支付方式足够便捷，代表产品就是 Suica。

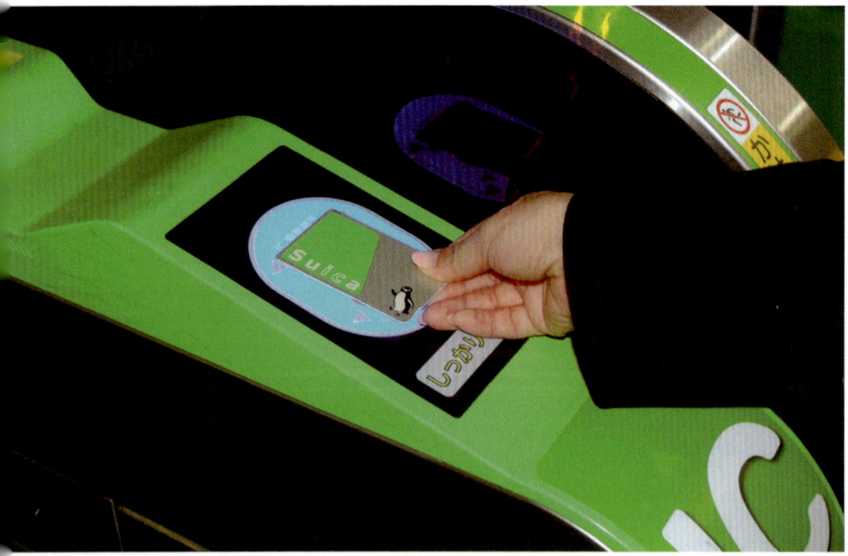

03 photo／JR 东日本

01—02 Suica 与 JR 东日本旗下酒店推出的甜品与扑克牌周边。
03 通过带有 13 度斜面设计的闸机，人们可以轻松刷 Suica 进站。

1999 年 3 月，时任 JR 东日本旅客设备课课长的椎桥章夫要向 JR 东日本的管理层做一个报告，说服他们花 400 亿日元，替换掉投入使用不过七年的一整套磁介质车票系统，换成一种叫作 IC 卡的东西。当时，JR 东日本全年的营业利润还不到 1000 亿日元。可参会的管理层最终一致通过了他的提案。

说服管理层的是这样一幅未来图景：这张交通卡不仅可以替代车票，还可以承担车站内商业设施（包括 Kiosk、NewDays 等便利店，自动贩卖机和站内的饮食店等）的消费支付功能。最终，它会像水电煤等基础设施一样，逐渐成为社会生活的必需品。

2001 年春天，这个 IC 卡最终确定被命名为"Suica"。Suica 是"Super Urban Intelligence Card"的缩写，发音也很可爱，念起来像日文的"西瓜"，这也是为什么人们也叫它"西瓜卡"。

JR 东日本还采用了绘本作家坂崎千春在绘本《企鹅之心》中绘制的企鹅形象作为"代言人"，企鹅和西瓜成为这张卡片的视觉核心。它们之间还有一个小故事：在南极畅通无阻的企鹅，到了东京却寸步难行。直到有一天，它跟"西瓜"相遇了。企鹅手拿 Suica，歪着头问"什么是'西瓜'？"的广告，在 2001 年年末传遍了东京。

选择企鹅作为形象，是因为"它生活在南极，对西瓜这种水果一无所知"。当年，对于没有接触过非接触式 IC 卡，没有体验过刷卡进站功能的乘客来说，Suica 就是这样一种新奇事物。

Suica 能支撑起宣传海报上"畅通无阻"这个卖点，与铁路综合技术研究所三木彬生的工作密不可分。还在国铁时代时，他就开始考虑利用 IC 芯片取代实体车票，提高检票效率，以减轻铁道运营压力。现在我们习以为常的一张交通卡，其实是上个世纪末多次试验的产物。从研发到投入使用，前后耗时十二年，技术提供方索尼公司甚至一度计划中止合作。

最终，1997 年两个细小而重要的改良，让 Suica 得以真正投入使用——IC 卡本身改良成了无需内置电池的介质；闸机调整了设计，读取面有了一个 13 度的夹角，让乘客通行的动作更加流畅。最终，乘客通过闸机的平均时间缩短至 0.2 秒，不到原先磁介质时乘客通过闸机人均耗时的三分之一。这也是开发者把它叫作 Suica 的另一层寓意——希望这张新式卡片可以让乘客像在

日本的移动支付

2019 年年底，日本仍然是一个现金使用率接近 80% 的国家。而在多种无现金支付的手段中，信用卡又占极大比例。Suica 等使用 NFC（近场通信）技术的卡片是另一种比较流行的支付方式。因为政府的政策激励，日本总算在 2019 年进入移动支付的爆发期，涌现出一批二维码支付服务。除了由 IT 公司运营的乐天 Pay、LINE Pay 之外，还有由电信运营商运营的 PayPay、d pay 和由银行运营的支付服务。但是，即便在东京，出门携带现金仍是比较稳妥的方式，仍有许多小店只接受现金支付。（text/管家艺）

南极冰面自由滑行的企鹅那样“顺畅通行”（スイスイ行ける）。

Suica 最初确实只是一张交通卡，并且可用范围有限,它的普及历经十多年。一开始，它可以在东京都 23 区和近郊的 400 多个车站使用，这些都是 JR 东日本下辖的线路。可对于生活在东京的人来说，他们的日常交通不只需要搭乘 JR，还有 13 条地铁线路、10 条以上民营私铁线路和更多公交线路。东京当时唯一一条通往羽田机场的铁路——东京单轨电车羽田机场线——就无法使用 Suica 。直到 2007 年，30 家 JR 东日本以外的铁路公司和巴士公司联合推出可与 Suica 通用的交通卡 PASMO，乘客才算真的体验到在东京手持一张交通卡就能“顺畅通行”的感受。

另一个重要的时间点是 2013 年。Suica 发行后，日本全国各地都相继发行本地的交通卡。2013 年，日本交通卡全国通用服务正式开始，原本各自为政或只能两两通用的 10 种主流交通卡终于实现完全互通。2018 年，JR 东日本又推出“Touch Go! 新干线”服务，这意味着如果不指定座位，乘客可以直接刷 Suica 乘坐新干线，不需要再到售票机或者人工窗口购票。如果把东京比作上海，这相当于一个拥有上海交通卡的乘客不仅在上海市内换乘地铁、公交畅通无阻，还可以刷卡进入高铁站，且到达北京后，这张卡依然通用。直到 2020 年，Suica 的适用范围还在持续扩大。2020 年 3 月 14 日，鹿儿岛全线可以使用 Suica。

当 JR 东日本内部开通新线路，推出与 Suica 相关的新服务，或是与其他外部交通运输机构合作时，Suica 经常会发行纪念卡片，这也成为它品牌营销的重要手段。

2001 年刚投入市场时推出的“Suica 发行纪念卡”限量十万张，因人气火爆，曾在网络拍卖中被炒到每张 1 万日元（约合 600 元人民币）以上。此后，“限量”就成了 Suica 的关键词之一，Suica 在二手和收藏市场也有了一席之地。2002 年，JR 发行了数量更少的“单轨电车导入纪念卡”“临海线全线开通纪念卡”等带有企鹅形象的纪念卡，都引发了抢购热潮。针对数量不少的铁路迷，Suica 也推出了铁路相关主题，例如 2014 年发行的“东京站开

PASMO 等交通卡

PASMO 是由除 JR 东日本以外的首都圈 30家铁路公司和巴士公司于 2007 年联合推出，可与 Suica 读取设备通用的交通卡。吉祥物是粉色的小机器人。Suica 发行两年后，JR 西日本发行了 ICOCA，这也是最早实现和 Suica 通用的交通卡。关西地区铁路公司竞争激烈，JR 西日本的竞争策略是主打差异化。比如推出儿童专用的 ICOCA，就连它的吉祥物鸭嘴兽，也有幼年版的 ICO 太和 ICO 美。PiTaPa 由关西地区 44 家私铁和巴士公司联合推出，也是全日本唯一一张采用后付费方式的交通卡。这些交通卡都沿用了 Suica 采用的索尼 FeliCa 技术，这使得自 2013 年起，日本各种交通卡在技术上可以全国通用——但也不排除一些小站没有采购读取设备，人们还是只能使用既有购票形式的情况。（text / 管家艺）

01

02

01—02 Suica 与 PASMO 在电车、地铁、巴士等很多使用场景已经实现通用。

业 100 周年纪念卡”，以及 2007 年的“铁路博物馆开馆纪念卡”。其中，前者原本只在现场销售 1.5 万张，因到场人数过多造成混乱，不得不改为在线申请，最终竟售出 427 万张。

当然，围绕这个没有名字的企鹅所能做的，远不止发行限定卡片。Suica 经常与 JR 东日本旗下其他业务合作，位于池袋的大都会酒店就是其中之一。2011 年到 2015 年间，酒店中设有两间 Suica 企鹅主题房间，从床具、装饰到早餐都使用了这一元素。1 层的甜品店中常设有三款企鹅主题蛋糕，还不时根据节庆、时令推出限时销售的企鹅主题甜品。

至于销售 Suica 纪念品的企鹅商店，它们大多位于 GRANSTA、ecute 这些隶属于 JR 东日本的站内商场中，70% 的商品都是单价低于 1500 日元（约合 90 元人民币）的文具、手帕、毛绒玩具等杂货。

Suica 企鹅的著作权归原作者坂崎千春、JR 东日本和广告代理商电通（DENTSU）共同所有。周边商品上不同形态的企鹅，大多也都是原作者为商品重新创作的。2011 年，为庆祝 Suica 发行 10 周年，JR 东日本与面向年轻人的出版社宝岛社合作，出版了一本 Suica 企鹅的品牌 mook。书中的插画以及随书附赠的卡包上展现的企鹅新造型，被当作吸引读者的卖点。这个系列持续推出，截至 2018 年 6 月，已经出版了 17 册。

因为 Suica 企鹅是少有的拥有原作者的吉祥物，所以偶尔也能看到它与原作者创作的其他拟人化形象一同出场。在网络中流通的企鹅表情包，有一部分来自 JR 东日本与通信软件公司 LINE 合作的贴纸。其中能看到一只灰色的小企鹅，它也同样出自原作者的《企鹅逛街》绘本。

像大多数 IP 一样，Suica 企鹅除了结合“铁路”“旅行”等主题开发自有商品外，也热衷于与其他品牌联名。除了纪伊国屋、

Rollbahn、膳魔师这些大众知名品牌外，一些传统老铺、职人也频繁出现在合作名单上。所以，你能看到 Suica 也会有 1.2 万日元（约合 720 元人民币）的领带、9000 日元（约合 540 元人民币）的钱包等价位较高的周边商品。

不过一张交通卡而已，JR 东日本为什么投入这么多精力运营 Suica 的品牌形象？原因在于椎桥章夫——后来升任 JR 东日本 IT·Suica 事业本部副本部长兼企划部长——一开始的预想，Suica 背后蕴藏着 JR 东日本的重要商业策略，JR 东日本对它的期待，远远不止一张“便利的交通卡”。

日本铁路运输事业其实在 20 世纪 90 年代前半期曾陷入瓶颈。航空票价下降抢占了长途运输的市场份额，短途又有电车和巴士的竞争。同时，老龄人口越来越多，他们的活动范围更小，这意味着使用铁路的人越来越少。所以 JR 东日本一直在开拓新业务，尤其是临站商业设施。开在 JR 车站附近的 Atre 和 Lumine 等百货店就隶属于 JR 东日本。

JR 东日本正在号召人们将手机绑定 Suica，推进 Mobile Suica 等无现金支付方式。photo／JR 东日本。

从 2004 年开始，Suica 开通了有支付限额的商业支付功能，JR 东日本也向着“提供生活服务的企业”这一方向转型。

与传统磁卡相比，IC 卡更安全，不仅可以作为电子货币记录金额，也可以存储个人信息。当年椎桥章夫正是用 IC 卡的可拓展性打动了 JR 东日本的管理层。他们为 Suica 的未来画了三个同心圆——核心是交通卡业务，中间是推动乘客使用 Suica 在车站内的商业设施消费，最外层则是走出车站，进入消费者的日常生活，成为日常支付工具。

2004 年，Suica 第一次在首都圈和仙台部分地区的 64 个车站、196 家店铺开通支付功能。到了 2013 年，支持 Suica 电子货币功能的店铺已超过 20 万家。

Suica 的使用场景并不仅仅局限于线下店铺。如今，任天堂 3DS 主机中的游戏商店可以使用 Suica 充值，全日空航空的机内购物也支持 Suica 支付。除了支付功能，Suica 也可作为学校、企业的证件以便管理人员出入。

走出车站既代表拥有更多的商业机会，也意

味着面临更激烈的竞争。

从发行量来看，虽然 Suica 在交通卡中发行数量是最大的，其规模还是远不及乐天电子支付卡 Edy。2017 年，Edy 发行超过 1 亿张，同年发行量排第二位的是商超系公司 AEON 旗下的 WAON 卡，发行量 6660 万张，第三位才是 Suica。

另外，虽然 Suica 使用的 FeliCa 技术在 21 世纪初十分先进，迅速在日本境内普及，但索尼开发的这项技术与全球其他市场使用的 NFC 技术规格不完全相同。这使得智能手机普及后，Suica 没法第一时间与智能手机上的 NFC 技术连通，延缓了 Suica 手机应用的开发进程。JR 东日本期望通过推行 Mobile Suica 来减少车站内自动售票机的数量，提升车站空间利用率的设想也进展得不算顺利。直到 2016 年 iPhone 7 发售，iPhone 这个自 2012 年开始就在日本保持最高市场占有率的手机才支持绑定 Suica。到 2019 年 3 月，Mobile Suica 的会员数达到 715 万人，却不足实体卡片发行量的 10%。

2018 年，日本政府提出“无现金社会”的愿景，越来越多的海外（尤其是中国内地）游客及其消费行为是这一愿景的重要助推力。在电子化上有些落后的 Suica 也面临更多竞争对手。2019 年，LINE、乐天、Mercari、NTT 等公司都推出了自己的移动支付产品。不过，这些产品绕开了在日本已经普及的 NFC 技术，转投二维码支付。NFC 虽然在使用体验上比二维码更便捷，但对商家来说，使用虚拟卡片不仅手续费与实体卡片相同，还需要额外购买用于收款的设备，远不如正在投放上百亿补贴，且几乎没有前期费用的二维码支付划算。

Suica 的应对策略和促成交通卡互通时类似——“化敌为友”。2019 年 6 月，Suica 宣布和与它在电子货币领域保持竞争关系的乐天合作，今后可在乐天推出的支付应用“乐天 Pay”上获取 Suica并充值。JR 东日本告诉“未来预想图”，他们期望与乐天的合作能为 Mobile Suica 带来用户数的提升。Suica 使用方便、加盟商众多，还可作为身份凭证，所以他们不排斥与各种支付应用合作，以便在推进无现金社会的进程中占据优势。2020 年 9 月，新宿车站投放了一部分支持刷二维码通行的闸机。JR 东日本表示，他们正在评估刷码对乘客进站流畅度的影响。依据这次试验的结果，刷码乘车或将被推广到更多站点。

截至 2020 年 9 月，Suica 已发行 8422 万张，可利用店铺数量超过 100 万家。JR 东日本发布的“变革 2027”企划中，把围绕 Suica 展开的相关事业视作企业继续发展的主要推动力。预计到 2027 年，生活服务与Suica、IT 事业盈利合计将占到 JR 东日本收益的 60%。这些举措表明，Suica 一直是一个身段柔软、擅长通过合作扩大影响力的品牌。

无论如何，这个因为形态可爱而在中国社交网络成名的企鹅，实实在在改变了日本居民的生活方式，也是一家老牌企业复兴的新引擎。2018 年，Suica 获得了 Long Life Design Award（长青设计奖）。这一奖项关注那些至少已经在市场中出现十年以上，受到人们持久欢迎、已经融入生活中的商品或服务。正如参与颁奖的审查委员产品设计师柴田文江等人对 Suica 的评价：“这十几年来，它完全改变了城市中早晚通勤的景象。”

PICTURE INSIGHT

列车员的确认信号 / 在日本乘坐电车时，我们常能看到列车员和列车长用手在空中比划、口中念念有词，这是他们在执行一套安全确认规范——指差确认。就是工作人员口诵确认、心手并用，以提高操作时的注意力，确保实际操作与指令一致。看起来有点“傻”？但 1994 年铁道综合技术研究所的实验结果表明，采用指差确认法后，人为错误率能降低 1/6。这套机制源自国铁时代的 JR 集团，如今已被建筑业和制造业等同样对重大失误低容忍的行业改造后采用。我们在上海、台北等城市也能看到相似的操作规范。图为东京地铁车站站员正在做手势确认。

#他们一般会用手势确认什么? / ①**铁路信号灯。**“红灯停绿灯行”的规则在铁路上也适用。信号灯维持着列车之间的秩序，保证安全的行车距离。信号灯显示可以前进时，列车员就会在出发时手指信号灯高声念出“进行”（意为：前进）。②**车门关闭状况。**在一些车站，站员需要与列车员、列车长反复确认车门关闭状况，之后，列车员确认驾驶室仪表盘上表示车门完全关闭的指示灯亮起，列车才可出发。③**确认本站是否停车。**在东京，同一路线的电车也有通行速度大不相同的班次。“急行”的列车运行速度就会快于“各站停车”的列车，因此列车员需要用手指着列车表，口中念出是否要在本站停车。（text / 管家艺 photo / 佐佐木谦一）

早高峰 / 早高峰是东京公交系统一天最繁忙的时刻，车厢会变得像沙丁鱼罐头一样拥挤。对于日客流量超过 350 万人的交通枢纽新宿站来说，每天都是大考验。1955 年 10 月的新宿站，一群穿着制服的工作人员负责把人塞进车厢里，好让车正常驶出。直到今天，在各种满员电车的视频里，你还能看到这群“塞人者”（日语叫“押し屋”）拼命把乘客往车里推。他们通常是年轻的学生，在工作日早高峰时段上班，JR 东日本会支付他们 1300 — 1400 日元（约合 78.4 — 84.4 元人民币）的时薪。（text / 邢梦妮）

东京首都圈轨道交通车站早高峰换乘情况

站名	客流量（万人 / 单行路线）	
	整日	早高峰 1 小时
新宿	96.8	42.5
池袋	63	27
横滨	49.4	22.8
涩谷	51.4	21.1
东京	52.5	25.2

● 新宿站包括新宿、新宿三丁目、新宿西口、西武新宿等区域；东京站包括东京站、大手町、二重桥前等区域。本统计为 2015 年数据。

资料来源：日本国土交通省《平成二十七年第 12 回大都市交通普查首都圈报告书》。

售票机／光是 JR 东日本一家，你就能看到三十多种售票机。这不光是因为铁路公司、生产厂商和投入使用时间不同，售票机本身就有不同的类别：“充值专用机”仅有充值功能；“精算机” 可帮乘客在出站前用零钱补足差价，无需大面额充值；乘坐长距离线路的乘客则可用“指定座位售票机”预订座位，免去乘车时没有座位的困扰。对处于智能手机时代的人们来说，这可能会有些麻烦。但一机一用是上个时代的特色。

最常见的 JR 东日本的充值售票机是绿色机身，被称作“绿色售票机”，人工售票窗口则被称作“绿色窗口”。除此之外，还有一种隐藏的、介于纯人工和纯自助之间的购票方式——按下售票机上的“帮助”按钮，站务员会打开售票机旁的小窗，探出半个身子来指导无法熟练使用售票机的乘客。JR 西日本目前正在尝试推广改进版的“绿色售票机 plus”，这些新型的售票机配有多个摄像头，站务员通过镜头画面，不用亲自到场，也可以辅助乘客完成购买定期券等需要提交申请材料的复杂操作。（text／管家艺）

新宿车站的一天 *

车站滞留人数（万人）| 时间

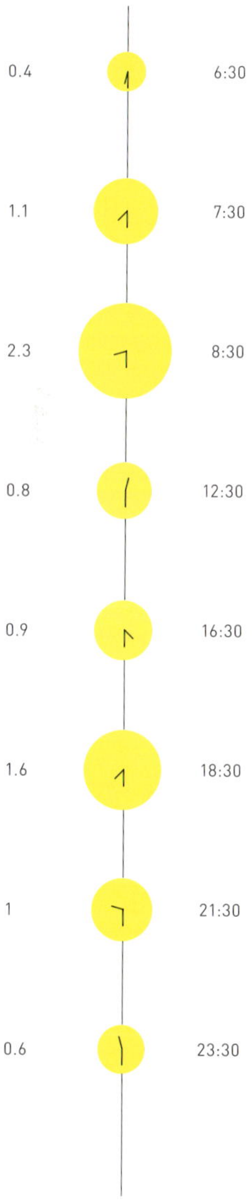

● 新宿站包括新宿、新宿三丁目、新宿西口、西武新宿等区域。本统计为 2012 年数据。

资料来源：日本国土交通省《第 11 回大都市交通普查平成二十四年度分析结果报告》。

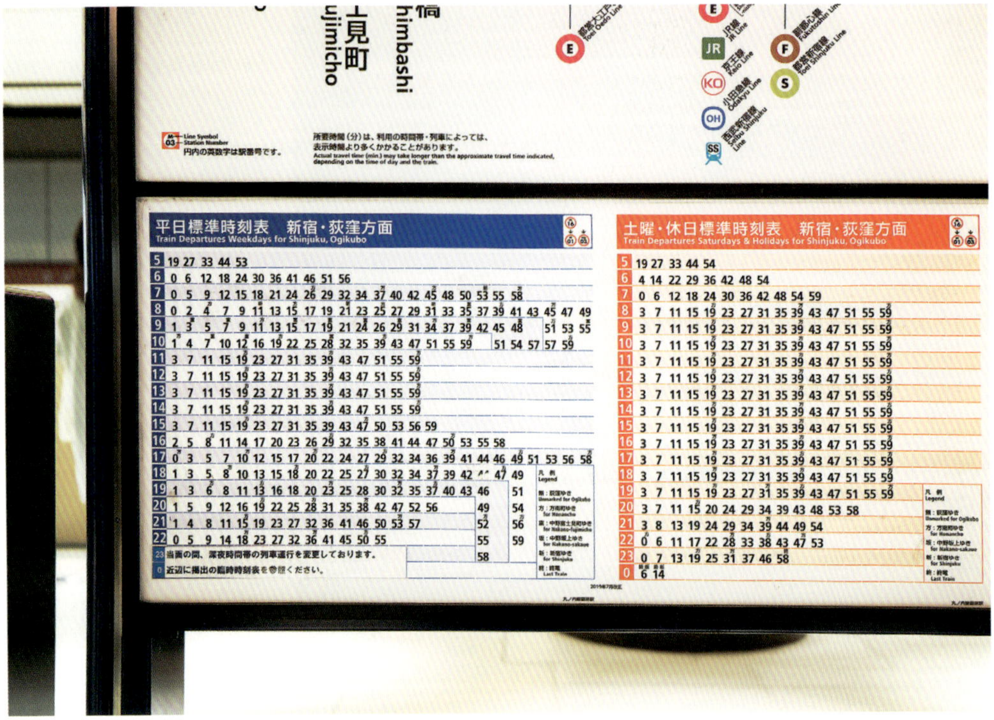

列车时刻表 / 在这个随手可以从各种换乘 App 上获取列车时刻表的时代，我们在日本的大小书店里却还能看到《JTB 时刻表》和《JR 时刻表》这类纸质刊物。这两本厚度超过 1000 页的月刊不仅是查询列车时刻的工具书，更是详尽的铁路旅行指南，热门观光列车的时刻表、特惠车票，乃至各站的铁路便当等都罗列其中。对铁路迷来说，阅读一本过去的列车时刻表，从中了解日本各地交通的变迁，或者沿着地图上的铁路线发现一个陌生的城市，这些都是在换乘 App 中直接查询目的地所无法提供的乐趣。（text / 管家艺 photo / 陈伊宁）

新干线/由 JR 各公司共同运营的高速铁路。根据《全国新干线铁道整备法》,"在主要区间能以每小时 200 千米以上速度行驶的铁路"都是新干线。连接东京与大阪的东海道新干线是第一条新干线线路,于 1964 年开通运营。部分新干线列车根据目的地、运行时速和停站数量的不同,有特别的爱称,比如"希望"号就是从 1992 年开始运营,东海道、山阳新干线上运行的平均车速最快的列车,最高时速达每小时 300 千米。动画作品《铁胆火车侠》中的主角原型就是初代 300 系"希望"号列车。(text/管家艺)

列车设计／在东京，不论是车内还是车外，列车设计已经进化成了一种文化。归根结底，这些设计都是为了满足乘客的需求。比如都电荒川线，由于沿线春天樱花盛开，这条线路又被称为“东京樱花有轨电车”。作为东京仅存的地面有轨电车线，都电荒川线是电车宅们的热门拍摄路线。它在 2015 年后采用了一种新车型设计，车厢和站台无落差，方便乘客移动。像小田急浪漫列车、山手线、银座线这类有特色的电车设计，也都让列车迷们印象深刻。而在车厢内部，日本的电车同样考虑少数群体的需求。比如它有“弱冷房车”，也就是夏季空调温度较高的车厢。东京的夏天以炎热出名，因此，空调是列车必备。普通车厢的空调温度设定为 26 摄氏度，而“弱冷房车”内设定为 28 摄氏度，这种设计是为了能够照顾到不同乘客的需求。（text／刘津瑞）

箱根驿传／在东京，最有名的跑步比赛不是东京马拉松，而是每年 1 月 2 日、1 月 3 日举办的非专业车站接力赛——箱根驿传。在日语中，驿传竞走指的是驿站接力赛跑。20 支大学代表队的参赛选手从东京大手町出发，经由箱根芦之湖折返。箱根驿传全程分为 10 个区间（往返各 5 个区间），由每队 10 名选手接力完成，平均每个选手的赛程约 21 千米（相当于半程马拉松）。这是日本收视率最高的跑步比赛，因为地面道路受交通管制，不少观众甚至会沿着比赛路线乘电车为选手应援。在日本，箱根驿传被视为职业马拉松选手的摇篮。而这项赛事的创始人金栗四三，就是日本的马拉松之父。他的故事也被改编成 2020 年的大河剧《韦驮天》。近年来，随着以这项赛事为背景的小说与改编动画《强风吹拂》相继推出，箱根驿传的名声也越来越大了。（text／刘津瑞）

PART

02

一个城市的街道
既可能趋于繁荣
也可能渐渐消失
我们从东京人最喜欢居住的街道
——吉祥寺开始逛逛看
在那些迷人的巷子里
那些烟火气因何而来
最终又去了哪里

商店街的死与生

在个人生活空间十分局促的日本，城市常常需要更多地承担客厅、书房、厨房、花园、阳台甚至衣柜等空间的延伸，吉祥寺街区似乎满足了所有这些条件。经过不同时代的洗礼，在这里生长出纷繁有趣的商业店铺群。

为什么吉祥寺
会成为东京人最想住的街区

text / 朱一君 米川健 photo / 佐佐木谦一 米川健

0422-47-0727
大竹ビル
Rent Hous
Professional
of lease real estat
全館
YAKINIKU LIKE
一人焼肉推奨店
防犯カ
安全安心まちづくり
USED CLOTHING NICO 2F
TASTY! QUICK! VALUE!
TAKE OUT
お持
焼肉ファストフード
焼肉ラ
TASTY! QUICK! VALUE!
B1
横浜家

2016 年东京电视台播出了漫画改编的电视剧《只有吉祥寺是想住的街道吗》，每一集介绍一个东京的宜居街区。它的海报标语就是“从吉祥寺信仰里摆脱出来吧，除了它，东京还有很多容身之处”。

反过来，吉祥寺在东京宜居街区排行榜上的地位，看这个片名就知道了。它已经成为“宜居”的代名词。但这不是理所当然发生的事。

吉祥寺是东京西北郊的一个生活和商业中心，从这里搭 JR 中央线电车，15 分钟就可以到达新宿。它也是京王井之头线的终点站，距离另一个“副都心”——涩谷也就 20 分钟的车程。

日本导演是枝裕和曾在电影《比海更深》中刻画了一个典型日本城郊生活区的场景：白天只有主妇和小孩儿，只要有个无业大叔在街上闲逛，就会显得很扎眼。但在吉祥寺，白天开始就到处都是闲逛的人，他们中有不少是从事漫画、电视、戏剧、音乐等行业的创作者或自由职业者，当然，如今还有慕名而来的游客。

便利安全、设施齐全、装修舒适、设备好用——虽然每个人境况不同，但好房子的硬件标准似乎大同小异。而在个人生活空间十分局促的日本，城市常常需要更多地承担客厅、书房、厨房、花园、阳台甚至衣柜等空间的延伸，吉祥寺街区似乎满足了所有这些条件。

大量的绿植和公园遍布街区。井之头恩赐公园位于车站南侧 400 — 800 米的步行范围之内，它不大，却是赏樱圣地，还有动物园、游乐场，每到周末还会举办艺术市场

photo/佐佐木谦一

photo/佐佐木谦一

吉祥寺商圈延伸到住宅区的小店很有人气，它们也是让这个区域吸引力上升的重要活力要素。

活动，再加上那座著名的三鹰吉卜力美术馆。这座公园给生活在市中心的东京人提供了松口气的场所。现在它的历史已经超过一百年。2017 年当地还专门拍了一部电影《PARKS》，讲述在这个吉祥寺最著名的景点发生的青春故事。

除了这些直观的“宜居元素”外，吉祥寺最大的魅力，是它经过不同时代的洗礼，在这里生长出纷繁有趣的商业店铺群。星罗棋布的传统商店街、新型个性店铺、人气餐厅和咖啡厅集中分布在距离吉祥寺站不到 400 米的范围内。在这里，不同的人都能各取所需，悠闲、便利、热闹、新奇，恰到好处地混杂在一起，每个人都能在这里找到属于自己的“客厅”。

photo／佐佐木谦一

photo／米川健

时间的幸存者

虽然吉祥寺有不少寺庙，却没有一家寺庙叫“吉祥寺”这个名字。

这要从 1657 年的明历大火说起。真正的吉祥寺，最早坐落在今天的文京区本乡地区。但这间寺庙在大火中被烧毁，之后，幕府将寺院移出江户城外，吉祥寺迁到了本乡北侧的驹込并延续至今。根据当时的城市规划，旧吉祥寺门前町的土地被征收。原来住在这个区域的人们被迫迁到现在的武藏野市避难开荒。出于对故乡的思念，人们将这个地方改名为吉祥寺。

旧五日市街道，与东西向呈约 30 度夹角，新开垦的土地，沿着这条街道以长条形均等分配。居民被分配到街道北侧，以月窗寺为首的四个寺院被分配到街道南侧——也就是现在吉祥寺的中心区域。这些寺院至今仍然持有车站周边的商业用地所有权，而口琴横丁的土地所有者就是月窗寺。

1899 年，甲武铁道（现在 JR 中央线的前身）开设吉祥寺站，经过二十年左右的发展，车站北侧的商店街已成规模。在之后的战争中，吉祥寺并没有受到东京中心城区那样的重创，周边用地相对完整地保存了下来。战后，人们从遭受空袭破坏严重的都心地区大量迁移到吉祥寺居住。

同时，百废待兴的中央线沿线各车站的站前纷纷出现了露天摊占领站前空间的现象，江湖商人们用粗绳圈地，非法占用了站前的空地。口琴横丁的地主——月窗寺和各个占地者协商，于 1947 年夏天承认了这些人在站前市场细分使用土地的权利。所以吉祥寺黑市表面上是非法占地行为，但是由于月窗

能和一个大型公共公园为邻，是很多东京家庭寻找居所时的加分条件。井之头公园同样也是吉祥寺区域的人气公共空间。photo/米川健

寺的治理与整顿，比起战后日本各地兴起的黑市，吉祥寺这些非法商贩间的领地争端相对要少很多。这也是吉祥寺黑市能在站前黄金地段握有 3000 平方米土地，躲过多次区域整治并发展成如今的口琴横丁的一个重要原因。

当时的口琴横丁由 4 条巷子组成。最西侧是酒馆横丁（のみや横丁，现“祥和会大道”），横丁，即小巷，顾名思义，是一条小酒馆林立的巷子。店铺多为相邻店面共用一根柱子的长屋形式，横丁中央设有共用的厕所。往东是中华市场（现“朝日大道”），这里是一间一间的独立店铺，多为中国人开的中华物产店。中央市场（现“中央大道”）是开间比较大的店铺。最靠近车站的仲见世市场（现“仲见世大道商店街”）多为生活用品商店。这些店铺分属于不同的商店街组织，从空间形态到管理构架，直至今日仍然保持着基本不变的格局。

有规划，也有妥协

伴随着东京城市发展中的大规模郊区化进程，吉祥寺区域在 20 世纪 50 年代人口激增，然而商业空间的建设停滞不前，道路系统也无法适应高速增长的机动车交通需求。同时，旧国铁中央线高架复线计划提上日程，东京女子体育短期大学迁出吉祥寺，留下大片空地。车站周边区域急需重新规划。

日本近代城市规划学科的创始人高山英华接手了吉祥寺区域的城市规划工作。在 1962 年高山研究室提出的方案中，既存街区被整理划分成若干个边长 80 米左右的方块，以此为单位来重建都市街区。底层商业、上层居住，大型商业设施沿着周边布置，大楼之间通过步行天桥连接——俨然一副摩登都市的美好图景。

然而，以街区为单位的规划方式打破了吉祥寺原有自发生长的格局，切断了道路两侧间的联系，严重破坏了商店街和横丁。这个方案自然遭到当地商店街组织的激烈反对。

所有规划都是资本利益、商业逻辑下的妥协。毕竟，商店街的店主都很清楚：当时的站前空间无法适应人口增长的需要，吉祥寺急需某种程度上的再开发。协商之后，当初的规划方案被大幅度删减，只保留了主干

道、站前广场的规划以及街区中心学校腾退空地上商业大厦的建设等最小限度的规划内容。

好在吉祥寺原有的结构与城市规划高效的道路网络不谋而合。折中方案延续了吉祥寺原有的用地特征，升级了无法适应时代发展的陈旧基础设施，最重要的是，它最大限度地保留了吉祥寺最宝贵的财富——规划不来的多样性和杂乱感。

1964 年东京奥运会的举办给城市景观带来了巨大的变化，吉祥寺也不例外。通过中央线高架复线化工程，JR 中央线与机动车道的平交路口被取消，交通拥堵得到缓解，行人可以穿越铁路，在车站南北两侧间自由通行，同时车站大楼跟进建设，商业设施开始入驻。

1971 年，日本伊势丹百货在吉祥寺开了一间店，此后，近铁百货店（1974 — 2001，现友都八喜电器店）、东急百货店（1974 年开业）、丸井（1960 年开业，1978 年迁移）、伊势丹（1971 — 2010，现 Kopisu 吉祥寺）、PARCO（1980 年开业）等大型百货商店逐个开业，环抱在站前商店街的外围。

在 JR 中央线沿线，很多车站前的商业街大多都是单线延伸，对行人来说，只有这么一条街可以逛。吉祥寺的站前拱顶商店街就发散多了，顺应其倾斜的路网，不仅三条拱顶商店街相互连接，沿着两个相互垂直的方向延伸，它们还同其他街道连接在一起，行人很容易就能到达各个商业街区。这种拱廊，被德国哲学家本雅明称为“19 世纪最重要的建筑”。它起源于 18 世纪末期的巴黎，战后在日本各地大量兴起，你可以在各地商业街看到似曾相识的景象。

你看到的，是一个“新吉祥寺”

从口琴横丁的各种业态店铺数变迁可以看到，曾在 1953 年大量共存的酒馆于十年

通过高架复线化工程，行人可以穿越车站南北两侧，自由通行。 photo／佐佐木谦一

后数量减半，这是酒馆横丁的店铺用地逐渐统合的结果。60 年代恰是百货商场进驻前夕，横丁里小商贩依旧生意兴隆，即使是六七平方米的食材店，也不得不雇用五六个店员。然而 1987 年之后，酒馆数量剧减，这与泡沫经济破灭有一定关系。此时也恰是吉祥寺都市开发的极盛时期，街区面貌随着周边百货店的兴起焕然一新。

80 至 90 年代是日本媒体开始对东京“郊外地域”——吉祥寺、下北泽、高圆寺、自由之丘等地包装、商品化的时期。当时的杂志刊登了很多以深入郊区住宅区内部、发现隐蔽小店为主题的城市漫游类特辑。作为前互联网时代的小众景点，它们各有特点：代官山有一些出名的精品店，下北泽有着大量的古着店，吉祥寺则以爵士咖啡厅为代表——爵士文化的代表人物、被誉为吉祥寺之父的野口伊织曾经在吉祥寺经营着近 20 家店铺。

不过，吉祥寺并不是那种把自己与某个亚文化强绑定的社区，它会慢慢接纳各类亚文化人群。80 年代开始，动漫文化也逐渐开始入驻吉祥寺。那时候的吉祥寺是许多漫画家生活的地方，也是吉卜力工作室最初的选址。相应地，吉祥寺周边也出现了不少动漫相关产品的店铺。这里既能方便地从大泉学园的摄影所订购胶片和摄像机等器材，而且由于动漫制作人员基本上选择外食，所以是否有每天吃都不会腻且口味足够多的各式餐厅也格外重要。

老食材店铺难以为继，居酒屋为首的餐饮店纷纷开始置换那些腾退的店铺。2000 年之后，以白色明亮基调为主的钢结构咖啡厅和酒吧在吉祥寺区域开业，美甲店（之后因为卫生问题关闭）、占卜屋等新的业态也开始注入，横丁之外的潮牌店和精品店不断迭代更新。就在这个时候，以“口琴食堂”（ハモニカキッチン）为首的面向年轻人的

photo／佐佐木谦一

photo/佐佐木谦一

能在口琴横丁的居酒屋区域存活下来的都有几把刷子。“口琴食堂”迄今都是这条街的代表店铺。

餐饮店开始火了起来。

在破旧昏暗的老巷子里植入充满现代设计感的餐饮店，这种混搭迅速俘获了年轻人的心。在千城一面、差异化越来越难以实现的年代，口琴横丁向他们展示了一种“怀旧摩登”的新风貌，年轻人追求差异化的需求在吉祥寺再一次得到满足。北口站前商店街开始受到关注，成为吉祥寺新的人气景点。

“口琴厨房”和综合品牌“VIC”的经营者手塚一郎，仅仅在口琴横丁就拥有 13 家杂货店和餐饮店，他开创了这个时代的口琴横丁模式。

手塚一郎曾在各种采访中不断被问到“为什么吉祥寺会成为人们最想住的街区”，他的回答是：“想住的街区中的‘住’是什么？如果只是晚上睡觉的话，哪儿都一样。要让人产生想住的想法，关键是有一种乡土情结的东西。”

VIC 全称 Video Information Center，最早做的是音像器材生意。1998 年，手塚一郎将音像店搬到了“口琴厨房”现在的位置。那时候的口琴横丁，小酒馆也为数不多，到了晚上就变成无人问津的死寂小巷。而手塚一郎却看到了商机：“如果能在这种黑黢黢的地方孤零零地放一个白白的东西，应该挺有意思。”

以白色为装饰基调的第一家店“口琴厨房”成功吸引了女性客人。它的出现给口琴横丁带来了全新的气象，直至今日仍是口琴横丁的招牌。隔壁生鱼铺关门后，手塚一郎又接手了这个铺位，开了一家既经营餐饮也卖物产的综合食品店“Food Lab”。他曾公开表

kichijoji
SUNROAD
吉祥寺サンロード
Kichijoji
SUN ROAD
吉祥寺サンロード商店街
ダイヤ街
アパート・マンション
仲介手数料
家賃
Dramatic Communication
アパマンショップ
NETWORK
当ビル
3F
入口
Dramatic Communication
アパマンショップ
NETWORK
お部屋探しの専門店
Homemate
Homemate
薬
薬

photo／佐佐木谦一

示：“我的店尽量追求差异化，我从来都不喜欢因为成功就在另一个地方复制同一种模式。所以每次都是以一种业余的姿态来面对全新的挑战。”

吉祥寺“口琴横丁”的热点效应，让希望来这儿开店的商家数量不断增加，店铺租金自然也随之上涨。横丁店铺的单位面积租金在吉祥寺街区，甚至是站前的黄金地段中都是最高的。但好在横丁的店铺面积一般不超过 10 平方米，加上投资风险也比较低，对于不需要大型设备的小商铺来说，是个创业的好起点。

但想在口琴横丁立足可不是一件简单的事，只有品质很高的店铺才能在这里存活下来。口琴横丁里面将近 100 家店铺，并不都是近年兴起的潮店，而是经过各个时代筛选留下来的人气店铺。这些店铺大多坚持差异化经营，对商品和服务都有近乎严苛的标准。比如战后一直持续至今的干货店 Nagisa，一直以来在口味挑剔的名人圈中口碑极佳，也因此更广泛地被大众所熟识。

最后的结果是，虽然在吉祥寺百货商店不少，但没有分散小店铺的活力。当初那些由于用地紧张、互相推推挤挤出来的狭窄店面，如今反而让人们有更丰富的视觉体验。店铺看起来有点深，倒是激起了来往行人的好奇，总能吸引向内窥探的目光。如口琴簧片般小店林立的横丁里，不仅有买食材的

photo/佐佐木谦一

photo/米川健

吉祥寺的拱廊商店街不仅相互连接，也将行人送往其他相邻街区。因为有很多漫画家在此生活，它也慢慢融入了很多动漫文化元素。

拱廊商店街

日本的拱廊商店街大多有一个连通道路两侧的长拱顶，将整条商店街覆盖，步行者可以在其中自由穿行，不受雨雪日照的影响。这种形态最早只集中在商店街的一侧，起源于 17 世纪中期的江户时代，当时被称为“庇下”。江户幕府使用这种形式统一市容，各家店铺也能通过暖帘隔断彰显自己的个性。全面覆盖式的拱廊结构较多出现在日本濑户内海地区，那里气候湿热，日照充足，店家统一建造拱廊，可以避免商品受到日晒雨淋。如今，拱廊商店街几乎已经成为日本各处城市连接车站商店街的代表建筑，规模大的甚至能将整片街区连起来。拱廊虽然是简单的设施，却能大幅提升商店街的活力，尤其是在东京这个四季分明、雨水充足的城市。你在这里看不到高端的品牌店铺，但不会缺少有意思的小店，而且大都平价，这让拱廊商店街成为一个任何人都能没有负担地闲逛的商业空间。（text/戴恬）

主妇、在店面宽度不足 3 米的居酒屋里借酒浇愁的上班族，还逐渐出现了打扮时髦的年轻人的身影。午饭时间，到处都是排着长队的人气餐厅。商家们瞄准年轻人为主力客户群，曾经的“欧吉桑横丁”吹进了一股新风。

车站大楼的重建和改装实现了吉祥寺地区最近的一次改造和升级，这家 1969 年就开业的车站大厦因为老旧在 2008 年退役；2010 年改建完后又开始改修；同年，部分改修完工后，变身为 Atre 商场。作为日本车站商业开发的代表性企业，以“从商品到活动”为理念，凭借吉祥寺巨大的客流基础，通过企划商场内各种活动，这种“事件先导型”商业模式，让 Atre 吉祥寺店在 2012 年拿下了 Atre 日本销售第一的业绩。

2014 年，车站改修完工。车站里的主要商业设施是新开业的“kirarina 京王吉祥寺”商场，它的目标客户群是三十多岁的女性。开业时商场的入驻店铺里，有 70 家是第一次在吉祥寺开店。商场地上地下共有 9 层，直通车站检票口和 Atre 商场。

值得一提的是，合理、自然的城市规划，也帮助吉祥寺实现了大型百货和小店铺的共生。吉祥寺的百货店并不封闭。由于路网密集，一家百货往往占据整个小街区，再加上四面对外联通，使得百货成为连接街道的空间。从百货店内直接穿过，就到了另一个街区。不要小看这个小小的设计，它模糊了百货大楼（建筑）和商店街（城市街道）之间的边界，你甚至意识不到自己正不断穿梭在不同的领域之间。

现在回头看，2005 年可以称得上是吉祥寺的转折点。都市资讯杂志《东京漫步者》

吉祥寺的站前广场几经改造，如今已不再是以前的黑市模样。铁路公司将站点与商场结合，早已形成了热门商圈。站前空间也改造为公交枢纽，便于人们选择乘坐社区巴士——这也是日本很多车站改造的典型思路。

photo / 佐佐木谦一

photo / 佐佐木谦一

photo/佐佐木谦一

(*Tokyo Walker*)从 1998 年开始评选“最想居住的街区排行榜”，吉祥寺从 2005 年开始常年保持第一，在这之前，吉祥寺总是在三轩茶屋或自由之丘之后，排在第二到第五位之间。也是在 2005 年左右，房地产和住宅制造商也开始在互联网上不断推出各类“最想居住的街区排行榜”，吉祥寺成为这一轮排行热潮的宠儿。对于年轻人来说，比在这里吃什么买什么更重要的是，如何展示不同于主流的价值观，并通过居住行为，将这种价值观内化为自己生活的一部分。

“不管是哪家店铺，都不希望被人简单定义成某种特定印象。”手塚一郎说，“一直有人让我描述吉祥寺是什么样的。虽说这是一种品牌化的方式，但如果吉祥寺变得简单易懂，那就不是吉祥寺了。”

photo/佐佐木谦一

由于路网密集，在吉祥寺，一家百货店常常占据了整个街区。行人可以穿过百货店直接到另一个街区，百货店成为连接街道的空间。

它曾是和食文化中心、职人天地，
现在它搬到了对岸。那些味道还在吗？

消失的筑地市场

text / 刘小宇 illustration / 于瑒

到 2018 年为止，筑地市场已经度过了八十三年“日夜颠倒”的日子——当东京迎来下班的晚高峰时，筑地市场的一天才刚刚开始。

从傍晚 6 点到次日凌晨，载满水产的货车从全国各地的渔港陆续抵达。深夜里机械声轰鸣，渔商们卸货、搬运，中间商们思考着如何按订单进货。天微亮，竞拍场内摇铃声响起，漂亮的海物在各个场内亮相，等待中间商的检阅。8 点左右，来采购的料理人们陆续聚拢在中间商的档口前，嚯嚯的磨刀声告诉人们，筑地市场迎来了一天中最热闹的交易时段。正午过后，交易结束，筑地市场归于平静，人们才开始休息。

筑地市场是职人们的天地。他们每天在这里交易新鲜渔货，然后以各种方式送到东京人的餐桌。凌晨交易期内，场内市场严禁游客进入。

1,000
第四大通路
77-88
89-100
2,000
山三
秋山
3,000
4,000
市川水産
丸健

每天凌晨的金枪鱼拍卖，既是渔民的成果验收场，也是渔货交易商的“战场”。

筑地市场内平均每天交易着四百八十余种水产品，日交易额高达 17 亿日元（约合 1 亿元人民币），上千辆小型搬运车在拥挤的过道间往来不息。作为水产集散地，这个超级市场的能力远超全球的同行。筑地聚集着最懂渔货的职人，正因为有这些“具体的人”为食材指定标准，全日本的优质水产才愿意集结筑地。在料理人和旅行客眼中，筑地不只是一个渔货集散地，更是和食文化的中心。

2018 年 10 月 6 日，筑地市场正式停止营业。筑地内包括水产业者、果蔬业者、饮食店和零售店共计 1600 个商户迁往丰洲，丰洲新市场于次年 10 月 11 日开始营业。休止符并非突然降临，而是事先张扬了十八年。

十八年的被动等待

筑地市场经历了十八年的纷争才最终完成搬迁。

早在上个世纪，随着筑地市场物流负荷加重，建筑老化严重，筑地市场再修缮的问题就已被广泛讨论。直至 2001 年的一天，全体筑地人接到了一份书面通知，上面说筑地市场将被废止，所有商户迁往丰洲，文件署名是当时的东京都知事石原慎太郎。

人们感到政府的搬迁之意已决。筑地人经常会被问：“你们更喜欢筑地还是丰洲？”金枪鱼中间商藤田浩毅说：“这不是哪个更好的问题，我们没有选择的权利。”当时期待搬迁的人并不多。“当时很多人为搬迁的准备工作而焦虑，购置设备等都需要高昂的费用。”藤田浩毅说。

搬迁的目的地就让人担心——丰洲，一个前身为化工厂的人工岛。通知下发六年之后，丰洲的土壤污染问题再次爆发，引发巨大争议。人们担心，一个水产市场将连最基本的卫生问题都无法保证。当时正值东京知事选举，时任知事石原慎太郎成立对策小组，计划于 2011 年对丰洲实行大规模的整顿。按照当时的计划，工程将于 2016 年完工，新市场也能在当年 12 月开业。

筑地人虽然知道搬迁已成定局，但其间还是有人集会抗议。2016 年 8 月，新当选的

金枪鱼拍卖“晨间剧”

竞拍开始前，中间商们带着手电筒等工具“检阅”当日的金枪鱼，一边物色心仪的拍品，一边为金枪鱼估价。
尾部的横切面是中间商判断金枪鱼好坏的重要线索之一。他们把切下来的尾巴作为样本，观察其横截面，并用手指挑出肉来揉捏做判断。

5 时 30 分左右，金枪鱼拍卖场内传来摇铃声。戴着的帽子写有“大物”和店名的中间商们入场。
在筑地市场，“大物”是金枪鱼的别称。

伴随着拍卖师的指示，竞拍开始。竞拍者们以独特的“teyari”手势出价，同时拍卖师要宣读所有出价人的价格。

金枪鱼以平均每尾 6 秒的速度被拍下。
为了不影响金枪鱼的鲜度，整场拍卖在 30 分钟内结束，宛如一集“晨间剧”。

东京知事小池百合子宣布推迟搬迁时间。次月，调查组发现地表并没有防止有毒物质进入市场设施的填充层，是否搬迁再度成为热议话题。2018 年 7 月，小池终于宣布丰洲土壤安全。这场一波三折的搬迁纷争中，只有筑地人在被动等待。

2018 年 10 月 6 日凌晨，人们结束了在筑地举行的最后一次金枪鱼拍卖，数千辆曾经只在筑地场内运行的搬运车驶上高速，开往丰洲。另一边，并非所有商户都选择了搬迁。据《日本经济新闻》报道，截至 2019 年 4 月，搬迁前筑地内的水产中间商共有 524 家，其中 32 家放弃搬迁，选择和筑地一起结束营业。

职人骗不了职人

筑地市场曾是职人们的天地。

在筑地做了四十余年中间商的平井启之，只做虾的生意。每天平均有 1 万尾虾经他手销售给零售商和料理人。他只要用手拿起虾，瞬间就能分辨虾的大小、重量和状态。“虾是活物，不仅要用眼睛去看它的色泽，还要用手指感受肉质是柔软还是紧实。”在平井启之眼中，甚至每一尾虾都有“表情”。

平井启之的手心满是被虾刺伤的疤痕。活虾的尾针有毒，不小心碰到受伤是常有的事。“专业的料理人会根据虾的大小来区分料理方式，所以你要帮他们一尾一尾地确认大小。”平井启之说。正因为双方都是职人，一次买卖就是一次专业上的切磋，谁都骗不了对方。对中间商来说，他们挑到自己觉得好的渔货并没有意义，重要的是帮客人找到符合他们预期的渔货。

每天凌晨的筑地各大竞拍场内，同样在考验

中间商的眼力。筑地内竞争最激烈的金枪鱼拍卖，厉害的中间商只要用手电筒照一下鱼腹和鱼尾的切面，根据颜色和光反射的情况，就能确认脂肪是否丰腴，品质在什么段位。每场竞拍不超过 30 分钟，一尾金枪鱼以平均 6 秒的速度被拍下，因此想要拍到好货，中间商只能使出浑身解数。

“金枪鱼是赌博”——这是筑地内曾经流传的话。有时，中间商明知自己赚不到钱，但为了帮客人拿到好货，还是会在最后一刻以高价拍下金枪鱼。“想到卖命出海的渔民，也应该出到这个价格。”中间商一边牵制着对手，一边考虑着客人和生产者的情况

场外市场做的大多是游客生意，他们提供新鲜海鲜，等待食客们大快朵颐。当然，价格不菲。

出价。

好眼力的中间商，通过公开的竞拍手段为渔货贴上透明且合理的价格。正因如此，渔民才愿意不断地出海寻觅好东西。从生产者到批发商，每个人都十分清楚自己的工作对筑地的交易系统意味着什么。

筑地人情

在筑地市场，大家信赖的是那些“具体的人”。一些料理人和中间商建立了长年的交情，他们既知道彼此的喜好，又可以做到相互坦诚。时令不对、没能拿到好货，即便是不如意的消息，也都如实告诉客人。发生在筑地市场内的交易，大多建立在像这样的信赖关系之上。

筑地场内有一排饮食店，以方便在筑地工作的人们就餐，吉野家就是从这里起家的。随着观光客的到来，这些饮食店的顾客群也变得多元。绑着头巾身着长靴的渔商，大口地吸着拉面，而一旁的观光客新奇地打量着他们，怯怯地举起相机。

而对筑地人来说，这些饮食店，也是他们重要的社交场。

凌晨 3 点，筑地场内喫茶店“爱养咖啡”开始营业。唱片里的交响乐在深夜响起，咖啡在炉子上被文火温着。进来的熟客和老板点头问好，不必开口，一半黄油一半果酱的烤吐司和热咖啡就端了上来。曾在筑地场外经营茶铺的大田先生也是“爱养”的常客，过去每天开店前，他都会去喝一杯热咖啡，用勺子慢吞吞地吃完一颗温泉蛋。大家聊着早上刺激的竞拍，摊开报纸看看筑地外又发生了什么。“‘爱养’开了五十四年，我在这里听了太多有趣的故事。”老板铃木健藏说筑地里有一张巨大的关系网，人们在与彼此的交际中形成对“筑地人”的认同感。

曾经，筑地的正门有一面失物招领公示板。除了钱包、手机等常见的丢失物之外，一串海葡萄、一个茄子，也都在这里一本正经地寻找失主。大田说：“在筑地，人情很重要，再小的事情大家都互相关照。”搬迁到丰洲后，市场的规划和管理都井然有序，这样的公示板也不再需要。

干净的丰洲市场

茶铺搬迁至丰洲后，大田的通勤变得辛苦。“现在我每天早上 6 点钟出门，需要换乘 4 班电车。”即便如此，他也经常赶不上开店时间。丰洲地理位置不便，不仅让从业者苦恼，中间商们也因此流失了大量散客。

从前，常去筑地进货的餐厅大多在市中心，银座的寿司店老人家能亲自采购；现在，以他们的腿脚，很难到丰洲进货。散客变少，大型超市成为新客户，中间商把鲜鱼大量批发给超市，疫情期间也能维持营收。

如今在丰洲市场，你可以乘着扶手电梯来到采购大厅，地表是漂亮的大理石地砖。合理的分区和导购，让人们的采购不再像是探险。观光客也可以透过建筑物两侧的玻璃窗，大大方方地观看市场内的模样，不必再心惊胆战地担心挡到路，脚底也不会再沾满泥巴。

似乎一切都在以合理的方式变得更好，但总有些“不合时宜”的东西叫人怀念。就像大田说的那样：“铃木先生的咖啡虽然烫嘴，但想到再也喝不到了还是会伤感。”

photo／陈伊宁

在滨仓好宣的设想里，人们始终会在横丁相聚——年轻人从涩谷横丁“毕业”，到惠比寿横丁开公司酒会，上了年纪，再去有乐町横丁玩乐。

他在东京唤醒“昭和横丁”

text／邢梦妮 photo／陈伊宁 滨仓的商店制作所

翻开一本中日词典，它会告诉你，“横丁”指建筑物之间的胡同、小巷。但在现实中的日本，横丁有别的含义：狭窄的传统商业街。

如果你在到访东京前做过功课，可能会知道位于上野的“阿美横丁”——这条露天商店街如今是一个知名景点，店家还在用叫卖的老办法吸引客人。阿美横丁的“阿美”二字取自“美国”（America），第二次世界大战时是销售美军物资的黑市。

战争期间，日本实行物资管制，东京人还必须和黑市为伴才能买到市面上没有的生活必需品。日本战败后，驻日盟军总司令部（GHQ）入驻东京丸之内地区，以治安、卫生问题为由强制取缔黑市。

东京理科大学工学部建筑学助教石榑督和曾直言：东京从战后延续至今的空间只剩下横丁了。2004 年，石榑督和只身从岐阜县来到东京学习建筑，第一次去闹市区时，他发现新宿车站周边的街区各有特色，既有写字楼、百货大楼，也有老字号店铺。“歌舞伎町把我吓了一跳，我也被‘回忆横丁’和‘黄金街’震惊了。”他回忆道。

石榑督和曾在下北泽的餐饮店打工，经常光顾北口车站的黑市酒馆。2016 年，他出版了一本研究东京近代

“滨仓的商店制作所”社长滨仓好宣总是顶着一头金色卷发出现，他和他的生意都让人印象深刻。

惠比寿横丁重拾烟火气，改变了很多商业街卷帘门萧条的冷清景象。

photo／滨仓的商店制作所

photo／滨仓的商店制作所

建筑史的书《战后东京和黑市》。新宿的“回忆横丁”和“黄金街”就是旧街区的代表，还保留着战时的建筑形态。据 1953 年出版的《新兴市场地图》记载，东京都 23 区曾有 280 个横丁。

不过，在“滨仓的商店制作所”社长滨仓好宣看来，横丁未必只能是历史的影子——他造出了一种“新型横丁”。

从 JR 惠比寿站西出口步行 3 分钟，就能来到“惠比寿横丁”所在的大楼。入口挂着一排毛笔写就的招牌，通往细窄的走廊，远处隐约传来谈笑声和歌声。就在橙色的电灯泡下，人们挤着就座——走廊宽度还不到两米，却入驻了近 20 家餐饮店，其中有些店铺品牌你大概从没听说过。

跟“前辈”相比，2008 年开业的惠比寿横丁其实还很年轻，它的前身是 60 年代政府开设的公立市场——山下购物中心。2006 年，尚在餐饮企业工作的滨仓好宣相中了这块地。他觉得这里离车站近，交通方便，而且附近都是时髦的高级餐厅，平价餐饮没有竞争对手。

当时，山下购物中心已经没落，滨仓好宣见到的只有满目的卷帘门。这种萧条现象始于 70 年代，在东京十分常见，甚至因此得名“卷帘门化”。一些人认为，自 1970 年开始，私家车在日本逐渐普及，人们习惯了驱车到郊区的大型零售店购物。那些仓储式超市既能提供便宜货，空间还宽敞，本地个体户的商店街自然就过时了。

滨仓好宣想的却不大一样，他相信，横丁象征着市井烟火气，而另一个原因可能在于，他比较“恋旧”。

滨仓好宣生于 1968 年，无论在受访照片中，还是滨仓的商店制作所的官网上，他总是顶着一头金棕色的卷发——乍一看，仿佛穿越回了昭和时代。他自称每天早晨都要用卷发棒打理发型，“从学生时代开始就是这样，不这么弄头发就冷静不下来”。他也常被人说“这发型太老掉牙了”。

不过，这意味着滨仓好宣有自己的坚持。在山下购物中心的案例里，他试图在东京重现过去的光景。儿时，他的父亲是京都近郊的地产开发商，一家人也在那儿生活，他们常参加镇上的集体活动。“我体会到，原来人们真的可以组建社群。”他感叹道。

18 岁时，滨仓好宣第一次参与改造了京都的一间餐饮老字号，由此入了行——就像偶像制作人（producer）那样，他把这种项目称为“制作”（produce），这也是滨仓的商店制作所业务和名字的雏形。在日语中，“的”这个字常常接在一些名词的后面，形容带有某种倾向或者是某种流派的感觉。所以在他定下的这个有些奇特的公司名称“滨仓的商店制作所”里，也注入了强烈的“流派感”——他要用自己的方法重振横丁。

滨仓好宣更愿意把面前这个空落落的山下购物中心，改造成人们经常聚集的场所。日本人会用一个专有名词——“溜まり場”（tamariba）来形容这种人气店铺，“溜まり”就是积存、聚集的意思。“小时候不是经常有那种‘我们就在这地方会合吧’的说法吗？”他解释说，自己就是想创造那样的“会合点”。

但无论构想多么美好，他的第一个困难是拿下这块地。山下购物中心位于一幢大楼底层，抬头就是公寓的阳台，又曾经是公共市场，产权状况复杂，这也是它位置好却始终空置的原因，连当地的房产中介也不敢轻易推荐。

如果重新改造，这将会是个大工程。滨仓好宣需要召集人手，和公寓业主、大楼开发商、律师等不同对象协商。光是设计提案和沟通，他们就花了半年，才征得所有参与方的同意。至于经营，滨仓好宣早有打算，就做他熟悉的餐饮。大家一致同意，名字里要带上“惠比寿”——在日本，惠比寿也有财神爷的含义。

“当时东京的连锁餐厅很多，个体店氛围比较封闭，店铺和顾客年龄越来越大，年轻人很难走进去，”滨仓好宣把随着年龄增长而改变就餐倾向称作“毕业”，就他的经验而言，从连锁餐厅“毕业”的人能去的地方并不多，“现在市中心的年轻人，都没什么能贴着别人放松说话的地方。他们会去咖啡馆，对着手机‘嗡嗡’‘嗡嗡’的。”

滨仓好宣期待，惠比寿横丁可以消除顾客的社会等级，让男女老少都能享受社交乐趣。而且，这一切不能被轻易复制。

跟连锁购物中心标准的美食广场不同，横丁的制胜法宝是“人情味”。募集店铺时，滨仓好宣和团队倾向找“爱笑的个性派厨师”，他们的热情能带来回头客。为了挑选符合条件的人，项目团队还让应征者猜拳来争夺店铺位置，自己决定业态。滨仓好宣坦言：“这最公平。”

跟真正的“昭和横丁”不同，惠比寿横丁的店铺没有历史间隔，都是同时开业的，但“世代更替”后来成了滨仓的商店制造所的一大主题。

滨仓的商店制作所主营三大业务

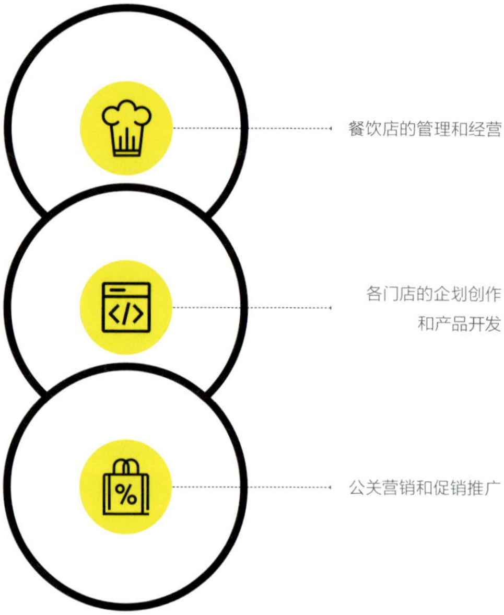

资料来源：根据公开资料整理。

2005 年，滨仓好宣着手改造了一家位于东京中野区的鱼市。传统鱼市竞争不过超市，纷纷倒闭，而餐饮业界正值“换代潮”，许多店主急着培养接班人。按滨仓好宣的说法，鱼市通常位置不错，家族经营者也多，供应商为人牢靠。于是，他推出了专营海鲜烧烤的居酒屋品牌“鳞”。

滨仓好宣承认，如果按照鱼市的样板设计店面，要改的地方不多，初期投资也少，鱼店的老板可以直接上手做居酒屋大厨。这些人常年临街卖鱼，不仅专业知识和技能过硬，还很会和客人打交道。

团队成员也意识到，居酒屋的受众面比较窄，他们为此想了解决办法——让不同年纪的人在一起工作。“如果都是老男人，那气氛就很沉重了吧？”滨仓好宣笑着说，“我想，可以把酒馆设计成‘家庭剧场’。虽然员工只是同事关系，但年轻的顾客会以为是一对父女在经营酒馆，设定成顽固的鱼贩父亲和棕色头发、戴着耳钉的女儿，他们就会放心一点，更容易走进来。”

滨仓好宣鼓励旗下的餐饮店聘用“有故事的人”。除了街头鱼贩，滨仓的商店制作所也面试过子女长大、想要回归社会的母亲以及退役的相扑选手。这能让顾客认识更多有意思的人，店铺不会变成死板的连锁店。另外，对于整个业界来说，这还能解决劳动力不足的难题。

截至 2021 年 1 月，这家公司在日本全国共拥有 22 家餐饮直营店。同样的菜系或烹饪风格，公司会干脆将其发展成品牌，比如以传统日本料理为卖点的“横丁”和容纳不同菜系的“食市”。

这些店铺不乏滨仓好宣推广的特色概念。“有乐町产直横丁”的“产直”指“产地直销”，而在东京的新桥、日比谷、上野等地，他们还运营“产直饮食街”。针对熟客，滨仓的商店制作所开设了“横丁爱好者”俱乐部，会员可以在其运营的门店获取优惠。

2020 年 8 月，坐落于涩谷的大型商业复合设施“宫下公园”正式开业。虽然叫作“公园”，但它其实也是一座购物中心。这个项目是涩谷区都市更新的一环，由区政府和三井不动产牵头。就在 1 层临街的位置，滨仓的商店制作所设计了一条全长 100 米的餐饮商店街，命名为“涩谷横丁”，运营 19 家直营店，包括日本各地的菜系和烧烤小吃。

滨仓的商店制作所企划的横丁项目

时间	名称	地址
2008.5	惠比寿横丁	东京都涩谷区惠比寿 1-7-4
2010.7	Hama 横丁	神奈川县横滨市神奈川区鹤屋町 2-11-4 昭荣大楼1F
2018.3	新桥 Guard 下横丁	东京都港区新桥 1-13-3
2019.5	Office Zingaro Yokocho	东京都中野区中野 5-52-15 中野百老汇 4F
2019.12	有乐町产直横丁	东京都千代田区有乐町 2-1-1
2020.8	涩谷横丁	东京都涩谷区神宫前 6-20-1

● Office Zingaro Yokocho 是日本艺术家村上隆及其公司 Kaikai Kiki 委托滨仓的商店制作所设计的“昭和横丁风”办公空间。
● 因为 JR 高架下的防震工程项目，有乐町产直横丁自 2018 年 7 月起停业，于 2019 年 12 月重新开业。

资料来源：根据公开资料整理。

photo／滨仓的商店制作所

photo／滨仓的商店制作所

photo／滨仓的商店制作所

photo／滨仓的商店制作所

shutter 萧条

部分日本的商店街受到少子高龄化、汽车普及、高架桥增加等影响，客流越来越少。营业额的下降导致部分店铺倒闭，拉下 shutter（卷帘门），呈现出“shutter 萧条”。特别在 2000 年日本政府颁布规范大型零售店的法律《大规模零售店铺布局法》后，建立在市郊的大型综合商业设施越来越多。它们不仅具备电影院甚至美术馆等文化功能，还提供免费停车场。在购物、娱乐的便利性上，能和传统商店街一较高下。比起指整条路上大部分商店不开门的日语“shutter 通り”，更“可怕”的是“shutter 街”——它的意思是整个街区的大部分商店都关门了。（text／米川健）

涩谷横丁开在涩谷街区更新的项目——宫下公园综合体，成功吸引了在周边闲逛的年轻人的注意力。

在人们的印象里，涩谷一带总聚集着年轻人。项目团队计划每天都在涩谷横丁办娱乐活动——请 DJ 开现场演唱会，邀请传统祭典的舞者在店门前表演……把场面搞得很热闹。

考虑到东京的夜生活和顾客的作息，涩谷横丁实行 24 小时营业制。根据目前的状况来看，晚上到午夜时间段的客人最多，但滨仓好宣也说，餐饮行业就是这么辛苦。

滨仓的商店制作所创造了一系列有影响力的“新型横丁”，与此同时，东京的城市面貌也在改变。日本消费评论家三浦展注意到，自 2000 年起，东京的开发商们就开始试图重塑横丁，直到 2010 年，新型横丁的数量呈爆发性增长趋势。他认为，人们在怀念城市发展进程中失去的东西，所以把这种感情概括为“乡愁”。

一些开发商不像滨仓的商业制作所一样坚持“平民化”。地产开发商“森大厦”在虎之门 Hills Business Tower 大楼里修建了一条“虎之门横丁”，那是一家需要预约的高档餐饮集合店。因为开发者理念、定位不同，即使名字都叫“横丁”，店铺仍会呈现不同的形态。

2017 年，*Newsweek* 周刊记者高野智宏走访新宿老横丁“黄金街”，他发现，好奇的外国游客越来越多了。高野智宏随即采访了当地酒吧“梦二”的客人，有人直言，没法在新型横丁交朋友。一名四十多岁的男性金融从业者告诉他：“怎么说呢，整条黄金街有一种情感的力量，这种庸俗又杂乱的魅力，在新型横丁不复存在。”

研究东京战后建筑的学者石榑督和曾把“横丁”当成一个形容词，用来形容东京一些老旧大楼里的商店社群。他声称，这些战后建成的大楼并不是简单的租赁楼，而是业主共同出资缔造的“横丁式命运共同体”。

对于横丁的老主顾来说，“新型横丁”可能还需要更多时间证明自己。滨仓好宣接下来或许将面临这项挑战：如何让店铺成为东京的历史记忆，而不是昭和时代的复制品。不过，在他的设想里，人们始终会在横丁相聚——年轻人从涩谷横丁“毕业”，到惠比寿横丁开公司酒会；上了年纪，再去有乐町横丁玩乐。

街道商会

要是你看过动画《玉子市场》，会发现故事背景是一条名叫“兔子山”的小镇商店街，人们结成“商店会”，也就是所谓的街道商会，为了拯救人流减少的街道努力企划活动。这种景象在日本很常见。根据日本政府经济产业政策局的定义，“商店街”应拥有 30 家以上的零售店、餐馆和服务机构，这些店铺在一条街道上彼此相邻。根据这个定义，日本全国拥有超过 1 万条商店街。但随着购物中心和百货店占领东京，光顾商店街的人没那么多了。但商店街里的本地人并不认输。商会通常由商店街业主自发组织。日本最早的街道商会可以追溯到 1894 年的金泽市。东京 23 个行政区都各自设立了商店街联合会。这要归功于 1962 年 5 月日本政府颁布的《商店街振兴组合法》。如今，街道商会已经成为重要的本地居民自治组织。（text / 邢梦妮）

这座建于 1966 年的东京“魔之巢穴”，
经历了城市开发的一轮兴衰，
如今还有一小撮“兴趣狂热分子”盘踞在那里
——那是他们的天堂。

中野百老汇：混沌的亚文化圣地

text／戴恬 photo／佐佐木谦一

SUIT SELECT
サンモール
モール
クスリ
OSドラッグ
サンモール
来のために
TANCING
2m/6ft
中野ブロードウェイ商店街振興組合
ROADWAY
クスリ
SUIT SELECT

如果《哈利·波特》中那条魔法界最繁华的商业街“对角巷”开在日本，中野百老汇可能是最接近它的样子。那里有低垂的楼层、窄小的格子铺，转过回廊，人们可能会和一块蒸汽朋克风的巨大看板不期而遇。橱窗内各色塑料小玩意儿满得呼之欲出，似乎要将你拽进一个不一般的世界——然而转过那个街角，对面却是灯光琳琅的二手高级钟表店，钢琴曲回转流淌。

二手高级钟表店中洋溢着的精致氛围，仿佛在娓娓道来中野百老汇的往日荣光。这栋现今被称为“魔之巢穴”的建筑建成于1966年，是当时难得一见的大规模复合建筑。地上10层，地下3层。地下1层至地上4层是店铺，有高级餐厅、定制成衣店；5层以上则是高级住宅区，楼道里铺着红色绒布地毯。顶楼甚至设有日本庭院、游泳池和小型高尔夫球场。

绝佳选址让这个高级住宅区在当时一屋难求。在JR中野站下车，从北口出来，步行5分钟，穿过长长的商店街就能抵达。公寓部分可容纳220户居民，其中居住过很多社会名流，比如写出了歌曲《任时光流逝》（時の過ぎゆくままに）的歌手泽田研二、曾任东京都知事的青岛幸男等。1995年青岛幸男当选东京知事时，还是在中野百老汇5层的会议室里举办的记者发布会。

中野原属神奈川县，原先就是平民聚集的村落。东京版图扩张至此之后，这里曾是战后中央线沿线最大黑市所在地。东京地铁中野至竹桥区间线路的开通，以及JR站点的落成、延伸，都催化了以中野站为中心的城市开发进程。东京奥运会前夕，中野站北口开发委员会计划在站前商店街的尽头再开发一个新的大型商业设施。但这个过程困难重重——不仅要说服持反对意见的居民，一家一户收购土地，而且因此拉长了开发战线，导致经费紧张。最终，最早的开发商退出了项目。

接手开发项目的是东京高级住宅开发商“东京Coop贩卖”（東京コープ販売）。这家公司在接收中野百老汇之前，就已经建成了东京的几处高级住宅项目，还经营着高级中华餐厅。时值东京奥运，东京都内欣欣向荣，大兴土木。社长宫田庆三郎并不掩饰对中野站前这块土地的野心——对标纽约，中野百老汇曾经历过商业形态上的巅峰年代，如今，开发商隔离出更多店铺，以获得更多收益。以二手漫画交易起家的 MANDARAKE 就是其中的代表店铺，它将店铺门脸都做得极度吸睛。另外，开发商还将 2 层的店铺改为 3 层，将 3 层的一条主干道做空以增加纵深感。这些改造让人总觉得有哪里不太符合常理，隐约间产生了一种异次元的感觉。

要创立一个“东洋第一购物中心”。

鼎盛时代的中野百老汇曾有过 400 家店铺，这个数字放在现在依然惊人。实际上，在开发后期，东京 Coop 贩卖为了回笼投入的大量资金，在楼层和店面上大做文章。为了隔离出更多的店铺以分割出更多的产权，东京 Coop 贩卖将中野百老汇的 2 层楼改造成 3 层，于是 2 层夹杂在其中，低矮局促。为了缓解天花板低垂带来的不适感受，它用镜子做天花板，将 3 层的一条主干道做空，使 3 层和 4 层联通，增加纵深感，还在 1 层设置了可以直接到 3 层的电梯。这样迂回的回廊设计，被戏称为“迷宫”。

这种纷繁复杂的产权状况阻碍了中野百老汇多次转型尝试。与现在许多百货店将铺位租赁出去的形式不同，中野百老汇中这些格子间样式的小铺子的产权多归在个人业主或本地中小不动产公司手中，这让整栋楼几乎无法彻底翻修。对于任何想要入驻的连锁店或零售品牌而言，光是协调出足够大的店面来营业就足以让他们头疼。不过，这样的店铺形态廉价方便，对于想要稍微尝试开店的个人却是再适合不过了，这竟使得中野百老汇成为狂热收集者店铺的一方沃土——当然，这是后话了。

随着与 JR 站连通的连锁百货 Lumine（ルミネ）相继建成，东京形成了“购物在新宿、想住吉祥寺”的生活风潮，中野百老汇渐渐成为一个“昭和老物件”——如今提起昭和这个日本年号，大多带有一种怀旧气氛。客源减少，使得中野百老汇 2 层曾经聚集最多的高级洋装店与服装定制店也没了生意。建筑内的店铺虽更迭不断，最终还是越开越少，建成时的 340 家店铺，到了 1985 年只剩 117 家。

中野百老汇汇集了各种不同业态，既有像 JackRoad 这种高级钟表店，也有 FUJIYA-AVIC 这种二手影像店，还有军用装备品牌店 Euro-surplus。村上隆也将公司 Kaikai Kiki 开在这里，还有几家面向普通公众的画廊和咖啡厅。卷帘门拉下时，门上都印着村上隆的画作。

泡沫经济破灭后，经济常年不景气，人们消费意愿低迷，节约也早已成为日本消费者的一种习惯。二手店铺（recycle shop）渐渐兴起。1987 年，一个曾做过漫画家的年轻人古川益三在中野百老汇 2 层租下一间仅 2 坪（约合 6.6 平方米）的格子铺，开了一家旧书店 MANDARAKE。创业初期，古川益三常自驾跑遍全日本的旧书店或漫画租书店，靠着漫画方面的知识，他慧眼识珠，收购了许多漫画家未成名之前的作品或者处女作。如果是首版，那就更加珍贵。在古川益三眼中，没有毫无价值的商品，只有错误的年代。他说自己的员工是一群“怪人”，拥有可能不被社会常规所理解的价值观，却对自己的兴趣领域充满热忱。

或许真正的狂热分子（mania）都无法抵

挡终于入手难得一见的收藏品时的乐趣，古川益三的 MANDARAKE 就这样开下来了。这家专门销售漫画的店铺搬到了中野百老汇 3 层正中间，打通了好几个隔间。MANDARAKE 的商品范围也不再局限于漫画书：二次元周边、漫画手稿、球形关节人偶、高达玩具，甚至是各种旧招牌，这些东西都吸引着人们的“兴趣”。

在中野百老汇里头，古川益三相继开了三十多间各种主题的分店，有专卖娃娃的“plastic”或者是专卖铁道相关商品的“大车轮”……它们散落在中野百老汇的格子间里边，就像是一小点儿火花，但没想到这点儿火花最终被撩拨得如此之大——中野百老汇成了二次元文化的代表胜地，甚至一家荷兰旅行社在所开发的二次元文化主题行程中，将中野外百老汇作为重要的一站。

或许就如同 MANDARAKE 为“怪人”们提供了一个空间一般，中野百老汇为各种爱好

中野百老汇有一套看似粗暴，实则自有章法的标志指示系统。

提供容身之所。除了以 MANDARAKE 为首的二次元文化店铺之外，在钟表爱好者之间，中野百老汇也有“钟表圣地”的美名。

时至今日，中野百老汇的二手钟表店仍有10家之多。其中，JackRoad（ジャックロード）是最老的时钟店铺，1987 年开业至今，被称为“可购物的时钟博物馆”。除此之外，中野百老汇也拥有各种规模虽小却分类精细的专业店铺。想要购买二手的摄像影像关联产品则可以去 FUJIYA - AVIC，喜欢军用装备品牌可以去三楼的 Euro-surplus（ユーロサープラス）。

尽管御宅族为中野百老汇开辟了一种新的可能，但中野百老汇有其根植在当地生活中

祭

“祭”在日文里是节庆活动的意思。在日本，任何组织、地区，在各种时间节点，都会有自己的“祭”。具体到新旧文化混杂的中野区，这里既保留了传统祭典，又开发出散发着亚文化魅力的年度集会和市集。每年 8 月至 10 月，中野区 3 家“冰川神社”分别举办 3 场祭典，人们高喊口号拖曳着太鼓山车，抬着神舆，在“雌子”（一种传统曲艺形式）的乐声中观赏具有七百多年历史的“三匹狮子舞”。各种主题的大型集会也拉动了中野区的人流。为支援日本东北地区的灾后重建，每年秋季都会举办“东北复兴大祭典”。每年 10 月在中野车站前举办的“中野 Nigiwai Festa”主要面向家庭，包含众多儿童游戏，参加人数近 20 万人。祭典和集会成为季节的风物诗，浸入社区日常，形成中野区尊重多样性的共生环境。（text / 白若晶）

中野百老汇在 20 世纪 60 年代曾是日本难得一见的大规模复合建筑，地上 10 层，地下 3 层。5 层以上是高级住宅区，楼道里铺着红色绒布地毯，这个装饰一直延续至今。顶层甚至有游泳池与小型高尔夫球场。当时，绝佳选址曾让这个高级住宅区一屋难求。

如果说中野百老汇 2 层到 4 层是属于各领域爱好者的神秘而深层的世界，那么 1 层到地下 1 层则洋溢着普通百姓的生活气息。

的元素。如果说 2 层到 4 层是属于爱好者的神秘而“deep”（深层）的世界，那么 1 层到地下 1 层则洋溢着最普通的百姓生活气息。人们可以花 100 日元（约合 6 元人民币）买上一大束佛坛供奉用的菊花，或是去平价菜店买点小菜。炸物店香气扑鼻，排队的人总是探头张望着牛肉饼是不是快出锅了。这儿的东西虽然没有百货店里头纸花装饰的水果般规整漂亮，但却像奶奶家每年都结果的丑苹果一样好吃实惠。

这种自得其乐的氛围，加上自身多少体现出的叛逆感，中野百老汇吸引了不少慕名而来的外国人，艺术家们也愿意到此体验一番。在中野百老汇 4 层，除了 MANDARAKE 公司的事务所之外，2009 年，村上隆将公司 Kaikai Kiki（カイカイキキ）的新办公室也开在这里。办公室外边装潢着灯笼小巷和昭和风情的老看板，若是不知情的游客，怕是会把那里当作一家开业已有些年头的居酒屋。

这间办公室对面则是 Kaikai Kiki 经营的店铺 Tonari no zingaro（邻家的吉普赛人），主营官方纪念品，销售村上隆和公司旗下其他艺术家的周边商品。除此之外，2 层还曾经有 Kaikai Kiki 的咖啡店 Bar Zingaro，不过疫情期间，他们将店改名为 Tonari no kaikado，经营糕点，推出了太阳花形状的饼干礼盒以及邮寄服务。2 层、3 层则各有一家同样由他们经营的画廊，各自陈列自家官方出品的御宅文化相关作品和当代艺术品。

在 Zingaro 官方网站的介绍页面中，中野百老汇被认为是“亚文化的圣地”，更是一个“混沌的空间”，而“艺术体验只能在这里完成”。

PART

03

东京人总喜欢把他们的服务
用一个神秘的词语概括
“Omotenashi”
有点无微不至的意味
又有点以品质为傲的小得意
他们总能把
传统与现代气质交融在一起
使之继续流传

Omotenashi：传统文化与现代服务

传统文化

现代服务

PICTURE INSIGHT

道／日本传统文化中有各种“道”，比如茶道、花道、柔道、剑道、弓道、合气道等。这些“道”可以视作一种通过对传统技能的训练，来锻炼人格品质的方式。比如，起源于中国茶宴的茶道旨在锻炼人的“和（与自然调和）、敬（谦敬）、清（纯朴清净）、寂（无始无终的宁静）”四种品质。本质上，这是一种修行途径。这也是为什么日本的“道”都有复杂的礼仪制度和传统规范。人们希望通过外在的规训来提升内在素养。由外而内，由形式到本质，这种思维方式也影响着日本人的日常生活。（text／刘津瑞）

神社 / 日本有超过 8 万家神社，比便利店还多。在日本，神社主要提供祈福、占卜、婚丧、祭祀和庆典等宗教服务。就像欧洲的教堂，它不仅是一个宗教场所，更是一个地区重要的公共空间和文化中心。大部分神社都由私人经营管理，需要自负盈亏，所以他们会想办法吸引更多参拜者。在东京，一些神社选择通过与知名 IP 联动的方式来吸引参拜者。位于千代田区的神田神社，作为知名动画《Love Live!》的取景地，从 2015 年开始出售《Love Live!》主题绘马和御守。2020 年受疫情影响，很多神社开始通过线上直播提供服务。例如，位于台东区的小野照崎神社在 2020 年 5 月在线直播了祈祷疫情结束仪式，并向观众的电子邮箱发送印有特别朱印的图片。图为明治神宫 100 周年纪念仪式上的活动。（text / 刘津瑞）

结婚式 / 在日本，在神社或婚礼会场的神殿举行的结婚仪式被称为神前结婚式。在神前结婚式中，神社的神官和巫女负责引导新人在神殿里完成洗礼、“三三九度”（交杯酒）之礼和“二拜二拍一拜”之礼等神道教仪式。新郎身穿黑色和服，新娘身穿名为“白无垢”的白色和服。仪式后，新人和家人及宾客离开神殿前往婚宴会场。在东京，一次完整的神前结婚式通常较为昂贵。以 2015 年在乃木神社和乃木会馆举办的神前结婚式为例，一次的总费用约为 400 万日元（约合 25 万元人民币）。现在，越来越多的新婚夫妇选择教堂婚礼。教堂婚礼虽然由牧师在教堂里主持完成，但对新人是否信教没有要求。相比于神前结婚式，教堂婚礼的花费相对较低，且对年轻人来说更加时尚。随着选择教堂婚礼的人数增多，神前结婚式正在变得小众化。（text / 刘津瑞）

榻榻米 / “醒来时半叠，就寝时一叠”。在日本的传统居住观念中，人们习惯用榻榻米的块数来计算空间面积，一块榻榻米即“一叠”，约 1.82 平方米。进入家中，在玄关处就要脱鞋，坐行躺卧都直接赤脚与榻榻米接触。人们在榻榻米上支起桌子吃饭喝茶，晚上又直接将被褥铺在上面就寝。挺身端坐，轻声碎步，人们自然地形成了在榻榻米上的行动方式。榻榻米作为一种铺装，它让坚硬的地表在感官上变得柔软。灯心草的清香，编织纹理的触感，人们借由榻榻米来亲近地面，建立与空间的亲密关系。即便是在西式住宅普及的今天，也有很多日本人为家中的一间屋子铺上榻榻米。榻榻米是日本人观察空间的尺度，也是传统生活方式的基础。（text / 刘小宇）

和服店／无论是夏日烟火大会时身着的轻薄浴衣，还是在穿戴上需要花些工夫的华美振袖，和服已经成为外国旅行者也可以体验的日本文化。而传统意义上的“吴服屋”，大多只提供高档丝织品的定制服务。一件成品和服，从织物到裁剪的大多数工艺都靠手工，成本非常高。传统和服店主要靠老顾客，不少大家庭无论婚丧嫁娶，任何场合穿着的和服都委托一家和服店制作，一件和服在家族中世代相传也十分常见。随着这样的大家族式微，以及穿和服的场合变少，传统和服店渐渐成为夕阳产业。如何推出更轻便日常的设计，设置更灵活的购买渠道，和服店也在寻找新的可能性。（text／刘小宇）

钱汤 / 虽然日本以温泉闻名，但更普及的是钱汤。“面向富士山大家裸着身子坦诚相见吧！”日剧《朝五晚九》中这句台词描述的场景正是在钱汤——日本的公共庶民澡堂。近四十年来，随着独立卫浴成为现代住宅的标配，日本的钱汤数量急剧减少，目前东京都内仅剩 500 间左右。为了让钱汤这种公共生活方式存续下去，钱汤的后继者们也在主动求变，他们通过再设计建筑空间、与酒或咖啡等元素结合成新的消费场景，试图增加钱汤的功能。下班后去家附近的钱汤舒服地泡个澡，出来后在吧台喝一杯聊聊天再回家，这样的钱汤，会不会成为下一个被年轻人喜欢的公共社交场呢所？（text / 刘小宇）

卫浴分离 / 如今，干湿分离已经是很普及的家庭装修理念。不过对日本人来说，还会多一层意义。日本人习惯泡澡。对他们来说，洗澡不单为了个人清洁，更是放松身心的时刻。所以在日本，即便卫生间再小，也会有个浴缸。当然，那样会很拥挤。所以，有一个独立的、专门用来泡澡的浴室成为东京人的某种憧憬。如果卫浴分离，洗澡时就不用担心花洒淋湿马桶，也不用顾虑家人是不是要上卫生间——在不少东京家庭，上述逼仄的状态都是现实，毕竟东京是全球居住空间最紧凑的城市之一。（text / 米川建）

东京这种大都市往往让人觉得
与传统工艺这类东西不搭边，
但在它的“下町”区域
传承传统工艺之火仍在熊熊燃烧。

东京的传统工艺和职人

text / Sauser 美帆 photo / 青木伦纪
translator / 白若晶

美帆 Sauser Miho

编辑。出生于东京，毕业于上智大学文学部历史科。曾于上海外国语大学和上海交通大学学习。曾担任《Esquire》日本版副总编，2005 年起旅居上海，目前在东京、上海两地游走，专职写作，并为日本和中国杂志采访并撰稿，致力于在中日之间搭建文化桥梁。2014年出任京都国际观光大使。任《生活》杂志日本特约编辑、撰稿人，并曾为《智族GQ》中国版、《Esquire》中国版等多家媒体撰稿。

传统工艺数目实际位列日本第一

一提到传统工艺，可能不少人脑海中会浮现出职人在偏僻的乡下或京都那样的古都里默默劳作的样子。东京虽然是大都市，却也拥有数目众多、历史悠久的工艺品。日本经济产业省曾指出，全日本被指定为“传统工艺品”的 235 个品类，实际上在东京保留得最多，有 18 个品类；其次是京都，有 17 个品类；第三名是新潟和冲绳，各有 16 个品类。换句话讲，说东京是传统工艺之都也不为过。

工艺之所以能在东京发展起来，是由于日本的首都在 17 世纪初从京都迁到了江户（也就是今天的东京），大批职人从当时的工艺先进的京都迁入了东京。同时，江户幕府也从全国招募名匠，建设职人街区，培育了很多职人。

起初，职人们为在江户城或其周边居住的武士家族制作各色用品，但随着平民文化的发展，职人们也开始接民间的活，东京的传统工艺在江户三百年的平民文化中逐渐成长壮大。进入明治时代后，日本从欧洲各国引入了大量技术，从和服到洋服，从手工业到机械工业。虽然不少事物在变迁中逐渐消亡，但饱含都城特有华彩或个性的各色物品，如江户切子、江户指物、江户鱼竿、江户玳瑁、东京染小纹、东京银器、东京手描友禅等，它们的制造工艺，如今仍代代相传。

在东京江东区、葛饰区、墨田区等洋溢着“下町”风情的住宅街，漫步在那些传递着往昔生活的传统工艺繁盛街区，不知从何处会飘来铁锤叮叮当当敲打的声音，或是吱吱的拉锯声。在道路尚不发达的江户时代，要靠船来运输物品。因此，荒川沿岸就有很多街区工坊，直到今天，仍可在那里见到众多传统工艺老店。

装饰天空树的江户切子

东京传统工艺中最广为人知的莫过于江户切子。在日

01

01 三田隆三如今担任工厂的顾问。
02 在光线照耀下，清水硝子的江户切子显得愈发美丽。

语中，“切子”就是雕花玻璃。包括正仓院的白琉璃碗在内，日本现存的古代雕花玻璃制品都是舶来品。但近代以来，日本人也开始制作江户切子。江户大传马町玻璃店的加贺屋久兵卫，于 1834 年首创用金刚砂在玻璃表面雕刻的技法，一直沿用至今。

在东京的地标晴空塔里，有连接高达 350 米的展望台和地面的电梯，它的装饰搭配了出身墨田区的职人的江户切子作品。我采访的就是该作品的作者，也就是在 1923 年创立的“清水硝子”公司工作的三田隆三。战后不久他中学毕业，怀着贴补家计的初衷，在熟人的介绍下开始在工厂工作，是个从 15 岁开始就一直制作江户切子的熟练职人。我采访他是在 2015 年，那时他 83 岁，说“想一直这样工作到 90 岁”，这句话给我留下了深刻的印象。说不准他今天仍在继续切割玻璃呢。

如果去问那些上了年纪的职人，多数人都是在战后谈不上有什么职业选择的情况下，从

18 个品类：若不按国家级的认定，东京都指定的传统工艺品有 44 个品类。
江户切子：日本的一种雕花玻璃制品。
江户指物：日本的一种木制品，组装时不使用金属钉，巧用板材互相穿插、咬合固定，从外表看不到接缝。
东京染小纹：和服的一种细密花纹纹样。起源于 17—19 世纪中叶，日本各藩领主去江户觐见将军时，为从服饰上区分而印染出展现各藩特色的和服纹样。远看以为只是朴素的单色，近看则会发现其实布满了反复印染的细小花纹，表现出日本宁静精致的美学观念。
东京手描友禅：日本的一种染色技法。“友禅”这个名字来源于京都的扇绘师宫崎友禅，他将绘制扇面的技法应用在绘制衣服纹样上，后来，人们便将这种技法称为“友禅”。
下町：指日本古代城市中庶民聚居的工商业区域。
荒川：位于东京东部的一条河流。

02

01

02

03

04

01 江戸指物的名匠木村正。

02 这个江户指物小盒子，由在御藏岛采摘的桑木制作而成。

03 在日伸贵金属担任职人的上川宗照，他也是平田派的第 11 代传人。

04 银器也是东京有代表性的传统工艺之一。

十几岁开始工作，就这么忘我地沉迷其中一路走来。东京也好，乡下也好，都是这样。三田隆三也是一心一意默默做着交给自己的工作，回过神时，已然成长为熟练职人。

后继无人是东京和地方共有的问题

木村正是“江户指物”达人，与其他人一样，也是年纪轻轻就入了行，一直在东京台东区下谷地区的一家小工作室勤勉工作。木村正出身广岛县，小学一年级时因原子弹爆炸失去双亲，中学毕业后在广岛的家具厂工作，18岁时来到东京。在东京受教于良师，开始了“指物职人”的一生。

“指物”依赖木头的榫卯结构，完全不使用钉子等金属零件，从室町时代起就是贵族、僧侣珍爱的日用品。政治中心转移到江户后，这项技术也在江户得到了传承，成为“江户指物”。优雅的京都指物是朝廷官府的日用品，上面有涂漆或泥金画，而江户指物多巧用桑树、桐树等木材的纹理，器物相对质朴。其中，在伊豆群岛的御藏岛采摘的桑木，纹理优美光润，极为珍贵。

前田桑明派奠定了处理御藏岛桑木的“桑物师”传统，而木村正继承了该流派的正统技法，是声名远播的江户指物职人。因为使用了珍贵的木材，成品的涂漆环节也是亲自动手，木村正的漆箱价格约是市价的四倍。即便如此，还是有很多人争相购买。

遗憾的是，木村正后继无人。此前收为学徒的年轻人，大多待不久就辞职，他一人要完成全部工作，说是“今后也用不着继承人”了。也就是说，他的木作技术至此将失传。许多传统工艺都面临同样问题，不可避免地一点一点消失了。

薪火相传

也有行政措施试图阻止这种趋势。东京都每年会举办“职人塾”，采用“师傅和徒弟”的形式，向年轻人提供体验职场的实习机会，让他们亲身感受传统工艺的魅力。活动对象是34岁以下、没有工作或只在做临时工的人。活动内容每年都有变化，有西式裁剪、日式裁剪、贵金属饰品制作、江户裱褙、手绘友禅、伊势型纸雕刻等。通过这样的项目，能让更多年轻人对传统工艺抱有兴趣，就是职人们最大的欣慰了。

其中也有整个家族全力以赴投身传统工艺的，那就是银器匠。虽然不如江户切子那么有名，但银器也是东京特有的工艺品。德川幕府为了在银座铸造所生产银币，由中央向地方银矿征收产银，由此，大量外出务工的职人聚集在江户，银器制造也随之发展起来。加工这类饰品的职人被称为“银师”，沿袭江户时代传统，时至今日，东京仍是日本银器的主要产地。

“日伸贵金属”这家公司位于东京台东区的三筋地区，这里历来是工匠熟手的聚居地。上川宗照也是初中一毕业，就一直在这儿制作银器。平田派的祖师爷是江户时期的名匠平田禅之丞，上川宗照是平田派的第11代传人，他是子承父业入的行。

尤其让人感慨的是，上川宗照的三个儿子和一个女儿全在工厂做银匠，四个孩子全都是继承人。

东京这种大都市往往让人觉得与传统工艺这类东西不搭边，但在它的“下町”区域，传承传统工艺之火熊熊燃烧，古往今来代代相继，让人备受感动。

这些东京职人店铺，值得你去探一探

text／刘小宇 illustration／于瑒

说到“职人”，
我们有太多过于浪漫的话语，
但我想它更关乎职业标准。
在东京，大到一个传统工艺品牌，
小至街角的一间蛋糕店，
你都能找到像这样愿意花时间
只做一件事的人。
一件寻常的生活小道具里，
也有职人的不妥协；
一次饮食体验中，
饱含了职人的思考与沉淀。
造访这些店铺，无论是物品还是心得，
相信你都会有所收获。

01

分类：日用品

店名：小宫商店

简介：创立于 1930 年的手工阳伞店。从伞骨、手柄到接缝，里外都有职人对使用感的考量。撑开一把伞，就像撑开了一幅水彩画。

地址：东京都中央区东日本桥 3-9-7

营业时间：工作日、周六 10：00 — 18：00
周三 10:00 — 20：00 周日、节假日店休

网址：www.komiyakasa.jp

02

分类：日用品

店名：うぶけや（ubukeya）

简介：创立逾二百年的刀具老店。职人在将仔细设计、打磨的刀具交付客人后，仍提供保养修护的长期服务，这是江户职人的经商之道。

地址：东京都中央区日本桥人形町 3-9-2

营业时间：周一至周五 9：00 — 18：00
周六 9：00 — 17：00 周日店休

网址：www.ubukeya.com

03

分类：日用品

店名：safuji

简介：由夫妇经营的皮革工作室，预定最多的单品是钱包。职人沢藤勉说：一条线要缝制上百次，才能得到一个刚好放入 1 万日元纸币的完美尺寸。

地址：东京都小金井市梶野町

5-10-58 Comunity Station 东小金井

营业时间：周五至周一 11：00 — 17：00

网址：www.safuji.com

04

分类：和纸专门店

店名：榛原（haibara）

简介：经营了二百多年的和纸店。便笺的花纹由一代代职用木版雕刻，再印于纸上，光看纸上纹路就能感受到职人娴熟的技艺。

地址：东京都中央区日本桥 2-7-1

营业时间：周一至周五 10:00 — 18:30

周末 10:00 — 17:30 节假日店休

网址：www.haibara.co.jp

05

分类：综合买手店

店名：pejite 青山

简介：本土民艺选品店。从明治到昭和初期的中古家具，以及来自店主仁平透家乡益子市的器皿和服饰，这里只有经得起时间考验的职人手工品。

地址：东京都港区南青山 5-6-9

South 青山 Mansion 102

营业时间：12：00 — 20：00 周四店休

网址：www.pejite-mashiko.com

(06)

分类：综合买手店

店名：ten

简介：画廊兼选品店，与金属职人工坊相邻。沉稳的空间内，陈列着日本各地职人的作品。主理人山本沙枝说：这间店是让人和美的物件相遇的媒介。

地址：东京都江东区佐贺 2-1-17

营业时间：13：00 — 19：00

不定休，请提前查看官网

网址：www.10-tokyo.com

(07)

分类：花店

店名：JARDINS des FLEURS

简介：是花店，也是一个关于“花”的艺术实践空间。一位名为东信的花艺职人，用“瓶中花”与“植物雕塑”等先锋作品讲述着他的世界观。

地址：东京都港区南青山 4-15-43 B1F

营业时间：11：00 — 18：00

网址：www.jardinsdesfleurs.com

(08)

分类：甜品店

店名：リリエンベルグ（lilienberg）

简介：店主横沟春雄说，他想做“温暖的甜品”。就像妈妈的鲜草莓蛋糕，看起来丑笨丑笨的，但因为制作饱含真心，会让人嘴角上扬。

地址：神奈川县川崎市麻生区

上麻生 4-18-17

营业时间：周三至周日 10：00 — 17：00

网址：www.lilienberg.jp

⑨

分类: 烤串店

店名: 鳥しき(torishiki)

简介: 店主池川义辉十几岁就开始憧憬成为烧鸟(日语,意为烤鸡肉串)职人,如今他的店一位难求。常客形容他的技艺是在火前“和肉对话”。

地址: 东京都品川区上大崎 2-14-12

营业时间: 周二至周六 17:00—21:00

每月第一个营业日接受提前两个月的电话预约

tabelog页面: tabelog.com/tokyo/A1316/A131601/13041029

⑩

分类: 擦鞋店

店名: brift-h

简介: 从丸之内的路边摊,到南青山预约制门店。店长长谷川裕也换下街头牛仔,穿上西装站着擦鞋。2017 年,长谷川裕也在世界级职业竞赛中获得第一名,改变了人们对“擦鞋匠”的印象。

地址: 东京都港区南青山 6-3-11

PAN 南青山 204

营业时间: 工作日 12:00—20:00

周末 11:00—19:00 周二店休

网址: brift-h.com

⑪

分类: 酒吧

店名: STAR BAR

简介: 调酒师岸久曾获得 2014 年日本职人最高荣誉——“黄丝带勋章”。在这里虽然喝不到太花哨的酒,但你可以领略冰块的神奇切割方式,以及调制一杯酒所需的实打实的技艺。

地址: 东京都中央区银座 1-5-13

MODERNS GINZA B1F

营业时间: 16:00—24:00

每周一、每月第一个周二店休

网址: www.starbar.jp

PICTURE INSIGHT

电梯小姐／身穿制服、头戴礼帽的电梯小姐站在厢式电梯门口，用戴白手套的手扶住梯门，微笑着迎接乘客——这是一套典型的日式电梯礼仪服务的开端。她询问每一位乘客要去几层，并按亮楼层键。电梯停下时，她会告知楼层，伸直手臂挡在门前，等门完全打开后，再送乘客下梯。早期的电梯需要有人操作。1929 年，松坂屋百货公司上野店首创这一职业。如今，大多数电梯早就自动化了，现在，你只能在为数不多的日本老牌百货店、高档饭店或东京塔等旅游景点的电梯间看到她们。她们成为某种旧时代风情的象征。（text／励蔚轩）

鞠躬 / 在服装店、餐厅、酒店，结账后送客至门口，递上商品并鞠躬，这已经成为日本服务业的标志性场景。甚至当地面乘务员目送全体乘客登上机场大巴或新干线后，也会在车辆启动时一起鞠躬。这种名为“敬礼”（Keirei）的鞠躬方式，是日本现代社交场合中“立礼”的一种，通常表示真诚欢迎或感谢。鞠躬行礼时，要求上身挺直，身体向前约 30 度倾斜，视线落在脚部前方，腰腿不可弯曲，保持两三秒。男女的手势也不同：男性双手下垂，放在裤子的两侧；女性则要将左手叠放在右手上，自然放在身前小腹处。（text / 励蔚轩）

防雨袋／为了让你爱上雨天购物，商店是这么动脑筋的——每当下雨天，日本商店会在购物袋外为消费者购买的商品穿上一件“雨衣”。如果此刻你正在百货商场闲逛，还能听见一段特别的音乐。这段音乐其实是百货商场里的“暗号”，它通知室内工作人员外面的天气情况，提醒他们需要为消费者准备雨天的购物保护套了。

除了雨天，商店也会在女性购买卫生巾等生理用品时使用深色不透明塑料袋。即使商店的初心是为了保护隐私，但有些人认为深色塑料袋更易吸引他人不必要的关注。（text／李梦郁 photo／陈伊宁）

明信片／邮递员可能是日本新年最忙碌的人，因为有太多日本人保留着过年寄明信片的习俗。这类明信片在日文里叫作年贺状。早在 1873 年日本邮局首次发行明信片后，这个习俗便开始流行。每年年末，你都可以在便利店、邮局甚至照相馆买到带有“年贺”标志的专用明信片。除了标准化的明信片，你也可以手绘或委托打印店定制个性化的年贺状。年贺状上还有一个隐藏的小惊喜——它的正面印有抽奖号码，邮局会在 1 月的时候举行抽奖活动。随着电脑和手机的普及，年贺状的发行量逐年下降。因此，日本邮局花了不少心思制作年贺状广告。他们也在 2020 年年末推出了日本偶像团体“岚”（ARASHI）年贺状，尝试吸引新一代的年轻人。（text／李梦郁 photo／陈伊宁）

一兰拉面 / 某种程度上，一兰已经成为日式连锁拉面店的代表：食客不用和店员面对面接触、自助点餐机、只有 4 名员工知晓的秘制酱汁配方、豚骨面汤、与邻座之间有隔板而看不到其他食客用餐……外国游客们总是对它充满好奇，虽然它的价格比其他不少拉面店要高上一些。而一兰也很擅长海外宣传，它的菜单有英文、韩文、中文的版本，甚至推出了方便面式的袋装产品。（text / 米川健　photo / 一兰）

自动售卖机／在日本，从自动售卖机能买到什么？饮料、蔬菜、便利食品、烟酒，甚至有人享受过售票贩卖机“弹”出的人工服务。便捷的自动售卖机是东京最庞大的零售网络。日本自动贩卖机系统工业协会数据显示，截至 2019 年年末，日本共有超过 410 万台自动售卖机，数量接近日本便利店数量的 74 倍。这个庞大的24 小时运转的网络不仅能售卖商品，很多运营方也积极与地域防灾网络合作，在自然灾害发生时，给民众提供免费物资。（text／李梦郁）

居酒屋 / “下班后去居酒屋喝一杯？”这可能是日本上班族在结束一天忙碌工作后最常见的社交邀约。居酒屋字面意思是“坐下来喝酒的地方”，居酒屋本身，也是个可以卸下礼仪压力、自在享受的场所，在日本随处可见，销售价格亲民的酒饮和小菜，通常自傍晚营业至深夜。相比于鸡尾酒吧、餐厅之类的地方，居酒屋从诞生之初就带有“庶民”气息。它起源于江户时代，当时的主要客群是商贩和劳工，随着时代的变迁，如今居酒屋的客群已逐渐宽泛。（text / 林绘）

遛狗 / 在东京，没有一只宠物狗出门不拴绳。想让狗自由奔跑？那得去公园里的专门设施——dogrun（狗操场）。根据《东京都动物爱护和管理条例》，只有在规定期限内完成养狗登记，且每年按时注射狂犬疫苗的狗才能合法“上路”。狗主人遛狗时，一般会随身携带给狗用的卫生纸和一瓶水。如果狗在外大便，主人需要拾捡粪便，装到塑料袋里，带回家再丢弃；狗撒了尿，主人会用水冲洗干净，以免留下污迹和异味。电线杆下、花坛沿、墙角边摆放的一瓶瓶水，也是为宠物主人应急清洁所备。商场、公园等公共空间不乏“宠物友好”设计，比如在较低的地方设置狗狗饮水处。你也会看到图中这种推着宠物车的宠物主人。宠物车的使用场景非常广泛——它既可以给年迈或体力不足的宠物歇歇脚，也可以在封好宠物车拉链之后，用它装着宠物乘坐公共交通工具。（text / 励蔚轩）

它的各项服务指标，
成为日式礼仪的代表。

“像他们那样洗衬衫”：东京帝国饭店的准则

text／米川健 illustration／于瑒

你也许听过这个故事：1954 年 2 月，玛丽莲·梦露在日本新婚旅行时，有记者问她：“晚上，你穿什么入睡？”“香奈儿 5 号（香奈儿公司出品的一款香水），真的。”玛丽莲·梦露答道。

那段时间，玛丽莲·梦露就居住在日本东京的帝国饭店。

帝国饭店的确与很多名人联系在一起。它开业于 1890 年，最初正是日本用来招待外国来宾的场所。美国前总统威廉·杰斐逊·克林顿、物理学家爱因斯坦、作家海伦·凯勒、演员卓别林都入住过那里。

三十三年后，第二代帝国饭店本馆开业，由被建筑界称为四大现代建筑师之一的美国人弗兰克·劳埃德·赖特设计。因此，第二代酒店本馆也被称为赖特馆。

第二代本馆开业日当天——1923 年 9 月 1 日，也是“关东大地震”爆发的日子。那次地震造成 190 万人受灾，10.5 万人死亡或失踪，超过 30 万栋建筑倒塌。所幸，这栋新建筑只受到轻微损伤。之后，帝国饭店陆续经历摧毁了将近一半酒店面积的“东京大轰炸”等历史事件。现在的帝国饭店本馆，已经是 1970 年在酒店原址上兴建的第三代建筑。

帝国饭店不仅经营历史悠久，也是开创酒店行业各项服务的先驱者。自 2009 年日本顾客满足度指数 JCSI（Japanese Customer Satisfaction Index）开始公布以来，截至 2020 年，帝国饭店已经连续十二年保持 JCSI“城市酒店部门”第一位。它的各项服务标准，也成为日式服务的代表。

美国演员基努·里维斯在饰演电影《捍卫机密》主角时即兴说道：“我需要洗衬衫，像他们那样洗——我指东京的帝国饭店。”

帝国饭店洗衣部

帝国饭店洗衣部有 32 名洗衣工。他们拿到住店客人的衣物后，会先检查外观，看有什么污垢、有没有纽扣脱落。如果衣服上有明显污垢，洗衣工先用竹刷和洗涤剂等除去污垢，再把衣服放进洗衣机清洗。

如果是白衬衫，洗衣工就绝不会将其和其他颜色的衣服一起洗。衬衫脱水后，洗衣工把衬衫挂在模特人台上，先用熨斗熨烫定型。之后，他们平展衬衫，用约 5 千克的熨斗再次熨烫定型。熨一件衬衫需要花 5 分钟左右。洗衣部用的这款熨斗已停产，洗衣工们一直边修边用。毕竟，其中的熨衣手法，包含着几代洗衣工的智慧。

熨完衬衫，洗衣工会再次检查。这时，如果他们发现衬衫上还有污垢，会单独处理那块地方，不断重复涂洗涤剂、冲洗和干燥的过程，直至除去污垢。洗衣部掌握酒店餐厅使用的全部食材的信息，这也是有效去除衣服污垢的关键。

洗衣房里备有几百种各种颜色、厚度的纽扣，以及各种颜色、材质的缝线。仅白色纽扣就有数十种。如果衣服的纽扣脱落，洗衣工会在询问客人意见后缝上新的。如果看到可能在洗衣时脱落或看起来比较脆弱的装饰性纽扣，洗衣工会先拆下来，洗好之后再缝上去。

门童

帝国饭店的门童会每隔 30 分钟换一副新手套。除了美观以外，这么做会更不容易弄脏客人的行李。

老练的门童不仅能记住客人的姓名和样貌，还能记住客人专属司机的姓名、样貌和车牌号。

如果要送 3 位客人上出租车，门童会请出租车司机打开前车门——日本的出租车开关门由司机控制，客人无须动手拉门。这样，可以避免后座挤坐 3 人这种让客人觉得逼仄的窘境。

门童会随身携带一些 1000 日元、5000 日元面额的钞票。如果客人乘坐出租车到访，没零钱付车费时，门童能帮忙换零钱。

大厅或走廊工作人员

在大厅或者走廊上遇到客人时，酒店工作人员会尽量用客人的母语向客人打招呼。

他们会每天换电梯间里的玫瑰，保证它始终是盛开的。

他们尽量不在酒店内张贴图示，因为员工可以引导、服务客人。

前台的电脑里记录了客人的习惯，如喜欢使用什么枕头，喜欢的铺床单方式等。

他们会根据客人的旅行目的介绍酒店设施。针对商旅人士，他们会使用最简洁的说明方式；针对观光的客人，他们会问客人从哪儿来，和客人聊聊天，或推荐一些观光地。

客房清洁人员

他们清扫客房后，需要至少留足两小时用来通风换气。

他们会脱鞋后再进入客房打扫，这样能不留鞋印。

他们也需要每天打扫没有预定的房间，以防突然有客人入住。

帝国饭店是开创日本酒店行业不少服务的先驱者

1910	日本最早在内部开设邮局的酒店
1911	日本最早提供洗衣服务的酒店
1923	日本最早提供婚礼业务的酒店
1929	日本最早提供飞机餐的公司
1958	日本最早开设自助餐餐厅的酒店

他们只补充新的消耗品，那些客人开封用过的也不会撤走。因为它们是商品，已经出售给客人。

送洗毛巾、浴衣之前，他们要在客房里先把它们展开，确认里面有没有裹着东西。

他们会跪着打扫房间。这样更容易看到难以察觉的垃圾，如针线、头发、玻璃碎片等。

在提供人工叫醒服务时，如果接线员觉得客人会再次睡着，5 分钟后，他们会再打一次电话。

除非客人贴上“请丢掉”标签，他们不会轻易扔掉离店客人留下的任何东西。根据物品种类不同，保管期为一天至两年。

客人退房后，他们即便在房间发现客人的遗留物品，也不会主动联系客人，因为可能会有客人以外的人接电话，导致客人隐私泄露。

设置房间初始空调温度时，他们会考虑客人来自哪个国家。如果客人来自纬度较高的国家，他们会把温度调低些，反之则把温度调高些。

餐厅、厨房工作人员

即便客人想吃菜单里没有的菜，他们也会尽量提供。

如果客人要求，他们可以把客人在酒店餐厅吃剩的食物打包送到客房。

他们会看时机上菜、撤菜。因为如果客人们相谈甚欢，上菜可能会打断谈话。

如果是商务招待餐，他们会避免将客人安排在离同行近的座位，这样可以保护客人的信息安全。

除非客人询问或露出不解的表情，他们尽量不主动介绍菜品。因为客人可能已经了解菜品。即便客人不了解，是否想了解这些知识的主动权也在客人手里。

酒店其他工作人员

他们走路会尽量靠墙走，因为走道中央是留给客人的。

为了不给客人带来慌张感，即使再忙，员工也不能疾走。

为在一定程度上保留员工个性，女性员工可用自己喜欢的方式系制服配套的领巾。

为保护客人隐私，除了在大厅、前台或出发时，员工尽量不称呼客人的姓名。

除非有内部研修活动，原则上，员工不能在酒店餐厅用餐。因为员工要贯彻“服务者”的立场。

为随时应对客人提问，每位员工都会随身携带员工自制的笔记。笔记上贴着酒店日程表、机场航班信息、快递收件电话号码和员工自己收集的街区购物信息等。

百货公司在这个区域下足了功夫，
这里是东京百货公司比拼“集客力”的第一战场。

日本百货公司地下食品层：集结人气的神秘领域

text / 林绘 米川健 photo / 赵慧

新宿伊势丹地下食品层紧挨着地铁站，人们可以在下班回家途中绕进去带一点熟菜。 photo/赵慧

2011 年 3 月 30 日，西式糕点店 Noix de Beurre 在新宿伊势丹百货地下 1 层开业。对老牌百货店新宿伊势丹来说，这家开在地下食品层的新柜台相当重要。

随着时代的变迁，人们不再像以前那样买什么都会去百货公司，但食品仍是百货商店销售坚挺的品类之一。虽然食品单价较低，利润率也低于服饰，但食品层的销售额占百货公司总销售额的比例却逐年上升，成为百货公司的收入命脉之一，由此地下食品层也成为百货公司的“第二玄关”。

Noix de Beurre 由 1966 年成立的日本老牌糕点烘焙厂商 EDELWEISS 创建，也是新宿伊势丹店内第一家专营法式西点的店铺，符合这家百货店地下食品层招商的首要标准——好吃。除此以外，它也要符合伊势丹对食品层招商提出的“附加价值”——具备持续研发产品和提升服务水平的意愿和能力。

引进 Noix de Beurre 进驻地下食品层无疑是新宿伊势丹的一个正确决策。在西式糕点这一品类里，潮流变化非常快，淘汰了一批又一批烘焙店。但已经开业十年的 Noix de Beurre 却仍没有衰退的迹象，它的明星产品费南雪（一款黄油蛋糕）在 2019 年月均销售 3.36 万个，要买到一块蛋糕，常常要排很长的队。Noix de Beurre 在 2012

年与 2019 年又分别在三越日本桥与三越银座陆续开了两家分店，已成为三越伊势丹集团独家合作的西式糕点品牌。

在日本，百货店开设地下食品层不是新鲜事。1936 年，名古屋松坂屋百货公司（现为大丸松坂屋）首先开设地下食品层，主要销售用于婚丧嫁娶的食物和季节性食品。之后，越来越多的百货公司采取了这种布局模式。主妇、上班族等经常购买食品的人群以及游客，都是百货公司地下食品层的目标客群。食品层设在地下的主要原因是能方便地安装水气管道，同时减少食品气味对其他楼层的影响。1967 年在东京涩谷开业的东急百货，是日本最早将食品层设在顶层的百货商店之一，它的顶层一半是餐馆，一半是生鲜杂货铺，售卖鲜鱼、果蔬、肉制品等食物，主要顾客是住在附近高档住宅区的高收入群体。但由于百货公司顶层面积有限，每天要把货品搬上楼耗时费力，最后还是在 1990 年将食品层搬回了地下。此后，日本所有百货公司都把食品层设在了地下。百货公司地下层通常与地铁站相连，人们可以从地铁站直接进店，非常方便。以位于东京市中心的三越银座店为例，有 35% 的顾客是从地铁站进入店内的。

新宿伊势丹地下食品层在 2007 年做过一次大改造，改造的重点是重新划分空间和无台阶化施工。以前，伊势丹地下食品层按照商品的功能来划分区域，分成日常食品、伴手礼以及特别赠礼三个区域。对应的消费客群分别是购买食品的主妇、上班族以及购买礼物的人们。赠礼文化源自日本传统，人们在社交来往或表达谢意时都要送礼，而赠礼中包含的周到和贴心，比礼物本身更有价值。所以，常见的礼品就是各式包装精美的零食糕点，百货公司地下食品层也

01

photo / 赵慧

02

03

成为选购礼物的热门场所。然而，随着人们生活方式的变化，这样的划分已经有些过时了。

新宿伊势丹地下食品层改造的重点在于把地下食品层的空间根据客人的需求划成三大类——“制作”“吃”以及“享受”。“制作”区域销售生鲜食材，“吃”区域销售即食食品，包括日式食品（日本糕点、日式熟食、日本酒）及西式食品（西式糕点、西式熟食、面包、洋酒），“享受”区域是地下食品层的举办各种活动的场所，比如特产展。无台阶化施工的目的是移除地下食品层的所有台阶，以便顾客能更方便地逛街购物。

此外，各家店的招牌也重新做了统一的设计和布置。“比起商户的招牌，我们希望商品更引人注目，这样能让顾客的注意力集中在商品上，也能创造一种更愉悦的购物环境。为了让入驻的商户们理解这个举动，我们花了很多工夫，交涉了很久。”新宿伊势丹地下食品层负责人斋藤雅彦表示，“在食品品类的分布比例上，新宿伊势丹并没有设置标准，最关键的评判标准是商户能为顾客提供什么价值，以及所提供的商品是否有差异化的地方。”

01 Noix de Beurre 是新宿伊势丹地下食品层的人气店铺，经常大排长龙。人们需要找到“最后尾”的牌子，才能走近成为排队序列的最后一位——这也是日本排队常用技巧之一。

02—03 你也可以在百货地下食品层淘到很多好货，像是这家销售奶酪的专门店；或者干脆绕进和果子（日式点心）老店，坐下来享受片刻休闲时光，这里的服务与体验并不输开在街边的专门店。

photo／赵慧

新宿伊势丹地下食品层运营团队不仅会按照自己的标准筛选入驻商户，也会主动邀请商户入驻。他们曾经调研过法国黄油品牌 Echiré（艾许），随着这个品牌在日本的知名度的提升，日本消费者对它的关注度也越来越高，再加上当时 Echiré 在日本关东地区还未开店，于是新宿伊势丹地下食品层主动邀请 Echiré 入驻。如今，Echiré 已成为新宿伊势丹地下食品层最受顾客欢迎的食品柜台之一。

对于新柜台的开设，新宿伊势丹地下食品层的运营团队会在开业的当日和周末来到现场，了解商户的销量情况，定点观察顾客的一举一动，并向店员了解顾客的消费反馈，以便及时调整工作方向。“最可怕的是不变化。我们每月都会和各品类的负责人及商户交流。从计划到执行、执行到修正，不断

购买赠礼，这也是人们前往百货店地下食品层的原因之一。日本赠礼文化深厚，从外地休假、出差归来或者平日需要表达感谢之情时，价格适中、口味合格、包装精美的伴手礼成为人们人情交往的刚需产品。

地改进以创造价值。”斋藤雅彦说。伊势丹每月也会协助商户做营销推广，或做品牌联动企划，包括给各个商户做活动提案，并把资源重点投入在愿意积极为顾客创造价值的商户身上。

食品有销售淡旺季之分，根据不同品类时间有所不同，但共同点是，每年 12 月圣诞节及元旦期间都是百货公司地下食品层营业额最高的时间段，人们都想在这个特别的时间节点买点特别的食品。地下食品层也会与其他楼层合作引流， 如在各楼层的电子屏上推介本周的特别食品，也会定期在地下食品层的广告位上为其他楼层打广告，吸引人们去逛。

如今，百货公司地下食品层最大的变化是配菜、熟食变得热门起来，顾客对新鲜度的要求也越来越高，顾客不满足于传统日式或西式料理，更乐于尝试各个国家不同口味的熟食产品。2020 年，新宿伊势丹地下食品层卖得最好的一款熟食，是一道中国菜——糖醋小排，酸甜的口感受到了顾客的一致好评。“地下食品层的运营是否成功，关键在于能否持续创造价值，以回馈顾客。另外，达成财务收入目标也非常重要。为了维持地下食品层的新鲜感，让顾客不断光顾，我们每年会导入 2—3 成的新产品。”斋藤雅彦说。

“至于地下食品层未来的目标，想要顾客不厌倦，就得让他们感知到变化，保持新鲜感。百货公司地下食品层不仅要革新，还要加速革新。现在人们的生活方式越来越多样化，我们要做的是让顾客更便捷地购物，无论是线下还是线上业务，我们都要做。”对他来说，每天都是新的挑战。

（*应被采访人要求，文中斋藤雅彦为化名。）

当顾客讨论百货公司地下食品层时，他们在谈论什么？

Q = 未来预想图（Dream Labo）
E = Erina
S = 佐藤真（Sato Makoto）
N = 夏希（Natsuki）
K = Ken
O = 太田はるか（Ota Haruka）

Q：你会出于什么原因逛地下食品层？

E：没有刻意想逛。我知道地下食品层有熟食，想去看看有什么好吃的。我知道有些连锁食品品牌的口味不错，还有银座有的高端店铺，比如某家售卖马卡龙的店，我就非常喜欢，但是银座这家店不在我经常活动的范围内，因此每次去百货公司我都会买。

S：我喜欢找找有什么新鲜的东西，地下食品层里常有超市里没有的好吃的食物。而且，地下食品层汇集各类名店。应该就是这两点吧：有新鲜食物，且能一下买到各家名店的美食。

N：不太喜欢逛那里，总觉得太贵了。即使生鲜食品，比如肉、海鲜，也比其他地方贵，毕竟高档的食品居多。我和我家人只有在节日时，才会特意去地下食品层买熟食。对我而言，我没觉得它的食品和街面的商店差别有多大，只是店铺集中在一起，购买比较方便。当然，我偶尔也会去，也会买。

K：其实我不喜欢逛地下食品层。每家店看起来差不多，食品包装看起来也差不多，我不熟悉日本的品牌，除非弯下腰一个一个看是什么食物，否则，很难就只从店铺设计来分辨它卖什么——我是说熟食。至于甜点，我不喜欢吃。

O：好吃的太多了。贵是贵，但花上 4000 日元（约合 243.7 元人民币），能把法国菜、意大利菜、中国菜一起打包回家，在家开瓶酒，搭配起来就是大餐。有时在百货店逛累了，还能在地下食品层喝些饮品。虽然在街边店也能喝到，但由于刚好在同一栋楼的地下，购买起来比较方便。

差点忘了说，甜点好吃！我买甜点，9 成会在地下食品层购买。我不是不想去街边店买，但好吃的甜点店通常交通不便，还是在百货店买更方便。

Q：你逛百货商场楼层的顺序是什么样？

E：可能还是看需求，如果我想买化妆品，一定直奔化妆品楼层去。如果我没有特意要买什么，会随便逛逛。当然取决于我想买什么，如果没有我想买的东西，我可能会一层一层往上走，又或者从顶层开始一层一层往下逛。

S：一般我都直奔男装楼层或邻近顶楼的赠礼层。在男装楼层，我能找到我想买的东西；在赠礼层，我能找到未来我想买的东西。虽然它们都很贵，但我还是很喜欢。赠礼层最常见的是艺术品，比如绘画和陶瓷器具，还有些高级厨房用品。至于地下食品层，我倒不是每次都会去。但如果我想吃甜点，或者买点小礼物给朋友的时候，我还是会去。

O：我常在百货店买服饰，先去 1 层，再去 2 层、3 层，一直如此。直接去地下食品层？好像没有过，一次都没有。去地下食品层只是买其他东西时“顺带”的。还有，有时候逛地下食品层是因为不得不经过它，比如当地下食品层衔接地铁时，或者刚好要坐电车回家，就顺便在那里买些东西。

Q：你常在百货商店买些什么？

E：最多还是地下食品层的食物，其次才是化妆品。至于服装，因为价格高，我在百货店买得少，可能在涩谷 109 买得更多。除非送礼给朋友，才会在百货店买服装。也会买好看的杯子、摆件、玩具，或婴儿用品。

S：你这么一问，我才发现我不怎么在百货商店消费。我更喜欢用眼睛“买东西”，看看有没有什么新鲜事物。但如果非要说，买得最多的还是地下食品层的食物。

O：服饰。如果特指地下食品层，还是中国菜和甜点居多。当然也会买化妆品——如果要说买得最多的，还是化妆品。

Erina
室内设计师
日本人，居住在东京都武藏野市

佐藤真（Sato Makoto）
电视节目现场助理
日本人，居住在东京

夏希（Natsuki）
东京国际机场（成田）地勤人员
中国人，居住在东京

Ken
经济专业留学生
荷兰人，居住在东京

太田はるか（Ota Haruka）
IT 公司程序员
日本人，居住在东京

Q：有明确购物种类时，你会因为哪些因素，最终决定去某家店铺？

E：除非一家家逛，我会先去看我想买的牌子的商品，实在挑不到东西时，我才会考虑其他。还有一种可能，它橱窗里的色调、装修让我一眼看上去很喜欢，特别是风格为少女系的，我可能马上就进去逛了。如果是我知道的品牌，我了解它的定价范围，设计风格上也不会有太大出入。如果是衣服，同一品牌的衣服往往都适合我的身材。

S：我会去逛我了解的品牌店。不是说我没有去发现新品牌，但除非闲逛，不然我也发现不了它们。如果在杂志上看到过，我也会去探一探店。

O：看起来好看，看起来好吃的。我不是很看重品牌。可能因为我喜欢逛街，享受逛街时"探索"的过程。

Q：有过在地下食品层随便逛逛最终消费的经历吗？为什么最终会买下这个东西？

E：有啊，太多了。女孩子逛街不消费的应该很少。肚子饿的时候，看到什么东西都蛮想吃的。不想买的时候，可能是想吃的东西已经卖完了。

S：太多了。经常看到很多看起来可口的食物。即使它属于家常菜，只要费点工夫可能我也做得出来，但我就是想尝尝看。如果好吃，我会复购。买它的根本原因，可能就是为了尝鲜。

O：啊，太多了。没两手空空离开过，至少也会买个蛋糕，这可能是我胖的原因。逛街后容易饿，饿了就想逛地下食品层，一看到食物就想买，可能这是个必然的过程。

N：我在地下食品层买过红茶。超市里的红茶太低档，红茶专卖店又少又远。但百货公司弥补了这个不足。在某些百货公司的地下食品层有红茶专卖店，或者那一层的超市里有高档的红茶，这反而成为我去地下食品层购物的理由。

K：我买过不少次面包。那家面包店真的挺好吃，是我从家徒步的范围里最符合我口味的面包店。当然，因为是"地下食品层价格"，所以比较贵。

Q：你会被地下食品层店铺的各种营销/促销影响，最终买点什么吗？你最容易受哪种营销方式影响？

E：试吃吧，特别在对方既热情，发的又是我喜欢吃的东西的时候。

S：我是不太受营销活动影响的人。除非它的价格便宜到极致，比如通常卖 1000 日元（约合 61 元人民币）左右，现价只要 500 日元的法国菜熟食，我可能会心动并购买。

K：我常去的那家商场会办会员卡，购买一定金额的商品后，可以到商场的服务处兑换购物券，通常面额不大，还有有效期限，我拿到会想当天用掉它，去食品层用掉是最好的选择。从服务处去地下食品层还特别方便，我怀疑是故意这么设计的。对了，如果那阵子商场的节日营销氛围浓，我可能去地下食品层买巧克力等节日礼物，可能还会顺便买点熟食作为当天的晚餐。看来，我还是逃不过在百货公司地下食品层消费啊。

O：可能在我没意识到的情况下受到了影响。比如在地下食品层的入口附近，常有广告牌展示各家店铺有什么最新商品，我常因此产生购买欲望。这些广告牌不仅在地下有，可能在其他楼层也有。对了，我还喜欢看百货公司的官网，看有什么最新的活动。我觉得应该没多少人会看百货公司的官网，在那里也能看到些地下食品层的新动态。这样我去百货公司买其他东西时，就顺便去看看，可能是因为我太喜欢吃了吧。

Q：你对百货公司地下食品层有什么期望？

N：中国有很多能用餐的地下食品层，在柜台购买食物后，有地方坐下用餐。但在日本我没见过，都是打包带走。特别是刚出炉的面包、生煎、锅贴，带回家后，根本没有刚出炉的口感。我觉得是种浪费。

K：我希望我能一眼看出各个柜台卖什么商品，最好是从远处就能分辨。或者，以食物类型分区。但这显然不太可能，也对商场不利。如果这样，喜欢中国菜的顾客会直奔中国菜专区，这是百货公司运营方不喜欢看到的现象。

Q：你有什么"失败的"地下食品层购物经历吗？

N：有，太多了。我常冲动消费。我在地下食品层买过很大的年轮蛋糕。它在柜台里，真的很好看，看起来也很可口。但买回家后，我尝过一口就不吃了，太腻了。

偶然从抽屉里翻出了一个空的线香盒，跟随檀木的余香，
就会想起浅草的黄昏。从陌生土地带回来的纪念品，
总能把我们又重新拉回到旅行的某些片段中。
在这篇纪念品推荐里，有可以长久陪伴你的小摆件，
有设计精妙的日用品，有可以记录下段旅程的文具，
当然也不缺食物，它们都可以帮你再次回味东京。

东京回忆：给你的伴手礼清单

text／刘小宇 photo／EYECON SHOP 煎茶堂东京 illustration／于瑒

photo／EYECON SHOP

(01)

商品名： **EYECON SHOP — 谷川俊太郎诗歌巧克力**

简介：在巧克力上读一首诗，真实地“品味文学”。手工巧克力品牌 EYECON SHOP 将谷川俊太郎的诗以凸版印刷的方式印在巧克力上。把巧克力从白盒中抽出，掀开金箔纸，让诗歌伴着巧克力的馥郁香气跃入眼帘吧。

购买地址：东京都世田谷区玉川 3-9-10

营业时间：13:00 — 17:00 周末店休

网址：https://shop.eyecon.jp

02

商品名：茅乃舍 — 日式高汤料包组合

简介：离开东京后还是念念不忘在料亭喝过的那碗温润高汤。以酱油起家的调味品老店“茅乃舍”，近年研发了多款天然高汤料包。有了日式味道的基底，想要在家中再现一下日料口味也不那么难了。

购买地址：东京都港区赤坂 9-7-4 TOKYO MIDTOWN 地下1层

营业时间：11：00 — 21：00

网址：https://www.kayanoya.com

03

商品名：BULLPENSHOP — 纯植物液体皂

简介：由位于代代木上原的家具杂货品牌 BULLPENSHOP 独立开发的液体皂，被东京很多咖啡馆和餐厅采用。木质香为基底，后调有广藿香的深沉静谧。原料为纯植物提取，因此也可以用作沐浴露。

购买地址：东京都涩谷区西原 1 丁目 18-7

营业时间：13:00 — 18:00

网址：https://bullpen-shop.com

04

商品名：煎茶堂 东京 — 透明急须+煎茶礼盒

简介：年轻茶品牌“煎茶堂 东京”聚焦单一产地的日本煎茶，让人们像喝单品咖啡一样喝日本茶。为日本茶而设计的冲泡器具“透明急须”也很符合现代生活设计。

购买地址：东京都中央区银座 5-10-10

营业时间：11：00 — 19：00

网址：https://www.senchado.jp

photo／煎茶堂东京

05

商品名：木挽町 yoshiya —“TOKYO”铜锣烧

简介：深入银座大街的巷内，你会发现很多东京老铺，日式点心店木挽町 yoshiya 就是其中一间。招牌铜锣烧自创业以来一直坚持手工制作，现任经营者特别设计了“Tokyo”的烧印以满足旅行者的仪式感。

购买地址：东京都中央区银座 3-12-9

营业时间：10：00 — 18：00 周日店休

网址：https://kobikichoyoshiya.com/index.html

06

商品名：とらや — TORAYA TOKYO 小形羊羹

简介：同样是以东京车站为主题，和果子店“虎屋”的羊羹礼盒也很讨喜。盒中有 5 种虎屋招牌口味的羊羹，特别的是包装盒上呈现的由巴黎画家 Philippe Weisbecker 所描绘的丸之内车站模样。

购买地址：东京都港区赤坂 4-9-22

营业时间：工作日 9：00 — 18：00
周末 9：30 — 18：00

网址：https://www.toraya-group.co.jp

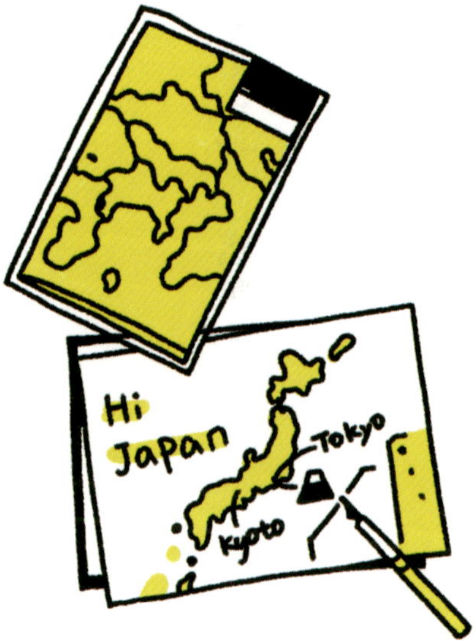

(07)

商品名： maruai — CARTOGRAPHY TOKYO

简介： 由和纸老店“maruai”设计的白地图纪念卡。纸张上只有东京及近郊的地形轮廓，你可以随意标注自己的旅行足迹，在留白处写下感触，画出那些打动了你的风景。

购买地址： 山田文具店：东京都三鹰市下连雀3-38-4 三鹰产业 PLAZA 1 层

营业时间： 工作日 11：00 — 19：00

周末 11：00 — 20：00

网址： https://maruai.co.jp/stationery/cartography-tokyo

(08)

商品名： TRAVELER'S FACTORY — 东京站旅行者手账系列

简介： 如果你在寻找属于旅行者的手账，文具品牌 TRAVELER'S FACTORY 推出的东京站系列也许是个好选择。皮革封面搭配自选内页，还有布袋、贴纸和胶带等周边。作为限定设计，门店还会为你的手账本盖上东京站的印章，以纪念这一次出发或归来。

购买地址： 东京都千代田区丸之内 1-9-1 JR东日本东京站内地下 1 层 改札外

营业时间： 12：00 — 20：00

网址： https://www.travelers-factory.com

PART 04

人们可能会惊讶于
日本媒体的各种表现形态
好像有一点点执拗与坚持
平行于时代
又好像时不时会脑洞大开
让人意外
让我们从编辑们的视角出发
聊聊看
它们到底如何
既有让人感到遗憾之处
却也不乏打动人的瞬间

媒体变迁：编辑们的观察视角

日本最“脱线”电视台与你在日剧里常见的“提供”画面背后，到底都是谁？

它们决定了你看到什么样的日本

text / 赵慧

有一个关于东京电视台的段子流传很广——它被描述为日本最“脱线”的电视台，遇到突发重大事件，别的台可能都在抢播新闻，这时候切回东京电视台，它仍然在淡定播放日本传统演歌，或是动画。

虽然未必全是事实，但我确实也遇到过几次这种情况。这背后，是日本媒体复杂的结构关系。

你也许听说过，日本是报纸阅读普及率最高的国家——直到今天，它的这个数据仍然排在全球首位。不仅如此，五家日本大报，及其背后覆盖平面、电视、网络的媒体集团，在传播话语权上仍占强势地位。

赵慧

“未来预想图”主编，《第一财经周刊》编委

和很多国家不同，除了国营的 NHK（日本放送协会）和少数独立机构，日本的几家民营电视台分别和几家大报各自结成了阵营。像《读卖新闻》就是日本电视台的最大股东（14.6%），《朝日新闻》持有朝日电视台最多股份（24.83%），东京电视台的实际控股方是《日本经济新闻》（31.46%），富士电视台和《产业经济新闻》同属一个集团。另外，《每日新闻》曾经是 TBS（日本东京放送）母公司，如今虽然二者没有资本关系，但仍然保持紧密合作关系。

这五家电视台构成了日本电视最主要的播放网，由于总部都在东京，它们也被称为“核心局”。根据德勤 2014 年一项统计，日本付费有线或卫星电视普及率仅 38%，大部分人仍习惯收看免费无线电视。这种方式在中国已经几乎淘汰，但在日本，通过改进数字技术，他们将全国分成不同区域，再通过设置天线，将信号覆盖全国。

所以，不同核心局的电视台，也就在各地区都笼络了一批属于自己网络的地方电视台。核心局为了将自己的节目发到各个地方，会为占用的时段付费。有制作能力的地方台当然也可以制作本地节目，有时也会往节目里打包一些广告补贴收入。

东京电视台是几大核心局中规模较小的一家，播放网中只有 6 名成员，而其他几个核心局电视台都有二三十个同盟。这就意味着，东京电视台的覆盖率不如竞争对手。但是近几年，这家电视台开始主推“质量”路线。毕竟，也不能老在突发事件报道中缺席。而传播范围与效果，是掌握电视台收入命脉的广告赞助商极为关注的因素。如果无法获得广告商青睐，电视台也无法制作、购买足够丰富的节目，最终将影响自己的竞争力。

还记得你在日剧或者日本综艺中经常看到的“提供”画面吗？出现在这个硬广画面的都是强有力的广告主，它们很可能支付了节目的制作费用。这些广告商常常由电通、博报堂、ADK 这种广告公司统一代理，作为投资人，广告商有权决定节目发往什么渠道。广告公司手中握有大量广告商资源，拥有大型活动运作经验，在选举、大型体育活动比如奥运会的身后，都有各种广告公司的身影。因此，它们在日本比在其他国家更为强势。

所以，在某种程度上，你能看到什么样的综艺、影视，甚至新闻，常常会受到报纸、电视台、广告商、广告公司这些力量的共同影响。它们之间错综复杂的利益关系，又常常造成报道盲区，这也是日本媒体结构备受批评的原因之一。

另一个让人在意的原因是日本独特的“记者俱乐部”制度。它最早是明治时代记者争取议会采访权形成的组织，但是现在，它已经渗透到日本政治与经济的各个角落。不仅是政府机构下的各大部门，东京证交所以及各种经济团体也都设置了记者俱乐部，它们只针对日本核心媒体开放。外国媒体大多只能加入“外国特派员协会”或者以个人身份加入“日本记者俱乐部”。

这些形形色色的俱乐部其实就是信息分发机构。不同组织的最新信息首先发布在这里，并得到“质量控制”。一些重大新闻甚至只通过这些俱乐部对外公布——这实在让外国记者尴尬不已。

各大日本媒体在不同俱乐部都已经形成常驻制度，变动率也很低。这也和日本媒体选拔人才的习惯有关——他们会到顶尖大学挑选毕业生加入，长年培养，保证高于社会平均水准的薪酬，就像传统的精英人才制度一样。也正因如此，政界、商界、媒体结成了稳固同盟，统一发布，统一喂稿。一片其乐融融之下，你每天打开的任何一个频道、看到的任何一张报纸，可能都在说同样的事。

收视率

如果你特别关注日本的电视节目，大概对“ゴールデンタイム”（黄金时段）、“プライムタイム”（黄金档）、“全日”（全天时段）这些词就不会陌生。它们分别指的是衡量收视率的三个重要时段。之所以重要，是因为这三个时段的收视率不仅可以反映出一档节目人气的高低，甚至可以由此掌握一家电视台的受喜爱程度。在日本，统计电视节目收视率的是一家叫作 Video Research（ビデオリサーチ）的专业调查公司。为了保证统计的科学性，Video Research 会根据每个地区的不同情况采取不同的调查方法，还会在取样过程中避开特殊样本。比如，他们会在选取被调查家庭的时候，特地避开有电视台工作人员的家庭。（text／侯珺）

弹幕与 Niconico

一边看视频，一边发送、阅读浮动在屏幕上的评论——这就是弹幕。诞生于 2006 年的 Niconico 动画（ニコニコ動画），也被视作日本弹幕视频网站的鼻祖，启发了中国互联网从业者开发同类网站 AcFun 和 Bilibili。Niconico 动画主要围绕泛二次元文化，鼓励用户上传二次创作的动画作品，包括翻唱、建模等，这在十年前是个创新的生意，但也让它吃过一些版权官司，好在它的背后是日本文娱出版巨头角川集团（KADOKAWA）。随着网站发展，Niconico 动画的运营公司 DWANGO 也开始从事漫画、电子书、VR 演出、直播、教育、电影制作等商业活动。目前，这家网站是日本最大的动画网站，主要收入来自付费会员，会员权益包括去广告、高清动画、增加收藏数等。但 Niconico 也在面临时代的挑战，因为内容过于垂直、缺乏激励机制，一些曾经“用爱发电”的创作者都转向了有广告分成和经纪体系的 YouTube。截至 2020 年 6 月，Niconico 动画共拥有约 160 万付费会员，但在四年前，这个数字曾超过 250 万。（text／邢梦妮）

"如果哪天我死了，只允许在棺材里放 1 本杂志，
我一定会把这本放进去。但如果说要是允许我放上 10 本，
我也会把其他特辑也放进去。"

《BRUTUS》主编西田善太：无论时代如何变革，编辑都会永远存在

text / 陈明希 photo / 三吉史高

在人们为各种老牌杂志停刊的消息感到惋惜时，日本杂志《BRUTUS》于 2020 年悄悄迎来了创刊 40 周年纪念日。最初，它定位为一本“为《POPEYE》的读者毕业生们而制作”的杂志。如今，它的内容已经更为综合化，覆盖文化、地域、美食、财经、艺术、时尚等不同领域，出版了九百多期特辑。

《BRUTUS》一直是日本杂志界的中坚力量。最近几年，它维持着平均每期约 8 万册的稳定发行量。它也有切中社会话题热点的时候——2020 年 1 月，企划特辑“刀剑乱舞”在上市 4 天后便全面售罄，《BRUTUS》所属的出版社 Magazine House 不得不紧急加印。

《BRUTUS》现任主编西田善太是这本杂志的第 10 代主编。他在担任主编的十多年里，为《BRUTUS》开拓出“居住空间学”“读书”“金钱的回答”等稳定持续推出的企划，2018 年还开辟线上网站 BRUTUS.jp，让这个老牌生活方式杂志开始参与线上内容的发布。

在读者心中，《BRUTUS》早已成为一个文化符号。我们采访了西田善太，听听他对杂志制作与内容制作的想法。

《BRUTUS》现任主编西田善太是这本杂志的第 10 代主编。

Q = 赵慧，“未来预想图”主编
西田 = 西田善太（Nishida Zenta）
日本生活方式杂志《BRUTUS》主编

Q：你从 1991 年进入 Magazine House，加入《BRUTUS》编辑部，也参与了《GINZA》与《Casa BRUTUS》的创刊，2007 年就任《BRUTUS》主编。这些杂志定位不同，风格也不一样。就你的经验，如何确定一本杂志的核心特色？就这些不同杂志而言，各自举例的话，有什么是这本杂志坚持的，又有哪些是可以被打破的？

西田： Magazine House 创始人岩堀喜之助曾说过：“杂志是有生命的个体。”意思是说杂志会随着时代与人的变化而变化，就像有生命一样。《GINZA》创刊之初是一本偏保守风格的女性穿搭杂志，但现在已经变成了一本先锋时尚杂志。《Casa BRUTUS》在创刊后的一段时间里一直是普通的综合性生活方式杂志，但过了一年，通过建筑、设计相关的企划专题取得了成功，现在又重回了创刊之初生活方式杂志的定位，当然在建筑和设计方面依旧保持着很高的专业度。它已经构建了稳固的杂志定位和地位。

Q：那《BRUTUS》呢？

西田： 在 80 年代的日本，杂志是文化流行的中心。在我十几岁时，以读者视角看，会觉得《BRUTUS》是一本教科书——一本可以把我带向未知又遥不可及世界的教科书。

1991年，当我成为《BRUTUS》编辑时，已是《BRUTUS》创刊的第十一年，在我的印象里，

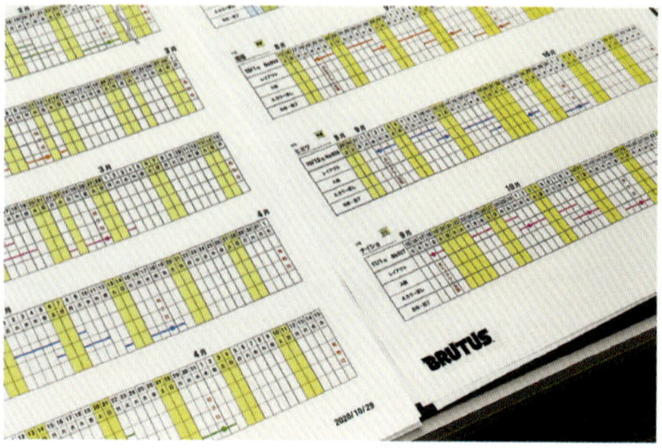

《BRUTUS》似乎已经失去了一些创刊时的势头。然而，这种状态对于我这个新人编辑来说是个绝好的机会。当时编辑部里有一种“有冲劲的编辑可以自由地做任何内容”的氛围。即使是新人编辑也可以掌控整本特辑的框架和内容，做出一本完整的杂志（现在想想也有可能是当时年长的人不愿意做太多工作）。特辑有成功的时候也有失败的时候，但对于二十多岁的我来说，能完整地做出一本杂志是件特别珍贵的事情。

《BRUTUS》重新走向正轨，是在 90 年代中期第 8 代主编斋藤和弘上任之后。斋藤主编对编辑们基本上是放养政策，但他在杂志最开始 10 分钟（企划环节）和最后 10 分钟（校对环节）时的存在感很强。斋藤主编会在企划会时拎出明确的主题方向；在最终校对时，会把内容中隐藏的问题明了指出并加以纠正。在和外人聊天时，编辑可能会为了面子说：“这本特辑是我一个人做的哦！”但事实上主编在一本杂志中的存在感很强。我当时就是在这样一个理想的编辑部工作。斋藤主编在《BRUTUS》只待了不到四年，但在这段时间里，我学到的东西却成为之后的动力。

Q：在加入 Magazine House 出版社之前，你原本在广告公司“博报堂”做文案，是什么原因驱使你进入 Magazine House？当时最想参与的杂志工作是哪一本呢？

西田：我的少年时代是在杂志陪伴下度过的，无论如何我都无法割舍对杂志的热爱。1987 年 3 月我大学毕业，4 月入职博报堂，经过一个半月的写作培训以及最终考核，我成为博报堂的一名广告文案，这也是我想做的工作。当时日本正处于泡沫经济时期，我的工作压力很大，忙得每天几乎只能睡 3 小时。但我没有一丝厌烦的想法，这让我自己也感到奇怪，当时是真的很喜欢文案这份工作。

我隶属一个几十人的大团队，偶尔也会单独和设计师承接些小项目。在那时，我这种刚入行的菜鸟文案也能获得很多机会，比如我曾被指派为日产 Z 系列跑车撰写大型广告文案。我参与过的项目五花八门，其中最成功的是以“编辑的工作”为主题的广告册。那是我和一位同期设计师一起为日产 4WD 系列车型汽车制作的广告册，一经推出便成为社会话题，以此为契机，我开始接

《BRUTUS》编辑部的办公室对面就是 Magazine House 旗下另一本杂志《Casa BRUTUS》，它们干脆共用一块招牌（左）。《BRUTUS》的出刊计划表（右）。

到杂志和编辑工作的邀请。我也意识到自己更适合做编辑，而不是做广告。

1990 年秋天是我入职博报堂的第四个年头，讲谈社、小学馆和 Magazine House 三家出版社都放出了招募非应届资深编辑的消息。在一位前辈的推荐下，我参加了三家出版社的入职考试，最后小学馆和 Magazine House 给我发了合格通知。在没有任何相关工作经验的情况下，我竟然被录取了！不过在选择哪家出版社的问题上我纠结了很久。Magazine House 规模虽然不比小学馆，但是从学生时代开始我一直有购读 Magazine House 旗下杂志的习惯，所以最终我选择加入了它。

在我继续讲下去之前，应该先提一下，四年广告文案的工作经历赋予我一个非常强大的编辑武器——我可以更好地考量杂志内容与广告之间的联系及不同。在制作《BRUTUS》的过程中，我也时常会用到之前在广告公司学到的思考模式。能有这样一份工作经历，我感到很幸运。

Q: 在《BRUTUS》四十年来的特辑中，你最喜欢的是哪一本？编辑制作过程中印象最深的又是哪一本呢？

西田:在我还是编辑的时候，自己参与过的特辑里面，最喜欢的一本就是 1993 年 6 月 15 日出版的《计算机终极指南》。

这是一本由后来成为《Relax》主编的冈本仁和我，以及现在是《GINZA》主编的中岛敏子一起制作的特辑。那时候，冈本先生 40 岁左右，与当时的主编斋藤和弘同龄，中岛 30 岁出头，我 29 岁。说实话，在编辑时代我也深受冈本先生的影响。

在 1993 年，大部分人都还不知道互联网会把世界变成什么样子。互联网的出现，在青年一代中掀起了热议，但是四十多岁的人却不太理解互联网存在的意义。所以我和中岛每天晚上都给冈本先生灌输关于互联网的有趣信息，最终我们决定做一期“互联网”特辑。

我们采取的编辑方式是由不太了解互联网的冈本先生来主导内容企划。冈本先生希望通过特辑，将沉迷网络的年轻人和对网络有兴趣、但不太了解的人连接起来。事后看来，这是正确的决定。当时只会喊着“因为我特别喜欢所以这真是特别好的东西！”的我实在太天真了。把事物好或不好的原因清晰明确地解释并传达给读者，才是编辑的工作，冈本先生教会了我这一点。

印象最深的特辑的话，从我当主编以来已经经手制作了近 300 本特辑，其实对我来说哪一本都是可爱的孩子。如果非要挑出一本，那我会选择 2008 年 6 月 2 日出版的《THE：三谷幸喜时刻》。

这是为配合剧作家三谷幸喜执导的电影《魔幻时刻》上映而制作的一期特辑。编辑手法、内容框架乃至一切的一切都十分完美。完成《THE：三谷幸喜时刻》的瞬间，我意识到自己终于做出了心目中理想的特辑。如果哪天我死了，只允许在棺材里放 1 本杂志，我一定会把这本放进去。但如果说要是允许我放上 10 本，我也会把其他特辑也放进去。

LOEWE
東京の正解
BRUTUS
1980-2020
BRUTUSの正解

BRUTUS

《BRUTUS》报道的话题一直引领着日本生活方式杂志的潮流。上面一行中间那本是西田善太自己做得最满意的一本。

Q：从 1980 年第一期的纽约男士生活方式特辑（“男人的悦乐”）到最新一期特辑，可否举例说说，你觉得《BRUTUS》的特辑选题在不同年代有什么不一样的变化？

西田：1976 年，我被《POPEYE》创刊号“西海岸”特辑震惊到了，心里想：“天哪！怎么会有这么有意思的东西？” 我那时会把自己的零花钱攒出来一次买两本，一本用来收藏，一本用来阅读。也是从那时开始，我对杂志文化和 Magazine House 文化产生了浓厚的兴趣。

值得一提的是，《POPEYE》的创刊背景其实与越南战争有关。前一阵与《POPEYE》和《BRUTUS》的奠基人石川二郎先生聊天，石川先生虽然已经七十多岁了，但依然精力充沛、活泼爽朗，过着很酷的生活。

1975 年越南战争结束，对当时全球的年轻人来说都是一件大事。当时，人们所认知的世界突然发生巨大变化，那些曾经热衷于和平运动和反战运动的美国年轻嬉皮士们，以 1975 年为节点，像洪水决堤一般开始疯狂地玩乐——冲浪、滑板、西海岸、音乐节……看到时代的巨变，石川二郎先生和他的朋友决定创办《POPEYE》。

换句话说，好杂志的诞生总是基于编辑敏感嗅觉的本能。一本杂志与时代、经济、政治都密不可分。

《BRUTUS》是由一些厌倦了《POPEYE》的杂志编辑们创办的，他们希望做出一本更加成熟的杂志。1980 年《BRUTUS》创刊，我 17 岁，正在读高二。正如我在上一个问题中的回答——“杂志是有生命的个体”，我认为分析《BRUTUS》在任何时代的特性都没有太大的意义。任何企划如果不投到读者眼前试一试就不知道结果。从没被期待过的企划突然成了热点，造就了新的文化趋势，被人们说成“《BRUTUS》是某某文化的先驱！”这样的事情也发生了几次，但与此同时，竹篮打水一场空，就此消失的特辑也有很多。

比如在我担任主编的十三年里，很多事情发生了变化。举个例子，现在已经不是那种杂志列出一个观影清单说“这些电影请一定要看！”的时代了。我认为，现在杂志的作用不再是强加给人们观点——“这是正确的做事方式”“现在应该看的电影是这个”，而是告诉人们如何选择，或向谁寻求指导。我们在制作电影特辑时，会先选择电影推荐人，请他们写出选择这些电影的原因，再让读者自主选择与自身品位契合的推荐人作为参考。这是我们的操作方式。

Q：《BRUTUS》中，有一些企划会固定出现，比如每年 5 月的“居住空间学”特辑，“读书”“咖啡”等主题特辑也会经常出现，是什么原因会想做“重复性”的企划呢？效果如何？

西田：之所以会出现重复性企划，是因为读者的反响很好。但实际内容每次都在变化。《BRUTUS》每年需要出版 23 本特辑，咖啡企划最开始是为了赶一下年轻人中“单一产地咖啡热潮”的余波。我们最近一次咖啡企划的主题是 “混合豆咖啡”。没有什么企划可以一次就做完整。所以《BRUTUS》没有在重复特辑专题，而是在一次次“进化”主题。

不是“又是咖啡”，而是“咖啡世界又发生什么变化呢？”——带着这样的想法，我们把重复性企划的特辑送到读者面前。

书籍和读书是年末惯例企划。每隔三四年，我们的主题切入点就会变。直到去年，读书特辑的主题还都是“危险的读书”，但从今年开始我们把它改成了“世界变化时读的书”。读书特辑的重点是如何读书，而不是读什么书。和上一个回答一样，我更希望读者了解到别人是如何读书的。学习他人优秀的阅读方法,将其运用到自己身上，我觉得这是现在《BRUTUS》应该做的。

Q：双周刊的制作感觉会是件很有压力的事情，你和你的团队一般会如何分工呢？在《BRUTUS》团队中，每一册的选题是如何诞生的呢？

西田：最近我发现《BRUTUS》的优势之一似乎就在于双周刊定位。我们不需要像周刊一样苛求每期内容的变化性，也不需要像月刊那样做那么多页（当然前提是做出一本好的内容特辑）。把内容做到一个恰到好处的火候，哪怕还有点半生不熟，我们也可以直接把内容呈现在读者面前，问他们："你们觉得怎么样？"

《BRUTUS》这种双周刊的出版频率在世界杂志中也是相当独特的，但我认为正是这种紧迫感塑造了BRUTUS编辑团队。每期特辑由一至两名编辑负责，制作一期特辑需要两个月以上的时间，相当需要工夫。《BRUTUS》编辑部里共有12名编辑，也聚集了很多优秀的撰稿人，所以编辑们不用每期都参与，而是只专注于自己的特辑。

每期都需要看的只有我这个主编，但我都没有实地参与这些内容采访。大到流程、小到标题检查的工作强度其实很大，但也是好事，对我而言不是什么负担。从编辑时代算起，我在《BRUTUS》已经有二十多年了。如果问最有工作压力的时刻，怎么也不会回答是现在。

Q：虽然是一本倡导男性生活方式的杂志，但《BRUTUS》也拥有众多女性读者。就你的思考，为什么也会有不少女性读者喜欢《BRUTUS》的内容？以前的读者们渴望从《BRUTUS》获得什么？如今他们又有什么新的需求？

西田：根据不同的特辑，女性读者的比例一般在20%—40%之间。我觉得《BRUTUS》现在不再被定位为一本男性生活方式杂志了，而且我觉得男刊和女刊的区别只体现在杂志的广告功能上。至少在《BRUTUS》编辑部里，没有产生过"因为我是男人所以我喜欢这个企划，因为我是女人所以我喜欢那个企划"这样的区别。唯一一点，我们每年会有两次时尚企划，主要还是做男性时尚。其他21本特辑中不会存在需要男女读者区别开去阅读的情况。

你说，"男人的烹饪""男人的阅读""男人的餐厅"这些企划，现在要谁来做呢！

Q：《BRUTUS》在电子版领域也做出许多尝试，如专题网站、电子杂志、App，还有一些新的尝试，比如Google地图推出了"BRUTUS严选游玩地点"的搭载功能。这些不同领域的内容拓展，你觉得效果如何？

西田：BRUTUS网站正在稳步成长，已经受到了很多广告商的关注。但对我来说还没有达到预期的目标。如果说为什么，因为我们已经决定不做成一个新闻资讯类网站。

通过网站，我们试图让人们知晓从创刊至今，《BRUTUS》涉猎过的所有内容，看到撕下封面后赤裸的《BRUTUS》。我们希望让人们自发去认可BRUTUS网站的存在价值。这一定是个挑战。但如果我们把杂志比作有生命的存在，那么网站就也应该是有生命的。所以我们会持续做出调整与创新，寻找《BRUTUS》与世界和时代的相处方式。

即使是像日本这样的杂志大国，过去的二十年里，书店的数量也在逐年递减。原本大型书店会贩卖书籍，车站前的小型书店会贩卖杂志，但现在这些小书店都被淘汰掉了，人们与杂志接触的机会越来越少。在这个"哪怕做出了好内容，人们都不会注意到你"的时代下，选择在数字领域宣誓存在是必要的一步。不过，我还是希望尽可能多地出版纸质版杂志（我知道这是个天真的想法）。因为我相信，人们从纸质版上阅读和学习到的知识是独一无二的。

Q：2018年《BRUTUS》推出了电子刊，你觉得电子刊是否会对实体刊物销量造成影响呢？

西田：我们推出电子刊的目的就是赢利，也并没有考虑对纸刊销量的影响。《BRUTUS》电子刊也有参加一些免费阅读的活动，但都是有可读页数限制的。

Q：那你如何看待网络这种媒介形态呢？

西田：我十分感激网络带来的便利性，这是现代人生活中不可或缺的。但如果有编辑从网络上收集信息和素材，我觉得那还是辞职比较好。

我一直相信，大家一起决定的事情可能是对的，但没有意思。作为搜索性媒介的网站，是一个可以让你找到想要的东西的存在。

作为启发性媒介的杂志，可以让你发掘自己无法用言语表达，藏在内心深处的欲望。人们对于能迅速得到自己渴求的事物并不会感激。但是，如果帮助人们意识到自己一直忽略、并深藏在心底的某种欲望，让他们产生“哦，这就是我想要的”，或者“对！就是这个！我一直在找的那件衣服！”的想法，人们就会表示出感激和喜悦之情，我认为这就是在当下社会中杂志的生存方式和存在价值。

我相信，正是因为有这些像杂志一样的启发性媒介存在，还总是不紧不慢地，将一些可有可无的问题抛向社会，知识才得以一直在人类社会中延续。

Q：杂志这种媒介形式正在受到很多新的媒介形态的冲击，因为人们获取信息的方式与习惯正在发生变化。就《BRUTUS》而言，你有哪些针对新的媒介形态的洞察？

西田：人们获取信息的路径发生了变化，信息源主体发生了变化，这样的情况在历史长河中出现了很多次。

我自己也在借助很多新媒体平台获取信息，不过，我有自己的使用方法。认为东西好就应该能卖得好，东西好就应该能生存下去——这种想法太天真了。如果这是一个好内容，我认为现在应该去考虑的是，如何把这个好内容嫁接到新的媒介形式上。

Q：最后，《BRUTUS》未来会有哪些变与不变？

西田：不解经典就不敢先锋，不做先锋就不会成为经典。杂志要改变什么，要坚持什么，我想，随着时代变化，我总会不停地产生新的判断。对我个人来说，我想尽自己最大的努力，向下一代人传递编辑这份让人尊敬的工作中的乐趣和刺激。

我十分坚信，哪怕有一天杂志这种媒介消失了，编辑们也会依旧存在。光是想到这一点，我就觉得满足了。

用设计的眼光
重新审视日常生活中习以为常的事物
——但这不仅是孩子们需要的。

啊！设计！

text／唐雅怡 刘小宇 photo／吉村昌也

01—03：《啊！设计》在东京 21_21 DESIGN SIGHT 举办过展览。
01: Exhibition view of "Design Ah!" at 21_21 DESIGN SIGHT（展览现场），2013, Gallery 2
02—03: Exhibition view of "Design Ah!" at 21_21 DESIGN SIGHT, 2013, tha ltd. + Cornelius "Room of objects, sounds and movies"（物体，声音与影像的房间）

2021 年 2 月 27 日，由日本 NHK 教育频道制作的儿童设计启蒙节目《啊！设计》，迎来了第 200 期开播纪念日；“啊！设计”线下展览也正在全国第 6 个地方城市——爱知县丰田市展出。十年间，这档节目不仅为儿童观众们所喜欢，也在传达一个理念——用设计的眼光，重新审视日常生活中习以为常的事物。

“あ”（啊）是日文学习中的第一个音，也代表着人们在有所发现、眼前一亮时会发出的惊叹声，而“啊！”这个名字也是总策展人佐藤卓纠结很久之后，在洗澡时突然闪现的灵感。

01

02

《啊！设计》每集节目片长约 15 分钟，由 10 个左右不同的板块组成，冈崎智弘负责的“解散！”便是其中人气超高的板块。“解散！”会让人联想到瑞士艺术家乌尔苏斯·威尔利（Ursus Wehrli）在《整理的艺术》（*The Art of Clean Up*）中对物品的拆解与归类，但冈崎智弘运用定格动画的手法，将一件件日常物品“炸”开，其中每一个小小的部分都有了生命，排成队走了起来，影像的力量让拆解充满更多的趣味。

主打板块“设计的观察”中，对酱油瓶、便当盒等日常物品彻底分析观察。干净的特写镜头，组合呈现物品中细微却精妙的设计点。在画面切换中，引导观者上下左右、里

03

里外外，从设计者与使用者的不同角度，去理解和认识生活中的物品。

“设计师们”板块已邀请过原研哉、隈研吾、深泽直人等八十多位来自不同领域的设计师。请来了全日本最顶尖的设计师，却并没有吹嘘大师的经历与作品，节目对他们的称谓也仅仅概括为“产品设计师”“建筑师”等最基础的称呼，而且只问三个问题：“自己最满意的设计是什么？”“设计中最重要的是什么呢？”“怎样磨炼设计之心？”每个设计师虽然回答内容各异，但在三个回答的串联中，都隐含着“让世界变得更好，让使用者更舒心”的设计思维内核。

设计师们都用孩子们听得懂的语言来说明他们的观点。“无意识设计”的提出者深泽直人谈起自己最满意的设计，是壁挂式CD机，而这个CD机的设计概念来自日本人家中常见的拉绳排气扇。从排风扇联想到CD机，“看到一个物品能联想到另外一个物品，就是我们设计在做的事情”。他认为设计中最重要的，就是对人们“习以为常、认为理所当然的事物做一些思考”，需要多想想习惯动作是什么，那么设计就可以从这些习惯出发，让它更贴心。他给出的在设计上得到提升的建议是“从日常习惯中寻找灵感”。

擅长表现光的通透感的设计师吉冈德仁则认为，做设计最重要的是从生活中发现美的事物，“物品本身的美及素材的多样性常常是设计师的灵感来源”。而想把设计做得更好，“应该不从形状而是从东西本身来思考”。例如设计照明器具的时候，设计的并不是造型而是光线；设计椅子的时候，则应该从“坐”的动作开始思考。

建筑师伊东丰雄在影片中说：“让我们先观察自然，然后把它转成图画，比如树枝的分布、河川的弯曲、漩涡的形成，只要仔细观察自然，就能从中得到许许多多的灵感。”

“动线的设计”板块由动画导演Mizuhiro负责，这个板块提出无论是在家中还是在户外，大家都有一些习惯的动线，这背后的逻辑是什么？怎样排队才公平？快餐店的座位和收银机应该怎么设置？自助餐的桌子应该怎么摆放？美术馆里的画应该怎么陈列？搬家应该先搬什么？地铁闸机和进站口应该怎么规划？便当工厂的流水线、十字路口与红绿灯、残障人士电梯按钮与优先通道……其中都隐藏着不同的用户需求，而环境的设置能够引导出最优的动线。看视频的时候会联想起《模拟城市》（*Sim City*）、《迷你地铁》（*Mini Metro*）等经营游戏。

“天马行空”（注：日文为“はせる”，在日语中，常常有“思いをはせる”的说法，意为“让思维发散驰骋”）板块讨论日常物品的设计原理，例如书籍为什么是翻页的？电话线为什么是卷的？时钟为什么是圆形，而不是三角形或者长方形？

节目并不直接告诉观众“这样才是对的”，而是退回原点，设问“如果不这样设计的话，还可以怎么做呢”，将不同的提案展示出来，观众看过后自然会理解其中的思考逻辑，“啊！原来现在的设计是这个道理！”

“制作”板块类似美国探索频道的王牌节目《制造的原理》（*How it's made*），但多少带有日本的职人气质，用镜头记录手工制作梳子、毛笔、扫把，甚至豆腐、纳豆等物品的过程。“我是你，你是我”板块由柴田大平负责，动画中两件类似的物品互换，达到奇

晨间剧

晨间剧(朝ドラ)即晨间小说连续剧，是 NHK 从 1961 年起推出的晨间短剧系列。短剧单集为 15 分钟，每部作品通常在 150 集左右；播出时间在周一至周五的早上 8 点(日本时间)，因此一部作品的播放档期有半年之久。早上 8 点，在家看电视的往往是主妇，她们也是晨间剧的主要观众。由于当时日本社会经济高速发展，晨间剧主要讲述的都是逆境中奋斗的女性故事。比如在 1983 年曾达到收视高峰的代表作《阿信》。因为极高的收视率，晨间剧的女主角已经成为年轻女演员获得国民知名度的最佳跳板。(text/钟昂谷)

01

02

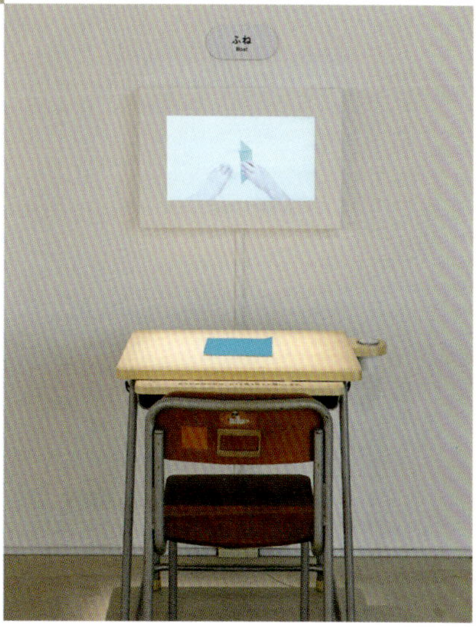

01 Exhibition view of "Design Ah!" at 21_21 DESIGN SIGHT, 2013, "Everyone's 'Ah!' "(每个人的“啊!”)
02 Exhibition view of "Design Ah!" at 21_21 DESIGN SIGHT, 2013, Taku Satoh Design Office + Origata Design Institute “Origami”(折纸)

Exhibition view of "Design Ah!" at 21_21 DESIGN SIGHT, 2013, plaplax "'Ah!' Plaza"（21_21 DESIGN SIGHT 中庭为当时展览设置的“啊！”广场）。

妙的效果。

当然，所有的环节中，简单上口的歌曲和动画一样是必不可少的。“贺喜”环节中，介绍日本传统贺喜礼仪中该穿什么、送什么。除了好看的画面，制作团队 plaplax 还邀请音乐组合 KAKATO 参与，每一集都是一段朗朗上口的说唱。

《啊！设计》在官方介绍中提到，尽管设计有不同的门类，但都是为了找出事物的本质，并予以加工，使之变得更易用、更具美感、更舒适。所以设计是为了建立人与物、人与人之间更加良好的联系，采取观察、思考、行动的过程。而节目正是为了引导孩子通过设计的角度，重新彻底观察身边的事物，培养他们的设计观点与对世界的感性认知。

说起节目的初衷，花了六年时间来说服 NHK 一道合作的佐藤卓提到，做这档节目并不是让孩子们来学习的，而是让孩子们发现设计的乐趣，“希望让孩子觉得设计很好玩，让儿童在无意识中受到影响。”

佐藤卓将这一宗旨完整地融入了这套节目里。节目几乎没有解说，充分利用影像的趣味性，从表象观察到操作演示，从形态构成到拆解，以全新的角度来诠释生活中常见之物，同时介绍点线面、色彩、造型、运动等基本设计原理。

设计师做的启蒙教育，不仅好看得像是设计与艺术的基础课，最大的闪光点似乎在于从中流露出对感性能力唤醒、培养的重视。

另一方面，学设计的确是有基础课的。美国黑山学院核心课程影响了几十年来的设计教学。20 世纪最具影响力的艺术教育家约瑟夫·亚伯斯（Josephf Albers）在黑山学院设置的基础课程中，强调对观察的培养和练习，从颜色、形状等最初级的角度看待事物，强调材料与物质的互动。他说，艺术家需要睁大眼睛，对那些经常被忽视的线条、形状和颜色保持敏感。

与他同时代的意大利著名设计师、设计教育家布鲁诺·穆纳里（Bruno Munari）在儿子出生后，开始研究儿童发展理论，针对更加低龄的、非艺术专业的孩子们做出一系列儿童产品。

布鲁诺·穆纳里被称为“20 世纪的达·芬奇”，他的商业产品设计线条简单凝练，但他透彻地理解为孩子做设计的不同之处：“在商业设计中，让人在短时间内无误地理解并记住是最重要的，而在为儿童的创作中，更开放地引导孩子的想法才是最重要的。”他的很多作品是半开放式的，孩子探索并参与创作后，作品才会完整。

原研哉曾说过：“日本国民从小接触到的美学教育和意识，才是日本设计源源不断的宝藏。”他在武藏野美术大学首创基础设计学科。“基础设计”的英文翻译是“Science of Design”。学科简介中提到，设计是包含科学、艺术和哲学的学科，不仅是对“形态”的创造，也是对日常行为的观察与思考，通过从对图形、形状的意识传达，本质上探究设计原本的意义，拓展设计的宽度。

原研哉经常提到，设计的本质是以敏锐而轻松的视角观察周围的生活，在《啊！设计》中，他也讲述到自己做设计的初心是“希望世界变得更加鲜活”，而为了实现这一点，便需要积极想象“这样做怎么样呢”，好好感受身边的一切。

而这一切并不只对设计师或艺术家适用。心理学家荣格曾在问答中提出，“从艺术与自然中感知美的能力”是获得幸福感的 5 个基本要素之一。贡布里希在《艺术的故事》中写到，“美感是需要引导和学习的”，在意大利，建筑和美术都是从小要进行的基础教育，看着米开朗基罗长大的意大利人，对美的洞察已是一种“被唤醒”的本能和直觉。

关于审美与创造美的教育越来越受到重视。美学教育能启发“幸福感”，但却是非功利性的，它并不是 “硬知识”，不是学画或学钢琴，不是知道多少流派或大师，它甚至不是教学，而是创造机会让设计的观点和对艺术的想象力在意识中萌芽，孩子能被平凡的视觉现象所吸引，自发注意到生活中美好的细节,并从中感受到动人的力量。

节目通过设计所传达的理念已经远远超出了单纯美学教育的范畴。一切好的设计都是从同理心出发的。节目中所传递的同理心、审美品位和思考方式，构成了一个人的基本能力，而这些也许将间接影响之后生命的丰富度。

大河剧

作为 NHK 高度重视的历史连续剧，大河剧以精良的制作和豪华的参演阵容闻名。与大多数播出周期为一季左右的日剧不同，大河剧的播出周期长达一年，播出集数在 40 集以上，每集 45 分钟左右。大河剧的主题通常是某个历史时代里人物或家庭的故事，大多取材于知名历史小说，如山冈庄八的《德川家康》和司马辽太郎的《龙马来了》。NHK 对大河剧主题的选择也往往会考虑年度热点事件。比如，为纪念明治维新 150 周年，NHK在 2018 年播放了与明治维新相关的大河剧《西乡殿》。20 世纪 60 年代，电视在日本普及，NHK 决定拍摄有电影品质的长篇电视剧。NHK 的第一部大河剧《花之生涯》播出于 1963 年，讲述了江户幕府末期极具争议的政治家井伊直弼的事迹。当时，该剧取得了不错的收视率，使 NHK 决定继续拍摄大河剧。
“大河剧”中的“大河”一词来源于法语单词“Roman-fleuve”(大河小说)。大河剧一直是日本收视率最高的电视剧系列之一。进入 21 世纪后，大河剧的收视率逐步下滑，但 NHK 没有放弃大河剧的念头，它仍然是日本的电视文化传统之一。（text／刘津瑞）

PART
05

东京时尚
当然不止体现在原宿这个街区
但它又太有代表性
它不仅注视着
日本街头潮流文化的发展
也在试图不断跟上时代的脚步
它还是你认识的那个
“卡哇伊”版的原宿吗?

潮流旋涡：时尚的秘密

就像很久以前的那些潮牌“前辈”一样，
它终于在东京原宿站稳了脚跟。

#FR2：原宿街头新潮牌

text / 钟昂谷 photo / 佐佐木谦一 #FR2 赵慧

2014 年，东京杀出了一个新潮牌——#FR2，logo 是两只交媾的兔子。不过，它的发源地不在原宿，而在社交网络上。

兔子们

20 世纪 90 年代，身穿 Undercover、Bape 等品牌的年轻人几乎占领了整个原宿街区。这些潮牌像一身铠甲，守护着年轻人的时尚尊严，也守护着他们对潮流 icon（类象符号）地位的认知。可如今在原宿，似乎再也找不到一个具有压倒性流行地位的品牌了。

“一个人很难创造出潮流了。”#FR2 的创始人石川凉一直在思考，什么可以成为未来的发展趋势。

2014 年，他以 Fxxking Rabbits 为账户名，在日本时尚网站博客发布过以女性臀部为主题拍摄的照片。“照片可以引发交流，连接人群。我想做一个面向摄影师的（服饰）品牌。”摄影师这个群体，正是最早了解他和他的作品的主要人群。

那时，在石川凉发布的内容中，偶尔会出现两只在交媾的有些可爱的兔子图案。兔年是他出生的年份，而且，“兔子是哺乳类动物中最喜欢交配繁衍的，有情色意义”，石川凉对“未来预想图”解释说。

他设计了一些简单的单品，包括印有这个兔子图案的 T 恤、卫衣、裤子和帽子。当时 #FR2 没有独立的线下店，石川凉把这些单品放在之前经营的男装品牌店 VANQUISH 里售卖。其中印有“Smoking kills”的 T 恤因为其独特的标语的概念，开始拥有了一批粉丝。

2017 年 3 月，石川凉在日本福冈热门的商业中心地段盘下了一家店——#FR2 FUKUOKA。这是个不错的位置，Apple 福冈店就开在 200 米外的不远处。紧接着一个月之后，4 月 27 日，他就选中东京以街头潮流闻名的里原宿街区的一个角落，开了第二家店——#FR2 HARAJUKU，这次，这家店离另一个备受追捧的潮牌 Supreme 只有不到 100 米。

品牌传播的第一步，石川凉瞄准了主打照片社交的媒体平台 Instagram（照片墙）。他在这个官方数据显示日均活跃用户数量达 5 亿的平台，逐渐为各家店铺创建社交账号。至于品牌与店铺名，则是一早就具备了传播属性：#FR2。“FR”是 Fxxking Rabbits 的缩写，“2”代表的是 Fxxking Rabbits 中的复数形式“s”。至于“#”，则来自石川凉的一个预测——人们将迎来用“#”检索信息的时代。

“我的设计一定要有趣，有趣的东西大家就会拍照，分享到网络上。”石川凉看透了传播的原理。他在 SNS（社交网络）上看见过一个人一手叼着烟，穿着印有“Smoking kills”标语的 #FR2 T 恤的照片。照片中呈现的客观信息和第三者观看时产生的意识之间会产生一种“gap”（差距），石川凉认为那是种“有趣”，那样的照片具有传播力，会吸引人们去模仿。

他开的各家分店依次在 Instagram 上留下了印记——搜索“FR2”，会出现五六个相关账号。它们是 #FR2 各地店铺的官方账号，以不同颜色与元素设计相互区分，但主视觉元素——两只交媾的兔子——完全一致，这是个充满了性暗示的强辨识度 logo。

这些账号开始收获一大批“可见”的关注者，其中不乏新世代的年轻人。社交网络，成为石川凉与 #FR2 观察这个世界以及与年轻人交流的重要窗口。

照片

原宿一直是时尚潮人与街拍摄影师经常走动出没的地方。从 1985 年起就在原宿捕捉时尚潮流的“日本街拍界教父”青木正一在接受我们采访时曾提到，在原宿时尚的鼎盛时期，他们一天能成功拍到两三张拥有个性穿着的潮人照片，并在那样的背景下创办了享誉日本的《STREET》《FRUiTS》等街拍杂志。

“我希望客人穿上 #FR2 的衣服后拍下的照片，会让人产生‘诶，这是什么？’的想法。”石川凉说，“我们在创造能够产生交流的设计。”他认为这是 #FR2 与传统潮牌不一样的地方。

石川凉也擅长利用每一次“交流”带来的传播效果。热门的照片伴随着网络看客的“点赞”与“喜欢”在 SNS 上飞速传播，同时自然炒热了画面中每一个可被复制模仿的元素。在这之中，品牌往往是最先被关注到的。

2018 年 2 月底，范冰冰出现在了旗舰店 #FR2 HARAJUKU 的店铺门口。随后她走进店里与石川凉对话，石川凉用自己的相机给范冰冰拍了几张照片，上传到了 Instagram 账号 @fxxkingrabbits 上。照片里，陪伴着范冰冰的是 #FR2 所有店铺里都有的那只极具品牌标志性的“兔子”。整场活动被潮流文化传播平台 YOHO 拍摄、剪辑成视频，最早发布在其国内的 SNS 账号上。

“我们没有花一分广告费，”石川凉露出了一些愉悦，“范冰冰那次，其实我之前并不认识她。”“我没有邀请她来，她的名字还是我的粉丝告诉我的。”他补充说。

那一天，在 @fxxkingrabbits 这个账号上发布了与范冰冰相关的内容后，下面很快出现了 51 条评论。这是当时该账户获得的最高评论数。

01 photo / #FR2

02

01 这是石川凉在 Instagram @fxxkingrabbits 的账号头像。戴上了兔头面罩的石川凉不仅是他自己，更是莱卡摄影师 Fxxking Rabbits。这个兔头与兔女郎一起，出现在 #FR2 的每家店铺中。

02—03 原宿见证着东京年轻人的街头潮流史，你总能在这里找到有个性的年轻人。这里同样也是各个服装品牌的开店热门争夺地。

03

01

01—03 #FR2 在里原宿的店铺，以两只交媾的兔子的形象吸引着好奇的年轻人。photo／佐佐木谦一

02

photo／佐佐木谦一

03

photo／佐佐木谦一

在快时尚兴起时，人们惊讶于设计到生产的速度可以被缩短为两周，这种做法颠覆了传统品牌按“季”推出时装的做法。但石川凉跨入时尚领域之后，也没太遵循这些前辈们的规矩。他的设计常常是“有灵感就做了”，没有特别固定的周期，“从灵感到产品出来上架就一两周，快的时候一周也有”。

#FR2 每隔一两周就会放出某个新品预告。2020 年疫情期间，他将“COVID-19”这类标语印在一期 #FR2 的服装单品上，像一种纪实的印刻，更像一种对现实环境的调侃与反抗。

浏览 #FR2 过往的设计，不难发现设计中的戏剧感与冲击感，比如美颜相机下的蒙娜丽莎、浮世绘中叼着烟杆的女性与禁烟标志、No sexual service 的标语，甚至还恶搞过麦当劳的 logo。这些带有强烈审美倾向的设计让人有些意外，甚至暗暗惊呼“好敢啊”。

这正是石川凉所期待的，他希望吸引那些能欣赏这些设计，同时又喜欢摄影的人，而这些人也占据着 Instagram 平台的话语权。数据分析网站 DataReportal 在 2020 年 10 月发布的报告 *DIGITAL 2020: OCTOBER GLOBAL STATSHOT* 中提到，70% 的Instagram用户年龄在 35 岁以下，其中 Z 世代（1995 — 2009年出生的人）为主要使用人群；而且，女性用户占 51%。Facebook 旗下基于其平台数据收集与分析的商业洞察单元 Facebook IQ 在 2019 年发布的洞察报告中提到，旅行、音乐、餐饮、时尚为 Instagram 用户兴趣的 Top 4。

石川凉的线下扩张也与“照片”密切相关。围绕“照片交流”的理念，石川凉在 2017 年 9 月创立了第一家 #FR2 GALLERY（#FR2 画廊）。最初它只是一个为活跃在 SNS 上的艺术家提供个人展示与交流的空间，客观而言，这也是一个把目标受众自然聚集在一起的好机会。

“在上个世纪的认知里，如果你不是专业的摄影师就不能开店，但我觉得应该摒弃这个观念，Instagram 上人气摄影博主的时代一定会到来。”石川凉解释道，“我想创造一个大家都可以使用的空间，支持那些年轻但不一定专业的人，比如用 iPhone 拍照的人，比如高中生，给他们提供一个在原宿的中心展示自己的机会。”在此期间，他说自己只会收一些基本的材料费，或作品售卖的分成。“不是很多，只有一点点。”

2017 年 12 月 20 日，#FR2 GALLERY 为摄影师高桥优也和 SILENT SIREN 乐队主唱兼吉他手吉田堇办了一场为期一周的联名摄影展“SILENT NOISE”。当时人最多的时候，排队到店门口的人横跨了两个街区。

紧接着这个摄影展，高桥优也、吉田堇、石川凉共同在 #FR2 HARAJUKU 办了一场线下对谈活动。根据官方发布的信息，参与名额只有 40 人，且必须提前购入本次活动出品的限量连帽卫衣。除此之外，活动期间还发布了限定商品，比如贴纸，以及未公开的照片做成的明信片。这样的营销方式的确吸引了不少人，活动场地坐满了闻讯赶来的粉丝，场外也站了不少捧场的人。

联名

联名正在成为很多品牌跨界的试验场。对于已有知名度的品牌来说，与新锐潮牌联名，可以测试自己在年轻消费者中的口碑，甚至拉拢更多潜在消费者；对新锐潮牌们来说，与不同领域的品牌联名，可以增加更多让产品“破圈”的机会。

2015 年 4 月 8 日，#FR2 与日本艺术家 Madsaki 以艺术展的形式做了 #FR2 有史以来的第一个联名尝试。那时候的 Madsaki 还不是一个广为人知的艺术家，但因早年多次与 Undercover 的主理人高桥盾合作，以及参与设计过陈冠希主理的潮牌 CLOT 的 Alienegra 系列，在亚洲时尚潮流界已经小有名气。

那一次，#FR2 与 Madsaki 合作了一些插画手稿——让 Madsaki 在石川凉的摄影作品上作画。同时，他们还充分挖掘了制作过程的价值，发售了一些印有手稿的 T 恤。

01 photo/佐佐木谦一

02 photo/佐佐木谦一

所有手稿和 T 恤都在上市后迅速售罄。“当时，一件带手稿的摄影作品只要 30 万（日元）。”石川凉回忆说。

巧合的是，在这次合作展的几个月后，艺术家村上隆在 Instagram 上联系 Madsaki，以收藏家的身份购买了一幅 Madsaki 在一次个展中的创作——亨利·马蒂斯（Henri Matisse）油画作品 *Dance(I)* 的仿作“Dance (III)”，并在 2016 年横滨美术馆举办的“村上隆的 Superflat Collection”收藏展中展出。随后 Madsaki 与村上隆一直频繁互动，一时让 Madsaki 的作品迅速升值。石川凉一边用手点着 Instagram 上当时发布的手稿图，一边说：“（这个作品）现在价格特别高了，可能要卖到 1000 万（日元）。”

“合作选择上没有什么节奏，也没什么标准，聊得来就行，”石川凉说，“能一起做一些有趣的事。”话虽如此，但联名也确实带来了商业价值。

最成功的一次联名，石川凉认为是 #FR2 和美国一线潮流时尚品牌 X-Large 的合作。眼下，他们已经完成了三次合作，#FR2 团队还在计划着再来一次。

#FR2 从 2019 年开始涉足电商，与 X-Large 的几次联名合作就充分反映了线上商店的优势。“电子商店上放出的库存在预售期间就会全部卖完。在实体店上市的话，通常第一天就销售一空。”石川凉记得，有一次与 X-Large 的联名款，仅花了 15 分钟，他线下所有店铺总销售额冲到 1 亿日元（约合 600 万元人民币）。

这份联名合作名单还在不断增加：“原宿之父”藤原浩的 FRAGMENT DESIGN、牛仔服饰产品代表品牌 Diesel、运动服饰品牌 FILA，甚至日本 ACG（动画、漫画、游戏）领域的大 IP——海贼王。2020 年，#FR2 还跨界到游戏领域，借着日本电子竞技教育设施 REDEE 开业，为它的店员设计制作了带有 #FR2 标志的制服。在其他品类上，#FR2 与富士胶片合作推出了一次性胶片机，并与模拟胶片拍摄 App NOMO 合作推出了一款手机滤镜。

01 这件卫衣是 #FR2 原宿店 2021 年 3 月最热门的单品。
02 #FR2 也和不少品牌玩起了联名。

女孩子们

坐落在东京原宿热闹的街口，全粉色的店面装潢时刻抓着人的眼球。透过玻璃窗能清晰透亮地看见店内各种粉色主题的单品，夸张的设计与 slogan 很难不让人胡乱联想。店员们常常会迎来在门外来回踱步、最终满怀好奇而进店的客人……这里是 #FR2 品牌下第一家、也是目前唯一一家主打女装线的实体店“#FR2 梅”。它于 2018 年 7 月 21 日正式开业，距离旗舰店 #FR2 HARAJUKU 只有 1 分钟不到的步行距离，在网络上，却比原宿店更有人气。

截至 2021 年 2 月底，在 Instagram 上，带有 #FR2 梅 hashtag（话题）的帖子多达 1.8 万篇，而带有 #FR2 HARAJUKU hashtag 的只有 1871 篇。这间店从装修到产品都布满了带有传播话题感的要素，像是墙壁上的“パチンコ”（弹子游戏机）日语片假名霓虹灯，故意隐去“パ”这个字，剩下的部分在日语中与男性生殖器发音相同。对很多年轻人或者游客来说，这种戏谑本身就是一种惊喜或者态度。你总能在 Instagram 上看到无数穿着或没穿 #FR2 产品的人在 #FR2 梅 的店门前摆拍的照片。

社交网络上，带有 #FR2 店铺 hashtag 的推文里，有不少是“女性贡献者”。在 #FR2 看来，她们似乎并不介意产品到底是男装还是女装，只要她们喜欢，依旧会购买产品，穿着拍照分享到自己的 SNS。或许其中也有 #FR2 店铺运营的功劳，在他们的各个官方店铺的 Instagram 上，你总能看见穿着主题店衣服的女性模特——即便店铺服装主打男装。

03-05 #FR2 品牌下的女装实体店“#FR2 梅”离 #FR2 原宿店不到 1 分钟步行路程。墙壁上的“パチンコ（弹子游戏机）”日语片假名霓虹灯故意消去“パ”字符，剩下的单词在日语中与男性生殖器发音相同。对很多年轻人或者游客来说，这种戏谑本身就是一种惊喜或者态度。

03 photo／佐佐木谦一

04 photo／佐佐木谦一

05 photo／佐佐木谦一

01 photo / #FR2

02 photo / #FR2

短裤与高跟靴或其他女装的一两个男性店员。他们本来是石川凉的朋友，后来石川凉干脆邀请他们来店里上班了。

到海外去

石川凉还在不断扩张他的实体店。

截至目前，像 #FR2 梅这样的主题店已经在日本开到了第 5 家，每一家都有其独特的代表色和店徽。2020 年底开在日本伊势的新店 #FR2 月，店徽上除了两只兔子，在兔子的头顶还有一轮月亮。“这家店就在伊势神宫附近，去确定店铺地址的那天，天气很好，正好看见神宫上的一轮月亮，特别美，我就把它搬来了。”石川凉回忆说。

石川凉的野心并不局限在日本。2020 年 7

#FR2 在日本的所有店铺都选在观光客多的热闹地方。
01—02 伊势的 #FR2 月。
03—04 那霸的 #FR2 月桃。

然而男性还是这个品牌的主要消费群体。“说到底 #FR2 是男性的品牌，”石川凉解释说，“因为女性也会买，所以没有特别必要再继续开女装店铺，毕竟已经有一家粉色的 #FR2 梅了。”

的确，在当今日渐多元的社会文化背景下，不仅女性会因为喜好去穿着男装，男性也会因为自己的性别身份认同去穿着女装——你甚至会在 #FR2 梅或者 #FR2 HARAJUKU 看到画着精致妆容、身着

03 photo / #FR2

04 photo / #FR2

月 31 日，#FR2 在泰国曼谷市中心最热闹的商业区暹罗广场开了第一家海外店 #FR2 BANGKOK。“这里作为‘曼谷的原宿’而被人熟知，在年轻人中很受欢迎。观光客每天至少会路过一次。”在开店的第二天，#FR2 BANGKOK 在其官方 Instagram 账号的第一条推文里直接这么阐述道。

#FR2 在日本的所有店铺也都选在观光客多的热闹地方，无论是福冈还是东京的里原宿街区，因此附带卖一些当地的纪念品。近年来，伴随着日本政府“观光立国”的经济政策，在 2020 年疫情之前，每年赴日的外国游客数量一路攀升。石川凉期待他们照顾 #FR2 的生意，同时借助他们，将 #FR2 的品牌传播到海外。

在疫情之前，#FR2 维持着每年营业总收入较上年度增长 50% 的增速。

然而疫情打乱了石川凉的计划。在东京里原宿街区，依旧用两只兔子做 logo，主打销售电子烟的“烟管兔商店”，因为赴日外国游客骤减，在 2020 年年初短暂开业后又很快闭店。石川凉表示，疫情结束后，会找到好的店址再次开店。

同样在里原宿街区，他曾经盘下 3 间地段很好的店面用于画廊。但因店铺老旧，又出于疫情等原因，他依次在租约到期时终止了合约。但他还是太看重这个街区了，从2020 年 11 月，在 #FR2 梅的街对面，他又租下了一个新店铺，直接命名为 #FR2，并将其定位为快闪店常驻店铺。

这家店的上一个主人曾是代表原宿彩色卡哇伊潮流风格的店铺 6%DokiDoki，疫情之前，游客络绎不绝。石川凉盘下这家店

FR2 店铺类型

●店名 ●选址 ●开业时间

#FR2

旗舰店

● #FR2 HARAJUKU
●东京原宿
●2017.4.27

地方店

● #FR2 FUKUOKA
●福冈县福冈市
●2017.3.10

● #FR2 NAGOYA
●爱知县名古屋市
●2017.12.6

Gallery & Pop-up store

● #FR2 GALLERY
●东京原宿（1 店）
●2017.9（2020.6 闭店）

● #FR2 GALLERY
●东京原宿（2 店）
●2018.10（2020.6 闭店）

● #FR2 GALLERY
●东京原宿（3 店）
●2019.4（2020.5 闭店）

Pop-up store
● #FR2（前身为画廊）
●东京原宿
●2020.11.28

海外店（street-level store）

● #FR2 BANGKOK
●泰国曼谷暹罗广场（Siam Square）
●2020.7.31

主题店

● #FR2 梅（UME）
●东京原宿
●2018.7.21

● #FR2 月桃（GETTO）
●冲绳县那霸市
●2019.2.1

● #FR2 柳（YANAGI）
●石川县金沢市
●2019.4.26

● #FR2 抚子（NADESHIKO）
●京都祇园
●2019.10.9

● #FR2 月（TSUKI）
●三重县伊势市
●2020.12.8

资料来源：根据公开资料整理

01　photo/赵慧

01—02 #FR2 在里原宿的三家店都在一起。这条路上，往前走一点就是同样颇受年轻人关注的潮牌 Supreme 店铺。在 6%DokiDoki 的楼下，#FR2 将盘下的新店铺定位为快闪店。
03 石川凉在疫情期间开启了一项新的商业模式——#FR2 DOKO，用巴士车流动销售产品。

时，租金与疫情前的价格一样，但开业半年内，它又常常以关店的状态闲置着。“这里有价值，就算价钱高也要盘下来，”石川凉解释道，“这是个太好的地段了。疫情之后，一定会有爆发性的客流量。”

除此之外，石川凉在疫情期间还开启了一项新的商业模式——#FR2 DOKO，用一辆带有 #FR2 logo 与品牌显著特色的黄色巴士，在日本各地流动销售 #FR2 的产品。这是一项借力法国实时定位社交应用平台 Zenly，从 2020 年 10 月开始筹划，至 2021 年 2 月初正式推出的服务。

疫情期间，日本发布“紧急事态宣言”，人们被要求“自肃”——待在家里，尽量减少外

02　photo/佐佐木谦一

03 photo/#FR2

出与跨境活动。对于那些想要购买却没法去店里购买 #FR2 产品的人来说，这项服务无疑满足了需要。石川凉用“非常意外，效果很好”来形容这个新生意模式的影响。在 #FR2 DOKO 的官方 Instagram 账号发布的内容里，人们站在山里的公路边、街道口排着长队买 #FR2 的商品。

在采访的过程中，石川凉不止一次强调自己的某些在意与不在意：“我不太记得住过去的事，过去的就过去了，常常只考虑未来会发生的事。”对做过的设计、合作过的联名，甚至曾经的潮流文化，他都是一样的态度。

“我（其实）不在乎欧美人买不买我的衣服，我的衣服只要在亚洲，像中国、韩国这样的地方卖得好就行了。这一点和做潮牌的前辈们可能不一样。”石川凉对“未来预想图”说，“我并不是想要为日本人做衣服。”

但紧接着，他眉间高挑，兴致高涨地问了个问题：“想象一下，如果 #FR2 在长城下开了一家店，里面的限定款只有在这家店才能买到，你特别想要，但你在日本，你会怎么做？”

“你会找当地朋友（帮你买），或者更直接的，找代购。”他紧接着直接回答说。

#FR2 确实是热门货。各大电商平台上有不少标有 #FR2 logo 的产品，代购价格往往高出原价三四倍。商品量由于地域限制，供给量少，“这样价值就高，还会传播和流动。”石川凉分析说。

当然，这个假想并不完全如石川凉说的那样一帆风顺。因为出现了山寨产品，或者更甚——出现了一个山寨品牌。

2019 年，上海一家公司在没有获得石川凉授权的情况下，使用石川凉的名字以及他拍摄的宣传照，以 #FR2 为品牌名，在上海和无锡开起了线下店。石川凉得知后，怒斥这种行为“不尊重品牌价值”，通过中、英、日三种语言，连发 3 条 Instagram 表达了自己的愤怒和立场。因中国内地在 Instagram 上通信不便，事发之后石川凉团队快速注册了微博，发表了同样的声明。

最终这场跨国界的无硝烟战争以上海公司关店而终止。但这件事引起了石川凉的警觉，他正在思考如何尽快打入中国市场——这个拥有最多亚洲年轻人的地方。

2021 年 5 月，#FR2 梅开进了北京西单——他依旧选了一个观光客多的地方。但他也表示，如果在中国新开主题店，会选在北京的长城脚下，“设计当地的限定款，做成像纪念品店一样的感觉。”

采访过程中，他拿起笔开始画起一个假想中的 logo，“首先这个画面上会有一个长城，长城墙上，这里，Great Wall 上放一个正在跨越的‘VPN’吧。哈哈哈哈。”

它曾经是将很多海外时尚信息
引入日本的潮流买手店，
如今，它想要成为生活方式领域的意见领袖。

BEAMS 如何销售生活方式？

text / 赵慧 photo / 岩泽高雄

对很多人来说，BEAMS 是一家难以简单概括的店铺。在上一代对欧美文化充满憧憬的日本年轻人（他们如今可能已经有五六十岁了）的眼里，BEAMS 是引入新风潮的买手。如今，它更像是一个生活方式的塑造者，以及不同小圈子里的“意见领袖”。

BEAMS 的确做了几件与众不同的事。比如在开店选址时，比起那些最佳地段，它更愿意选那些“离最好地段稍有距离”的地方，意图吸引专门来店的客人，而非一时积聚客流、形成热潮——热潮来得快退得也快。

对于如今在日本已成普遍业态的服饰、杂货、家具混合店铺，BEAMS 也是最早的那批试验者之一——1995 年，它就在东京市郊二子玉川开出了第一家混合型店铺，提出了家具与杂货并设的“BEAMS 现代客厅”的概念。现在看来，它就像是我们熟悉的无印良品，只不过 BEAMS 当时的产品都由买手挑选。

BEAMS 既是买手店，也有自己的原创品牌。最初做自有品牌产品线是因为从海外淘来的服装不符合日本人的体型。在 OEM（代工厂）订货一段时间后，BEAMS 又想到请合作方用特定材料为自己专门开发新产品，这开启了如今被它玩得特别溜的联名商品时代。

如今，BEAMS 社长、创始人设乐洋又有新想法了。

设乐洋

BEAMS 代表董事社长。1951 年出生于东京都，毕业于庆应大学经济学部。1975 年进入广告代理公司电通工作。曾获广告电通 SP 赏、活动制作奖等。1976 年，一边在原公司工作，一边参与父亲创办的公司的新事业，创立 BEAMS。1982 年，BEAMS 公司成立。1983 年从电通离职。1988 年，就任 BEAMS 代表董事社长。在他的带领下，BEAMS 如今已成为涉猎买手店、自有服装品牌、唱片、出版、展览、企划等多领域的复合生活方式品牌。

Q = 赵慧，“未来预想图”主编
设乐 = 设乐洋（Shitara Yo），BEAMS 社长

Q：你曾表示，BEAMS 今后着力的重点会在 B2B、可持续，以及线上策略几个领域。我们想具体聊聊它们都意味着什么。首先是 B2B，对 BEAMS 来说，它具体指的是什么？

设乐：一直以来，BEAMS 做的都是 B2C，主要面向普通消费者销售好的商品或者体验。这个我们当然会持续做下去。在日本市场，不仅是我们一直做的时尚领域，时尚以外的领域也在不断冒出各种有意思的东西。时尚行业不断有新的店铺或网络出现，我们会应用BEAMS迄今以来累积的各种know-how（技术诀窍），像是选品能力、信息收集整理能力、产品设计能力等，将它们应用到各种商品上，比方说其他业态的商品或者服务。我们要把人们熟悉的各种BEAMS在做的事的know-how，尽可能广泛应用到其他领域。

Q：那你们要做的 B2B 和之前在做的 B2C，受众是同一群人吗？

设乐：最终来看，是同一群人。让人们能够明快而开心地生活下去的不仅仅是时尚领域。它也不仅是商品或者服务，也会有环境或者设施。在这些领域，如果有 BEAMS 可以应用既有 know-how 一起协作完成的事，我们会希望一起去做。

Q：BEAMS 在 1976 年创立时，好像主要是针对年轻人。如今无论是在 B2B 还是 B2C 领域，都还是要瞄准年轻人吗？

设乐：我们四十五年前创立时，第一代顾客是以大学生与中学生为主的，随着年月的累积，这些人也渐渐有了孩子，他们的孩子也成为 BEAMS 的消费者，成了“BEAMS 二代”。今后说不定还会有第三代。所以这个年龄层在不断拓宽。以前可能是年轻人为核心，但现在，下到高中生，上至五六十岁甚至七十岁的族群，都成为了 BEAMS 的目标顾客。这也和一般意义上的“社会”越来越接近了。

Q：我们刚刚在前台旁边看到了一个展厅，那里在展出 BEAMS SCHOOL 的概念，BEAMS 在帮忙制作学校制服，这也是一个有代表性的 B2B 案例吗？

设乐：是的。我们现在大概接了大概有二十来个学校制服的项目。我们想要在尽早的阶段就让（潜在消费者）接触到 BEAMS 的时尚，通过这种方式，让他们能够享受学校生活，提升偏差值——这也是我们听到的反馈，我们感到挺欣慰的。

BEAMS SCHOOL 项目大约起源于七八年前，从几所学校的合作邀约开始，慢慢开始扩大范围。今后我们也会和一些专门的工厂合作，将品类扩大至文具等领域。

Q：除了学校，还会有其他领域的 B 端客户吗？

设乐：有各种各样的客户。汽车、酒店、住宅，从杯装拉面到与航天相关的都有。

我们做 BEAMS JAPAN 这个项目，也结识了很多地方的职人或当地特产（像是点心或者酒）的厂商，我们就一起合作，尝试开发推出一些新的商品与服务。到 2020 年上半年，我们就已有超过 150 个这种合作的咨询了。半年尚且如此，全年的话，我们大概会有超过 300 个不同行业的客户。

Q：B2B 领域大概占据了你们营收的多大比例？

设乐：B2B 收入规模的考虑方法与 B2C 不太一样。B2C 考虑的是店铺或者商品的营收收入；B2B 要考虑设计费用与企划费用等，所以指标不是营收，而是在此基础上考虑的盈利。B2C 营收的规模一定要是 B2B 的

偏差值：是一种利用标准分算法得到的与排名挂钩的数值。在日本，一般将此用于衡量学生在升学时的分数排位。排名位于 50% 位置的学生偏差值定为 50。偏差值越高，意味着学生的分数排位越靠前，越容易进入好的高中或者大学。

十倍二十倍才行。比如 B2B 有 10 亿日元（约合 6000 万元人民币）的营收，那 B2C 可能要有 200 亿日元左右才行。

2020 年到 2021 年这个财年的下半年收入里，我们 B2B 目标利润在 9 亿日元（约合 5400 万元人民币）左右，以此计算，B2C 则需要达到 180 亿日元营收基础上的利润规模才行。我觉得 B2B 领域有很高的成长潜力，如今我们已经在考虑组建团队，思考我们的 know-how 可以覆盖哪些领域。我们一年能获得接近 300 个项目的咨询，如果这些项目都能够实际实现的话，我认为会达成很不错的收入。为此，我们要不断充实完善我们的组织架构。

Q：一个值得关注的策略可能是“联名策略”，这也是目前很多品牌（比如优衣库）在发力的领域。这似乎和 BEAMS 的 B2B 策略不太一样？

设乐：BEAMS 其实是最早发起联名的品牌。我们的 B2B 策略是不同行业之间的联合。虽然我们在 BEAMS JAPAN 项目里的联名也有不同行业的联合，但一般而言，联名更多是相同行业的联合。BEAMS 想做的是推出世上还没有出现过的新商品，就是从“特别定制”这个形态发展起来，然后成为两种形态：一是在 BEAMS 店铺内销售的商品；另一种是不出现在 BEAMS 店铺，但会在合作方的渠道销售的商品。

Q：联名商品会带来怎样的好处呢？

设乐：如今和以前大不一样，现在的产品与信息都大量浮现，买手店这个形态数量也已大幅增多。如果要开发那些其他渠道买不到的商品，其实挺艰难的。比方说，耐克的 Air 系列，有只有在 BEAMS 渠道才能买到的产品，也有其他渠道也能买到的产品。我们作为买手店也在强化独有商品的模式，要想去开拓别的地方买不到的产品，那就是联名了。在非常好的产品基础上，稍微加上些 BEAMS 的想法与 sense（感觉），这也是我们 BEAMS 非常擅长做的，我们现在很重视这种方式。

Q：你们在选择联名商品时有什么标准吗？

设乐：有三个标准。要么本身是非常好的产品，要么这个产品是一般大众可以在生活中广泛使用的“日常用品”，要么是让人们感到快乐的商品。

Q：你答得好快啊。这些标准是此前就考虑好的吗？

设乐：某种程度上是的，我一直在考虑。在很多场合，我都会遇到人们抛来的这类问题。很多最终判断，我都会交给现场的人直接处理。但是一些很难的决策，像是一些“这么做可以吗”的问题，也会时不时问到我这边来。我在做这些选择的过程中，就逐渐得出了这三个要素的结论：将原先很好的商品添加一点“BEAMS 感”；或者说它虽然不是那种特别厉害的商品，但却是人们日常生活中广泛使用的日常用品，像是劳保手套啊、龟之子束子啊、纸巾啊这类，这不是很有趣吗？再或者，产品不属于上面两种，但人们用它的时候会觉得很有意思，是能让人们开心笑出来、稍微把玩一下的东西。所以就有了这三个标准。

Q：迄今为止的联名项目中，你觉得哪个有代表性？

设乐：比如说 LEVI'S（李维斯），一百多年来，它创造出丹宁文化并一直延续至今，501 系列也是一直延续的优质商品系列。我们就和它们合作，在此基础上添加了一些 BEAMS 感。

在人们广泛认知的商品领域，我们就和日清一起做了以杯装拉面为主题的衣服的联名合作，这也是带有

位于东京新宿的 BEAMS JAPAN 是一个大型试验。BEAMS 会挖掘那些日本各地的优质产品，这些品牌也发现了新的商业机会。

龟之子束子：诞生于明治中期的刷子品牌，产品应用场景多元，如今已经发展出不同的材质，是日常生活中常用的单品。

BEAMS 气质的。还有让人开心的尝试，我们与迪士尼海洋合作，由 Zebra（日本文具品牌）制作了一种马克笔，把笔套末端做成带耳朵的米老鼠头部的样子，有一点小机灵的感觉，这也是有 BEAMS 感的。

Q：挺有趣。我们接着聊聊可持续的领域。一般而言，这个话题总是跟环保联系在一起，你们为什么要把这个话题放入经营战略层面上去谈？

设乐：从趋势上说，可持续确实经常被提及。我觉得这个领域不应该只是当作潮流就这么了结。如果人们只是为抵御酷暑或是寒冷，在他们衣服多得可以丢掉的时候，衣服最终就成了垃圾。为了让我们的子孙更理解环境态势，在时尚领域，就必须考虑可持续。我们公司试图成为"happy life solution company"（提供快乐生活解决方案的公司），也就必须将可持续纳入我们的视野之内。BEAMS 作为一家在很多领域引导着话题的公司，也就必须在这个领域做出尝试。

Q：BEAMS 应该不属于快时尚这个范畴。你们会间隔多久推出服装新品呢？

设乐：目前我们每年会以春夏、秋冬两季的频率推出服装。但是我们与快时尚或者设计师品牌不同，从创业以来，我们就一直延续着买手店的形态。我们并不是每季更换所有商品，大概有一半商品会跟着新的潮流走，像 LEVI'S 那样的长销商品会占据接近一半的展品。

原本，BEAMS 就有那种销售可以长久使用的好商品的倾向，人们会有一种印象，去了 BEAMS 就可以买到某个白色下装单品之类。时尚业里，像是 SDGs 或者可以长久使用的好东西这类想法，在我们这里就会体现为能打动人的基础款等商品，可以与任何时代需求相吻合，我们也会让它们一直出现在消费者身边。

Q：那接下来我们聊聊刚刚提到的第三个策略，也就是线上策略。

设乐：我们一直走的是实体店策略。大概是 2010 年开始，我们从以前提出的"从物品到体验"，过渡到"从体验到人本身"，开始关注人本身。

BEAMS 是买手店，有一种好品位的管理者与选择者结合的感觉。所以，我们的店员本身就要成为一种有专业色彩的“明星”角色。在不同店铺里，他们可以是服务经理或者店长、户外领域的店员等，我们十分重视这种与顾客的关联。在 BEAMS，员工们有着各种各样不同的专业领域。

等到进入电子时代，并不意味着单纯通过电商渠道销售商品，我们会希望实体店里存在的这种员工与顾客之间的联系，也可以体现在线上。在电商渠道，我们非常重视店员发布的搭配、博客、在线服务等内容，是一种将线下的温暖待客感连接到线上、创造出员工社区的策略。让人惊讶的是，在我们公司的自有电商渠道里，有七

BEAMS JAPAN 里设了“玩乐之心”的角落，以卡车为货架，挖掘体现“大人的趣味”的精选单品。

成以上的营收与员工发布的店员推荐、店员搭配、店员博客等内容相关联，单纯摆出商品销售的形态带来的营收只占 3 成左右。这也让我感受到，之前我们提出的关注人本身的策略没有错。

Q：让员工去发布的这些内容，是公司提出的工作要求，还是大家自己的想法？

设乐：这些内容完全是员工们个人的喜好与想法，我们只是提供一个发布的平台。当然，最初公司内部也有各种不同意见，像是万一员工和公司的方针与主题不一致怎么办、是不是要一一核查等质疑，但 BEAMS 是一个千人千面的公司，我们有这种尊重大家想法不同的文化，当然违法或者会造成社会问题的做法是不被允许的。

以搭配为例，在现实中你会发现，我们既有西装笔挺的员工，也有穿着 T 恤趿拉着夹脚拖就来上班的员工，这就是 BEAMS 啊。我们也想把这种状态呈现在网络上，不同风格本身也会有不同的粉丝。

Q：确实，你们公司的员工给人的印象是不太一样。

设乐：是啊，在造型搭配方面，我们不会说“不这么做不行”。

Q：你们还出了 6 册《BEAMS at home》。这跟你们这种策略也有关联？

设乐：有关联。《BEAMS at home》这套书，最初我想把它做成一个不凸显服装的目录，因为我们销售的是生活方式，所以我很想知道，我们的员工住在什么样的家里，有着怎样的生活方式。要是我真的跑去看的话，他们可能会紧张（笑）。但我真的很想看啊！出于这个想法，我们开始了这个项目。想法很朴素——我想看的，我们的顾客应该也会想看。那些喜欢冲浪的人，喜欢户外运动的人，喜欢手办模型的人，喜欢唱片的人，他们的家是什么样的？这样的人要是与自己兴趣相近的话，顾客会想从这个人手里买东西，会因为喜欢 ta 的搭配而成为 ta 的粉丝。这样顾客就与我们的员工产生了关联性。最终，我们这套书也出版到第 6 册，也出了中文版、

虚拟市场
由 VR 技术公司 HIKKY 主办的线上物品与服务交易虚拟市场活动，BEAMS 参加了第五届，在场内开了一家虚拟店铺，销售实体产品与虚拟产品。

GAFA
日本对 Google、Amazon、Apple、Facebook 四家公司的联合简称。

韩文版、英文版。我也没想到会得到这么好的评价，果然人很重要啊。

Q：《BEAMS at home》跟你们那些电商线上推荐等内容有关联吗？

设乐： 也是有关联的。因为这并不是公司强制大家做的事，员工们了解自己在现实生活中会使用什么样的东西，并不是一定要推荐大家去用，这也是 BEAMS 的特征。BEAMS 销售的商品给人的感觉是那种稍微伸手够一下就能够得到的梦想。

所以我们的员工，与其说是那种超级有钱人或者高薪人士，不如说是那些和普通的工薪族一样的人，只不过他们擅长利用 BEAMS 的产品好好生活。打个比方，BEAMS 并不是员工住着四叠半（约合 7.2 平方米）的房子却向顾客销售高级游艇的公司，而是员工们会将自己用着觉得好的东西推荐给顾客。我们想把这种现实的关联也表现在线上。

Q：你们的店员确实给人的感觉挺酷的。在招募的时候，也会将“酷”作为评价基准之一吗？

设乐： 在造型搭配这个角度，我觉得这种外观上或者时尚感上的“酷”很可能是标准之一。这些新加入的员工，一定都是喜欢时尚的，既有很严肃的风格，也有那种有 sense 的风格。但也可以表现为生活方式或者思考问题的方式很“酷”。比如超级迷恋自行车，或者“其他暂且不论，但是在户外领域绝对不会输”这种感觉。用以前的话来形容，就是“痴迷”。

Q：那你们发展到现在，电商产生的营收能是实体店营收的几成？

设乐： 受疫情影响，我们 2020 年有一段时间店铺歇业，电商营收大概达到实体店销售额的 40%。这是因为我们实体店一直没开门，所以销售额下降，平时的话这个数字大概是 20%—30%。几年后，我会希望我们电商销售额能达到实体店销售额的 5 成。

Q：我看到你们最近在推出一些虚拟市场的尝试，这也是线上策略的一部分吗？

设乐： 如果我们不去做一些跟未来关联的事情，就会渐渐跟不上时代的节奏。倒不是说加入虚拟市场就能立刻塑造一种商业模式，但是在早期加入进来，去体会其 know-how，了解它的优势与劣势，这很重要。

我们终有一天会进入虚拟时代。目前全球大约有 120 万人参加这个虚拟市场，大部分都还是 geek（极客）或者是专业人士，还没有太多一般民众参加。但可能之后几年，随着人们硬件配置的增强，以及参加门槛进一步降低，会有更大的可能性，成为新的商业机会。我的感觉是，可能三年到一年半以前，服装公司参加这类虚拟市场并不多见。当时我去拜访了 GAFA 的办公室，我感觉到，时代会不断往前发展，今后可能会是电子的或者虚拟的时代，我们要去参与、去学习，这次我们去参与虚拟市场，也是学习的一部分。

Q：在你的想象中，BEAMS 会在这种虚拟市场里发现什么有利之处？

设乐： 我觉得，人可能会有两种人生，一个是现实人生，一个是虚拟人生。人们可能会在虚拟世界实现在现实生活里无法实现的梦想。比如我想成为一个穿什么都好看、又很会搭配的八头身年轻人，那我就能在虚拟世界穿一些我可能平时没法穿出去的衣服。像现在会有一些人，现实是男性，但是会在网上身着女装，去享受这类乐趣；还会有一些人，会在虚拟世界成为很厉害的摔跤

BEAMS 也有主打西服的男装店，从造型到单品，都很容易让人产生淘出“尖货”的造型感。

手。那时候，他们就会在虚拟世界购买在那边可以穿的服装。我们可能会去往这样的时代。在美国，在艺术、时尚、娱乐等领域，已经出现了仅在虚拟世界才能买到的商品。之前让我很惊讶的一件事是，埃隆·马斯克的太太花 600 万美元买了一幅虚拟世界的艺术作品，这可不是现实中毕加索什么的画作，是一个虚拟作品啊！这样的话，就能让很多人通过（虚拟）美术馆看得到它。如果在现实世界，这个作品只能在一个美术馆展出，但这是个虚拟作品，所以全球的人在哪里都可以看到。当然她是所有者。

时尚也是如此。比如耐克有一个限量 100 双的鞋子，收集者可能会排队去买它，从投资角度看甚至会考虑转卖。如果在虚拟世界，耐克和超级设计师合作了一款限量 3 双的鞋子，然后我，BEAMS 的设乐洋，拥有了 1 双……你明白这感觉不？可能 300 万买了它，然后卖到 1000 万都有可能。

关于虚拟市场，我一直在学习。

Q：那你在虚拟市场的尝试获得实际营收了吗？

设乐： 以现在的阶段来说，我还不知道投资会带来多少实际关联收益，但如果不去学习这些新的时代潮流是不行的。在那些在时尚领域花了钱的人当中，也有越来越多人会在游戏里氪金，钱包里的钱到底会如何往另一个虚拟世界流动？那我们的生意该怎么做？如果虚拟世界更让人开心的话，人们更愿意在开心的地方消费。必须往那些方向多做考虑。

Q：比如说人们会在任天堂的《动物之森》这种人气游戏里面去消费，你们就会考虑如何参与这种商业模式。

设乐： 没错。我们之前就在虚拟市场跟偶像团体“桃色幸运草 Z”联名，在虚拟世界销售了桃色幸运草的 T 恤。

Q：这应该也算是一种尝试。其实创业四十五年来，BEAMS 在很多领域都做过各种试验。像是面向儿童甚至婴儿的服装等，应该既有那些发现有潜力的领域，也有那种受挫后发现此路不通的领域？

设乐： 我最大的感受是，包括那些失败的项目在内，我们都获得了足够多的经验。也有一些项目，如果稍微晚一些推出，可能会很成功，但我们当时推出得应该是有些早了。

我们推出的各种试验项目里，有一些会让人觉得早了一些，或者说觉得与目前时代稍微有一些不搭，或者说从方法论角度看有些不太一样——当然这种项目既有失败的也有成功的——整体而言，这类项目会在 10 个里面出现一两个。比方说，被评价为“会失败吧”“没法顺利推进吧”的一个项目是 BEAMS JAPAN，但它最终还是成功了。这个项目里面尽是一些跟日本主题有关的东西，人们会觉得这种事怎么能成为生意呢。但它最后还是作为一种商业模式立住了，也成为 BEAMS 旗下能够与未来关联的品牌，既能体现日本的活力，也能体现时代性与理念性。然后又被人们评价“BEAMS 好厉害啊”。所以我觉得还是要做各种各样的尝试吧。

Q：BEAMS JAPAN 这个项目有多少年了？现在被认为是成功的商业模式了吗？

设乐： 是公司成立 40 周年时推出的项目，有五年了。现在我们认为它是迈向成功进程中的商业模式。

Q：为什么会判断它成功了？实际产生效益了吗？

设乐： 盈利，而且有很多跟未来发展产生关联的可能性。现在可能因为疫情暂时没法实现，但有很多海外客户来咨询，问是否有可能在海外设立 pop-up（快闪）商店。而且 BEAMS JAPAN 发展出了跟地方行政机构的新型合作关系，就是说，不仅是销售产品获得收入的商业模式，而是一种 B2B 的合作方式。举例来说，我们跟一个地方的酒类品牌合作，做一些 pop-up 商店，或者做一些酒的促销，或者推出一些新产品，这时候就不是从消费者那边获得收入，而是从地方行政那边拿到预算，为地区活性化做一些项目，这对我们来说是一种新的商业模式。

Q：BEAMS JAPAN 销售的品类很多是杂货，这个品类利润率应该没有服装类的产品那么高。

设乐： 是的，服装类自有产品的利润率会更高一点。杂货或者是联名商品本身成本就高，利润就没有那么丰厚。但这是从采购的角度看，设计与企划的费用是要另计的，我们不是单纯就把一个点心拿过来直接卖。

Q：BEAMS JAPAN 中，原创企划类的产品多吗？

设乐： 拿 BEAMS JAPAN（东京新宿店）1 层的产品举例来说，其中有接近一半的原创企划类的联名产品，也就是在既有好商品的基础上加上 BEAMS 感的产品。这种产品也在渐渐获得越来越多的合作邀约。

Q：除了这种成功案例，有没有在试验中消失的项目？

设乐： 非常多（笑）。比方说童装，现在看来可能有挺大的发展潜力，但是二十五年前我提出做童装的时候，公

原宿是 BEAMS 的创业起点，它的公司办公室也设在这里。它把“买手店”的概念传达给一代又一代年轻人。

司内部全员反对，否决了这个提案。至于原因——当时我有了孩子，去国外的时候，我发现有很多可爱的童装，会给我的孩子买很多。那时日本买不到这种产品，我觉得应该做这个领域，但当时大家都没有小孩，所以都说不想做。他们说，“社长，BEAMS 是那种卖‘尖货’的店铺，不是那种推着婴儿车的客人来逛的店”。那时大家全员反对，最终就没做成。然后过了二十年，等他们也结了婚生了孩子，他们开始说：“社长，我们要不要开始做童装？”哪有这样的呀！（笑）但也确实如此，在现实中，大家自己经历了这样的生活，才会有“我们做童装”这种气氛。所以，不是我们发现了商业机会，拿出了商业计划然后开始立项，而是大家实际经历了这些，想做了，然后项目才开始立项、成功。

BEAMS Golf 项目也是如此，我二十年前提出要做的时候，大家也是没钱，不打高尔夫，他们就说：“社长啊，BEAMS 不应该做那种主流运动啊。独木舟、登山这类才有 BEAMS 的气质。”等他们自己开始打高尔夫了，又跑来跟我说要做高尔夫产品，我真想说你们别开玩笑啦。但这才是现实。无论是怎样好的企划，如果我们的员工没有什么干劲与参与感，那就没法顺利往下推进。即便不是什么厉害的企划，如果大家一起干劲上来了，加上粉丝顾客，这种力量是可以传染的。这也是 BEAMS 的特征，体现了大家在这里能做自己喜欢的工作这一长处。所以这并不仅是有没有失败了、消失了的企划的问题，它可能也是有不同时期特性的。

Q：有没有你觉得那种今后具有成长性的领域？

设乐：有的。时尚业界其实有很多种类，像我们刚刚说的，有超级品牌，有快时尚，BEAMS 在哪儿？在中间，是大众消费领域。我一直在思考买手店的特征是什么——那就是“选品之眼”。我觉得非常有潜力的是，四十五年前 BEAMS 创立之时，因为缺乏产品与信息，也没有什么信息媒体，我们将人们没有见过的东西从海外引进来，这是我们当时买手店的功能——连百货店都看不到这些东西呢。现在四十五年过去了，如今的年轻人面对的商品和信息都已经过载了，那么选品的功能就不再是将没见过的东西带给人们看，而是将大量商品与信息中的好东西挑出来给人看，是一个精选的过程。这里就有商业机会了。也就是说，好比乐天或者亚马逊这种平台可能会呈现 3 亿件商品，BEAMS 就要从这里面挑选出“好的户外帐篷”告诉消费者，即便我们自己没有库存。能做到这个的，只有选品者、意见领袖或者是明星。超级品牌与快时尚都做不到这些。从这个角度看，在时尚的各种不同领域，很多人可能都消失了，但我们留存了下来。

Q：你说的这个买手店选品的感觉，放在我们媒体业界，有点类似于我们编辑的功能啊。

设乐：没错，非常接近杂志。比方说 mook 里的特辑，或者在一般的杂志惯例栏目当中推出的那种重磅信息，那就是当时的新鲜信息。买手选品也是如此，我们创业以来也会推出这种惯例栏目中的重磅信息，也就是当时的那些新的东西。

Q：这可能是 BEAMS 会让人觉得“编辑能力挺强”的原因之一。你们出书，也会让员工做推荐，这应该就是编辑的一种。以前是从服装等商品当中挑选、编辑，如今则是从信息当中挑选，然后提供体验。

设乐：是的。有一点很重要，我在公司内部也经常说，仅仅是做出好东西或者选出好东西，以前做到这些可能就不错了，那是因为整个“饼”很小。如今要把“我们做出了好东西”这件事好好传达出去，要将这个信息传递给那些使用者，让他们感受到这种满足感。这是我们 BEAMS 想要着力去做的事。和其他公司的联名也是出于这个角度的考量。

Q：话说回来，对零售业者而言，商品销售还是最根本的，像这种信息的传达，最终能反映到商品销售上去吗？

设乐：我觉得还是可以的。就如刚刚所说，实际有使用体验的人，向自己的粉丝们传达这种信息，这是最有效的。比起告诉他们商店里有好东西，我觉得我们更强的是成为这种社区型品牌，那些有共同兴趣的“同行者”会形成集团组织，在这种群体中成为“明星”是非常重要的。BEAMS 的店员就在承担这样的角色，在有共同兴趣的人群中，其中也包括顾客，大家共享信息、产品与体验，获得乐趣。这件事超级品牌与快时尚都做不到，只有 BEAMS 可以做到。

Q：所以你现在还是没有兴趣让公司上市吗？

设乐：没有兴趣（笑）。现在我们还没有融资需求，但是今后如果我们想做一个最大规模的平台的时候，可能会需要融资。但我觉得，那应该不是我这一代要做的事了。我先把基础与想法框架搭好，等以后的人发现需要大量资金的时候，说不定会考虑，但那就和我没关系啦。如果实力增强了，也可以联盟。要是我们成为乐天或者亚马逊这种公司的时候，那肯定需要投入资金。我们现在要想和 GAFA 之类的公司对抗还是很难，但我们可以和其他的 know-how 组合，就像我刚刚说的，从 3 亿件商品里精选出商品这种，没有其他公司可以做哦，那这种联盟还是可行的。

Q：如果是给中国那些想要抓住一些商业机会的人提供建议的话，你会提什么建议？

设乐：我觉得中国隐藏着巨大的商业潜力。中国有巨大的人口基数，要是有个项目成功的话，可以瞬间爆发，尤其是在这种网络时代。

以前想瞬间壮大爆发，可能要一家一家实体店去累积。另一个要素则是，中国有一个数量庞大的中产阶级群体，这个群体人数还在不断增长。因为我一直做这个阶层的生意，所以我知道这里有非常多的商业机会，他们可能一下子就成长为有品位的族群。我觉得就与科学技术的发展一样，只要具备一定基础，人的品位很快就能够成长发展起来。中国的中产阶级的品位正在高速成长，这样不仅是时尚，在很多领域，都会出现商业机会。

Q：那你们在中国市场会有什么新计划吗？

设乐：我们目前与（香港的时装零售商）I.T 集团一起在北京合作开店，即便在疫情期间，我们也在中国开了大约 12 个 pop-up 商店，增长势头非常好，所以我们在想，这些店铺可以根据不同地域，发展为常设店铺，做一些传达 BEAMS 文化的尝试，加上我们已经形成的那些网络，去挖掘更多的商业机会。

青木正一曾认为原宿那些穿得有意思的年轻人越来越少，但他最近觉得，《FRUiTS》代表的街头时尚正在回归。

他被称为“时尚街拍教父”。
某种意义上，他记录着东京街头时尚的历史。

时尚街拍教父青木正一：SNS 无法让时尚变得更好

text／米川健 photo／青木正一

上世纪 80 年代的巴黎街头，刚刚辞去程序员工作，首次造访巴黎的日本人青木正一看到这样一幕：街上的女性用丝带、发绳装饰自己的头发，就像过去日本女性在头上围和服头饰“一字巾”一样。这在当时的日本很罕见。青木正一有了个想法，向日本人介绍国外的街头时尚，他觉得“应该很有意思”。

五年后，青木正一主编的街拍时尚杂志《STREET》第 1 期在他家附近的书店发售，杂志里主要用照片记录了巴黎街头的时尚年轻人。第 1 期《STREET》只有 36 页，“书店的人和我说杂志这么薄，说不定会被人当免费宣传册拿走。”青木正一回忆道，“但是销量不错。”

最初，青木正一雇用摄影师在巴黎街头拍摄《STREET》的内容，然后他再想办法拿到摄影师拍摄的照片。直到《STREET》发行一年后，青木正一才开始带上一堆胶卷和相机，自己去巴黎拍摄。一年大概会去个三四趟。慢慢地，《STREET》成为主要记录巴黎、伦敦、纽约等欧美城市街头时尚的街拍时尚杂志。

1996 年，由青木正一主编，记录日本东京街头时尚的街拍时尚杂志《FRUiTS》在东京创刊。“花花绿绿”“大胆”“疯狂”“卡哇伊”是日本国内外读者对这本杂志里年轻人的评价。

当时，在日本流行了约十年的“DC 品牌”潮流逐渐退潮，日本年轻人开始关注既便宜又凸显个性的服饰。“DC 品牌”主要指日本知名服装设计师的服装品牌，比如川久保玲的 Comme des Garcons、山本耀司的 Y’s。“《FRUiTS》的创刊，就是为了对抗‘品牌至上’主义。”青木正一补充道。

确实，《FRUiTS》更多记录了主流时尚以外的街头时尚风格，比如身穿像欧洲洛可可时期宫廷服装的洛丽塔时尚；特意晒黑皮肤，戴上假睫毛，涂上夸张白色眼影，身穿性感、色彩鲜艳服装的 Ganguro（辣妹）时尚。

《FRUiTS》的杂志内页编排很简单，和《STREET》类似。通常，一张照片占据整版，页面底部标注了拍摄对象的姓名、年龄、职业、穿着服装的品牌。这也是现在街拍时尚照片里常见的编辑元素。

青木正一和他雇用的摄影师们主要在东京原宿拍摄《FRUiTS》的内容，他们也偶尔去其他地方边走边拍。因为《FRUiTS》销量好，青木正一的名气越来越大。甚至在原宿街头一度出现“等待青木”现象。意思是，打扮时尚的年轻人主动来原宿，寻找或等待青木正一的拍摄团队拍摄自己。在《FRUiTS》上有自己的照片，也是一些日本年轻人可以向那些同样追求时尚的好友们炫耀的事。

青木正一就这么慢慢得到了“时尚街拍教父”的名号。

其实，青木正一不拘泥于杂志上的照片是否由他拍摄，“毕竟，我只是想记录街头时尚，谁拍摄都一样。”

2004 年，青木正一主编的日本男性街拍时尚杂志《TUNE》创刊，读者称《TUNE》为《FRUiTS》男性版。

从洛丽塔到 Ganguro，到刘海儿上别着

青木正一的团队会在原宿街头抓拍那些穿着有个性有想法的年轻人。在某种程度上说，他们也在记录着原宿街头时尚潮流的变迁。

无数发饰、以日本艺人 Kyary Pamyu Pamyu 代表的 Decora（装饰族）时尚。对于乐于谈论日本街头时尚的人们来说，20 世纪 90 年代末至 21 世纪 10 年代中期是日本街头时尚的“巅峰”。

有“巅峰”就有“低谷”。随着一次次新流行的到来和“退烧”，街头时尚在改变，青木正一展示街头时尚的形式也在改变。

优衣库、ZARA 等快时尚服饰品牌很快吸引了年轻人的注意力。与以前相比，穿搭有个性的拍摄对象也没有那么多了，2015 年，创刊十一年的《TUNE》暂停发行。因为同样的原因，两年后，《FRUiTS》暂停发行。同年，代表原宿街头时尚的时尚杂志《KERA》、《Zipper》等媒体，要么降低发行频次，要么停刊，有的干脆从纸质媒体转型为线上媒体。

在《FRUiTS》停刊两年后，事情有了转机。“新的街头时尚潮流F来了。”2019 年 1 月，青木正一在自己的 Facebook 上说。

那时，一种以高价、夺人眼球服饰单品打破全身穿搭和谐的“奢华街头时尚”开始流

行。这种时尚说法只在日语里存在，以服饰品牌 VETEMENTS、OFF-WHITE c/o VIRGIL ABLOH 为代表。青木正一曾计划于 2019 年 5 月前后，发行以奢华街头时尚为主题的新杂志《Discord》，这个杂志名也十分扣题，意为“不和谐的”。

但是，《Discord》还没面世，这个项目就中途停止。

“因为街头时尚变化得太快，奢华街头时尚突然又变得没那么流行了。”观察了三十五年街头时尚的青木正一解释说。

但他也补充，虽然《Discord》想展现的街头时尚有了变化，但他也感受到，“《FRUiTS》代表的街头时尚正在回归。”

这也是青木正一计划于 2020 年 6 月复刊《FRUiTS》的原因。为此，他还在编辑部官网售卖有“FRUiTS”字样的狗项圈吊牌，以筹集复刊资金。但受疫情影响，《FRUiTS》的复刊计划也延期了。同年，《STREET》开始发售电子版，最初的商品是套装版的前 100 期杂志。

2020 年让他的事业几乎完全停滞。但他也有不少新计划：“我想‘复活’《FRUiTS》；我想做《FRUiTS》和《STREET》的美术展；我想做《FRUiTS》的虚拟美术馆。”

01

02

03

04

05

01—05 记录东京街头时尚的街拍杂志《FRUiTS》自 1996 年在东京创刊，虽然在 2017 年暂停发行，但主编青木正一正在计划复刊。

06—09 《STREET》杂志创立的初衷，是青木正一想向日本人介绍海外的街头时尚。它创刊于 1985 年。

06

07

08

09

Q = 未来预想图（Dream Labo）

青木 = 青木正一（Aoki Shoichi），街拍时尚杂志《STREET》《FRUiTS》《TUNE》创始人、主编

10—12 读者们把创刊于2004年的《TUNE》杂志称为《FRUiTS》的男性版。它于2015年暂停发行。

10

11

12

Q：代表原宿时尚的时尚杂志陆续休刊，有人说“原宿的时尚文化终结了”，你怎么看？

青木：原宿的街头时尚有“波段”，有好的时候，也有不好的时候。最近十年，因为快时尚的流行，原宿的街头时尚变得有些无聊。但是，我觉得这不是“个性派时尚”的终结。我想，虽然受时尚流行的影响，代表原宿时尚的杂志陆续休刊，但主要还是因为做杂志这种商业模式已经行不通了。

Q：用SNS的人越来越多，不上街或者不外出拍照就能在网络上了解时尚信息。你还在做街拍时尚杂志的原因是什么？

青木：虽然SNS变得流行，时尚却没有因此变好。我觉得SNS没有让时尚变好的表现力。杂志是否有这种力量，不做也不知道。我做杂志的目的是记录街头时尚，我一看到高水平的街头时尚穿搭就想记录。在这一点上，Instagram的表现力不足。我想，杂志才有这种力量。

Q：你有关注日本以外的亚洲地区的街头时尚吗？比如中国？

青木：我四年前（2017年）去了趟上海，那时上海街头还没太时尚，但我感到现在已比四年前有趣得多。疫情好转后我打算去趟上海，如果可以，我想做《上海FRUiTS》。

Q：你怎么看待东京这座城市？

青木：这是一座不受其他因素干扰的城市，一座充满可能性的城市，一座有气质的城市。

Q：你最喜欢东京的哪个街区？最讨厌哪个？

青木：我最喜欢的是原宿。

其实，我不怎么去其他街区。在我常去的街区里面，最讨厌的是新宿——那里的气氛让我烦躁。

Q：对你来说，东京是什么？

青木：home（家）。

photo / Flamingo

在东京这座公认的时尚都市，
藏着一份特殊的时尚秘密——古着文化。

探秘东京古着

text / 程绚
photo / HAIGHT&ASHBURY Flamingo
Hedy RAGTAG VELVET

photo / Flamingo

单品均价几千日元的 Flamingo 古着系列店是日本最有代表性的古着连锁店之一，它招牌醒目，内部也区分出不同定位的品牌群。

HAIGHT&ASHBURY 开在东京下北泽，开店已接近三十年。它的定位是精致的个人选品店，海外选品，日本销售。photo / HAIGHT&ASHBURY

原宿、下北泽、高圆寺、中目黑等街区，是东京著名的古着聚集地——在日语中，“古着”指的是二手衣物。一家店里，古着大多“仅此一件”，价格相对便宜，又经常带有时代的印记。对于擅长穿搭的人来说，古着店是发挥他们才能和个性的最佳场所。

东京的古着店大多沿街分布，风格各不相同，不少店除了衣服，还卖别的，如果接受古着文化，在东京的古着店总能发现惊喜。

古着起源于战后的欧洲，流行于泡沫经济破灭后的日本。第二次世界大战结束后，日本因为物资匮乏，从美国进口大量古着，以满足当时的物质需求。20 世纪 70 年代，一群热爱嘻哈音乐文化的日本年轻人发现了古着的时尚价值，以原宿为中心，掀起了一阵美国风格古着浪潮。但古着在日本彻底开始流行，还是泡沫经济破灭、经济大萧条引起的“消费降级”之后的事。经过这两波浪潮，东京逐渐成为亚洲古着文化的中心。

古着店 HAIGHT&ASHBURY 的店主 Momo 正是搭上了上世纪 90 年代的第二波浪潮。这是一家位于东京下北泽，开店接近三十年的元老级店铺。无论是店门前大面积的皮毛地毯，还是店里装满上世纪首饰的柜子，都让人一进店就感受到扑面而来的“年代气息”。

不同于下北泽其他快时尚式古着店铺，Momo 想要做精致的个人选品店，所以店内主要卖拥有三十年以上历史的 Vintage 古着和一百年以上历史的 Antique 古着。

在 HAIGHT&ASHBURY 之前，Momo 还开过日本设计师古着店和 LEVI'S 牛仔古着店。从 LEVI'S 店开始，她就一直定期往返于美国与日本，采购自己喜爱的服饰。

后来为了方便采购，免去签证的繁琐手续，Momo 索性就定居在美国加利福尼亚。现在，她每周去当地固定的经销商和各大跳蚤市场挑选订购，然后打包发回日本。这已经是她近十年的工作常态了。除了美国，Momo 偶尔也会到古董服饰聚集的德国、法国，挑选更具“年代感”的古着。

现代人的审美和流行趋势是她挑选古着的标准之一。在她的观察里，日本人特别钟爱英国维多利亚时期（1837 — 1901）的 Tea Party Dress（茶会连衣裙）。所以她会不断搜寻这一连衣裙，保证店里始终都有 5—10 条的库存。

从 HAIGHT&ASHBURY 出来左拐，穿过两条街，就能找到藏在街角的 VELVET。这家男装古着店店门极小，一不注意就会错过。但钻进店内仔细扒扒，就会被其极具设计感的商品所吸引。

在 VELVET 店里，能找到那些看起来和男装毫不搭边的设计元素。入口的货架上排列着各类丝绒衬衫，往里走走就能翻到西部牛仔风格的麂皮马甲和豹纹夹克，再一低头，各色花纹的西部尖头靴就立刻映入眼帘。

“我一直觉得日本男士的穿着不够时髦。所以想着是否能开一家服装店，让他们穿上更时尚更大胆的衣服。”高相朋基说。他曾是日本男性时尚杂志《HUgE》的编辑，辞职后在自己居住的下北泽地区开了这家 VELVET。

虽说是男装店，VELVET 店里也陈列着设计感十足的古着女装。“只要尺寸合适，男人为什么不能穿上这些女装呢——很多古

photo / VELVET

VELVET 的老板高相朋基曾是男性时尚杂志的编辑，他的男装古着店也开在东京下北泽，他也会去海外选品，原则遵循“抓住第一眼看起来最酷的衣服”。

着女装也够帅气！”

高相朋基的选品标准和 Momo 很不一样。他不在乎流行，从不采购那些“看起来好卖”的衣服。他也不在乎年代，因为那样会限制选品的自由。疫情之前，他每隔 3 个月就飞去美国一次，只遵循一个采购原则：抓住第一眼看起来最酷的衣服。

VELVET 和 HAIGHT&ASHBURY 的货源地相近，但风格差异巨大，这是古着店一个有趣的地方。实际上，高相朋基的采购地，和 Momo 以及大多数日本古着买手差不多。

不知道该说他幸运，还是该说东京这座城市对时尚的包容度太大。这些看起来完全不对市场口味的服饰，也总会受到一些人（尤其是买手和设计师）的青睐。高相朋基的选品也成为他们的设计灵感之一。

因为风格和其他店铺差异太大，VELVET 店内服饰的定价也要比行业平均线高出 5—6 成。这些在高相朋基心中“最潮最酷”的古着，在下北泽这片学生聚集的古着街上显得有些奢侈。对他们来说，定价更便宜的连锁古着店更好逛一些。

均价在几千日元（1000 日元约合 63 元人民币）的 Flamingo（火烈鸟）系列店，就是最有代表性的古着连锁店之一。每个穿梭于下北泽、原宿古着街的人都会记得它醒目的火烈鸟标牌。

Flamingo 连锁店的运营公司叫 Tippirag，创始人植木胜也以“创立价格亲民的古着店”为初衷，于 2000 年在东京吉祥寺开出 Flamingo 首店。之后，他又陆续根据服装质量和价格的不同，开拓了一系列不同名称的古着连锁店，其中包括注重质量的精品古着店 meadow by flamingo 和价格更便

photo / VELVET

photo / RAGTAG

宜的古着店 Florida。如今，植木胜也在日本拥有 13 家店铺。

这个规模已经不小了。植木胜也在公司设置了调研部门，把握每季流行市场趋势，派买手团队去美国和欧洲大量采购。等到这些衣物都运到日本，经洗衣公司清洗、熨烫后，植木胜也再根据其质量和价格将它们分别陈列到旗下的三类店铺。与此同时，他还从顾客手里收购二手服饰，放在定价比较便宜的 Florida 店里售卖。

植木胜也不仅做采购，他借鉴古着的设计，也推出了具有复古风格的原创品牌——服装品牌 Fafatt 和饰品品牌 nomadism。他定期组织员工参加新品企划会议，决定 Fafatt 的当季目录。nomadism 的产品则由母公司 Tippirag 的饰品设计师负责设计。植木胜也将服装类新品放在价格适中的 Flamingo 店内同步销售，让人们翻看古着衣物时，也能发现部分新品。新品数量约占 Flamingo 总销售品类的 15% — 20%。他还将饰品类新品陈列到 meadow by flamingo 和 Flamingo 店内。

另一家日本公司 TIN PAN ALLEY 也和 Tippirag 一样做成了连锁品牌。如果你去过原宿“猫街”，一定会对那家拥有一整片玻璃幕墙的古着店念念不忘。那就是 TIN PAN ALLEY 公司旗下的主营店铺、大名鼎鼎的 RAGTAG。

RAGTAG 只卖设计师品牌古着。在日本人的概念中，设计师品牌指的是主打设计师个人特色的品牌。创始人平野大辅于三十五年前在原宿竹下通开了第一家店，此后接连在日本拿下了 16 家店铺。如今，全公司销售的品牌大约有 5000 家。八年前从竹下通转移到“猫街”的原宿店，更是吸引了不少观光客。

不过，RAGTAG 的店铺看上去并不像一家古着店。“这是我们的策略，”Tippirag 公司营业部部长白田真祐子告诉“未来预想图”，“我们想做成和新品店一样的店铺，避免给人们留下传统的那种无序、堆满商品的古着店的印象。所以 RAGTAG 的门店都宽敞明亮、设计简约，这样也能清楚地展示商品。”

平野大辅成立 RAGTAG 的初衷，是想让没有什么经济能力的二十多岁的年轻人也能买到心仪的衣服。所以在选品上，像山本耀司、Supreme 这类受年轻人追捧的设计师品牌，占据 RAGTAG 销售品类的 4成。剩下 6 成，平野大辅则选择了 UNITED ARROWS、BEAMS 这类以大众流行设计为主，质量过关、价格实惠，也有二手价值的日常品牌。

RAGTAG 不仅在东京时尚街区开设路边店，也入驻传统百货店，这在日本古着店里并不多见。他们之所以选择入驻百货店，是想寻找那些从来没有穿过古着的潜在顾客。百货店顾客的年龄层要更广，所以在为这类店铺选品时，平野大辅会适当调整销售品类的比例，增加更易被大众接受的日常品牌，比如 BEAMS、adidas 等。

有趣的是，RAGTAG 并没有和它的竞争对手一样，选择从海外采购货品。虽然美国和欧洲的古着产业已经非常发达，但考虑到交通及运输成本等问题，部分商家还是会选择在日本当地进货。拥有大量库存的 RAGTAG 则是从本地客人手中收购衣物。部分客人选择邮寄衣服到公司，但买卖大多在店内完成：客人把想要出售的衣服带到店里，由店内买手鉴定品牌真伪、检查服饰状态、出价。若双方达成一致，则买卖成交。刚卖了衣服的客人可能转身又从店里带了两件回家，循环就此逐渐开始。

RAGTAG 只卖设计师古着，它从日本本地客人手中收购衣物，在观光客群体中也很有名。在营销策略上，它更看重让自己表现得像一家光鲜的新品店铺。

photo / RAGTAG

photo / RAGTAG

在这种模式下，出多少成本收购，以及转手卖多少钱，就成为公司盈利的关键所在。所以 TIN PAN ALLEY 需要时刻掌握同类公司的二次销售价格、市场平均销售价格等信息。在参考这些销售价格的基础上，买手们才能往回推算出收购价格。出于品牌需求，RAGTAG 一般都会出比其他公司更高的价格来收购设计师品牌古着，因此，客人们也更愿意将自己的这类衣服卖给 RAGTAG。

为了能成功辨别品牌真伪，准确定价，平野大辅尤其看重店员培训。TIN PAN ALLEY 所有店铺约有 200 名店员，其中只有一半是买手，平均每家店有六七名——他们都已经是熟知库存的所有品牌，且通过公司内部买手考试的专业人士。

在平野大辅的标准中，有价值的设计师品牌古着意味着需要同时具备“拥有最新设计”和“符合当下流行趋势”两个要素。所以，RAGTAG 店内购入的服饰都以近十年的商品为主。他设立了信息收集部门，以及时获取最新流行信息，也建立了市场调研部门，持续收集消费者数据。这些都左右着店员和买手在收购服饰、陈列商品与定价等方面的决策。

卫生问题，也是古着商品中绕不过去的关键问题之一。“虽然 Vintage 古着文化已在日本流行很久，但还是有不少人会介意衣服被穿过、有味道、不卫生等情况。”白田真祐子说。RAGTAG 会在仓库将衣物统一消毒之后再送到各个店铺，但她也坦言，不是所有衣服都会被清洗。在收购时，他们会尽量挑选那些看起来品相好、干净的衣服。如果在检查中发现破损，他们也会在衣服标签上注明破损状况，并适当降低价格。

如今，古着潮流也逐渐发展到网购领域。日本二手交易平台 Mercari 于 2013 年在日本创立，很快就成为日本第一家“独角兽”创业公司。在频繁的网上二手交易中，更多人逐渐习惯了物品循环利用的生活方式。RAGTAG 也在 2016 年开发了自己的 App。

已经有一批古着店直接从网店做起。Hedy 就是一家以网店起家的奢侈品包古着店。如今，它在东京和大阪各有一家实体店。

Hedy 有半数顾客来自海外，海外客流中，又以中国客人为主。它相当重视社交网络运营，每天都会更新两三次状态，同时在官网上新约 30 件商品。截至 2021 年年初，它的 Instagram 账户已有 9.6 万粉丝。

为进一步开拓中国市场，这家公司还在积极运营微信公众号、微博、小红书等中国 SNS 账号。“明星背书、网红推广，这些都为我们带来了不少关注。”Hedy 事业部部长布施杏奈说。

和 RAGTAG 一样，培养自家买手，严格保证采购和鉴定环节，也是 Hedy 这类店铺的信誉基准。Hedy 既会收购顾客手中的二手商品，也会每周派买手去日本奢侈品古着交易市场采购。“如何在众多商品中鉴别真伪，就得依靠买手的能力了。”布施杏奈说，“不同年代的包的仿真程度不同，有些香奈儿假包与真包的区别只不过是 logo 字母有极其微小的倾斜度的差异。”

对于 Hedy 来说，积极运营 SNS 账号的目的不仅是扩大品牌知名度、吸引顾客。他们还想以此来改善最让他们头疼的问题——顾客对奢侈品古着的不信任。增加 SNS 账号关注人数，完善退货服务，这些都是他们

photo / Hedy

为了提高顾客信任度做出的努力。

布施杏奈也透露说，与其他古着相比，奢侈品古着的定价随流行趋势波动得更加猛烈。平时完全无人问津的包，可能因为该品牌出了类似新款，价格就可以在短短两周时间内翻几倍。

目前日本的古着交易市场已经非常庞大。2020 年，日本市场调研公司矢野经济研究所公布的《日本时尚二手市场研究报告》显示，日本时尚二手产业规模已经从 2016 年的 4600 亿日元（约合 273.4 亿元人民币）增长到 2019 年的 7200 亿日元（约合 427.9 亿元人民币）。日本环境省也早早将古着交易纳入了评价“循环型社会”的重要指标。

毕竟，古着已经是一门成熟的生意了。

Hedy 是一家从网店起家的奢侈品包古着店。它既从本地客人手中收购商品，也会去日本奢侈品古着交易市场采购。因为海外客人众多，它非常重视 SNS 营销。

PART 06

东京是一座生长着的城市
它探索着城市规划中的
各种新路径
将经验与实际情况
不断结合改善
这些聚焦于
眼下与未来的新案例
也在不断塑造着
新东京的天际线

城市新生：一个生长的城市

一个庞大的城市再开发计划，正在重新定义东京年轻人熟悉的涩谷。

涩谷变了吗?

text / 刘迪新

photo / 东急株式会社 东急不动产 赵慧

2020 年，涩谷再次更新了它的最高点。

想想很有趣，一个包含“谷”字的地名，却在不断往空中发展。Shibuya Scramble Square，这个地上 47 层的新建筑，改变了涩谷乃至东京的天际线。除此以外，附近还有几座高楼将在之后几年陆续落成，它们都属于东急集团的涩谷再开发项目。东急集团是日本一家以铁路运输与房地产开发为核心的综合集团，是这次涩谷再开发的事业主体。

2016 年，女子偶像团体“榉坂 46”发布出道曲《沉默的大多数》，并凭借此曲登上年末的红白歌合战。这首歌的 MV 在 YouTube 上播放次数过亿，团队成员热烈起舞，唱着“不要被大人支配”的歌词，舞台则是一片建筑工地。

这块工地就在涩谷站，这轮涩谷再开发的

涩谷正在不断向空中发展。这个繁华地带，正在以一种不易觉察的方式，悄悄改变地域样貌与人们的生活习惯。

以涩谷车站为中心的周边地区，正成为年轻人的代表街区。各种争夺年轻人市场的品牌都不吝在此打出广告吸引人们的眼球。

核心。在这个大型换乘站，汇集了 JR 东日本、京王电铁、东急电铁和东京地下铁四家铁路公司的九条线路。以前，线路之间相互独立，乘客需要走很长一段路才能换乘。2002 年，东急集团东横线与东京地铁副都心线的运营方做了一个影响深远的决定：相互连通运营，顾客不用换车就能实现换乘，车费会自动按照换乘累计计算。东横线也因此延伸到了地下。这次改动让涩谷站周边有了更多的空地。其中一块就是“榉坂 46”的出道曲表演地。这些空地，也是涩谷再开发项目开始的起点。

涩谷变了吗?

对于东京这个战后重建的城市来说，涩谷已经算是个元老级的核心区域了。在东京塔建成的同一年，也就是 1958 年，为了适应城市规模的不断扩大，涩谷区被定为东京的三大“副都心”之一，以涩谷站为中心向外辐射发展不断扩大，另两个副都心是新宿与池袋。如今，这些站点都成为连接城郊与城中心区域的大型换乘站。

经过多年发展，车站前林立的百货公司彰显着涩谷区的繁华，以涩谷车站为核心的周边地区，则在地产开发与商业发展中，成为年轻文化的代表街区。安装在高楼上的各类大型广告牌总是第一时间换上各种流行文化的广告宣传，韩国偶像的快闪店也会时不时迅速出现在涩谷的某个百货公司里，那些与年轻人文化密切相关的公司，比如LINE和 Google，都愿意在这里落脚。游客们也慕名而来，他们乘坐不同的地铁线汇集在涩谷，在巨大的十字路口合影，在街上开着小卡丁车呼啸而过。“年轻人的街区”成为涩谷的代名词。

问题也来了。巨大的人流量凸显出涩谷站内复杂结构带来的换乘不便等问题。涩谷站自 1885 年首次建站之后，陆续成为多家铁道公司的换乘站。随着城市的发展更新，这些线路或废弃或合并，不同站台也在不同时期经历了搬迁、扩建或翻新，换乘通道不断增补，也就愈发复杂。

同时，由于涩谷是谷地，各条铁路线不仅相

photo／赵慧

photo／赵慧

photo／赵慧

在这次改造中，涩谷也在优化各条铁道线之间的换乘路径，例如银座线的站台换了个更宽敞的位置，人们的换乘路线也与周边商场等设施更加紧密地结合在一起。与此同时，站前广场的公交枢纽工程也在同步改造中，人行通道将被引导至与车道分离的空间里。公交车也是未来连接涩谷区域与周边区域的重要补充交通手段之一。

距甚远，还存在高低差——若是在涩谷从副都心线换乘银座线，需要从地下 30 米一路上到东急百货店的 3 层。不仅站内如此，出站后，JR 线与国道 246 号线将涩谷站分成了好几个独立的区域。站内的复杂构造加上站外区域的割裂，也影响了游客的观光体验——通常他们在千辛万苦找到一个出口后，只会集中待在涩谷的某一个区域游览。

所以，优化行人动线成为涩谷再开发的第一步。这个计划也出现在涩谷区政府的几个政令与规划中，其中，动线改造就是强化涩谷交通枢纽机能的重要一环。

现在来到涩谷，可以通过一个叫作 Urban Core（城市核）的玩意儿实现在地上地下之间的快速移动。它是一个由自动扶梯和电梯组成的设施，上下垂直连接了涩谷站的不同楼层。你也可以从涩谷站 2 层通过新建的道路直接到达宫益坂，也就是涩谷的东侧。同时，位于地上的琦京线和银座线的站台也被移动到了地铁站台的上方，换乘变得更加简单便捷。

2015 年，涩谷几条线路的大型改建项目陆续开工了。这一改建项目计划耗时十二年，由涩谷区政府设计，东急集团、JR 东日本与东京地铁这三家铁道公司参与，是一个少有的大型建设计划。由于涩谷站作为交通枢纽具有重要作用，多数施工都不能影响既有线路运行。区域完工后，线路交替连通与环城道路更换也大多选择在夜间或节假日完成。

地震灾害在日本十分频繁，同时涩谷又刚好处在谷地，所以防震与防水也是基础设施改建中十分重要的一个环节。在改建中，既有应急避难场所以及防灾储备仓库的规划，也有地下大型雨水储备槽的配置计划。再开发过程中，东急集团拆掉了老化的建筑，取而代之的是新的防震建筑。

涩谷区政府给涩谷的定位是“生活文化的创造地与传播地”，认为创造力、最先锋的文化以及不同人群的交流是涩谷区的特点，也是未来涩谷建设的方向。于是，东急集团给这次再开发设定的主题就是“娱乐之城涩谷”。

“涩谷是一个汇集着各种各样人群的街区。正因为它有这样的特征，所以我们不希望把生活、商业和娱乐完全分割，而是想把娱乐融入人们的生活里。”东急集团涩谷开发事业部开发计划组的关光浩对“未来预想图”说。他在这个部门担任街区建设战略课课长。因此，东急集团将重点放在了提高街道整体的体验价值上。

高层建筑承载了这项期许。东急集团计划在涩谷站周边新建或重建了九处设施，它们都是集合了办公、商业和娱乐为一体的复合型建筑。

这些建筑的共同特点就是都留出了大量办公区域。涩谷区汇集了 1651 家初创企业，是东京 23 区里初创企业数量最多的行政区。其中有 747 家都是 IT 类企业，创新型产业的从业者占五分之一。从 2012 年开始，光是东急集团的开发项目，就为涩谷中心区域增加了大约 36.4 万平方米的办公空间。东急不动产常务董事池内敬认为，涩谷的吸引力正在于“它是一个气氛自由的地方”，与传统的办公氛围不同。所以在新开发的这些办公区域中，也会有像共享办公这样的新形式办公场所。

photo / 涩谷站街区土地区划整理事业共同施行者

涩谷地处谷地，防水改造也是基础设施建设中非常重要的一环。这里是涩谷站东口雨水储存设施。

这 9 座建筑，也根据拜访人群的不同，设置了不同的功能。其中 3 座高楼很有代表性。游客若是乘坐巴士从机场来到涩谷，最先到达的就是 Shibuya FUKURASU，这里是机场巴士站，也是游客最先认识涩谷的窗口，设有观光问询处。

Shibuya Hikarie 的定位则是“生活与文化的发源地”。从 1956 年一直到 2003 年，这里曾是东急文化会馆，集合了会场、天文馆、4 家影院以及资生堂美容室等当时最流行的文化类设施。2008 年，这片区域的改建被东急集团主导的协议会提案为“涩谷新文化街区项目”。政府也将这块区域划为了都市再生特别区域。于是，2012 年开业的 Shibuya Hikarie 成为涩谷再开发进程中最早的项目之一。Urban Core 设施第一次在这里从计划中具象化，直接连接了这栋楼与副都心线。为了延续涩谷文化会馆的职能，改建后，这里在 11 层至 16 层建设了音乐剧剧场，又在剧场楼下设置了大型会场供使用者发布信息。

Shibuya Scramble Square 的东栋是如今涩谷最高的建筑，自然也成为涩谷的新地标。从地下 2 层到地上 14 层是商场，商铺概念也定位为新潮与创新，在两百多家店铺中，有 56 家是第一次进驻涩谷或者日本国内，还有 37 家是各类品牌尝试的新业态店铺。越过中间办公区域，顶层则是 SHIBUYA SKY 展望台。展望台分为室内和室外两个部分，由擅长技术与表达能力相结合的设计公司 Rhizomatiks 设计。这家公司曾因创作了“东京 8 分钟”的多媒体概念而广受赞誉。

谁在推动涩谷再开发进程?

再开发建设开始的契机虽然来自 2002 年东横线与副都心线的相互连通运营，但再开发的详细规划却是始于 2007 年涩谷区政府的《涩谷站中心地区城市规划指导方针 2007》。在这五年间，日本国土交通省起到了重要推动作用。

2005 年，国土交通省将涩谷区划为“都市再生紧急整备地区”。这是日本政府为了提高都市的国际竞争力而在城市内划出的

"据点"。政府会向这些地区提供政策支持、财政支持以及税制支持。区政府与企业在"都市再生紧急整备地区"内可以制定自由度更高的规划，例如建筑可以横跨道路上空，容积率的限制相比之下也会更加缓和。这也是涩谷能够不断向空中发展的必要条件。所以在涩谷再开发项目中，日本政府制定政策，涩谷区政府提出规划，东急集团联合其他企业具体设计与建设。

然而，改造还会波及区域内的各个组织以及将近 23 万名涩谷区民，他们是项目开发需要考虑的对象，也是不容忽视的项目参与者。由于人数众多，同时听取各方意见并不是一件容易的事情，于是"涩谷站周边地区整备调整协议会""涩谷中心地区城市规划调整会议"与"涩谷站中心设计会议"成为与涩谷区相关的各方意见交流平台。

"涩谷中心地区城市规划调整会议"（以下简称"规划会"）一般由城市规划方面的教授、学者以及国土交通省、东京都、涩谷区和相关的事业负责人参加。旗下还有不同的分科会，例如公共设施分科会负责研究步行环境与步行网络、地区管理分科会公共设施以及防灾相关规划等等。

2006 年，也就是《涩谷站中心地区城市规划指导方针 2007》发布的前一年，涩谷区政府意识到，无论是涩谷站的功能更新、公共设施的再开发还是各种各样的经营一体化，城市建设的方方面面并非只由行政和民间事业者单方面推进，各方的交流也同样重要。于是，"涩谷站周边地区整备调整协议会"（以下简称"周边会"）成为各方协商与调整的平台。

除了涩谷区政府的两名都市整备与土木方

01 在复合设施 SHIBUYA STREAM 入口处，改造后的涩谷川从广场下方流过，上方则允许沿岸商铺将座位向街道延伸，营造热闹的广场气氛。
02—03 在 SHIBUYA SKY 展望台室内回廊，不仅可以环绕一圈，站在涩谷的最高处眺望东南西北四个方位的景色，还可以看到室内 LED 屏幕上关于涩谷的一些数据与信息。顶层展望台则为参观者提供一个开放的空间，让所有人都可以 360 度全方位地眺望景色。

01
photo / SHIBUYA STREAM

02

03

面的负责人，涩谷各个地区的商店街振兴组织、居委会、城市规划协议会、大型店铺、再开发协会、开发事业者和铁路公司，都各选出一名代表来参加每月一次的协议会。会议上，政府会传达最新的规划与设计内容，参与者们则将自己所属的参与方的诉求反馈给“规划会”。

“涩谷站中心设计会议”（以下简称“设计会”）的成立就经历了这两个协议会讨论通过的过程。为了更好地规划设计“涩谷特色”景观，2009 年，“规划会”探讨确认了“设计会”的必要性。第二年，这个方案发布给了“周边会”，并在这一年的时间里，由负责人传达并收集地区内的意见反馈。同年年底，根据收集来的建议，“设计会”的相关细节通过试运行和讨论，2011 年 1 月才最终确定。建筑师、城市设计的教授学者是这个会议的主要参与者。

自此，“规划会”的规划与“设计会”的设计互相合作，然后再与“周边会”互相反馈，最后推动规划与设计的实行。

一个新涩谷

“活用绿色与水创造谷地空间”是这次再开发对涩谷环境改造的战略。涩谷区政府希望合理利用绿化、涩谷川的水流与通风设计，降低城市热岛效应，创造舒适的都市空间。2011 年，日本国土交通省修改《河川敷地占有许可准则》，允许在河流上设置公共广场。于是，经历过上述各个协议会讨论后的七年，涩谷川水边广场开工了。不仅如此，上游的水源被自然引流而下，再通过水景设施丰富自然景观。

在节能减排方面，东急集团也给高层建筑设计了一些小细节。SHIBUYA STREAM 的外墙上加了绿化，Shibuya Hikarie 中部分楼层也使用夜间通风的方法，并引入了地铁的换气系统，减少夜间空调的使用，从而减少二氧化碳的排放。

随着再开发项目的逐步推进，如何持续提高新涩谷的吸引力并加以推广成为新的问题。2014 年，由东急电铁、东京地铁以及东日本旅客铁道三家铁路公司共同组成了“涩谷站前地区管理协议会”。它们再联合涩谷区、国土交通省以及涩谷区各地的再开发组合，推出了“SHIBUYA +FUN PROJECT”，以策划各类活动、设计各种宣传海报等方式，让市民了解并体会到涩谷区的动态和魅力。

除了《沉默的大多数》，榉坂 46 还有许多首歌的场景设在涩谷。比如车站旁的小河涩谷川、历经重建的百货涩谷 PARCO，它们都在涩谷再开发的范围之内。2018 年，那片曾经作为榉坂 46 表演舞台的工地，如今已经完工，成为一座叫涩谷 STREAM 的新综合体。它也是东急负责的涩谷再开发的一部分。

虽然改造大都集中在涩谷站附近，但再开发并不会止步于此。以涩谷站为中心，2.5 千米为半径的区域都被划为了“广域涩谷圈”。涩谷站前后的原宿站和惠比寿站也在这个范围内。“我们正在推进一个将硬件和软件结合起来的社区总体营造，提高广域涩谷圈的价值。”东急不动产有限公司的涩谷项目推进部长鲛岛泰洋说。

涩谷再开发项目的建设计划会一直延续到 2027 年。涩谷将继续改变，也会继续吸引不同的人群。

PARCO
PARCO
Theater & Restaurants

PARCO 曾经塑造了一代东京年轻人的青春记忆。
现在，新的涩谷 PARCO 又在争夺新一代年轻人了。

PARCO 能再次引爆东京流行文化吗?

text / 李梦郁 photo / PARCO

“每当我感到孤单时，我都会来到这里，我想像杂志一样时髦……我一直在抬头看着那座时尚大厦，再见，涩谷 PARCO。”这几句歌词出自秋元康作词的歌曲《PARCO 从涩谷消失的那一天》（渋谷からPARCOが消えた日）。秋元康是日本著名的偶像团体制作人，生于 1958 年。对他这个年纪的人来说，在他年轻时，涩谷 PARCO（渋谷パルコ）就是日本流行文化的引爆点。

PARCO 如今隶属于日本零售集团 J.FRONT RETAILING，有超过五十年的历史。其中，涩谷 PARCO 最广为人知。即便花了三年时间改造，它仍能在重新营业的第一天吸引 2500 人排队入场。

PARCO 的历史要追溯到 20 世纪 60 年代。那时，日本西武百货收购了东京池袋地区倒闭的京都百货公司丸物，成立了一个全新的百货公司品牌 PARCO。与面向中高年龄客户的西武百货有所不同，1969 年第一家 PARCO 池袋店开业时，就已经把战后成长起来的年轻人当作目标了。那时日本百货公司普遍采用从供应商处采购再分销的经营模式，PARCO 却允许设计师在商场内开设精品店。

同时，随着越来越多的日本年轻人受到戏剧文化的吸引，一场以戏剧为核心的“亚文化运动”开始从新宿向涩谷蔓延。当越来越多的戏剧艺术家和年轻人开始聚集在涩谷，西武百货的创始人堤清二（Tsutsumi Seiji）和 PARCO 董事长增田通二（Masuda Tsuji）预感到了日本社会的变化。站在今天的角度看，这些艺术家和年轻人开创了日本文化历史上第一场“亚文化运动”。

1973 年，PARCO 将新店开在涩谷，并在商场内增设了一家剧场。当时，堤清二是少数愿意赞助此类亚文化的商人之一。“当代日本社会忽略了独立艺术家，这很奇怪。我要做的是为这些艺术家提供一个吸引年

PARCO 涩谷新大楼于 2019 年重新开业。它曾经代表一代年轻人的文化梦想。如今，它正试图瞄准来自全球那些追求新事物且个性独特的都市生活客。这个建筑由贝诺建筑事务所设计，淡化了室外空间与商场内部空间的界线，螺旋阶梯连接着空中广场等室外设施，一直延伸到 10 层。

轻观众的地方，年轻人正在形成自己的品位。”堤清二在 1979 年接受《纽约时报》采访时说道。

与此同时，增田通二深知投放广告创造市场的重要性。他将广告的设计任务交给了设计师石冈瑛子（Ishioka Eiko）。比起展示产品本身，石冈瑛子的创作侧重于传递“让消费者自由选择生活方式”的信息。在 1976 年夏季广告中，她让黑人模特摆出具有动感的姿势，试图借此突破传统的日本女性形象。

除了广告海报，PARCO 接着通过纸质出版物、音乐等媒介不断强化 PARCO 与文化的关联。这些传播途径有效吸引了愿意为生活和美学消费的年轻人，尤其是收入快速增长的女性群体。不少人“第一次去剧场”“第一次和朋友逛设计师时装店”的体验都发生在这里。

“PARCO 从剧院、音乐、电影、艺术品和纸质出版物等各方面构建了 20 世纪 70 年代和 80 年代的日本文化基础。从 1980 年开始，我就深受以涩谷 PARCO 为中心的流行文化的影响，即便我当时还是高中生，也能理解 PARCO 的广告。”宇川直宏说，他活跃在日本文化界，做过剧作家、美术设计、艺术指导等不同领域的工作。他仍对 PARCO 把黑胶唱片引入日本的年代记忆犹新。如今，他经营着位于涩谷 PARCO 9 层的日本首家直播工作室 SUPER DOMMUNE。

20 世纪 80 年代可以说是 PARCO 的鼎盛时期，它已经成为日本潮流文化标志性的存在。不过，以 PARCO 为中心的涩谷时尚在 90 年代从 PARCO 门前的公园大道转移至涩谷中心街。当时 PARCO 似乎感受到了来自外界的威胁，但让它真正陷入困境的，却是当年母公司西武集团一个失败的经营决策。

西武集团曾在 1983 年将生意版图扩张到了房地产行业。受到日本经济衰退的影响，房地产开发项目在 20 世纪 90 年代出现巨额亏损。最终，西武集团解散，堤清二也离开了西武集团，以诗人和小说家的身份度过了余生。

01

01 对很多人来说，涩谷 PARCO 仍然是一个不可代替的文化符号，在它重新开业的这一天，曾有 2500 人排队入场。

02 涩谷 PARCO 地下美食区 CHAOS KITCHEN 由藤本壮介负责环境设计。他在天花板与地面使用了很多镜面素材，又将涩谷 PARCO 1981 年第三馆开业时使用的一个体现 PARCO logo 的大型霓虹灯装置中的“C”也设置在这里。那个霓虹灯装置由日本艺术家五十岚威畅设计制作。如今，装置中的另两个字母“R”“P”分别设置在商场的 7 层与 8 层。

一直到 2012 年，日本零售集团 J.FRONT RETAILING 收购 PARCO 之前，PARCO 主要致力于翻新现有店铺，以及拓展城市店与中低层购物中心这两类渠道。比起 2007 年巅峰时超过 51 亿日元（约合 3 亿元人民币）的净利润，之后几年 PARCO 的销售额与净利润均有所下滑。

在这个背景下，PARCO 开始酝酿下一步改革。重建具有代表性的涩谷 PARCO 是新计划的第一弹。作为政府批准的“特殊城市复兴区的城市规划项目”，涩谷 PARCO 提出了“创建下一代商业空间”的想法。

这次，它瞄准的是来自全球那些追求新事物且个性独特的都市生活客。与创立初期 PARCO 的客户结构相比，更多海外游客加入涩谷购物的主力阵容。如果 PARCO 可以同时吸引全球游客和本地居民，从市场的角度来看，未来它会占据更高的市场份额。

02

时尚仍是 PARCO 的根基。你能在这里找到浓缩版的东京时尚。1 层以面向日本富裕阶层及海外游客的奢侈品牌为主，2 层则有日本老牌设计师品牌，如 ISSEY MIYAKE（三宅一生）；新生代设计师品牌，如潮流品牌 Undercover。当然，PARCO 也延续了帮助年轻设计师进入市场的传统，它将 3 层、4 层的空间出租给下一代设计师，降低他们开店的成本。虽然服饰仍占据着 PARCO 的大部分空间，但分布在各个楼层的唱片店、化妆品店、杂货铺、剧场、美术馆等其他业态将满足不同消费者的需求。

围绕时尚和文化，PARCO 也发展出更多消费可能——美食。位于地下 1 层的美食区 CHAOS KITCHEN 聚集了日本的人气餐馆，以街道的形式营造出具有市井气息的氛围。不少品牌将流行文化与餐饮融合在一起，消费者可以品尝昆虫料理，借助 AR 尝试全新的甜点体验或者在同志酒吧让变装皇后为你调酒。相比于楼上上万日元的服饰，CHAOS KITCHEN 人均 2000 日元（约合 123 元人民币）的价位，显然更加贴近年轻人的荷包。

值得一提的还有位于 6 层的“日本文化发信基地”，那里有着日本第一家任天堂旗舰店（Nintendo TOKYO）和一家精灵宝可梦中心（Pokémon Center）。要知道，游戏和动漫是很少出现在 PARCO 的元素，可是从 PARCO 重新开业的那一天起，这

里就成为二次元粉丝的聚集地——无论是本地客还是观光客，人们都为这些文化符号着迷。

虽然试图迎合新客群的需求，但涩谷 PARCO 这次重新翻修并没有做市场调研。“在东京这种大都市，顾客的需求极为多元化。”PARCO 涩谷店店长泉水隆（Sensui Takashi）曾在接受采访时说，“或许我们现在真正需要的不是市场导向（Market-in），而是市场创造（Market Creation）的心态”。泉水隆自学生时代便在 PARCO 兼职。虽然没有经历过涩谷 PARCO 1973 年开业时的场景，但泉水隆说，他和团队认真地研究了涩谷 PARCO 的历史。

泉水隆最终采用的是“将 PARCO 团队认为好的东西推荐给顾客”的策划思路。这与

增田通二于 1983 年提出的“创费者”概念类似——人们在 PARCO 购买时尚和设计并不是单纯的消费，而是为了创造自己的生活方式。换句话说，PARCO 是通过出售商品帮助消费者找到适合自己的生活方式。

这也直接影响了 PARCO 挑选入驻品牌的标准。品牌的趣味性、原创性、前沿性和在 PARCO 呈现出的稀缺性都是需要考量的因素。据泉水隆回忆，他曾多次前往同一地点与品牌方沟通，讨论是否能在 PARCO 提供不一样的东西。然而他两度遭到拒绝，当时，泉水隆甚至都有些绝望：“我可能要辞职了！”不过，仍有不少新品牌愿意在 PARCO 尝试新的店铺形式。整体看来，杂货品牌变少了，更多时尚和餐饮品牌入驻了涩谷 PARCO。

为了给品牌店的设计留出更多空间，PARCO 放宽了对店铺门楣高度和 logo 大小的限制。即使是 Gucci、LOEWE 这样的知名品牌，也都为 PARCO 专门设计了门店。以 Gucci 为例，它从日本文化中提取出室内装饰元素，在更衣室中使用了满洲鹤和水彩画风格的樱桃树图案，从海外品牌的视角向消费者呈现他们眼里的日本美学。

PARCO 很清楚，持续更新的文化娱乐内容才能吸引回头客。因此，商场 1 层、2 层预留了 19 个快闪空间，活动每月都有更新。此外，PARCO 也会策划线上特别活动。为庆祝新冠疫情后的第一次开业，

PARCO 将 6 层设定为“日本文化发信基地”，引入任天堂旗舰店、精灵宝可梦中心、JUMP 主题店等店铺，这里也成为颇受观光客欢迎的地方。

PARCO 曾组织过一场线上虚拟音乐节目——《SHIBUYA PARCO ReOPEN 前夜祭》，超过 20 万人观看了这场活动。

当然，PARCO 最大的竞争力在于品牌的历史和独特性，以及它对东京流行文化的影响。但在下一个时代，PARCO 仍能成为流行文化的传播地吗？

宇川直宏丝毫不怀疑这一点。他分析说，从 1991 年日本经济泡沫破灭到 1995 年互联网的出现，如果只为了获取信息，人们早就从实体空间转移到了互联网上。随着智能手机和社交媒体的普及，人与人之间的社交距离越来越远。所以，在 PARCO，人们已经从消费“内容和数据”演变成消费“时间、事物和情绪”。“时间、事物和情绪”指的不是信息，而是人在空间中真实的交流。与此同时，以动漫、游戏、偶像为中心的宅文化，正逐渐成为新的日本亚文化。这些都让类似 PARCO 这样的线下空间依然保有价值。

这很容易让人想起 PARCO 将 1960 年的亚文化变成流行文化的故事。从整体运营策略来说，PARCO 接下来将更注重对繁华商业区中低层商业零售体 ZERO GATE 的扩张。至于涩谷 PARCO 对餐饮、动漫等业态的尝试，未来会成为推广至其他门店的模板。

涩谷 PARCO 改造后，公园大道的氛围与记忆中没有太大区别。每当黄昏时分，人们依旧能看到不少年轻情侣说笑着，沿着公园大道的缓坡前往涩谷公会堂，或是站在 PARCO 入口前自拍。周围还有重新开业的音乐唱片店 WAVE，不断提醒着游客这里与年轻人文化的联系。

现在我们可以说，
没有人来东京时会错过它。

东京新地标诞生：一座飘在涩谷上空的公园

text／赵慧 程绚
photo／三井不动产 涩谷横丁
THE SHIBUYA SOUVENIR STORE
KITH 赵慧

在日本东京，从原宿出发，向涩谷方向移动，你一定不会错过这座刚刚建好、延伸到高架上的宫下公园（Miyashita Park）。

一直以来，这里都是练习滑板的年轻人的聚集地。哪怕是宫下公园改造期间，无处可去的滑板少年们也会无视“禁止在街道练习滑板”的告示牌，在光溜溜的地面和栏杆上练习。宫下公园是一个“矛盾综合体”，它曾作为“日本最早的空中公园”成为涩谷的地标，也因治安与流浪汉问题，有着“阴暗”“脏乱”的恶名。

经历了六十七年变迁，改造后的“新宫下公园综合体”尚未开放就已经引起广泛关注。无论从哪个方向靠近这个区域，人们首先会被建筑顶层的环状结构与攀爬路径吸引，产生一探究竟的冲动。

整个宫下公园综合体全长 330 米，分为南北两个街区，是一座 3 层的商业设施，顶层为楼顶公园，是一个容纳了停车场与酒店建筑的综合空间。宫下公园所在的地块，可以说是涩谷在再开发过程中最后一块可以大规模

新宫下公园综合体汇集了商业空间、公共空间、酒店等业态。

photo／三井不动产

靠近新宫下公园综合体，人们很容易被顶层的环状结构与攀爬路径吸引。 photo/三井不动产

改造的区域。

它也是涩谷区政府与日本房地产开发商三井不动产以“公民连携”（Public Private Partnership，简称 PPP，借助民间力量完成公共设施改造再开发）方式完成的改造运营项目。这类 PPP 项目正日益受到日本各级政府的欢迎，虽然在合作方式上仍有争议，但确实提升了公共设施运营与改造的效率。

宫下公园所在的明治大道也因此没那么无聊了。以往，人们从原宿街区溜达到涩谷街区，大多会选择从品牌旗舰店林立的繁华表参道转入“猫街”——这条小路覆盖在连接涩谷的一条暗渠之上，已经成为一条诸多品牌争抢的成熟商业街。

现在，人们多了一个新选择：从猫街岔出去，你能立刻看到鲜黄立面的 LV 店铺，这也是宫下公园的中段；或者，直接从明治大道绕过去——这意味着，夜晚的明治大道不再是一条阴暗无趣的道路。作为连接“明治神宫前”十字路口和涩谷去年新建成的 47 层商业大楼 Scramble Square 的最后一环，宫下公园改造项目的完工，也意味着碰撞街头潮流文化的原宿、品牌店铺林立的表参道和以年轻人文化为中心的涩谷街区“可以连着逛了”，街道本身也拥有了更多商业价值。

以奥运会的名义，东京各地区陆续完成了新一轮城市改建。公园正成为很多开发商新瞄准的目标。这就要提及一个法律基准的变化——日本在 2004 年 6 月的《都市公园法》修正案中，提出了“立体都市公园制度”，旨在促进并确保商业用地中的绿地空间。在东京寸土寸金的城市中心地带，“立体土地利用”也成为一种可行的解决方案。不仅是宫下公园综合体，近期开业的还有诸如浅草水町、立川 Green Springs、南町田 Grandberry Park 等一系列公园型商业设施。

人们可能会好奇,这些作为公共空间的公园能在商业设施的夹击之下留下什么。2011 年，涩谷区政府联合运动品牌耐克，将宫下公园部分大众休憩空间改造成了拥有五人制足球场、攀岩墙和滑板场的付费运动空间。但因设施老化，这个合约于 2017 年终止。

这次改造后，新宫下公园的运动场也延续了付费制，像攀岩场、滑板场，涩谷区居民使用时需要支付每两小时 500 日元（约合 33 元人民币），儿童半价，非涩谷区居民则需要支付双倍费用。北部的半室外空间，因为设置了足够多的座椅，在一定程度上也起到了公共空间的作用。

为了增加空间的明亮度，三井不动产在改造时将公园的参天大树全部砍伐。作为补偿，新设的屋顶公园也在尽力增加绿化——除了铺设草坪和植树，还在构筑物两侧积极尝试了壁面绿化。但因为屋顶树木高度存在限制，加上盛夏绿植培育艰难，就目前来看，整体绿化效果不尽如人意。酷暑之下，因为缺少绿荫，人们只敢在日落后登上屋顶公园休息，要是在白天，通行拍照的人数远超停留休憩的人数。但三井不动产告诉“未来预想图”，考虑到方位与日照时间，采用葛蔓类与茉莉等植株，这片穹顶最终会爬满绿荫。

曾经的宫下公园，底层是昏暗的停车场，也因此成为流浪汉的寄居首选。大量流浪汉在停车场旁搭起了自己的帐篷，最多时，宫下公园里曾经有超过 100 名流浪汉。

01　　photo／三井不动产

02　　photo／三井不动产

01—02 商业空间部分，南区以室内百货商场为主，中间有通道，两侧是店铺。北街区商店只占通道一侧，通道是半开放空间，配有休憩桌椅。

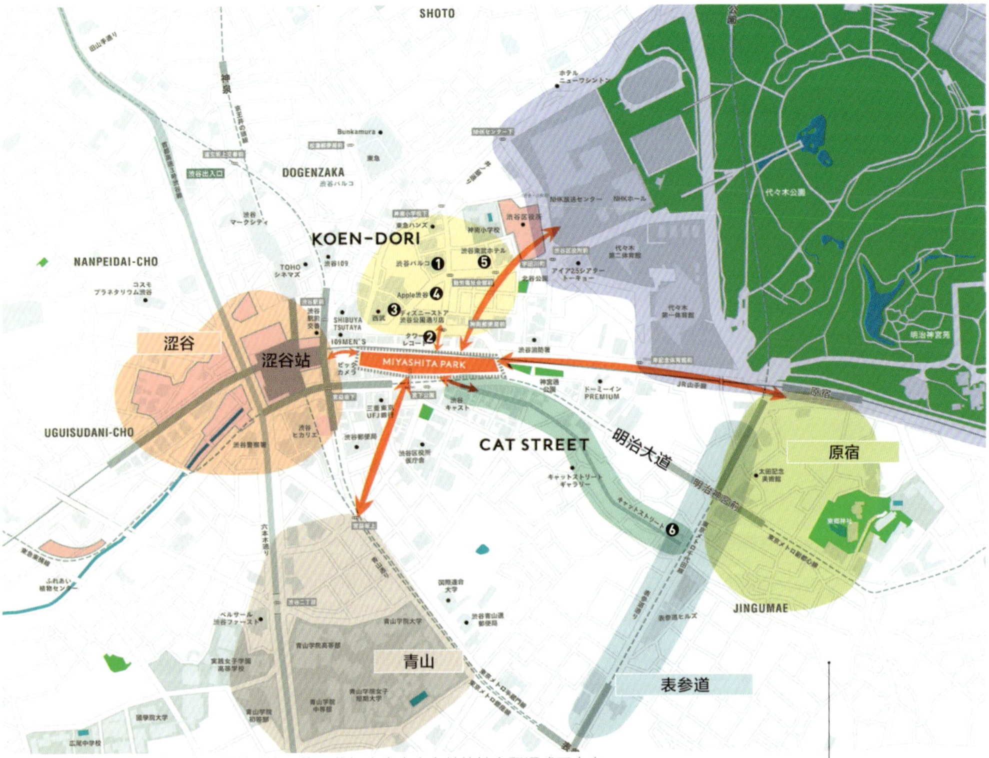

注：为方便理解，我们在日文原图基础上，将一些与文章内容有关的地名翻译成了中文。

新宫下公园项目改造思路

优势

- 活用民间力量，维持公共设施的管理运营。项目基于“立体都市公园制度”，采用“公民连携”方式完成。地下停车场（可容纳约 360 辆车）与屋顶的涩谷区立宫下公园由涩谷区政府运营，商业设施 RAYARD MIYASHITA PARK 与酒店 sequence MIYASHITA PARK 由三井不动产运营。
- 为解决以往高架公园使用不便的问题，设置了 4 处直梯、5 处扶梯和 4 处楼梯，保证人们出入公园有便利的动线。
- 改进设施的耐震性能与防灾容纳能力。紧急灾害发生时，这里可以作为临时避难场所，收容滞留周边区域的“无家可归者”。

争议

- 流浪汉的安置问题存在争议，迄今附近都有不愿离开的流浪汉。也有民间志愿团体认为，公共设施与商业综合体的开发，在一定程度上压缩了流浪汉的生存空间。
- 公园设在顶层以及设施的收费策略，有争议说影响了公众的便利使用。

资料来源：
新宫下公园与新涩谷停车场设施计划，涩谷区政府，2017。

涩谷及周边地区地图

❶ 涩谷 PARCO（渋谷パルコ）

❷ TOWER RECORDS（タワーレコード）

❸ 迪士尼涩谷公园大道店（ディズニーランド渋谷公園通り店）

❹ Apple 涩谷店（APPLE 渋谷）

❺ 涩谷东武酒店（渋谷東武ホテル）

❻ 猫街（キャットストリート）

但在某种程度上，这些流浪汉也守护住了“宫下公园”这个名字。2008 年，耐克公司曾与涩谷区政府达成协议，借着改造，将宫下公园更名为“耐克公园”。这个做法遭到了市民团体和守护流浪者协会的抗议，他们表示要“守护属于他们的社区公园”。最终，涩谷区政府宣布取消更名，并同意在流浪汉移居下一个地点之后，才开始改造工作。

虽然涩谷区政府不断劝说流浪汉回归社会，甚至在宫下公园旁边一座流浪汉“坚守”的高架桥下贴满了各类传单，并且邀请艺术家创作壁画，以扭转屡禁不止的疯狂涂鸦营造出的阴郁气氛，但迄今仍有流浪汉在那里安家。没有人会否认，融合与多样性，一直以来是这片街区充满矛盾却又饱含魅力的关键词。所以在新宫下公园，你能看到奢侈品店铺、潮牌店铺、美食餐厅、公共空间与城市边缘人群混杂在一起的奇妙景象。

但无论如何，现在人们有了一座更加光鲜亮丽的宫下公园。从 LV、Gucci、Prada 等奢侈品品牌，到日本本土设计师潮牌、运动品牌，甚至美食街与酒吧小巷，依靠着三井不动产的招商运营经验，这里聚集了大约 90 家店铺，其中 7 家都是日本首店，三井不动产还说服了 31 家店首次入驻。

三井瞄准的是对时尚与文化高度关心的千禧一代（2000 年以后成年的人群，大致出生在 1981 — 1996 年），以及愿意拜访城市里的公园、感受新价值的人群。当然，还有涌入涩谷—原宿区域的观光客。

“我们瞄准的是只能在这里体验到的时间消费型的空间。”三井不动产对“未来预想图”表示。“时间消费型”是三井不动产等地产公司提出的一个概念，指的是不仅让顾客消费，也让顾客享受休闲的时间。他们试图调和一些看上去有些矛盾的东西：新鲜刺激、话题与舒适感，或者年轻人创造的历史、消费空间，以及提供自由休憩的公园。

所以，宫下公园的商铺还沿袭了涩谷的流行文化，聚集了音乐、舞蹈、书籍等文化业态。逛街途中会看到舞蹈工作室 En STUDIO 挖了一扇玻璃窗吸引行人的注意，紧接着就

项目时间表

资料来源：新宫下公园与新涩谷停车场设施计划，涩谷区政府，2017。

新宫下公园俯视图

滑板场

攀岩场

大草坪

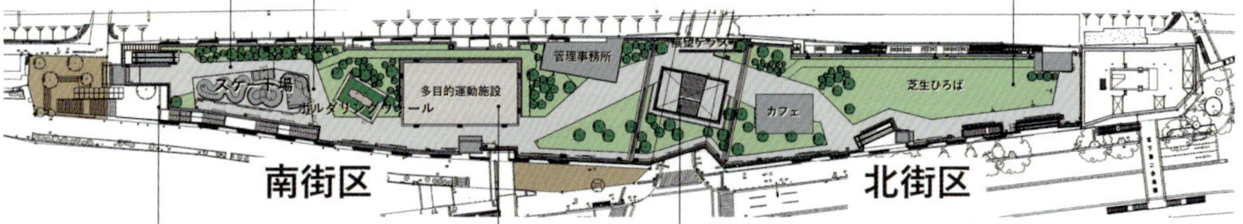

平面图 S=1/1000

南侧 2 层入口

多功能运动设施（沙滩区）

大楼梯

photo／三井不动产

能发现中古唱片店 FACE RECORDS、善于企划活动的天狼院咖啡厅 SHIBUYA 等体验型店铺，还有一间不定期展出各类艺术家作品的画廊。

为了增加公园的活力，突出其运动特色，运动品牌也是宫下公园商铺的重要组成部分。这并不奇怪，因为明治大道这一条街上，已经有不少运动品牌与户外品牌来“抢占地盘”，光是 The North Face 就在这里开了 4 家店。所以毫不意外，adidas 把日本最大一家店铺安排在了宫下公园南商铺区，正对着北街区的领军店铺 LV。

你也能在这座公园里看到三井不动产针对观光客花的小心思。涩谷物产店 THE SHIBUYA SOUVENIR STORE 就是个明显主打观光客消费的纪念品区域。涩谷区政府在城市改造计划里提出过一个“夜间经济”主题，宫下公园项目也将它纳入其中，在酒店下方引入了集夜店、画廊、活动空间于一身的复合娱乐设施“or”。

延伸到南街区连接涩谷中心地区的那一侧，原先居酒屋街道“涩谷酒鬼横丁”的微醺气氛，也蔓延到了宫下公园的“涩谷横丁”区域，但这两个横丁并不是一个运营主体。原先，涩谷酒鬼横丁仅仅是一条到夜晚就亮起红色灯笼，颇有日式风情的小街，它始于 20 世纪 50 年代，最早与黑市还脱不了关系。经营多年的私人居酒屋挤在一起，每家常常只能容纳三五个顾客。街道最末尾是

photo / 涩谷横丁 01

photo / THE SHIBUYA SOUVENIR STORE 02

photo / KITH 03

photo / 赵慧 04

photo / 赵慧 05

01 涩谷横丁延续着一到夜晚就亮起灯笼、在涩谷深耕多年的涩谷酒鬼横丁的微醺气氛。涩谷横丁招募了 19 家餐厅，全长大约 100 米，将客流引入宫下公园的核心区域。
02—06 / 从奢侈品品牌到设计师潮牌、运动品牌，甚至食品街与酒吧小巷，靠着三井不动产的招商运营经验，商业设施 RAYARD MIYASHITA PARK 聚集了大约 90 家店铺。图中依次为：吸引观光客的涩谷物产店 THE SHIBUYA SOUVENIR STORE、纽约潮牌买手店 KITH、把舞蹈工作室开进商场的 En STUDIO、全球首家 LV 男士旗舰店，以及在这里开出日本最大店铺的 adidas。

一个逼仄的公厕，以及乱糟糟的自行车停车场——到了深夜，那绝不是一个看起来安全的地方。

但是现在，那些让人觉得不安全的要素都消失了。一个平坦的水泥平台取代了原来的厕所，人们可以和宫下公园的照片合影打卡。宫下公园的涩谷横丁由横丁的鼻祖——“滨仓的商店制作所”运营，这是个运营饮食业态横丁的专家，曾让沉寂了四十年的惠比寿横丁重新焕发活力，在东京运营了二十来个餐饮项目。它为涩谷横丁引入 19 家餐厅，全长大约 100 米，将客流引入宫下公园的核心区域。

按照原先的计划，涩谷横丁 24 小时营业，

photo / adidas 06

全年无休。即便在疫情尚未得到完全控制的东京，这里一到夜晚仍然人声鼎沸。人们摘下口罩，大快朵颐。

东京人充满热情地多次造访这个新地标。三井不动产为旗下的Shopping Park（购物型公园）业务设立了一个专门的品牌——RAYARD，宫下公园商业设施全称的英文就是 RAYARD MIYASHITA PARK。9月，三井不动产在名古屋市改造的久屋大通公园项目也会开张，里面的商业设施也会使用这个品牌，称为 RAYARD Hisaya-odori Park。名古屋这个项目也属于公民合作开发项目的一种，被称为 P-PFI 事业（Park-Private Finance Initiative），就是运用民间资金改造、管理、运营都市公园。

宫下公园项目内的酒店项目品牌 sequence MIYASHITA PARK 就开在宫下公园北侧尽头，位于涩谷站与原宿站的中间。酒店入口设置在宫下公园 4 层的楼顶，客房共有 240 间，分布在 6 层至 17 层。运营方曾预计酒店 8 成客人为海外观光客。受疫情影响，目前客人主要为日本国内游客。三井的 sequence 酒店还会陆续在京都与东京水道桥开张。

人们站在宫下公园，拍摄呼啸而过的 JR 电车、纪念着他们青春岁月里的 Tower Records 大楼、改造后的涩谷横丁，以及一个让他们越来越陌生的涩谷。这个曾经被年轻人占领、放肆嬉闹的街区，正在吸引着新一代的年轻人，到这里书写与他们的父辈完全不同的生活体验。

这是一个邀请了 16 名建筑师与创意人士的超酷项目。

东京的透明厕所，你敢上吗？

text / 刘迪新

photo / 日本财团 永丰贤 エスエス 北条裕子 赵慧

01 两间透明公厕之一——涩谷区春之小町厕所。无人使用时每面玻璃均呈透明状态。门锁上时，玻璃不再透明。

02 夜晚的另一间透明公厕——代代木深町小公园厕所。设计师坂茂希望，透明公厕能在夜晚成为路灯，照亮公园。

photo / 永丰贤　01

02　photo / 永丰贤

你敢上透明厕所吗？

这种异想天开的想法，似乎更应该出现在某个当代艺术展里。但在 2020 年 8 月，东京涩谷区一下子就出现了两处真正的透明厕所，而且投入日常使用。

它们丝毫没有遮掩的意思。不仅公开透明地展示着厕所内的马桶设备，透明隔间还用上了三种不同的颜色，隔 50 米你就会看见它。

“进去真的没关系？”Instagram 用户 kyoto_moriagetai 虽然认同厕所的颜值，但还是对这个透明的设计心生疑虑。

关键就在锁门的那一刻。这两间公厕采用了电控液晶玻璃。无人使用时，玻璃内部的液晶分子直线排列，让光线通过，玻璃呈透明状态；门锁上后，液晶分子排列散乱，散射光线，此时玻璃能够透光却不再透明，可以充分保证使用者的隐私。

有人使用时保护隐私，无人使用时又公开透明——这是日本建筑师坂茂在设计这两处厕所时追求的效果。“游客在进入公共厕所，特别是公园里的厕所时会担心两件事：一是里面是否干净，另一个是里面是否藏着人。透明公厕可以让大家在使用前就可以确认这两件事。”坂茂这样描述他的设计理念。

两间透明公厕并不是涩谷区公共厕所唯一的“异类”。目前，已有 5 间厕所完工，还有 12 间公厕正在建设中，2021 年将全部投入使用。

这 17 间公厕都属于涩谷区政府、涩谷区观光协会与非营利组织日本财团合作的 The Tokyo Toilet 项目，试图进一步向全球展示日本“无微不至”的厕所体验。参加项目设计的 16 人，既有安藤忠雄、伊东丰雄、隈研吾、坂茂等建筑师，也有片山政通、佐藤可士和、NIGO 等创意人士。在厕所内部配置上，不仅都设置了无障碍隔间，有的还提供了儿童座椅、换衣用踏板、老年人和孕妇优先的设施。

每间公厕内都会配备针对患者的人工肛门 / 膀胱清洗池。 photo / 赵慧

按照外国人对日本的看法，这个国家对公共厕所有相对较高的标准，运营方需要保证厕纸供应充足、设备洁净，但也有一些公园和道路边的公共厕所设备老旧，久而久之，也让人不愿靠近。

日本财团会长笹川阳平意识到了这个问题，The Tokyo Toilet 项目，就是隶属于财团的“社会创新”事业，目的是改造出一批“不论性别、年龄、身体状况，谁都能舒适使用的公共厕所”。在这个基础上，他还有一个略高一些的愿景：以公共厕所改造为焦点，尝试创造出属于日本的“新”文化。

他将项目试验的目标瞄准在涩谷区。涩谷区一直以来就是年轻人的聚集地，具备活力与创造性。2016 年，涩谷区政府提出了“将不同化为力量”的街区基本构想，将“多样性”与“兼容共助”纳为涩谷区的新标签。涩谷区也是日本第一个承认同性伴侣制度的行政区域。2017 年，日本财团与涩谷区正式达成社会创新的支援合作，其中就包括 The Tokyo Toilet 项目。

在注重建筑与周边环境融合度的日本，设计出挑的建筑并不多见。这需要行政机构的一定支持。最著名的例子，是英国建筑师扎哈·哈迪德（Zaha Hadid）曾中标 2012 年日本新国立竞技场建筑设计竞标比赛，但因为最终在设计与周边地理环境的融合度

The Tokyo Toilet 项目
17 间公厕分布与设计师

详细信息请参考
tokyotoilet.jp

01 笹塚绿道公共厕所
小林纯子
笹塚一丁目地内

02 幡谷公共厕所
Miles Penington &
东京大学 DLX 设计实验室
幡谷 3-37-8

03 西原一丁目公共厕所
坂仓竹之助
西原 1-29-1

04 西参道公共厕所
藤本壮介
代代木 3-27-1

05 代代木八幡公共厕所
伊东丰雄
代代木 5-1-2

06 春之小川社区公园厕所
坂茂
代代木 5-68-1

07 代代木深町小公园厕所
坂茂
富之谷 1-54-1

08 表参道公共厕所
Marc Newson
千驮谷 4-28-1

09 神宫前公共厕所
NIGO
神宫前 1-3-14

10 神宫大道公园厕所
安藤忠雄
神宫前 6-22-8

11 锅岛松涛公园厕所
隈研吾
松涛 2-10-7

12 并木桥公共厕所
Sato Kazoo
东 1-27-22

13 东三丁目公共厕所
田村奈穗
东 3-27-1

14 惠比寿公园厕所
片山正通 & Wonderwall
惠比寿西 1-19-1

15 惠比寿站西口公共厕所
佐藤可士和
惠比寿南 1-5-8

16 惠比寿东公园厕所
槙文彦
惠比寿 1-2-16

17 广尾东公园厕所
后智仁
广尾 4-2-27

资料来源：日本财团

The Tokyo Toilet 项目中的指示图标

每间厕所的入口处都会印有这样的使用图标，标明厕所内部的设施配置以及适用人群。红色图标为常用图标。

资料来源：日本财团

以及预算上的争议，最终采用了另一位日本建筑师隈研吾的方案。

这次，支持“出挑设计”的是涩谷区政府。他们希望这些公厕能被更多人看到，让更多的人通过公厕感受到“涩谷区对各类人群的包容”。他们与日本财团根据公厕到车站的距离、人流量与车流量综合评估，最终选定的这 17 处地点，大多在车站附近或者公园内。

按照原来的计划——东京奥运会顺利召开——这些厕所的出现应该会恰到好处，展示着日本呈现的“おもてなし”(omotenashi)。你会在各个宣传语上看到这个词，它的意思很难直接描述，但你可以理解为：让人感受到无微不至的关怀。笹川阳平选择知名建筑师与设计师参与项目也是出于这样的考虑，这是个已经被多次证实，可以增加知名度、吸引全球观光客的好方法。

在设计上，笹川阳平只提出了三个设计规范：第一，必须设计成一个所有人都能使用的多厕所；第二，遵守公共规定的建筑基准；第三，接受日本卫浴公司 TOTO 的监督。TOTO 是这个项目的赞助商之一。这也意味着建筑师与设计师们有充足的设计自由。最终，17 间公共厕所一共拥有 16 种不同的设计风格——其中坂茂设计了两间。

与坂茂在代代木公园附近两个街区公园设计的透明厕所不同，建筑师槙文彦改造的公厕位于惠比寿东公园，从公园内的章鱼（タコ）外观滑梯获得灵感，屋顶仿照乌贼（イカ）的样子设计成带有弧度的形状。槙文彦称它为“乌贼厕所”。他希望让更多人愿意在这个厕所停留，所以设计时还增设了等待用的长椅，厕所内部设计更加注意隐私，还引入了自然光线与植物，并保证通风。

离乌贼厕所不远，产品设计师田村奈穗设计的红色三角厕所占据了电车铁路轨道旁边的狭窄三角地块。田村奈穗的代表作有为三宅一生设计的手表。她在设计时想起了自己定居的纽约街道，那是一个拥有 LGBT 族群的多元文化社区。她说，自己感受到了这些邻居对自我认识的坦诚与坚持，所以在设计时，也想在涩谷这样一个接受多元文化的区域引入这种接纳的观点，让更多人在小小的厕所空间里也能感觉到舒适自在。从外观上看，她的设计就好像三个重叠交错的三角形，有点类似日本伴手礼文化中的一种包装折叠方式。

室内设计师片山政通设计的那间公共厕所，灵感来源于日本厕所的起源“川屋”，他受到古朴设计思想的启发，用 15 块混凝土墙壁组合出了一个颇有迷宫感的公共空间。

这些公厕统一由日本房地产开发商 Daiwa house（大和房建集团）施工，内部设施则由卫浴公司 TOTO 负责。建成后，公厕的维护委托给了一家专门做厕所清洁运营的公司——Amenity，这家公司曾以高效的公厕运营管理技术取得涩谷区政府对面的一间公共厕所的命名权，将其命名为“厕所诊断士的厕堂”。如今，可以在好几处公厕看到这个名字。

01 photo / 永丰贤

02 photo / 永丰贤

03 photo / 永丰贤

01-02 槙文彦改造的惠比寿东公园厕所（“乌贼厕所”）。
03 惠比寿东公园内儿童游乐场的章鱼外观滑梯。
04 The Tokyo Toilet 项目中 17 间公厕的清扫人员制服，由设计师 NIGO 设计。NIGO 是东京里原宿的潮流人物。笹川阳平认为，这样的“帅气制服”可以激发清扫人员的工作动力。
05 田村奈穗融将多元包容的设计理念与个人隐私考量结合设计的东三丁目公共厕所。
06—07 片山政通根据日本厕所起源——“川屋”设计的惠比寿公园厕所。

05 photo/エスエス 北条裕子

06 photo/永丰贤

04

有了专业运营方，公厕的清扫次数也增加了。以前，这些公厕每天只清扫一次，如今则增加到了两次或三次。Amenity 也会每月检查公厕的清洁状况。日本财团、涉谷区政府和涩谷区观光协会每月举行协商会，基于 Amenity 提供的检查结果，重新评估清扫方法和清扫费用。维护管理状态也会在项目官网上及时更新。

按照计划，剩下的 12 间公厕也会以不同的姿态陆续开放。它们不仅会重新定义人们对公厕的印象，也会让人意识到，公共设施与公共空间有了更加多元的运作方式。

01

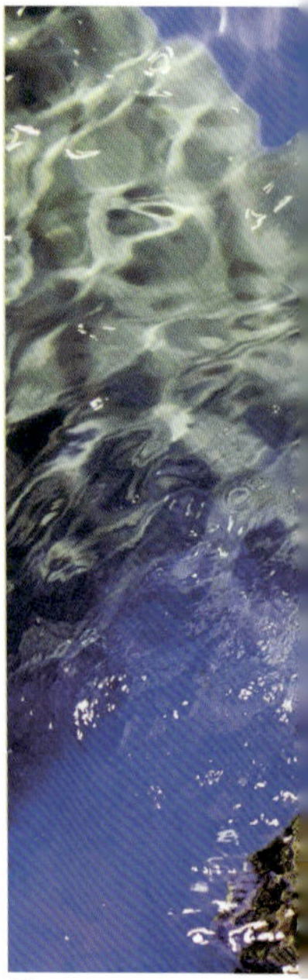
02

如果 10 分钟就能逛完，
那你为什么会在水族馆停留？
即便在城市里的逼仄空间，
水族馆这种需要大型场地的场馆，
也能有出色的运营方式。

去墨田水族馆，看企鹅们的“贵圈真乱”

text / 邢梦妮 刘迪新 乔蔚 photo / 墨田水族馆

东京繁华的市中心，晴空塔旁，住着一群企鹅。它们有的去年是恋人，今年成了情敌，有的无视年龄差爱上了彼此，还有的得提防其他单身同类和丈夫走得太近……

这可不是家庭伦理剧，而是东京墨田水族馆在 2019 年 10 月策划的广告，也是“企鹅关系图”第二弹。这剪不断、理还乱的关系，立刻引起了游客的注意。

直到一年之后的 8 月 5 日，仍有游客对“企鹅关系图”念念不忘。“即使是漫无目的地随便拍了一张照片，好像也能读出企鹅们之间的关系。”Twitter 用户 @mayoru_o 拜访墨田水族馆时评价说。

中村雄介

墨田水族馆馆长

在中村雄介的理想中，墨田水族馆是个“温柔的地方”，不仅拉近动物与人的距离，还可以拉近人与人的距离。

这些有趣的营销企划，始于一起偶然事件。1999年，日本开始实行“PFI法”（Private Financial Initiative）。这个法律的全名长得跟日本轻小说的书名一样，不过一看就能明白意思：《采用活用民间资金等措施促进公共设施等场所整治的法律》。此事由日本内阁府主管，允许各级公共团体将公共设施的企划、建设、管理、运营委托给民间团体。

根据日本PFI法，公共设施的管理人需要通过“招标”选定民间企业——在一定范围内公示条件和要求，再公开征集建议书，从中选择合适的民营企业。

墨田水族馆更愿意让那些常见的动物成为明星，而不是靠一两种罕见动物，等着游客来“猎奇”。这是墨田水族馆的人气明星——麦哲伦企鹅与花园鳗。

日本上班族三坂伸也所在的欧力士股份有限公司（Orix Cooperation）也参与了一次这类竞标。欧力士主营农业、特许运营、生物发电、酒店运营等业务，同时还是日本第一家推出租赁服务（如设备租赁）的公司，就在“PFI 法”颁布的前一年，刚刚在美国纽约证券交易所上市。当时，三坂伸也已经在这家公司供职十年，熟悉公司的经营范围，他回忆，当听说中标项目叫“江之岛水族馆”时，他的第一反应是：“这未免也太门外汉了。”

三坂伸也没有想到的是，自己会被任命为水族馆业务的负责人。实际上，在岛国日本，水生动物和水族馆确实不稀奇。早在 1882 年，东京就出现了“观鱼室”，人们还用水槽把鱼运去博览会展示。根据日本动物保护组织 RIB 2019 年的统计，日本全国共有超过 130 家水族馆，光在东京就有 11 家。

三坂伸也承认，水族馆是一块“烫手山芋”——有意思的娱乐活动太多了，除了狂热的鱼类爱好者、学生，谁没事成天往水族馆跑？就连他自己，小学后也没再去过那里。

那时，不少水族馆的运营已经出了问题。馆方竞相引入虎鲸、鲸鲨等中大型珍稀动物，靠它们积攒人气，并相信“规模和游客数成正比”——只要做大，就能吸引更多人。“当你把生物作为吸引眼球的商品，如果它们死亡或人气下降，就会有很大的风险。”三坂伸也说。

来看看“墨田企鹅关系图 2021”！

全图一共有 48 只企鹅出场。

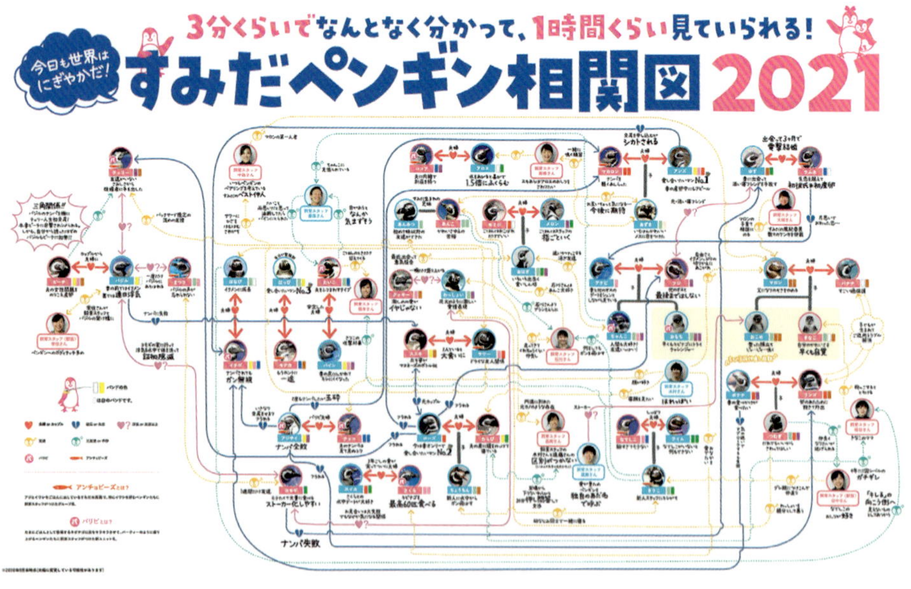

资料来源：墨田水族馆

三坂伸也和同事们更愿意让那些常见的动物成为明星，而不是靠一两种罕见动物，等着游客来“猎奇”——那样的水族馆无法融入人们的日常。“我们需要让这个地方本身吸引眼球。”

三坂伸也参与水族馆运营后一年，也就是 2005 年，新江之岛水族馆公布了“成绩”——这一年，场馆共迎接了 184 万游客，是欧力士集团接手前的 6 倍。三坂伸也察觉，水族馆其实没有特定受众，大家都是和他一样的普通人，只要看到有趣的场景就会一起欢呼。

他渐渐萌生了一个念头——把水族馆做成公园。他认同公园的自由度：“很少有地方能像公园一样，接纳各种人和场景（situation）。”

新江之岛水族馆的成功似乎帮助三坂伸也说服了欧力士集团。继接手江之岛水族馆之后，欧力士在东京、京都又相中了两块地皮，尝试运营水族馆。这么做的理由也很简单：城市人多，容易形成社群。

2012 年 3 月，坐落在京都梅小路公园的京都水族馆开业，两个月后，东京晴空塔购物中心（东京 Solamachi）也迎来占据 5 层和 6 层的新住户——墨田水族馆。

在墨田水族馆的官网上，你会发现“场景”版块下面跟着 3 个主题：“和孩子一起”“约会”“夜晚”。运营方提前为你规划好一切，精细到集合时间和路线图。这种预设场景的做法还被馆方应用在了其年费会员的招募广告里，帮人们想好了所有来玩的理由。无论是一时兴起来打发无聊时光，还是下班后想喝上一杯，你都可以和亲友、恋人结伴前往。

现任馆长中村雄介介绍说，墨田水族馆的游客大约有一半是“亲子”。“工作日的白天，大部分客人都是推着婴儿车的大人，带着不到 1 岁的小孩。周末或者寒假时，就会有更多小学生或四人家庭来参观。”

每天，水族馆都会举办免费工作坊（workshop）。在中村雄介看来，这种活动“3 岁小孩到小学生都能参加”。水族馆会给那些还没上小学的小朋友发儿童版“年度护照”，用来收集来馆时的印章。“我们希望这些创意可以吸引更多孩子还小的家庭来水族馆，这些家庭可以购买年卡。”中村雄介补充，住得近的居民会特意办张年卡，好随时到这里散步。

当然，都市社区型水族馆也会遇到一个大麻烦：空间不足。中村雄介承认，墨田水族馆非常小，如果按顺序参观，游客只需 10—15 分钟就能逛完所有区域。他们想了些办法弥补缺陷——馆内没有参观路线，而且引进的动物体积都不大。举例来说，麦哲伦企鹅身长 60—70 厘米，花园鳗还不够人的一根手指粗，这些“不显眼”的动物都是水族馆里的“人气明星”。

设计方面，墨田水族馆倾向于营造开阔感，辅以灯光烘托气氛。水母不畏惧灯光，很适合举办演出。擅长浓艳色彩的摄影师蜷川实花就曾与墨田水族馆合作，在水母栖息的水槽办照片展览。馆内点着香薰，游客累了可以到观赏池边上坐着休息。

2015 年，墨田水族馆获得了 Good Design Award（日本优良设计奖）中的公共建筑/设施奖。审查委员赞赏场馆的动线规划，认为这能让游客自由探索。时任馆长的内田将生就是获奖场馆的设计师。他在感想一栏中表示："我们不再将水族馆当作'鉴赏生物的地方'，而是力求提升空间的价值和顾客体验，使之成为'与生物共度时光的地方'。"

游客不仅和动物的距离足够近，还能在小水母繁育台前和工作人员搭话交流——"缩短距离"，正是墨田水族馆现任馆长中村雄介反复强调的口号。

墨田水族馆大致有几套营销方案，这也是他们特别强调的"企划力"。每个季节，水族馆都会举办动物主题活动——春天是樱花和水母，夏天则是金鱼和烟花。2019年夏天，墨田水族馆就举行过"东京金鱼Wonderland"活动，在场馆内安装互动投影仪，随着行人的脚步，地面会泛起涟漪。另外，每种动物都有自己的周边产品，这是水族馆的收入来源之一。

水族馆之所以能成为日本影视剧和动画题材里的约会圣地，恐怕跟馆方"猛攻"情侣脱不开干系。馆长中村雄介负责市场策略，他表示亲子和情侣就是墨田水族馆主要的目标人群。

你可以在馆内的"恋爱烦恼留言板"上留言，等空下来的饲养员们回复——也许会得到一幅手绘的企鹅爱情漫画故事。企鹅交配产卵的季节刚好在情人节前后，每到此

01

02

03

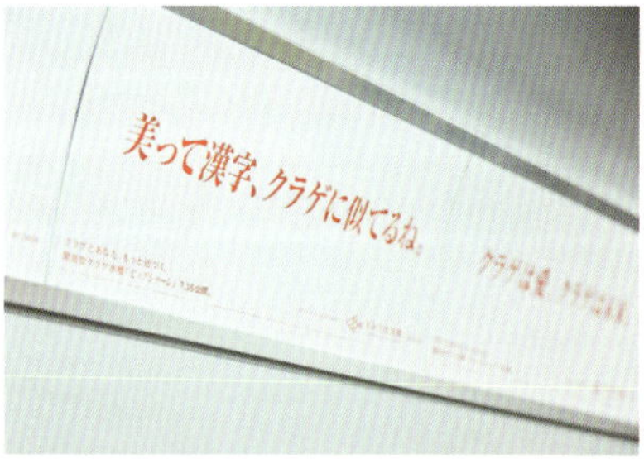

04

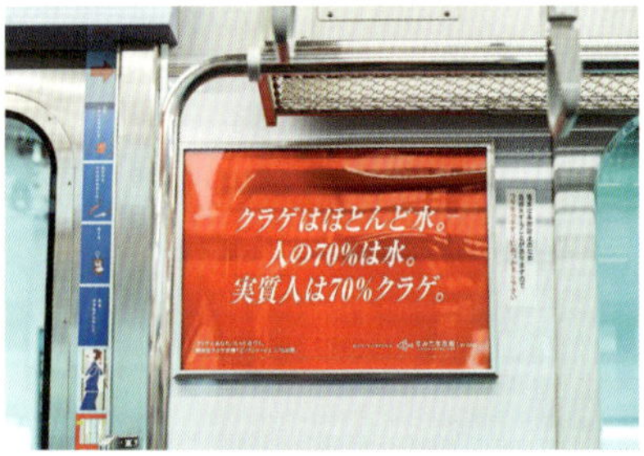

05

06

中村雄介

墨田水族馆馆长

“没有来过的人不会知道墨田水族馆的魅力，我们才想用海报宣传。”

01—02 墨田水族馆倾向于“营造”开阔感，辅以灯光营造气氛。他们在不影响动物习性的前提下，让水族馆不再是鉴赏生物的地方，而成为“与生物共度时光的地方”。

03—06 地铁是墨田水族馆的一个广告集中投放地。东京电车田园都市线上墨田水族馆的 " 洗脑 " 海报——

①“水母不会背叛你”。②“美丽的汉字，就像水母一样呢”。③“水母大部分是水，人体 70% 也是水，实际上人 70% 是水母”。④“三个字的词里，‘小水母’最可爱”。

江之岛水族馆事业模型

在这个江之岛水族馆项目里，民营企业出资，成立一家新公司——江之岛PFI。其中，欧力士股份有限公司负担了总金额的40%。公司与神奈川县政府签订了为期三十年的合同，政府拨款，委托江之岛PFI运营“Nagisa的体验学习馆”，水族馆则属于自负盈亏的私人业务。与江之岛水族馆有关的各种融资，也以江之岛PFI的名义进行。

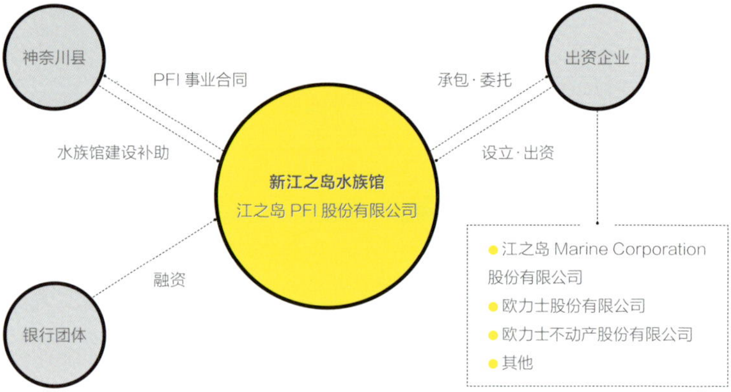

资料来源：根据公开资料整理

时，水族馆就会策划节日活动。饲养员会向游客介绍企鹅的恋爱状态，游客还能通过“企鹅恋爱类型诊断”了解和自己相似的企鹅。

另一方面，墨田水族馆很重视广告创意。中村雄介告诉“未来预想图”，这是为了吸引那些潜在客人。“没有来过的人不知道墨田水族馆的魅力，我们才想用海报宣传。”

社交网络推广可能也是墨田水族馆的强项。企鹅们就是墨田水族馆社交账号的主要内容，它们的照片都由饲养员拍摄。饲养员还为小企鹅安排与游客见面的“泳池出道仪式”。

更早以前，2018年10至11月，墨田水族馆就在Instagram上试着举办投票活动“LOVE 我推企鹅超级选举”，号召大家“来看你‘推’的企鹅吧！”。这简直跟偶像总选举一样。馆方和同属欧力士公司运营的京都水族馆合作，在现场和社交网站上收集投票。参赛企鹅共有11只，从出生起就由水族馆饲养员们养大。规则中写明，人气最高的企鹅会“C位出道”，叫声会被采集用于录制歌曲。

但这并不意味着墨田水族馆可以“替动物发声”。这家水族馆规定，不能将动物拟人化。曾任宣传企划组组长的惠土敦在一次受访中表示，宣传中不得出现有“这只动物会这么说话哦”含义的表述。“明明不知道生物在想些什么，却要擅自（代表动物）告诉世人，不是很奇怪吗？——我们是这么考虑的。”他解释说。这也不奇怪，比起游客，他们更关注企鹅的社会性和个性。

企鹅选举活动结束后，企划组共收到了 8 万余张投票，占全体入场人数的 80%。“从我们举办的其他活动来看，这是个令人难以置信的投票率。”惠土敦事后分析，互动应该设计得更简单，能鼓励更多繁忙的参观者参与。

惠土敦完全认同三坂伸也“都市社区型水族馆”的理念，他还认为，水族馆的娱乐价值已经大于教育功能。“我们所处的时代，这些（生物）知识可以在网络、画册，以及其他任何地方找到。墨田水族馆强调的是现场体验，比如‘企鹅池里发生了什么’‘因为这只企鹅（的性格如此），所以你才能看到这个瞬间’。”

三坂伸也在 2019 年 2 月卸任欧力士水族馆有限公司董事长一职，目前在经营一家娱乐设施咨询公司，而惠土敦也已经离开了企划组。

现任馆长中村雄介聊了聊他对企鹅关系图的看法——传统的动物科普太死板了。

“如果我们只写上这种企鹅叫什么，什么科什么属，客人最多也只会产生‘啊，这种企鹅真是可爱啊’的想法。但我们有 48 只企鹅，形成了它们自己的社会，甚至有些是在墨田水族馆出生长大的。” 中村雄介认为，馆方应该提供更多信息，给予游客知情和判断的权利，这样才能给游客留下深刻印象。

未来，墨田水族馆可能会继续翻新设施或引进新的海洋生物。2020 年 7 月 16 日，墨田水族馆重新开业；12 月，他们公开了翻新后的水母观赏设施，蓝色灯光映着水盘和圆柱形的水槽。

虽然就在晴空塔脚下，但很多游客并不会造访墨田水族馆，场馆在外国人中名气还不响。为了提升外国游客数量，墨田水族馆跟晴空塔有过一些合作尝试，比如凭晴空塔门票，购买水族馆门票可以打折。

在中村雄介的理想中，墨田水族馆是个“温柔的地方”，不仅拉近动物与人的距离，还可以拉近人与人的距离。“大家看到动物可爱的样子后，不都会产生一种温柔的情绪吗？比如有些带着小孩来的家长，可能看到小动物之后，也不会那么急切地催促孩子快点走。”

日本 PFI 事业的 4 种主流运营方式

根据 2002 年欧力士提交给内阁府的规划书，除了体验学习馆采用政府购买运营服务的 BTO 模式，新江之岛水族馆项目剩下的部分都属于 BOO 模式。2018 年，江之岛水族馆公司成立，江之岛 PFI 被并入为子公司。作为投资公司，江之岛水族馆公司参与新江之岛水族馆的经营，并受委托经营水族馆和“Nagisa 的体验学习馆”。

运营方式	具体含义
BTO	Build（建造）— Transfer（转移）— Operate（管理运营）
BOT	Build（建造）— Operate（管理运营）— Transfer（转移）
BOO	Build（建造）— Own（拥有）— Operate（管理运营）
RO	Rehabilitate（改建）— Operate（管理运营）

资料来源：根据公开资料整理

当一个地区需要更新，
可这里已经聚集了许多金融、通信、
媒体行业的大型企业总部。
它们需要 24 小时不间断运转，
“先拆后建”的传统城市更新模式行不通，
它们该怎么办？

城市改造中的“不可能任务”

text／董思哲 illustration／于瑒

大丸有地区 1922 年（上图）与 2012 年（下图）的对比，右下角为东京站，左上方为皇居。二者之间的 CBD 已经发生了巨大变化。

紧邻东京站的大手町、丸之内、有乐町区域，通常被称为“大丸有”地区。你可能听说过接力赛跑的概念，这个地区就宛如接力赛一般，以一块种子基地为开端，展开了连环城市开发计划。此间涉及多个组织部门与机构，历时多年，利益关系复杂，几乎是一个“不可能的任务”。

大丸有地区位于日本皇居和东京站之间，北至神田地区，南侧是日比谷公园。这里是日本最重要的 CBD（中央商务区）之一，截至 2020 年，在这片约 120 公顷的土地上，入驻了 4300 家公司，其中包括 115 家上市公司的总部，就业人口约 28 万。区域内有 28 条铁道线路和 13 个地区公交车站穿过，每天运送约 117 万人往来于此，是名副其实的日本经济枢纽。

大量的企业、密集的办公楼、穿梭如织的上班族，从这些角度看，大丸有地区和很多著名的 CBD 并没有太大差别。而当我们把视角拉近，从个人的尺度观察——适合步行的街区、密集的沿街店铺，随处可见的地铁入口和遍布地下通道的便利店、餐馆，大丸有地区呈现出了中央商务区的另一种形态，一个对行人友好、空间丰富的城市商务区。

大丸有地区变成今天的样子，经历了超过一百三十年的发展，政府、企业、专业机构等都在其中发挥着作用。

大丸有地区的发展始于明治维新后的1890年，当时，政府决定把这片用于军事训练的土地出售给民营企业，完成收购的是三菱集团。四年后，英国建筑师乔赛亚·康德（Josiah Conder）设计的三菱一号馆竣工，这座西洋风格的红砖建筑成为日本的第一座西式写字楼。随着1914年东京站落成，站前开阔的地块成为开发的重点，美式风格的办公楼成为主流，这时的丸之内地区被人们称为“纽约一角”。

除了三菱一号馆和东京站，丸之内在这个时期的标志性建筑还有1923年落成的丸之内大厦。这一批办公大楼的共同点是——高度都被限制在31米以下。

到了日本经济高速发展的20世纪60年代，日本逐渐开始推进建设高层建筑，并采用容积率作为城市规划控制指标，丸之内地区由此迎来了第二次大规模更新。小规模的地块被整合，道路被拓宽，更高的办公楼取代了老建筑，丸之内地区初步形成了现代意义上CBD的模样。

而真正让大丸有地区变成今天模样的第三轮建设始于20世纪80年代，这一轮城市更新由政府、民营企业、专业机构等角色共同推动，可以说是大丸有地区发展史中最有趣的一部分。

1988年，包括丸之内地区最大的土地所有者三菱地所在内，当地的土地所有人、入驻企业等组成了“大丸有地区再开发计划推进协议会”，讨论各类街区开发计划。1996年9月，该协议会又与东京都政府、千代田区政府、JR东日本联合成立了“大丸有地区城市发展经营恳谈会”。

大丸有地区城市改造有哪些值得关注的地方？

· 01 ·

连锁型城市更新

通过“换地”推动城市更新。

· 02 ·

容积率置换

东京站修复需求
与周边大楼建设需求互利。

· 03 ·

人行通道的引导

将以车辆通行导向的街区规划方式
调整为以行人通行导向，
开拓多个地下通道入口，
发挥社区活动的集客效应。

· 04 ·

PPP 官民合作

国家政策、政府部门、
民营企业和专业机构
共同参与项目，以实现效益最大化。

2009年落成的丸之内公园大厦，在三菱一号馆的原址上重建的这座历史建筑，同时也作为美术馆重新开放。

东京站周边通过容积率置换的方式建造了多座大楼。

这种政府与社会资本合作的模式就是今天在城市规划开发中常常提到的“PPP 官民合作模式”。在多方的共同协商下，2000年，“大丸有地区城市发展经营恳谈会”发布了《大丸有地区城市建设指导方针》，为这一重要地区的再开发提供了指导。

大手町区域位于大丸有地区北侧，2000 年以后，这里大量楼宇屋龄已超过四十年，建筑物老化以及防灾减震、节能减排等功能落后催生了区域更新的需求。问题是，这里已经聚集了许多金融、通信、媒体行业的大型企业总部，它们需要 24 小时不间断运转，“先拆后建”的传统城市更新模式行不通。

为了解决这个难题，40 位大手町土地所有权人与“大丸有地区再开发计划推进协议会”以及东京都政府和千代田区政府共同在 2003 年组成了“大手町地区再生推进会议”。经过讨论，他们提出了叫作“连锁型城市更新”的方案。

“连锁型城市更新”是指把同一区域内可利用的基地作为再开发的起点，建设新建筑，新建筑落成后，老建筑的所有者搬迁至新建筑，再拆除腾空的老建筑，用于下一阶段的再开发。这种“连锁换地”的好处是，新建筑落成前，仍可以继续使用原有建筑，从而让参与更新的企业能在维持业务运转的情况下，以更小的代价完成更新。

在这个如接力赛般的城市更新中，第一块用于启动的基地被称为“种子用地”，成为推动更新的关键。在第一阶段的城市更新中，大手町合署办公厅被迁至埼玉县，腾出了宝贵的 1.3 公顷土地作为种子用地。

对于推进复杂的城市更新，光有土地远远

第一次连锁型开发事业

第一次连锁型开发事业

2006 年：第一次临时换地

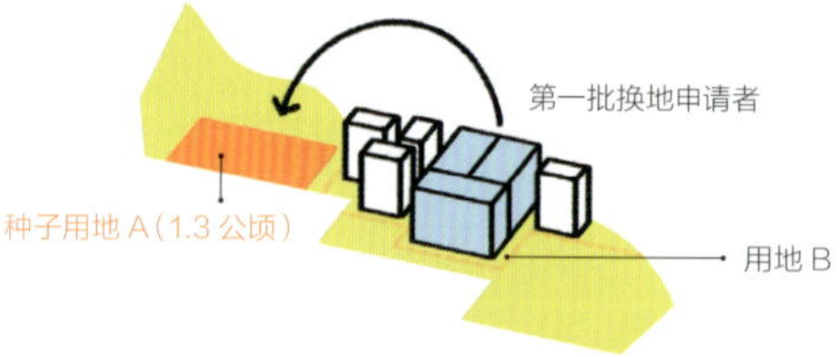

① UR 都市再生机构购买种子用地 A 的 1.3 公顷国有土地。其中三分之二地权转售给不同出资者共同设立的“大手町开发公司”。该公司由公开招募的大手町地区土地所有权人参与，与 UR 都市再生机构共同持有种子用地，并负责开发项目实施。

② 由日本经济新闻（日经）、日本经济团体联合会（经团联）、日本农业组合（JA）提出申请，集中换地至合署厅舍旧址土地（种子用地 A）。

③ 由此，可以拆除厅舍，兴建新楼。施工期间，第一批换地的申请者已经拥有新楼所在的种子用地 A 的产权，但仍然借用旧地 B 营运，所以需要支付租金给用地 B 的产权所有者（大手町开发公司等机构）。

2006—2010 年：第一次事业更新

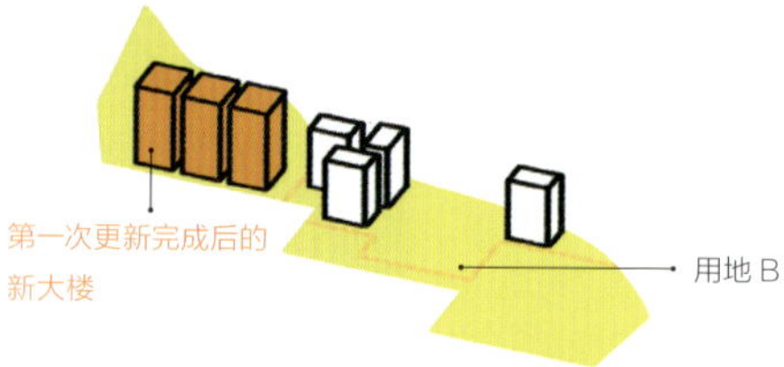

① 第一批申请者搬入新大楼。空出来的三栋大楼变成新的种子用地 C。

② 这三栋大楼由土地权利人负责拆除。

不够，还需要一个协调各方利益的统筹者。这时候，另一个关键角色“UR 都市机构”登场。这一机构主要负责以中立角色协调民营资本、公共组织与居民，推动城市更新。它的前身是 1955 年成立的“日本住宅公团”，在日本战后居民住宅重建与更新方面发挥了重要作用。随着日本社会、经济的发展，它曾多次调整业务方向甚至是名称。2004 年转型为“UR 都市机构”后，介于政府与民众间的独立行政法人身份（接受政府监管，但拥有独立的人事权，且自负盈亏）和丰富的城市开发经验，使它成为大手町城市更新中重要的推动者。

“UR 都市机构”首先购买下由政府腾出的1.3 公顷的土地，接着将三分之二地权以信托方式转售给私企“大手町开发公司”，使国有力量和民营资本共同承担风险，也共同推进城市更新。

2009 年 4 月，大手町合署办公厅旧址上的新建筑完工，第一批参与换地的业主——日本经济新闻、日本农业协同组合与日本经济团体联合会共同进驻新大楼。这三家业主搬迁后腾出的土地，就是第二轮换地中的“新种子用地”。

目前，大手町连锁城市更新已到了第四轮，三菱地所计划在常盘桥地区建设一栋高度接近 400 米的办公楼，预计将于 2027 年

第二次连锁型开发事业

2009 年：第二次临时换地

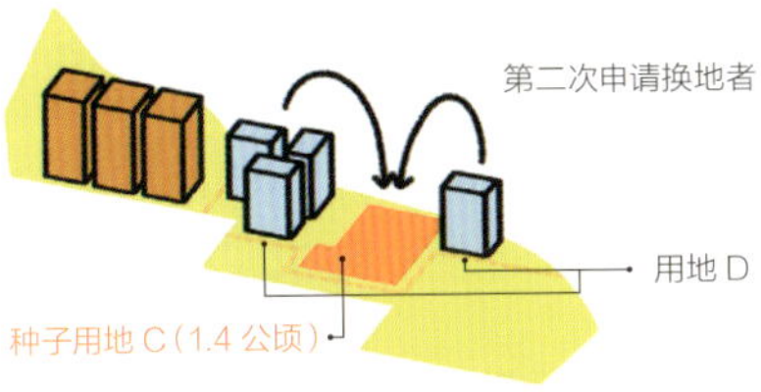

① 由参与第二次换地的土地权利人提出申请，他们将迁至种子用地 C。
② 由此，在种子用地 C 上可以兴建新楼，第二次换地申请人可以在旧大楼继续营运，并支付租金给用地 D 的产权所有者（也就是换地前的用地 B 的产权所有者——大手町开发公司等机构）。

2009—2013 年度：第二次事业更新

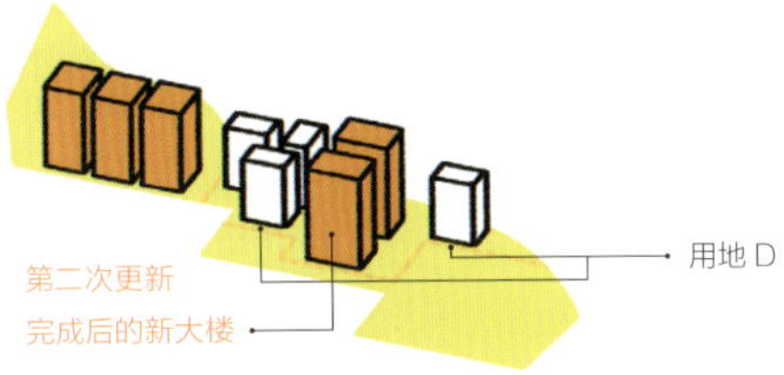

在曾经属于日经、经团联、JA 的用地 B 上实施更新事业。

再开发事业完成时

2013 年：事业完成

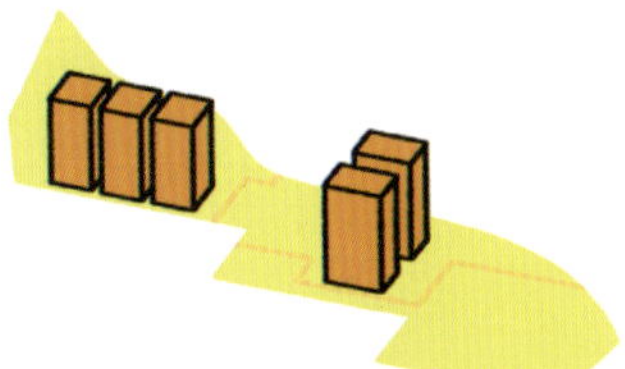

第二批申请者搬入新大楼。大手町开发公司等机构持续推动新的改建事业。

资料来源：根据公开资料综合整理。

落成，它也将成为大丸有地区最高的建筑。

这样的超高层建筑和它对应的超高容积率，在东京绝大多数地区都无法获得批准。大丸有地区享有的这种“特殊待遇”，离不开政策的支持。

进入 21 世纪，日本在国家层面推动的城市更新主要聚焦城市的交通枢纽和核心商业区，通过政策的支持实现集中、快速的城市更新。2000 年日本修订《城市规划法》和《建筑基准法》，放宽部分城市区域的容积率限制，并在特定的区域允许将建筑物上空未利用的容积率卖给周边地区。两年后出台的《城市更新特别措施法》，进一步将大丸有地区划为“城市更新紧急建设区域”。在这一系列政策的支持下，大丸有地区的容积率上限被放宽至 1300%。

东京站是丸之内区域的地标，它的修复计划

也在这个时期启动。被指定为国家重要文化遗产的东京站，它的修缮工程需要大量的资金，而这座3层的红砖风格建筑上空又有大量的未使用容积率。这些多出来的容积率被转售给了周边的6座大厦，所得收入用于修缮工程。2012年，大修完成，东京站又恢复了最初的样貌。

东京站周边通过容积率购买获益的大楼中，最先完工的是2002年投入使用的丸之内大厦。这座大楼在老丸之内大厦的地块上重建，在外观上保留了原限高31米的历史轮廓线，大幅增加零售与餐饮业态的面积，同时设立艺术文化类公共设施。改建后的丸之内大厦收获了很高的人气，为周边的建筑更新提供了参考样本。

另一个代表性项目是大手町南侧的大手町大厦。这座2014年竣工的超高层建筑在底部设有3600平方米的公共开放绿地——大手町森林，这片绿地与大楼入口、门厅、地下1层公共空间及连通地铁的通道连成一体，在拥挤的大手町区域形成了一个宝贵的立体绿化空间。在东京，公共空间、开放式绿地、下沉广场、退界拓宽人行道等有利于城市环境的设计方案均能获得容积率奖励，这样的政策激励了民营资本积极参与城市建设，相应地，也减少了政府的财政负担。

新的大型项目可以为区域快速聚集人气，而如何长期维持人气，考验的是运营能力。根据《大丸有地区城市建设指导方针》，这个区域的目标是成为ABC（Amenity Business Core）——“舒适型商业中心”。2002年成立的非营利组织“大丸有地区区域管理协会”（Ligare），以及2007年成立的“大丸有地区可持续发展协会”

东京站修复过程中的容积率置换

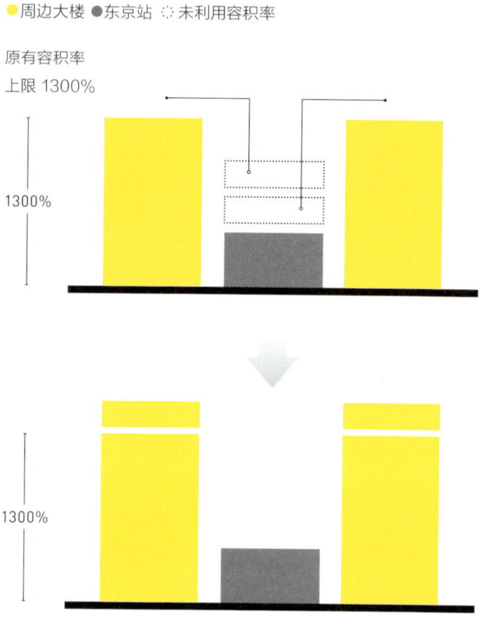

资料来源：《大丸有地区再开发计划推进协议会手册2020》，三菱地所。

透过大手町大厦的玻璃幕墙，能看到地面层的大手町森林。直到它地下2层的大厅，都是一个自然采光的开放空间。

基于区域、轴线、据点，大丸有各街区职能不同

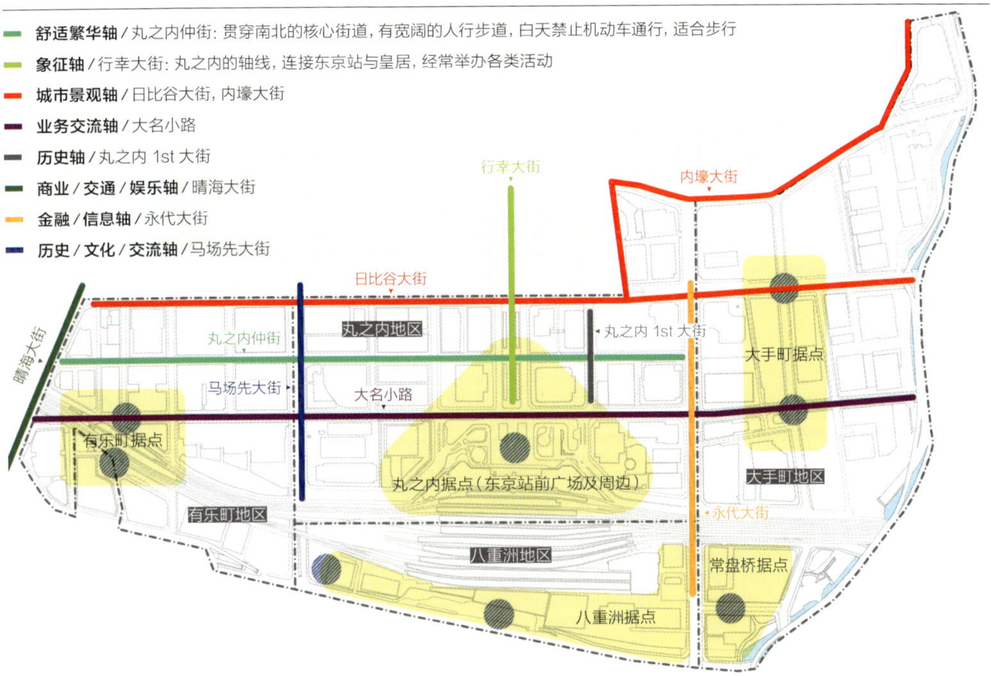

资料来源：《丸之内，世界城市"东京丸之内"120 年与时俱进的城市设计》，三菱地所设计编著；《大丸有地区再开发计划推进协议会手册 2020》，三菱地所。

大丸有地区有密集的地下交通网络

大手町站、东京站、有乐町站等重要地铁站通过地下通道连接，每个车站都设置了 5—10 个出入口，保证了行人在任意区域都可以通过步行快速到达车站。

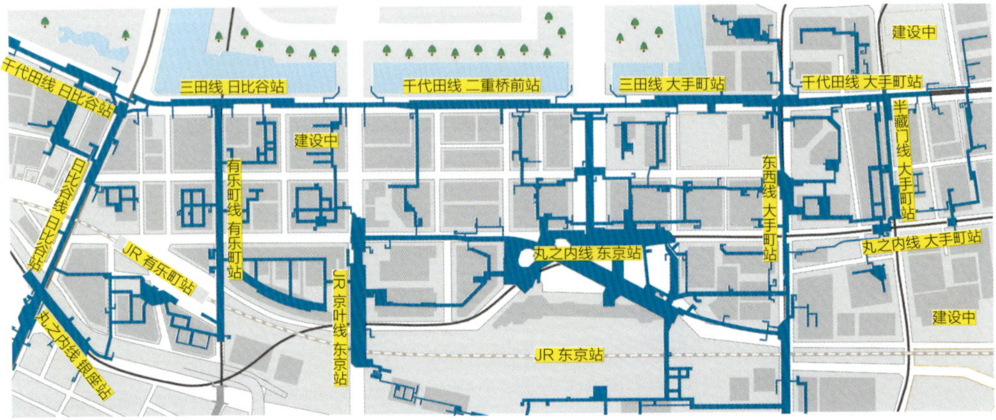

资料来源：www.marunouchi.com

从车辆导向改为行人导向的规划思路

根据既有的城市开发规范，开发商需要在高楼外侧开辟大量空地广场，作为“社会贡献”的评价基准之一，以获得更多容积率优惠。但实际上，步行空间离高楼里的店铺太远，导致行人无法感受高楼内热闹的商业氛围。为了解决这个问题，大丸有地区各组织通过协商，设置了特定的街区制度，将“社会贡献”评价中的“外部空地”改为“建筑内空地”，包括内部中庭、历史建筑保存、导入文化与交流职能、地区基础设施整备等多项指标。由此，街区维持了原高度（31 米）的裙楼景观与道路宽度（21 米），外部视觉仍然整齐规范，但是公共空间深入到建筑内部。

Before

评价指标：建筑外部空地

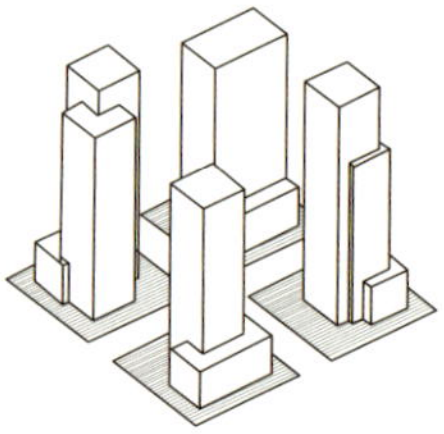

After

评价指标：建筑内中间区域

•景观 •功能 •环境 •网络

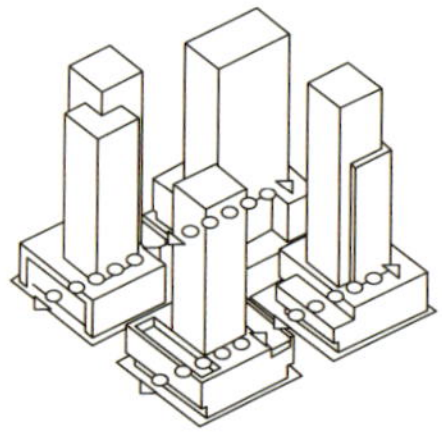

资料来源：《丸之内大道》，NPO 法人：大丸有地区区域管理协会。

大丸有地区城市更新主要推动者

专业机构、政府、企业在大丸有地区城市更新和运营中发挥着各自的作用。

东京都政府

JR 东日本

千代田区政府

大丸有地区城市发展经营恳谈会

1996 年由政府（东京都政府、千代田区政府）与社会资本（JR 东日本、大丸有地区再开发计划推进协议会等）组成，共同讨论大丸有地区的未来发展计划。

大丸有地区再开发计划推进协议会

1988 年设立，2012 年正式组织化。由该地区的土地所有人、入驻企业等组成，讨论各类街区发展计划。

大丸有地区区域管理协会（Ligare）

2002 年通过东京 NPO 认证。利用道路及其他公共空间，举办各类公共活动，提升大丸有地区的影响力。

大丸有地区可持续发展协会（ECOZERRIA）

2007 年设立。在大丸有地区的公司和职员中建立社区，帮助该地区成为经济、环境、社会平衡发展的城市中心。

参与大丸有地区管理运营的其他团体

交通环境改善：大丸有地区停车环境协议会，2004 年设立

防灾区域协力：东京站周边防灾小组（地区协力会），2004 年设立

公共空间管理：丸之内公共空间管理（一般社团法人），2007 年设立

大手町步行专道管理（一般社团法人），2012 年设立

资料来源：《大丸有地区管理报告 2019》，大丸有地区可持续发展协会发布；《丸之内大道》，NPO 法人：大丸有地区区域管理协会。

丸之内地区的公众活动正在增多

单位：天

2015 年开始，丸之内仲街以“城市露台”为主题将街道开放，在街道中间开设露天咖啡馆，该地区的公众企划活动数量开始大幅增加。

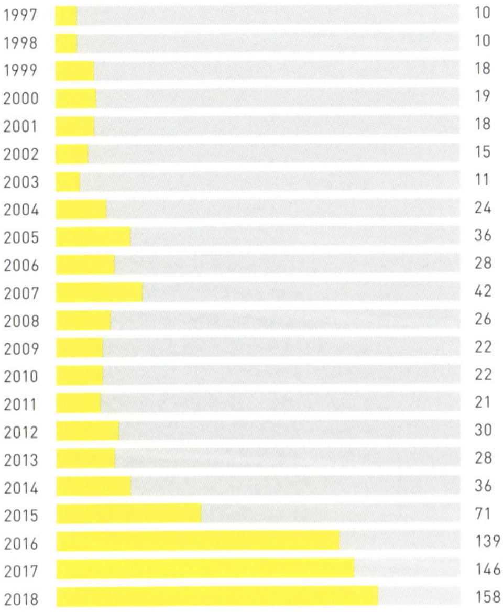

注：活动天数统计范围包含丸之内仲街和行幸大街。

资料来源：大丸有地区区域管理协会；大丸有地区可持续发展协会；《丸之内大道》，NPO 法人：大丸有地区区域管理协会。

丸之内地区行人正在增多

通过引导行人通行路径，设置更多的公共与商业空间，这个 CBD 正在获得更多步行访问者。

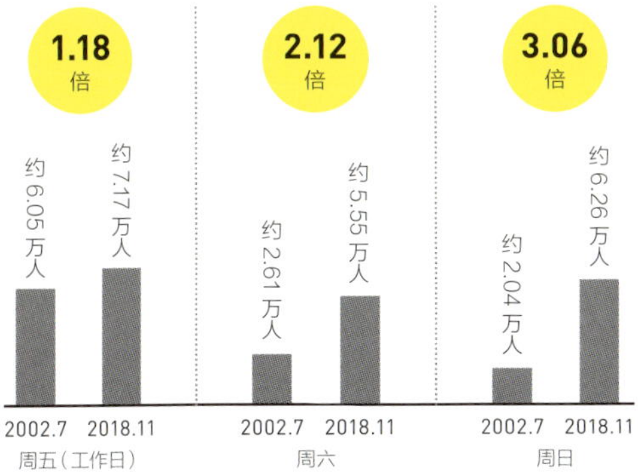

资料来源：《大丸有地区管理报告 2019》，大丸有地区可持续发展协会发布；《丸之内大道》，NPO 法人：大丸有地区区域管理协会。

适合步行与休闲的丸之内仲街。东京很少有这种将公共空间延伸到路面的街区设置方式。

（ECOZERRIA），通过与该地区的企业合作，引入各类公共活动、展览、研修等项目，目的是帮助大丸有地区在晚上和假日聚集更多客流。

比如，贯穿丸之内南北的核心街道——丸之内仲街，在这一轮城市更新中，设置了大量可用于步行、街边休闲座位的空间，并在白天禁止机动车通行。它还同周边的几条街道被认定为“国家战略特区”，可以在街道上开展如地方文化展览会、赛跑、泼水节、夜间游行等形式的各类活动。在各方的努力下，现在，大丸有地区的步行人数有了明显的提升。

在过去的近三十年间，大丸有地区在办公设备、交通站点、行人友好性、商业活力、可持续发展等方面有了全面的提升。在这个过程中，国家层面的政策支持、政府部门的管理能力、民营企业和专业机构的积极参与缺一不可。

如今，当你走在东京站前，四周零散的建筑工地能很直观地告诉你，这一片区域的城市更新还在持续。同样的更新也正发生在不远处的日本桥地区，东京奥运会后启动的首都高速公路地下化项目将会改变这一区域的空间格局。一直处在“现在进行时”的东京不会停下它的脚步。

01

图/散步社

对于习惯逛商场的人来说，BONUS TRACK
这类街区可能会让他们一头雾水。
但当你尝试在线路街中央的绿地坐下来，
喝杯咖啡观察一下，你会发现，
每一间小店都在欢迎你前去探索它们的世界。

下北线路街：东京铁路开发又有了新点子

text/邢梦妮 刘小宇 程绚

photo/小田急电铁 散步社 赵慧

01—04 BONUS TRACK 的木造建筑看上去朴素，却给了年轻人更多参与社区商业的机会。租约以两层一户为基础，1 层做生意，2 层可以住人。到了节假日或者周末，这个区域也不断举办各种活动。

谈到东京的年轻人文化，你可能会立刻想到原宿和涩谷，但今天故事的主角是下北泽。好吃、好逛、不贵，这里是钱包没那么鼓的年轻人的又一个“亚文化天堂”。一迈出下北泽车站，你会被好几条商店街包围。各种小剧场与二手古着店就坐落在这些商店街里，不时映入眼帘。

在日本，商店街是个老概念——当一个区域里集合了一定数量的零售店、小餐馆或者提供各种生活服务店铺的时候，一个兼具地区特色与实际功能的商店街就形成了。一百多年前，这些店铺开始聚合成为组织，到了近代，则形成了“中小企业共同体”的概念，它们共同运营管理街区商业。在下北泽车站附近，就有 6 个商店街组织。

但有人试图改变这个街区的定义。消费研究者三浦展曾主张“下北泽的 BONUS TRACK 是 2020 年最值得关注的项目”，他口中的 BONUS TRACK 其实是一个商业项目。

这些建筑成排地挨在一起，看上去和周围有点格格不入。在官方的说法里，BONUS TRACK 的定位是“支持新挑战和个体户的长屋”。长屋是日本一种传统的都市居住建筑，你可以把它想象成联排住宅，邻居之间共享墙壁，但保有各自独立的空间。不过，长屋面积要更小一些。BONUS TRACK 的店铺门面也是这种形式，一间连着一间。

02 图／散步社

03 图／散步社

04 图／散步社

BONUS TRACK 的一大特点是房租便宜，更容易吸引那些做新潮生意的创业者。目前，共有 13 家店入驻了 BONUS TRACK。举几个例子，中国台湾音乐厂牌“大浪漫商店”在这里卖卤肉饭，咖啡厅“恋爱的猪研究所”的招牌是用千叶县生产的猪肉炸出来的可乐饼。别忘了那些主题古怪的零售小店：食品店“发酵DEPARTMENT”自称“日本发酵文化的储藏库”，还有一家专门销售“与日记相关的一切”的店铺“月日”——你可以点杯饮料，也可以挑走一本和日记主题有关的书籍或小册子。

日本城市规划运营公司“散步社”的两名创始人——内沼晋太郎和小野裕之也在 BONUS TRACK 开店，他们负责策划活动、运营街道。小野裕之告诉“未来预想图”，因为大部分空地在法律上只能作为住宅用地，所以 BONUS TRACK 要求店家必须整租一户，也就是 1 层店面加 2 层的房间，月租金约 15 万日元（约合 8990 元人民币）。根据他的计算，这是下北泽地区月均店租的一半。

你可能会奇怪，运营方这么做到底能不能赚到钱？小野裕之表示，租金这么便宜，是因为散步社其实是“二房东”——他们从土地所有者兼项目开发商的私营铁路公司小田急电铁手中整租下 BONUS TRACK，负责整体招商和运营。

这是一段奇妙的合作关系。散步社的收益相对稳定，但对小田急电铁来说却可能是一桩“赔本买卖”。

BONUS TRACK 很像理想主义者会做的事。小野裕之经营一家关注社会设计的非营利媒体“greenz”，这件事他已经做了整整十年。但就在散步社成立的前几年，他逐渐感受到了一种局限性——日本社会和东京城市风貌不断变化，他和团队有点看不到未来的方向了。他们一直报道各种有意思、对社会有益的事情，号召大家多尝试、多实践，但他不满足了。

机会从天而降。2018 年，小野裕之与秋田县的米农合作，在东京日本桥一带开了餐饮店“粥和酒 ANDON”。过了一段时间，他接到了一通来自老朋友的电话，对方知道他有经营店铺和网络杂志的经验，说有件事想商量一下。

BONUS TRACK 是怎么建起来的？

公司名称	属性	负责内容
小田急电铁	铁路公司	土地所有者、开发商
UDS（*小田急电铁子公司）	建筑咨询公司	前期概念构思
TSUBAME ARCHITECTS	建筑设计公司	建筑设计
散步社	城市规划公司	店铺招商、活动运营
入驻商家	个人	店铺装饰、活动内容企划

资料来源：根据公开资料整理。

小野裕之

非营利媒体“greenz”商业顾问，日本城市规划运营公司“散步社”创始人之一

“大家一起参与街区改造的话，这事也不那么难。每一间小店都在欢迎你前去探索它们的世界。”

社会企业可以采用新的方式，与在硬件和规则上受限的房地产公司、铁路公司、地方政府合作。

那个人名叫桥本崇，在小田急电铁的生活创造事业总部工作，刚刚当上开发推进部部长一年多，想让小野裕之帮忙给新项目招商。这个新项目是小田急电铁的一块“烫手山芋”。电车小田急线的地下轨道工程已经持续了十多年，拆除地面轨道后，沿线空出了好几块地，大概有 1.7 千米那么长，面积超过两万平方米。小田急电铁其实早有房地产开发的资质和经验，小田急百货就是他们的零售事业，但他们有更大的野心——塑造车站旁边的生活圈，这也是新部门名字的由来。

实际情况却没有那么美好，关于如何利用这些空地，公司内部出现了分歧。房地产开发部的方案简单粗暴：把那里都建成收费停车场。生活创造事业总部的成员向井隆昭告诉“未来预想图”，当时他就很怀疑这并非最佳方案。

“这种利用容积率、最大化单位经济价值的保守做法，能长远地应对人们生活方式的变化吗？”向井隆昭反问。他的设想是，在住宅区代田和商业区下北泽的中间地带，构建一个店铺与住宅为一体的综合社区。向井隆昭最终等来了关键的支持者。2017 年，生活创造事业总部的开发推进部迎来了新负责人桥本崇。

桥本崇是建筑系城市规划专业出身，这让他的视角不太一样。他认为，铁路公司做的终归是乘客生意，尤其是在少子化社会背景下，比起眼前的经济效益，更应该考虑如何提升铁路沿线街区的魅力，提高铁路使用率。为了这个目的，他不介意暂时让利。

他很认同向井隆昭的方案，他们和其他部员商量出了“下北线路街”这个名字，计划在沿线空地建造项目，但不会是常见的商业设施。

桥本崇的另一个观点是“商业设施的管理方式已经到了极限”。“商业设施通常在刚开业时人气会达到顶峰，但随着时间过去就可能没那么热闹了。一旦设施人气下降，就会出现更多无力承担租金的租户。”他解释说。

实际上，当时的下北泽开发项目进展不怎么顺利。街区开发涉及很多利益主体，而下北泽街区情况比较复杂，商店街紧密，各自立场不同的自治团体。沿线居民有的担心新建的高楼挡住阳光，有的表示更想要绿地。

桥本崇接手后，开发团队尝试把居民拉进决策流程。除了项目发布会，他们也借助世田谷区政府的力量，和当地居民一起举办了3次工作坊。整体开发涉及13个项目，他们就向居民分别召开说明会。谈到沟通的方法，向井隆昭认为要“逐一攻破关键人物”，这些人往往更有影响力，能告诉团队当地居民关心什么。因此他们后来决定把绿地交给居民团体管理。

桥本崇经常去开发地带周边闲逛。他自己就是在商店街长大的，同学的父母做餐饮生意，常常送东西给他吃，他也会帮邻居送货。和当地人变得越来越熟后，他意识到下北泽文化活动丰富，居民都对街区有强烈的归属感。

向井隆昭眼里的下北泽充满生机，人们总是按照自己的意愿生活。他认为这是下北泽街区有很多个人店的原因——开店其实是当地人展示和传播生活方式的一种途径。但他们从居民那里听到了抱怨——下北泽车站南口有太多连锁店，租金越来越贵，个人很难负担。桥本崇那时就确定，开发者应该支援当地居民，帮助他们守护当地的小店。

麻烦来了。小田急电铁是铁路公司，总是建标准化的车站，即使有土地，也不认得什么个性派店主。“当时我们手里只有像星巴克这样的连锁商业资源，根本不知道去哪儿找人来开店。”向井隆昭苦笑。

桥本崇想到了greenz的商业顾问小野裕之，他俩有十多年交情。小野裕之一直为那些有社会价值的创业项目提供建议和资源，手头有不少合适的人选。听了计划梗概后，小野裕之觉得挺不错，但“一个人可能做不好”，于是找了工作上的前辈内沼晋太郎。内沼晋太郎在下北泽经营一家小有名气的独立书店“本屋B&B”，已经开了七八年，

桥本崇

小田急电铁生活创造事业总部
开发推进部部长

“商业设施通常在刚开业时人气会达到顶峰，但随着时间过去就可能没那么热闹了，一旦设施人气下降，就会出现更多无力承担租金的租户。”

铁道公司做的终归是乘客生意，尤其是在少子化社会背景下，比起眼前的经济效益，更应该考虑如何提升铁路沿线街区的魅力，提高铁路使用率。

向井隆昭

小田急电铁生活创造事业总部开发推进部成员

“（把空地改为收费停车场）这种利用容积率、最大化单位经济价值的保守做法，能长远地应对人们生活方式的变化吗？”

在住宅区代田和商业区下北泽的中间地带，构建一个店铺与住宅为一体的综合社区。

01 图／散步社

02 图／赵慧

03 图／赵慧

04 图／赵慧

05 图／散步社

06 图／散步社

独立书店“本屋 B&B”（01）也入驻了 BONUS TRACK，它的门口放着各种社区活动信息（02）。
发酵DEPARTMENT（Hakko Department）则是综合了发酵主题的食品、书籍，结合堂食餐厅的新商业空间（03—04）。
除此以外，这个区域还引入了偏生活服务领域的不动产公司（05）和共享办公空间（06）。

下北線路街

下北线路街街区开发地图

01 Resia 代田 Terrace
排屋公寓
02 世田谷代田 Campus
饮食文化社区
03 KALDINO
实验厨房和咖啡厅
04 温泉旅馆 由缘别邸 代田
市中心的温泉旅馆
05 世田谷代田 仁慈保幼园
保育设施和社区集会场所
06 BONUS TRACK
支援个人商户的长屋
07 SHIMOKITA COLLEGE
居住型教育设施
08 商业设施（名称未定）
提供各种社区生活方式的设施
09 SHIMOKITAEKIUE
车站商业设施
10 下北线路街 空地
集合与活动场所/广场公园
11 商业设施（名称未定）
聚集个性小店的商业区
12 餐饮店（名称未定）
提供演出的咖啡厅
13 住宿设施（名称未定）
都市型旅馆

下北线路街 空地
一种新型广场。除了举办各种各样的个性活动，还有会定时更换店主的快闪厨房。

街区设计&概念

小田急线东北泽站至世田谷代田站路段实施线路地下化工程之后，地面留下了约 1.7 千米的铁路遗迹。小田急将它开发成“下北线路街”，引入城市开发运营的理念，建起了各种新设施。他们鼓励居民参与到这个过程当中，当地人也可以在这些区域里自由举办活动。

资料来源：小田急电铁

他曾作为外部董事参与 greenz 的创业。这几个人都通过 greenz 相识，理念相合，彼此很熟悉。

小野裕之在自己开的餐饮店“粥与酒 ANDON”和内沼晋太郎碰了头，问对方想不想“一起帮小田急做街区改造”。他们没能当场决定。“但第二天我接到他的电话，说‘可能还是想做做看’。”小野裕之回忆道。

他们两个其实都有些惊讶小田急电铁的选择。“他们‘管理者意愿’很强，从没想过要和别人合作，”小野裕之评价，“（桥本崇）找到我的时候，我们连公司都没有。”

向井隆昭从小田急电铁的角度告诉“未来预想图”，他们改用了一种全新的项目管理方式——先在部门内部做出成绩，再给上面的人看。“如果按照以往的经验，提案给上级后，他们马上会判断风险，推翻或者批准。”他说，新的办事方法给了部门更多空间，能去尝试以前会被否决的事。

2019 年 3 月，散步社成立。他们当时已经想好了 BONUS TRACK 的概念。“bonus track”这个词本来指专辑里令人惊喜的额外追加曲目，在下北泽的“语境”

里，这些空地的确是小田急线多出来的轨道。而制作额外的曲目对艺人来说其实不难，小野裕之相信，大家一起参与街区改造的话，这事也不那么难。

1 层商铺，2 层住宅，一个“去连锁化”的现代版商店街——小田急电铁和散步社很快明确了 BONUS TRACK 的概念，并启动招商。他们的合作会持续二十年。

由小野裕之牵头，散步社采访了有意向的商家，确定他们可以承担的大概成本区间，再算出商铺加住宅的租金，最终倒推得出建筑预算。如果你觉得 BONUS TRACK 的木造建筑太朴素，这就是原因。小野裕之表示“建筑本身简单一点也没什么”，重点是能让年轻人轻松开店。尽管资金吃紧，负责建筑设计的 TSUBAME 建筑事务所却承担下了这个项目——他们给租户留了一些可以自行设计的外立面，鼓励租户把活动范围向户外延伸。

2020 年 4 月，BONUS TRACK 一开业就撞上了东京第一次紧急事态宣言。根据小野裕之的说法，受疫情影响，直到 2020 年 10 月，来光顾的客人主要还是附近居民。小野裕之有点庆幸，“一般开业会引来大量外来客流，当地居民会觉得这里和自己的生活格格不入，现在看来，顺序颠倒反而是件好事。”

每周末，BONUS TRACK 会邀请租户一起策划主题活动，比如邀请唱片店 Pianola Records 一起办唱片市集，每月邀请独立书店出摊举办一次“BOOK LOVER’S HOLIDAY”（书虫假日）。小野裕之觉得混合业态挺不错，所以在运营上他们鼓励租户挑战“副业”。

BONUS TRACK 有一套强调社群和参与感的管理结构。因为既是房东又是房客，小野裕之和内沼晋太郎更了解实际情况。每个月，散步社都会召集一次店长会议，让大家好好聊聊。偶尔，散步社也会给租户提供店员培训，教授经营方法论。

店主们也在发生变化，阿久津隆就是其中一位。他是 BONUS TRACK“可以读书的店 fuzkue”的店主。继 2014 年在东京初台地区开店之后，这是他人生中第二次开店。当年他的店铺虽然与目前理念一致，但位置不太好找，一般只有熟客光顾。自从来到 BONUS TRACK，阿久津隆遇见了很多好奇的生面孔。“我的店本身不是年轻人来的店，所以好像在接触全新的‘人种’。”他说。

fuzkue 店铺不大，规矩不少，比如“不准说话”“不准敲电脑键盘”。从前，阿久津隆只收取不限时的座位费，但现在他也接受顾客按小时付费。最近，他还拜托相识的漫画家设计了外带饮料杯的 logo 和一些周边产品，还在 4 月周末的春日市集出摊——他觉得这或许能成为宣传的机会。

2021 年 4 月，BONUS TRACK 迎来了开业 1 周年。仍有人会问小野裕之 BONUS TRACK 的理念和定义，他说自己没有答案，招商也没有固定标准，每个商户的合同期限都是三至五年。“在一定程度上，大家都想要向社会传递某种价值或者美学观念。”他举例说，BONUS TRACK 有一家雇用残疾人的咖啡厅。他们也想做些有社会价值的事。

对小野裕之而言，BONUS TRACK 更像一个小型试验，是他做非营利媒体的延伸实践之一。他认为，社会企业可以采用新的

01 图／小田急电铁

方式，与在硬件和规则上受限的房地产公司、铁路公司、地方政府合作。

BONUS TRACK 旁有一座新建的托儿所——“仁慈保育园”，那里的孩子经常过来参与园艺活动,它也是小田急电铁“下北线路街”的一环。这是小田急电铁和世田谷区政府的合作，为的是缓解世田谷区保育设施少、儿童入学难的问题。设计上，仁慈保育园没有采用传统的围墙，安保也没有那么严格，一切都是为了增强与街道的互动。

如果继续往小田急线世田谷代田站走，你会路过一座在门前种菜的两层建筑——“世田谷代田 Campus”。这里的管理者是东京农业大学的老师们。值得一提的是，这所大学也位于小田急线沿线。世田谷代田 Campus 集合了销售清酒、味噌等食品

BONUS TRACK 旁，小田急电铁和世田谷区政府合作了托儿所项目“仁慈保育园”（01），这也是小田急电铁“下北线路街”的一环。设计上，仁慈保育园没有采用传统的围墙，安保也没有那么严格，一切都是为了增强与街道的互动性。世田谷代田 Campus（02）则交由东京农业大学的老师管理，集合了各种大学生商店，也开放学校和餐厅“CAFE HELLO"，还会定期召开各种活动。

的大学生商店，开放学校和餐厅“CAFE HELLO”，管理者会定期召开饮食生活健康的公众交流会和讲座。

在返回下北泽车站的路上，你会遇到整个下北线路街项目最先引发关注的设施——空地公园。桥本崇团队选择了在最拥挤的下北泽车站地段保留这块地，铺上草坪，引入咖啡厅和快闪厨房，为孩子们提供玩耍的公

共空间。空地公园会定期举办不同主题的快闪市集。

目前，下北线路街已有 9 处设施投入运营，其中包括温泉旅馆和大学生宿舍，剩下 4 处将于 2021 年 7 月和 11 月全面开放。投入运营的设施中有 3 处由小田急电铁旗下的建筑咨询公司 UDS 负责运营——他们的中国分公司也是北京 MUJI HOTEL 的运营方——剩下 6 处则交给了不同的专业团队管理运营。

小田急电铁有自己的“算盘”。向井隆昭认为，现在是生活者来选择街区。铁路的功能变了——以前只要运送人就好，但如今需要丰富人们在 20 分钟步行半径内的居住环境，让更多人愿意在铁路沿线住下。他们有一个“引流”的考量——小田急线的下北泽站一天平均拥有 12 万的客流量，但其前后的东北泽和世田谷代田车站，每日客流量都不足 1 万人。这些新项目落地后可能会改变目前的格局。

02 图／小田急电铁

另一个有意思的想法是解决世田谷区的“空屋危机”。世田谷区是东京房屋空置率最高的地区之一，桥本崇他们计划复制 BONUS TRACK 的方法论，帮助区政府把空屋改造成出租商户——总的来说，就是建立一套自己的改造模型（local model），应用到铁路沿线其他需要改造的地区。BONUS TRACK 里也确实有一家“omusubi 不动产”，主要做老民宅的租赁和改造生意，也给一些租户提供装修方案。

向井隆昭他们很重视项目的可传播性和复制性。桥本崇有一个叫“支援型开发”的商业模型，他们想借用此次全新的开发模式，让“下北线路街”成为话题——聚集有意思的人，吸引更多企业投钱赞助活动、做广告，等到确保收益后，运营方可以拨款发放奖学金，出资做社区活动，形成一个能支持当地发展的资金循环。但他们也表示，现在还不指望这个项目能赚钱，一切要等到二十年后，也就是和散步社的合约终止后再看。

开业一整年，BONUS TRACK 已经住进了 3 个人。小野裕之和内沼晋太郎都没有搬进来住，根据合同，他们还要在这里待上十九年。工作日的白天，街区显得有些寂寥，小野裕之开完会，坐在共享厨房里看着窗外的樱花——4 月初，他们刚刚办过一次夜晚赏花活动。

至少，他对现在的结果还挺满意。“对于习惯逛商场的人来说，（BONUS TRACK 这类街区）可能会让他们一头雾水。但当你尝试在线路街中央的绿地坐下来，喝杯咖啡观察一下，你会发现，每一间小店都在欢迎你前去探索他们的世界。”

PART 07

谁能担得起文化看板这种角色？
观察者，研究者，创新者
艺术家，艺人……
与其说我们被牵引着
关注他们的新动向与新言论
不如说
他们本身就在为我们的时代
留下最有当代意义的符号

文化看板：他们如何牵引了时代的注意

如果你关注消费文化，可能听说过《第 4 消费时代》《下流社会》这些书。作者三浦展提出，消费者不那么爱买东西，更关心环保，接受共享物品，是“第四消费时代”特有的价值观——人们开始反思，过去破坏生态的生产方式、不节制的消费是否合理。

三浦展：“第四消费时代”之后，我在关注这些新趋势

text／邢梦妮 photo／Culture Studies 研究所

市场研究公司 Culture Studies 创始人三浦展。

Q = 未来预想图（Dream Labo）
三浦 = 三浦展（Miura Atsushi）
市场分析学者，消费社会、社会设计研究者
创立并运营社会研究公司 Culture Studies

三浦展曾经供职于日本商业地产企业PARCO，在这家公司的市场研究杂志编辑部担任主编，后来成为三菱综合研究所的主任研究员，于1999年创立市场研究公司Culture Studies。严格来说，三浦展不是学者，而是一名关注家族、年轻人、消费、都市领域的研究者和评论家。

尽管三浦展成长于日本新潟县，但他自大学来到东京后，就再也没有离开。他一直关注这座城市的变化，2002年曾出版过《给大人的东京散步指南》（大人のための東京散步案内）一书，2012年，他表示："东京可能从郊区开始消失！"这句话也是他一部著作的标题。在书中，他探讨了东京高龄化、未婚化的趋势，关注首都圈的"鬼城"现象。"未来预想图"采访了三浦展，和他聊了聊东京的城市更新，以及最新的消费趋势。

Q：在中国，生活在一线大城市的人可能更接近"第四消费时代"的环境。和中国类似，日本也是一个地区发展不平衡的地方，东京地区聚集了将近2000万人。就消费社会领域而言，你最近发现什么新的值得关注的发展趋势了吗？

三浦：下北泽的BONUS TRACK肯定是2020年最值得关注的地方。因为小田急线的地下化工程，一些企业自己重新开发了地上的空地，但他们并没有建造高楼，也没有租金很贵的"网红"租户，而是建了一条木制的小商店街，引入了很多租金低廉却很有个性的店铺。下北泽是个亚文化圣地，这样的改造既能和原本就有的新锐店铺共存，也能继续延续这种氛围。这就是小田急电铁做这件事的意义。换句话说，在过去十五年里，大企业在渗透、主导东京建筑风格和城市发展。

森大厦就在虎之门Hills Business Tower造了一条横丁，这也能看作是对过去十五年横丁爆发性增长的一个样本。这个时代仅靠现代化的商品已经无法吸引消费者。复古、昭和时代的热潮还会继续。

Q：在中国，许多年轻人自认是"中产阶层"，并且还在追求"财务自由"，导致生活压力很大。从你最近的研究来看，日本年轻人生活方式和消费态度呈现什么趋势？有了什么新变化？

三浦：日本的年轻人对未来感到焦虑。随着超老龄化社会的发展，人口众多的婴儿潮一代在2022年开始会进入75岁，国家医疗费用的负担也越来越重。年轻人知道，当他们变老，能拿到的钱一定比他们付给社保和养老金的钱少，所以他们会省钱而不是花钱。这群人还认为，只要目前的富裕、稳定、和平的社会尽可能地延续下去就够了，也就更倾向于维持现状，所以买优衣库这种便宜货的行为都会向中上层蔓延。

Q：大城市常常拥有很多魅力。但日本好像是大都市圈越来越集中，地方城市越来越稀疏？如今，地方的年轻人当中，上京与回老家"U turn"的趋势有了什么新变化？为什么会有这些变化？

三浦：因为新冠疫情，从东京迁往郊区、农村和地方都

> 越来越多人只在家电、汽车、住房、服装上花最低限度的钱——他们父母那一代还觉得这些是富裕的象征，但对他们来说完全不是。

市的人正在增加。过去半年，东京都 23 区迁出的人比迁入的人多。不过东京的人口之所以在过去二十年内增加，首先是因为市中心建了更多的塔式公寓，有钱的人都住在那里——他们不想从郊区通勤，那样太花时间。但自从有了新冠疫情，一些企业允许员工在家办公，越来越多人开始考虑离开都市，到住房和生活成本更便宜的地方生活，不用再为昂贵的居住费用买单。

东京确实很有魅力，但你也不必天天住在这里，一般消费上电商网站就好了。东京具备很强的“文化压倒性”，但一个月去 3 天也能享受到。如果去远郊农村，不到 500 万日元（约合 31.3 万元人民币）就能买到宽敞的二手房，而且自然风光又好，很适合养孩子。越来越多的年轻人理所当然地认为，没必要住在东京。

但在东京外出吃饭却出奇便宜。不是说那些连锁餐厅便宜，而是供应美味家常菜的个体户餐厅便宜。农村地区外出就餐成本就比较高，因为没什么竞争。所以，每个月来东京待上 5 天左右，参观美术馆、博物馆之类的文化地标，吃些好吃的，然后再回乡下去就行了。

Q：在过去的采访和出版物中，你采访过东京 R 不动产等二手房屋中介和一些建筑设计师，强调日本新一代消费者变得重视共享、公共价值，但这些趋势好像主要发生在房地产和空间相关的领域。假如以东京为例，你认为这种价值观未来还会如何发展？

三浦：共享心态在过去的十五年里已经深入人心。但未来应该不会更快传播。虽然是“分享”，但没有人会把生活中的一切都分享出来。有的人可能喜欢拼车，但想拥有一套房子，有的人可能喜欢合租，但却会买专用的高级音响设备——他们会在自己不关心的领域分享，把钱花在自己比较感兴趣的地方。所以，如果从整体上看，这种以分享为导向或者说以公共共同体为导向的趋势，可能只有 25% 左右 20 — 40 岁的人支持。

之所以是这个年龄层，是因为日本的物质财富在 20 世纪 90 年代初期达到顶峰，现在三四十岁的人当时都是孩子。2000 年，通货紧缩加速，（日本人）不用花很多钱买东西就可以方便地生活。越来越多人只在家电、汽车、住房、服装上花最低限度的钱——他们父母那一代还觉得这些是富裕的象征，但对他们来说却完全不是，而且现在都可以共享、租赁或者买二手货。不过他们也会花钱在动漫、偶像这类个人爱好上。

当我们谈论房地产共享时，看到的是越来越多的共享空间，而不是更多的房地产共有权。根据我最近的独立研究，我倒是觉得未来可能会有更多个人私有的倾向，不过还不能明确地验证这一点。

Q：我们很好奇日本的劳动派遣制度，这种用工方式可能确实更灵活，但好像也会造成劳动纠纷等问题。你对这个制度有什么研究与观察吗？

三浦：日本的派遣员工往往是不快乐的。他们和打零工的没什么区别。生活水平低，也容易对政府不满，未来更没有太大指望。年龄越大，派遣员工越不满意。他们中的许多人在新冠期间被裁员了。派遣社员的制度项目也只为人力资源派遣机构赚钱。

相比之下，签合同的全职员工生活水平比较好。我想，未来日本的全职员工可能会像运动员一样，个人与公司签订合同，确定工资和工作年限，我想最近二十年这种用工方式在日本已经很普遍。

丰田汽车公司总裁丰田章男曾说过，终身雇用已经没法继续了（注：丰田章男曾多次公开表示对终身雇用制的不满，2019 年，丰田汽车正式开始人事制度改革）。越来越多的公司会停止实行终身雇用制。在过去二十五年里，很多人因为公司重组而不再被终身雇用，所以，现在是大家制定自己的职业规划的时候了，想一想五年后、十年后，自己想成为什么样的人。

我认为应该停止派遣临时工和兼职人员的行为。包括全职员工在内，一切都应该是合同制的。有的人希望低薪却稳定地干上十年，有的人则是实力主义，希望工作五年后按绩效加薪；有的人因为有了孩子就想涨工资，有的人因为有了孩子就想把时间多留给家里；有的人希望夫妻双方都有高收入，有的人则希望夫妻一方工作，另一方做家务。

工作方式有很多种，所以个人应该在与公司协商的情况下，自己决定工作方式和报酬水平。

他的名字常常与优衣库、乐天、7-ELEVEn、日清等知名品牌联系在一起。他的工作早已超越了设计本身。他到底在做什么？

创意指导佐藤可士和

text／赵慧 photo／佐佐木谦一 SAMURAI

2021 年，佐藤可士和在东京国立新美术馆推出生涯作品展“佐藤可士和展”。借此机会，我们与佐藤可士和聊了聊他的创意工作。

佐藤可士和

创意指导。1965 年生于东京。在日本广告公司博报堂工作过一段时间之后，于 2000 年独立，成立创意工作室“SAMURAI”。以品牌战略总制作人的身份，参与了包括优衣库、乐天集团等多项企业与教育机构的品牌战略。近年来，通过今治毛巾、有田烧项目等，将带有日本特色的文化传播至海外。

Q = 赵慧，“未来预想图”主编

佐藤 = 佐藤可士和（Sato Kashiwa），创意指导

创建设计创意工作室 SAMURAI

Q：听说你总是同时处理超过 30 个项目。真的可以同时多线程处理这么多工作吗？

佐藤：不同的工作，忙碌的峰值期也都不一样。当然，这 30 个项目的工作峰值期都挤到一起也不太可能，像优衣库项目已经做了十五年，乐天项目做了十七年，7-ELEVEn 项目也做了十年。这些项目都是长期在做，我也会不断调整，让它们的峰值期不要相互重合。它们的日程表都是确定的，有点像电视台的节目表一样。

Q：这些项目你都会参加吗？

佐藤：是的，我都会参加。不过，各个项目也都有负责人。另外，也要根据不同项目的需求来决定。既有只有我参与负责的项目，也有我和一名艺术指导一起参与负责的项目，也有艺术指导和一两个建筑师一起参与负责的项目。

Q：那你一天要工作多久啊？

佐藤：每天 6 点左右开始，晚上大概要工作到 10 点，一天大概工作十几个小时。我三十多年都是这样过的。

以前可能工作时长更久，最近全球包括日本都有一种风潮，说工作不要那么拼，我就稍微减了一点，但也没有特别去想一天一定要工作多少小时。

Q：那我们就来谈谈你的工作。你帮很多品牌做品牌重塑工作（rebranding），越来越多品牌都在考虑品牌重塑，你觉得原因是什么？

佐藤： 时代在不断往前发展，如果品牌不做更新，就无法适应时代的发展。当然这和不同领域也有关系，像服装、时尚这样的品牌，和汽车品牌相比，它们的更新速度就不一样。可无论如何，一旦与时代脱节，可能会影响销售，品牌形象也会变差。所谓品牌重塑，就是在某些大的发展节点，重新梳理从头开始（restart），将那些大幅偏离的地方拉回轨道，从而能够与时代并行。因此，这种“重启”的工作是必要的。

Q：这种重启应该要花不少预算。公司们都愿意在此花钱吗？你怎么让品牌重塑工作具有说服力？

佐藤： 对公司来说，这倒不是针对设计的投资，而是针对品牌的投资。正因投资的是品牌，最终能获得很大的回报，他们才会愿意这么做。无论是哪里的公司，既然在设计或者品牌上花了钱，如果没有获得超出预期的回报，就没有这么做的意义。所以，公司一定都是为了高回报率而投资的。做品牌一定会花时间，比如说换个logo，或者给店铺重新装修，最初的一两年可能要花一些钱。但是要说在logo换掉后的第一年，是否能立刻看到很高的回报，这个的确无法判断。但是如果过个三五年，可能就能看到不少回报了。必须用相对长期的视野去看这件事，大公司尤其如此。从短期来看，投资可能没什么效果，但品牌重塑，是一种为了让品牌能够至少十年、二十年乃至更长久地留存下去的工作。

photo／佐佐木谦一

Q：我们观察到一种现象，比如在中国，对一些品牌来说，找明星代言可能比设计与品牌重塑投资回报率要更高。这时候你会怎么说服他们呢？

佐藤：是的，在日本也是。在电视广告里也会经常让明星出镜，肯定也有能得到很好效果的例子，但也并不是说，让明星代言效果就一定好。但这种情况，有可能是公司没有区分出促销与做品牌的关系。在电视里做广告这种就更多是促销，虽然也很重要，但我合作的品牌，一般是要从更本质与普遍的层面上意识到价值，我们做得更多是那种塑造基础的工作，所以也更花时间。这个时候，更重要的就是诸如命名、logo 设计、slogan 设计等基础概念的梳理，之后则会有旗舰店等相关项目。做品牌就是这种塑造基础资产的工作。做好这个之后，再加上促销类的项目会比较好。我虽然也会参与一些促销工作，但是相比之下，也是“没有办法不得不参与”。你提到的明星广告这种，可能“啪”的一瞬间，因为这个明星很有名，能够吸引人们的注意，但是在日本，人们的确常常会记住明星的某个广告，但是这个广告讲的是什么产品，是哪家公司的，人们却常常不太记得了。这算真的有效果吗？所以还是要把做品牌和促销分开来考虑比较好。

photo／SAMURAI

photo／SAMURAI

photo／SAMURAI

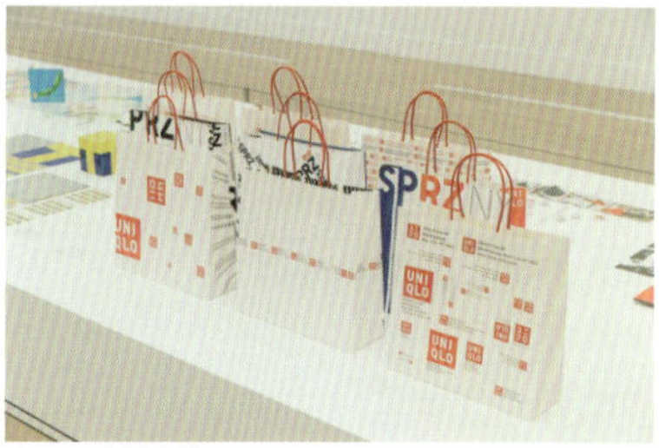
photo／佐佐木谦一

photo／佐佐木谦一

案例：优衣库

2006 年，为筹备纽约旗舰店开张，优衣库母公司迅销集团 CEO 柳井正邀请佐藤可士和参与优衣库的全球化战略，担任筹备纽约旗舰店的创意指导。佐藤可士和为优衣库设计了日语片假名“ユニクロ”与英文字母“UNIQLO”两个 logo ，以强化品牌“来自日本”的概念。纽约旗舰店自从装修施工开始就在外墙不断强化推出这个红色 logo ，创造出“无机质、波普风、恰似如今的日本”的视觉印象。这套视觉语言也作为优衣库全球化战略的一部分，沿用至今。

不仅如此，当时佐藤可士和在纽约旗舰店设计了整墙整齐堆叠彩色T恤的商品陈列方式，你应该能在此后优衣库上海南京西路店开业之初使用的那套陈列方式里，找到类似的思路。

2020 年，优衣库在日本横滨开了一家“优衣库公园”，提出一个新概念——“可以游玩的优衣库”。优衣库既把它当作一个公共空间的新尝试，在商业上也把它作为“郊外新型目的地”的新业态试验。这个项目也是柳井正和佐藤可士和的定期“杂谈”中诞生的。

Q：在你经历的项目里，公司在品牌重塑时有什么共同的诉求吗？

佐藤：我合作的公司里，很多是想要做“大的变革”，是在它们想要从一个阶段迈向下一个阶段的时候，来找我合作的。如果不想有什么变化，找我合作也没什么意义。所以我在接项目之前一定会先向对方确认：是否要准备开始一个很大的变革期。来找我的客户，几乎都处于这种状态。

Q：在你参与的品牌项目中，哪些是特别有挑战的？

佐藤：优衣库是一个很有挑战的项目。我参与的时候，优衣库在日本已经可以称得上是 No.1 的服装品牌了。当时，它正处于进军全球的节点上，我要参与的是全球战略创意指导工作。从结果上来看，这个战略取得了很大成功。优衣库如今在中国也开了很多家店，最近它母公司（迅销）的市值也超过了 ZARA 的母公司，成为（该领域）全球首位。以销售额来说，我刚加入优衣库项目的时候，（迅销）营收大约是 4000 亿日元，如今升至接近 2.3 兆日元。这真的是很大的增长。我觉得这也是一个日本本土品牌发展到全球品牌的挑战。

photo／SAMURAI

Q：这个项目当时有什么需要特别注意的部分吗？比如说，柳井正社长跟你聊如何开始项目的时候，你们都打算从哪些领域入手？

佐藤：从最早柳井先生来委托我参与全球战略相关项目的时候开始到现在，我们都维持着每周沟通一次的频率。最初我们想确认的是，是否要强调优衣库“来自日本”这个概念。一般而言，品牌在进军全球市场的时候，未必要强调来自哪里。ZARA 虽然是西班牙品牌，却也没有那么强的“来自西班牙”的印象，H&M 也没有什么瑞典感。不过，Gap 倒是强烈传达了美国形势大好时期的那种感觉。所以哪种方案都成立。聊到这一点的时候，柳井先生确定，想强烈传达这个“来自日本”的概念，然后在这个概念之下，由我把框架建立起来。

Q：你和柳井正社长一周聊一次？这么频繁的沟通，都在聊什么呢？

佐藤：聊很多……可以说有点像“杂谈”。谈世界局势，像美国总统选举情况、中东局势……也谈疫情、政治经济生活等，总之我们会聊一些日本和全球最近发生的事情。针对这些，优衣库可以展开什么对策，我们会就此一直讨论。比如我们之前聊到，日本要开奥运会了，是不是要再开些大的旗舰店，后来我们就决定同时开 3 间，从聊天变成了项目。横滨优衣库公园项目就是这么在杂谈中来的。我们也会谈到 SDGs（Sustainable Development Goals，可持续发展目标），围绕可持续发展该怎么做，企业可以为社会做一些什么，等等。

Q：很少人会有这样的机会与品牌方深谈，你好像也跟乐天保持着这种持续沟通。

佐藤：确实，这应该是我比较特别的做法，我会在项目开始前就跟品牌方沟通。这种与对方 Top 级的一对一“杂谈”非常重要，我会问他们是否可以参与，之后这种做法才持续下去。不过后来，品牌方也会很感谢这种沟通方式，虽然很少有创意指导会跟合作方的老板这样

photo/SAMURAI

案例：乐天

乐天项目是佐藤可士和最早涉及“设计经营”理念的案例。2003 年，乐天社长三木谷浩史找到他，希望与他一同实现公司想要达成的“全球创新公司”这个目标。他将乐天的不同业务领域重新整理了一遍，在设计上赋予一套统一的视觉语言。

2018 年，佐藤可士和提议在乐天内部设立乐天设计实验室，目的是“提升乐天集团的设计质量，累积设计资产，让品牌价值最大化”。这个设计实验室后来负责了乐天不同产品与服务的 logo 设计与空间设计，也为公司各个项目的设计准则提供指导意见。

沟通。如果我们不一起讨论这些国际形势或者社会问题，有可能在一些指导方向上产生偏离。比如针对社会问题，企业在哪些领域可以做出自己的社会贡献？贡献有很多种方式，没有正确答案，如果大家不一起讨论，最终很可能出现偏差。杂谈就是为考虑问题的意识不发生偏离而存在的。再之后就不是杂谈，而是真正的经营战略会议了。

Q：这类杂谈啊会议啊这么多，项目会不会变得特别花时间？

佐藤：在做优衣库公园项目的时候，项目会议是另外花时间专门开的。加上有很多社长与我的会议，所以我才这么忙。像是重新设计 logo 推出新商品、开大型旗舰店这种属于大型项目，它可能至少也要花一年，过个三年左右可以看到一定效果。这期间也会发生很多事。确定做优衣库公园项目是在三年前，那时候还没有疫情。等到设计也开始做了，概念也完成了，结果暴发了疫情，奥运也延期了，我们也在谈该怎么办。这些都不是现场执行人员可以做的判断，都是 Top 级的管理层才能做的决定，我就会在此时和他们讨论，提出建议。

Q：会有海外过来的委托吗？他们也能等三年吗？

佐藤：会的，中国就有很多。中国的客户常常等不了那么久。我们也想合得上中国的节奏，即便如此，也没有那种做得超快的项目。相反我觉得中国客户也不是要求越快越好，也不是越花时间就越好，双方要不断沟通调整。我们也不是一定要做一年，可能半年能完成会比较好。有时候，我如果提了一些提案，中国客户要想快速决策，真的可以立即“叭叭叭”地作出判断。但比如开大型店铺、重新装修办公室，这需要大量成本，很难一下子出来预算，即便做得快，也会有极限啊。过于在意速度，可能反而造成损失。我觉得中国客户也可以从这些角度考虑看看。

Q：你曾经说过，“design”这个词指的就是设计愿景。这具体是什么意思？

佐藤：指的是再创造的过程。客户或者品牌有一个想要成为的样子，帮助他们达到目标就是我的工作。接近目

photo/佐佐木谦一

photo/SAMURAI

photo/SAMURAI

案例：7-ELEVEn

7-ELEVEn 品牌重塑项目始于 2010 年，这也是一个品牌与商业结合的代表案例。佐藤可士和接到委托的时候，正值日本便利店业界竞争激烈、市场接近饱和之时。

佐藤可士和提出的方案，核心就是重塑7-ELEVEn自有品牌“7-PREMIUM”的策略。当时这个品牌群已经推出三年，有超过 1700 个单品，logo 与包装都相当混乱。佐藤可士和提出一套统一的设计规范，同时在风格上，将以往总想靠强烈印象抓住消费者的快消品包装，重新设计为能够融入家庭环境、更有品质感的包装形态。

佐藤可士和还参与了 SEVEN CAFÉ 项目，与7-PREMIUM 一样，他也为这个项目设计了一套可以融入办公环境的视觉系统。在口味上，7-ELEVEn 花了两年时间开发出 100 日元级别的咖啡，在市场上率先推出了便利店手冲咖啡的概念。

标的过程，会通过设计这个工具来完成。通过再创造，不断接近愿景，将愿景赋予一个形态的过程就是设计。那再创作到底要做什么呢？根据客户和品牌的不同，做法也不同，像7-ELEVEn就是要把商品都重新做一遍，优衣库则是从店铺开始做。

Q：所以对你来说，并非是单纯做设计，而是将经营管理也融入其中？

佐藤：是的，经营与创意一体化是我的工作，如果将它们分开，估计效果就不会好。

Q：你的头衔常常是“创意指导”（creative director），在 7-ELEVEn 项目是如此，在乐天项目也是如此。具体来说，这个职位到底需要做什么？

佐藤：确实，在乐天，我的职位是首席创意指导，在设计、创意与战略等领域，我没有说 OK 的事，就不会上报到三木谷社长那里去。所以很多重要的案子，都是从我这边通往三木谷社长的。而且我也向三木谷社长提议，在公司内部成立设计实验室，我来担任负责人，连招聘面试我也会参加。我可能有点类似于乐天内部的董事，但我是以社外人士的身份来参与的。这种做法确实

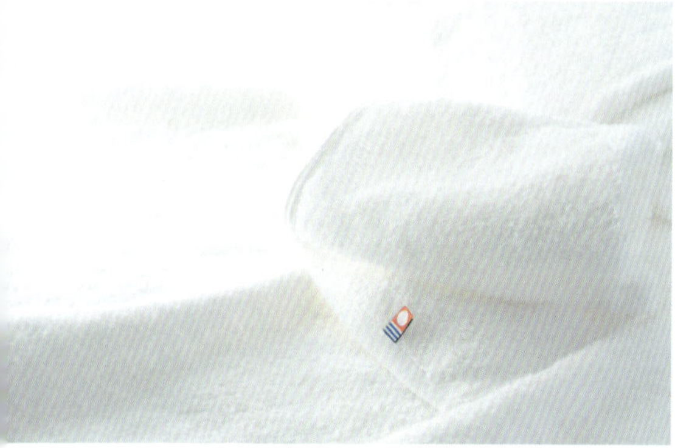

photo / SAMURAI

photo / SAMURAI

案例：今治毛巾

佐藤可士和曾在 2006 年帮助日本爱媛县既缺预算又没有知名度的地方项目——今治毛巾项目起死回生。他与这个地方的四国毛巾工业协会共同商讨出 12 个项目的严格品质基准，甚至有一个“放入水中 5 秒必沉”的标准以验证毛巾的吸水性。

今治的知名度不高，甚至地名都常被人读错，所以在设计logo时，用英文标注了地名的读音，加上蓝白红三色商标，由四国毛巾工业协会授权给各个合约制造商，使用在得到协会认定的商品上。协会还出版了一本《品牌手册》，明确了使用商标的各类规范。从 2007 年开始，商标使用费就成为协会重要的收入来源之一。

佐藤可士和还坚持，想要展现今治毛巾的高质量，根本不需要添加任何多余的东西，他提出用白色毛巾作为今治毛巾代表系列的想法，还将旗舰店开到了东京。

挺少见的。

Q：在优衣库也是如此吗？

佐藤： 优衣库虽然没有设置这个职位，但是我也跟他们建议，可以聘用一些平面设计的人才，他们没多久就开始招人，当时的面试也是我主导的。像这种组织的建立与人才招募，我也都有参与。

Q：这样大量输出信息，你不会对无法持续保持“信息输入”感到焦虑吗？

佐藤： 比方说，我同时做 30 个项目，涉及时尚、汽车、饮料、商社、物流、饮料、医院等不同领域，仅仅做这些项目，我就有数不清的“信息输入”了。我也会有未知领域，像是医疗或者地域问题——就像我们昨天发表的那个“团地（日本类似公房的概念）的未来”主题一样，哪怕单从一个项目里，我就能得到很多信息。所以我从来没感受到无法保持“信息输入”的时候。这些输入可以是读书、查找资料，也可以是与不同的人见面交流——这也是世上最奢侈的信息输入了。

Q：你曾给今治毛巾做过品牌重塑，当时让我印象很深的是，你用“白色”的概念重新梳理了今治毛巾的产品线，也为这种地方团体的产品制定了一系列走出当地的品牌战略。今治毛巾这类项目里，有什么能够应用到其他项目的经验吗？

佐藤：今治毛巾项目是从制定一个“毛巾会在 5 秒钟内沉入水中”的品质基准开始的，然后以此为基础制定品牌策略。这个思路如今也会出现在其他项目里，比如7-ELEVEn 就有一个通用的设计标准，但是它可以有不同的展开方式。它会有 7-PREMIUM、7-PREMIUM LIFESTYLE、7-GOLD、SEVEN CAFÉ 等各种产品线，然后我们就会给它们设定不同的设计概念。之后，就要严格保持这些标准，让客户们也坚持维持这些核心的东西。7-ELEVEn 比较难的地方是，它会不断推出新商品，其中会有一些无法涵盖在这些既有规范里面的产品，那这些困难的决断就要由我来做。我现在也会每周开设计会议，判断这些产品如何归类，或者更新既有规范。只是制定规则，然后把它放着，这是做不成事的。要把它看成是有生命的东西，一个有基础性与统一感、可以不断有应对方式的东西，然后不断发展更新它。

Q：那些实在无法归类的产品会怎么办？

佐藤：如果这类产品以后可能成为一个新的发展方向，会制定新的规范；有时候实在是非常规产品，可以放入“期间限定”这个种类。

Q：今后你有什么感兴趣的项目领域吗？

佐藤：我会希望进一步做更多全球领域的项目，当然也包括中国的项目。另外也想参与更多有公共性、有一定规模、会对社会产生一定影响的项目。未来，企业会进一步展现社会性的一面，比方说我们说的 SDGs 项目等等。如果不这么做的话，地球可能就要“崩坏”了。以设计的力量能做到什么程度，能有什么贡献，我其实也不知道，但我希望能一点点改变人们的意识，以创意这种方式，做一些对社会有贡献的事情。

佐藤可士和参与的其他项目：

麒麟极生啤酒、T-Card 视觉系统、偶像团体 SMAP 推广活动。

photo / SAMURAI

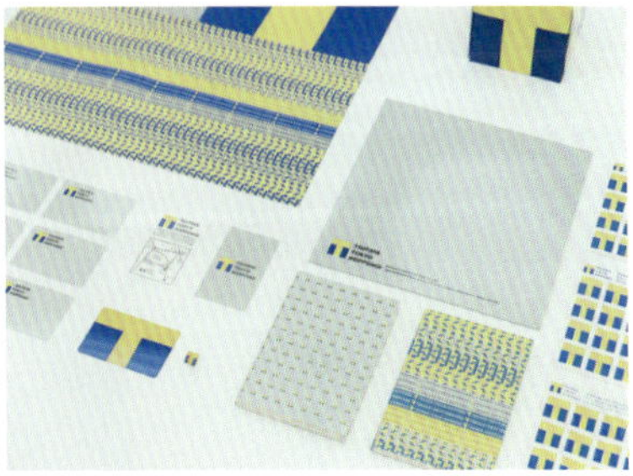

photo / 佐佐木谦一

photo / SAMURAI

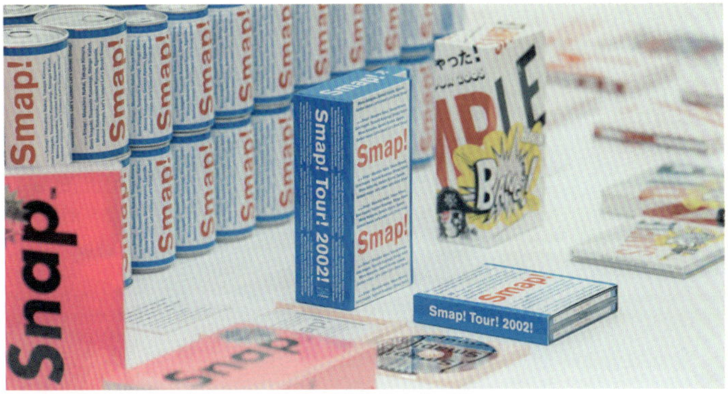

photo / 佐佐木谦一

い農家の仕事がない時の、
かな集まりの時間。
や大切な人に思いを馳せながら
を刺し綴った
なき農家の娘達の素朴な愛情。
父が残してくれた図面や
その想いで土地から採
砂や鉄でつくる形。

不同于那些将“职人”作为工作标签的人，长冈贤明一直在思考 long life design 的价值，做和地域创新再生相关的工作。但这并不意味着一成不变，随着日本消费社会的变化，他也在寻找新的突破方向。

长冈贤明：如何实践“long life design”与地域创新再生

text／赵慧 photo／市村德久

日本设计师长冈贤明在 2000 年创立 D&DEPARTMENT Project 的时候，讲究环保再生理念，他的实体店也一直在介绍、销售“可以长久使用的好设计”。他还创办了每册以日本 47 个都道府县中的一个地区为主题的《d design travel》系列书籍。自 2009 年创办以来，如今已出版发行了近 30 册。这套书并不着力于介绍热门景点，而是以自己的标准（符合当地的特色／传递当地的重要信息／当地人正在做的事／价格适中／在设计上有下工夫）去寻访体现当地特色的店铺。正因如此，如今再提到“地域创新再生”这个词时，《d design travel》也是其重要实践者。他还在日本开了 4 家直营店铺，其他包括中国黄山与韩国海外店在内的 7 家店铺为加盟店。但长冈贤明也渐渐发现，与十几年前相比，人们渐渐不买东西了。而且，人们对 workshop（工作坊）的积极性也不如以往，他打算在会员制领域做一点新尝试。

长冈贤明
long life design 设计活动家。D&DEPARTMENT Project 创始人。

Q = 赵慧，“未来预想图”主编
长冈 = 长冈贤明（Nagaoka Kenmei）
日本 long life design 设计活动家
D&DEPARTMENT Project 代表董事、会长

Q：以前我看你们网站时，主要还是以各种产品与新信息为主，这几年则是变成了“商店（购买）”“活动（参加）”“文章（阅读）”三个部分。为什么网站构造有了变化？

长冈：一开始，这个店是一个讲究环保再生理念的商店，以正确的方式传播日本各地的产品、手工艺品以及制作者产地为己任，带有一定的社会性质，希望提供让人们可以长久使用的好设计。换句话说，这段时间我们销售的是“别人做的好东西”。但我希望从 2020 年前后开始，我们能够将对事物的关注转移到事情本身。日本也正发生着这样的转变，年轻人逐渐不再热衷于购物，人们开始对学习新事物产生浓厚的兴趣，他们更多在想，自己能从这个过程里学到什么。正因如此，我们的网页也从销售产品，转变为提供学习机会的各种 workshop。今后的社会，“教育”将会变得越来越重要，我们工作人员、我们的客户、我们的消费者，也许都会对“学点什么”抱有更多的期待。

Q：从你们提供的活动的种类来看，既有展览、市场、学校、物品修复等类别，后来也有了“旅行”这个分类。当时你说，你们的员工已经考取了专业的旅游业执照，可以展开与旅游相关的业务了。现在这个领域发展得如何了？

长冈：怎么说呢，每当我们开始做一件事的时候，倒是没有从“生意”的角度出发去思考。我们最早做《d design travel》的时候，也没有把它当成书籍出版项目来运营。我们只是想，如果日本没有这些东西的话，可能就跟别的国家没什么差异了。这片土地有其风土文化特征，也因此存续下来，所以我们才有了做这系列书的想法。想把日本这片土地更好地介绍给大家。开展旅行方面的业务，我也并非从一个是否赚钱的角度出发去思考，我只是想在书的基础上做一些和旅行相关的尝试。然后再看看大家的反馈，如果反馈不错，那这个部分也许有赢利的可能。

你看到的我们和佐贺县合作的案例，是我们从佐贺县那边得到了一部分资金做的项目。我们贯彻我们的风格，对方也理解我们的做事方式，所以才来找我们一起做这件事。像这类在旅行主题之下，借用D&DEPARTMENT 的《d design travel》视角的项目也越来越多了。但我们自己做旅行杂志的项目，资金非常紧张，疫情期间都没法保证按时出版，这也没有办法。以后再做的新项目，可能都要通过众筹的方式完成。所以我们会更多去做大家需要的东西，如果不需要长冈贤明的出版项目中，不仅包括每期以日本 47 个都道府县中的一个地区为主题的《d design travel》系列书籍，还有 d47 MUSEUM系列、LONG LIFE DESIGN 会的会员志《d LONG LIFE DESIGN》等。

的话，我们也会放弃。

Q：现在你们做了几个众筹项目了呢？

长冈：《d news》创刊号，以及《d design travel》冈山县与茨城县的两册。

Q：仔细看的话，你们的出版项目分为《d design travel》、d47 MUSEUM 系列、d BOOKS 系列三个系列。为什么有这几类区分呢？

长冈：其实是两类，一种是为别人、为当地人出的书，此时我们的 logo 会放在下面；另一种是我们自己研究出的书，此时我们的 logo 会放在上面。

Q：每册书的制作成本大概有多少？

长冈：以《d design travel》为例，制作费大概五六百万日元，员工需要常驻当地，这个会比较花钱。

Q：那跟你们每次众筹的目标金额也差不多。

长冈：是的。

Q：D&DEPARTMENT 的商店部分，其实选择了很多品牌，你们在选择品牌时有什么标准？

长冈：我们选择某个地方的品牌，首先会考虑它是否体现了当地的特色。比如我们选择陶瓷器的时候，并不是因为这个物品本身如何，而是考虑它的产地有什么特色。当然制作这个东西的职人也会有特点，但我们更在意他和他所在的那片土地之间是否有根本上的关联。即便是不锈钢这种品类，可能并不是手工生产，我们也会考量这个产业和当地之间的关系。所以，产地是我们在选择销售产品时最看重的要素。

Q：比如说店里会销售设计师柳宗理设计的产品，还有得了很多设计奖的白山陶器，这些是遵循“long life design”的想法吗？

长冈：对，这些都是经历过时间检验、可以长久使用的产品。不仅是从“好的设计”的角度，而且从生产的计划性、销售的方法来看，是否拥有可以持久生产、销售下去的条件，也是我们主要的考量要素。

Q：不过也正是因为如此，这些产品、品牌都足够成功，在很多地方都能买到。人们为什么要专门到 D&DEPARTMENT 来买这些呢？

长冈：对，这些产品很有名，在网上都能买到，可能也更便宜。但我们坚持不低价、不打折，销售的同时也在尽力传递制作者以及产地的故事。而且如今，“把它们据为己有就好”的时代已经结束了，人们讲究的是，以什么样的方式去获得一个好的东西。

Q：这个我没太明白，怎么解释？

长冈：比如说，我们平时跟制作柳宗理产品的公司、白山陶器那边都有联络，那么我们就可以跟这些工厂联系，带着顾客去拜访他们，然后顾客们会在当地购买产品。他们是因为自己和这个产品之间产生了联系而去购买，而非仅仅因为东西便宜了一些就“入手”。我们不仅销售产品，也销售购买这个商品的体验。

Q：其实你们的客户不仅是大公司，也会跟一些小公司有联系。比如 60VISION 计划，就是跟一些也是秉持“long life design”理念的中小公司合作，联合推出商品。这是为什么？

长冈：日本 20 世纪 80 年代至 20 世纪 90 年代，很多制作公司遇到了后继无人的问题，大概公司传到第三代、第四代，可能就因为无人继承而不得不关门。他们很焦虑这件事，我也是听说了这个情况，就在自己接触的范围内，找了 12 家存在这个现实问题的公司，一起做了 60VISION 计划。比如某家公司有一个产品，我们在这个产品基础上，为他们提供设计咨询，让这个产品不至于停产，然后一起推出限定商品。这些商品不仅可以在我们的 D&DEPARTMENT 销售，也可以在他们

自己的渠道销售。这个项目如今也在持续做。

Q: D&DEPARTMENT 在产品构成上有什么考量吗?

长冈：最初，我们会在全球、日本、本地的“long life design”产品这三个角度上相互平衡选择产品。将来，我们打算在各地的商店里，把本地产品比重提升到 8 成以上。所以就是到当地体验风景啊建筑啊，然后同时购物，希望给人带来这种物质上丰裕的满足感。至于当地的产品，既有本身长久以来就存在的产品，也有在老产品基础上开发的新产品。

Q: 所以，比起大量销售的做法，更可能是少批量销售的概念?

长冈：是的。在日本市场，比起“谁都拥有”，“带有自己

特色、客制化生产”的东西更容易受关注。自己制作产品的市场也在渐渐培育起来。而且渐渐地也出现了一种生活方式，就是去某个地方短期居住，边旅行边学习当地某个制作技术，寻访当地的好事物，最后再一起带回来。

Q：现在，很多同行都在考虑尝试综合业态店铺。D&DEPARTMENT 也是如此，最初计划的时候，好像是说一定和咖啡店一起开？

长冈： 东京店是我开车路过的时候偶然看到招租信息，最终决定租下的。但这家店离电车站比较远，对那些专门来拜访的人，我就想，那至少要能拿出一杯咖啡来招待他们，并不是我们一开始就想要做餐饮方面的生意。从结果上看，这也让客人们在店里待的时间更久了。可以喝点咖啡吃点东西再逛逛，整体花上个两三小时。这就让人们从家里出来的时候对店铺就已经有了这么个印象——可以悠闲度过时间的地方。

Q：现在电商发展很快，对实体店的经营，你有什么新想法吗？

长冈： 如今通过电商，人们已经能够快速而便宜地购买商品了，在网上能买到的东西就到网上买，这个完全没问题。但是，如果专门花时间去了某个城市，像是跟那些职人们直接对话等，只有在实体店才会发生。我越来越强烈意识到需要在实体店提供那些电商无法提供的体验。比方说，在店里组织一些参观职人工作的行程。以前有段时间日本还挺流行在店里做一些 workshop，就是那种体验亲手造物的活动。但这种时代潮流也差不多要过去了。人们以前会参观玻璃工坊，并尝试做一些玻璃球什么的小玩意儿，稍微体会一下玻璃制作的过程，但他们已经厌倦这种做法了，他们更多想做一些能够在实际生活中可以用得上的东西。那可能已经超出他们能在店里制作的范畴了。

另外，最近也出现了不少“移居者”。不是那种住一两天的感觉，而是真的去住上一个月甚至半年，同时他们也在工作。也是因为疫情的影响，很多公司采用了远程办公的方式，人们在哪里都可以工作，所以我们也开始归

长冈贤明的实体店一直在介绍、销售“可以长久使用的好设计”。东京涩谷店内一角，还设有可以举办小型 workshop 的场地。

纳了一些“生活观光指引”的职能。

从这个视角出发，我们开始为 guest house 的客人制作《d news》，这是一个针对居住在当地、能与当地人和我们一起做点什么的住宿客人的媒体形态。我们会告诉住宿客人，当地有怎样的材料，客人可以利用这些材料生活，比如制作料理，或者租用我们的画廊，用当地的素材制作一些东西。这样，我们就可以既做销售当地产品的商店，也可以开发根植于当地的商品项目。这也是我们 D&DEPARTMENT 从大型项目向小型项目的转型。

这个方向最早发源于我们在韩国济州岛开店的时候。当时我们打算在 D&DEPARTMENT 济州岛店的一角放上《d news》，但因为疫情，人们哪儿也去不了了。所以我们就在日本爱知县的店铺——也就是我老家——做这个尝试。现在还没有开始动工，但我们已经通过众筹的方式筹集了资金。

Q：两年前我们聊的时候，你也跟我提到过《d news》的事。当时你说：“我们出《d design travel》，和当地之间的关联，其实只有采访的两个月，一个地域的选题结束，我们又会去一个新地方。可我们又想持续和当地保持联系，所以就通过《d news》的形式，去报道他们之后发生的新故事。”现在还这么想吗？

长冈：和两年前相比一个很大的不同之处是，我们在会员方面的想法已经大幅加速落实了。好比日本京都的待客方法很有名，但也只有懂的人知道。换句话说，这也就是一种会员制。将顾客变成像自己朋友一样的角色，以对待朋友的方式对待客人，你可能就不会去卖东西给朋友，那你会怎么做？你会借东西给他们。所以我们就想逐步建立会员制度，有点缩小范围的感觉。日本媒体采访我的时候我也说过，我们尽量想做跟地方有关联的事情。但如今，“虽然互相谁也不认识，但 SNS 有几万个朋友就让人觉得很厉害”的时代已经结束了，我们想做植根在当地、仅向会员开放的店铺。这样的话，我们就有很多可以做的事了。

Q：会员制会对你们完善商业模式有帮助吗？

长冈：在会员制的延长线上就关联着预约制。平时，可能要为那些不知道什么时候来、不知道会不会来的客人们去准备周全的食材，做好料理准备，之后我们就无需做这些了。打个比方，我们只需要为那些预定好几点来要吃咖喱饭的客人提前准备好咖喱饭就好。甚至在营业时间上，也只需要在会员预约的时段开门，店员的工作方式也会跟着变化。

Q：现在会员大概有多少规模了呢？

长冈：包括个人与法人在内，现在应该在 160 — 200 人之间。

Q：以前你们开店也好，做 workshop 也好，都是面向广泛受众的，如今转换为会员制的尝试，也算是收窄受众的做法，这会不会也意味着生意模式的规模也进一步要收窄了呢？

长冈：这可能在其他生意领域没法适用，但在我们这个领域，是一个非常合理的做法。那时就不是那些超过自己需求的人来吃饭或者购物，而是在真正需要的人过来的时候可以深入交流，店员在没有客人的时候也能去其他地方工作，总之是一种更有效率的做法。

Q：你是怎么萌生出现在这些想法的呢？

长冈：我们销售的商品当中，有六成能在网上用更低价格、更快的速度买到。从生意角度来说，这其实挺艰难的。但这个项目能在二十年间持续做下去，是因为有那些即便以原价购买，也愿意在实体店接受服务的客人存在。这个人群并没有那么多，所以我们想针对这个群体推出会员制度。这就不是针对百万人级别的生意，而是针对原来来店的 500 人的店铺生意。我们会记住顾客的面庞，好好服务这些客人。我想做这样的事业。比起来店的客人，我更在意我们的员工在工作时享有乐趣。他们如果工作时感受不到乐趣，事业就无法持续下去。在直营系统，我们现在有大约 80 名员工。只有他们开心，才能提供让客人们舒心的服务。

Q：你会喜欢“品牌化”吗？

长冈：我很喜欢“品牌化”。我们做的其实本质上是一

d 食堂项目也与长冈贤明的其他项目有着关联——它销售各地的食材与调味料，同时开发带有地域色彩的菜品。

种“活动”，那么这种“活动”需要明确地定义、说明。我们最早想把 D&DEPARTMENT Project 当作品牌名。这个其实是有点公共性质的，可作为品牌，它有点太长了，所以我们就打算把它直接简化为“D”。从愿景来说，它的含义就是在“可以长久持续的好东西”这个理念之下，很多做法的集合。比起赚钱的品牌概念，它更像是一个将整个社会的产品制造保存维持下去、并维持一定平衡的功能性的品牌。D&DEPARTMENT 时期，我们在介绍与销售 long life design 理念的商品，但是还没法自己制作。在 2020 年开始以 D 为品牌的时期，也开始商品开发，我们组建了像建筑师、时装设计师这类人员的团队，去开发应用各地传统技法、可以长久使用的产品。

我们销售世上本来就存在的东西，这样的事已经做了十来年，但是并没有销售过世上本不存在的新商品。我们

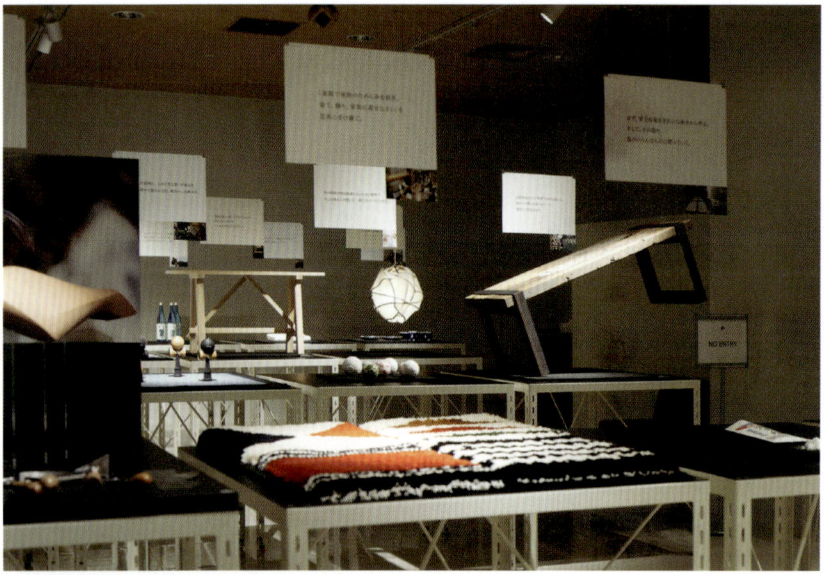

在东京涩谷的展览空间，常设有日本 47 个都道府县中的一个地区为主题的企划展，这里也会推出 long life design 这类综合企划展。

时尚团队也在商品中不断增加时尚相关的单品。但即便是制作新商品，也是利用多余的材料，制作一些可持续的产品。我们几乎不做联名商品，这种形态和我们的想法、做法也不太搭。

Q：生活方式品牌很多都在做联名。你为什么没啥兴趣呢？

长冈： 我觉得好麻烦。我很讨厌把自己的想法解释给别人听——像是写企划书那种。所以自己制造、自己销售、自己承担风险是最好的。对我来说，说服别人是非常不自然的事。

Q：所以基本上你没有接受过什么外部的资金。

长冈： 是的。

Q：你一直很关心地域创新再生方面的事，d47 Project 这个项目里，展览与开店也都是沿着这个方向。你在此方面有什么经验吗？

长冈： 我们在各地开店有一个方针，就是不开我们自己的直营店，一定是居住在当地的人，使用 D&DEPARTMENT 的系统，想要开店销售植根当地的产品，所以用的是连锁授权的方式。但是即便是授权，也一定是当地人自己提出想要做这件事，然后我们花了两年左右的时间，探讨各种可行性。我们最早一间外地连锁店铺开在北海道，当时提出这一设想的是三个平面设计师，他们平时做的是本地的各种工作。刚刚也说到，我们一般是在全球、日本、本地的 long life design 产品上取一个平衡，但在北海道店，北海道本地的产品占据了一半。

Q：说起与中国的关联，你们在中国做了一个碧山项目。这个项目如今进展如何了？

长冈： 中国也是有愿意做 D&DEPARTMENT 的人先提出的意愿。这个店铺也是和东京店一样，也有一个咖啡店，但是会发掘碧山当地具有 long life design 理念的产品在店内销售。当地虽然有 long life design 这种类型的商品，但是并没有形成对“这个是 long life design”的价值认知，而且也缺少“用过的东西再继续使用”的文化，比如餐具什么的，这一点是我们也想去慢慢改变的意识。而且我们合作的两位老师也告诉我，现在很多城市里的年轻人，也流行去这种山间小村悠享一两天的时光——这也是 D&DEPARTMENT 在当地落地的前提。这些人也和当地人一样，都是目标客群。

我们是第一次与中国合作方合作，价值观也不太一样。我们做的也不是那种容易理解的生意。我们也不知道能够获得多少程度的理解，只能一点点去尝试，然后中国合作方就会明白，这个虽然不赚钱，但推出新商品的做法还是成立的。最终我们终于转换成了这种推出新商品的体制。韩国首尔店也是如此，最初他们可能想做的是一个像东京店那样很有活力、有强有力的信息传播性，然后很能赚钱的品牌加盟店，但他们可能想岔了，而且很快就意识到这个没法赚钱。此间，既有理解而没有放弃的人，也有不理解而放弃的人。那些不放弃的人就会好好理解我们的宗旨，一边转换为创造新东西的意识，一边自己开始新商品的开发。

Q：之后会不断开海外加盟店吗？

长冈： 因为我不是社长，社长是另一位女性，她很想不断推出新的海外加盟店。我们自己二十年来虽然不是很想做这种加盟店的生意，但我们也感受到，将外部合作方和我们自己的想法与理念往外扩散也很有意义。当然它如果不能成为生意也无法持续下去，我们现在就在试着持续做这些事，然后从中适当获得利润。

Q：我们到底该把 D&DEPARTMENT 称为一家怎样的公司比较好？是企划公司、出版公司，还是其他什么公司？

长冈： 应该是个可以将我们“可以长久使用的好设计”的价值观传达出去的品牌，所以我们才要做旅行杂志，才要开店，才会即便要花钱、哪怕不赚钱也要做下去。我们推出新的产品或者品牌，也是为了让大家能够长久使用它们。日本在这个领域还是不太行，有这种想法的人哪怕稍微增加一点，家电厂商或者电器店的想法才会改变，人们购买物品的想法才会改变。我觉得那个时代要是能到来就好了。

01 photo／吉村昌也

不展览那些已被世人所知的设计作品，
而是将世间万物从设计的角度出发，重新思考、创作、再展示给世人
——你想逛逛这样的美术馆吗？

没有藏品的美术馆，拿什么吸引人？

text／罗焕婷 程绚

photo／吉村昌也 21_21 DESIGN SIGHT

浅川敏 木奥惠三 Alex Delfanne 森美术馆

如果愿意，在东京，观光客可以在一年里的任意时段，排出一套被看展填满的旅行日程。东京拥有688间美术馆和画廊，仅次于巴黎、伦敦和纽约，排在全球第四。相比前三座城市，东京并没有过多的历史藏品积累，也不处于西方文明的中心，在艺术展览方面的起步比其他城市又要晚了一个甚至几个世纪。但现在，东京的确是全球艺术展览的中心之一。

六本木是其中的一个代表。根据 Google 地图搜索结果，这个街区至少有 19 间美术馆、画廊和博物馆，是这

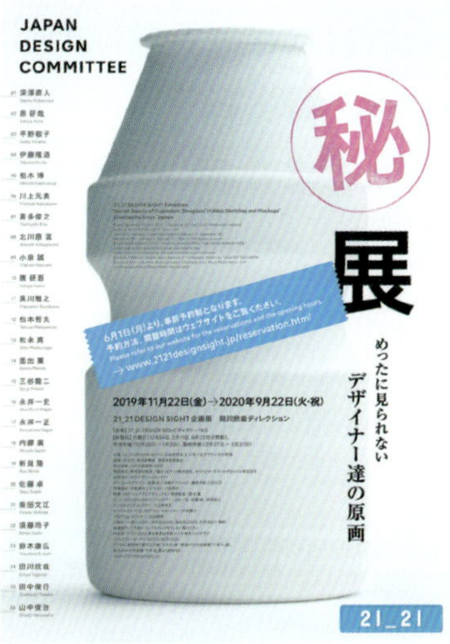

02 photo / 21_21 DESIGN SIGHT

01—06 “秘” 展是 21_21 DESIGN SIGHT 具有代表性的展览之一。它展现了人们生活中熟知的各项设计的设计思路。

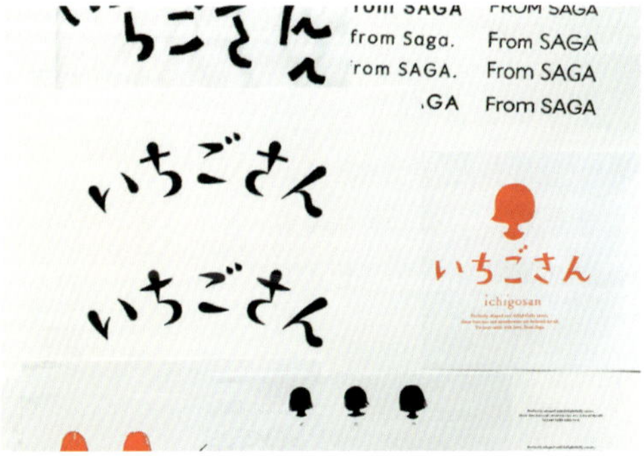

03 photo / 吉村昌也

04 photo / 吉村昌也

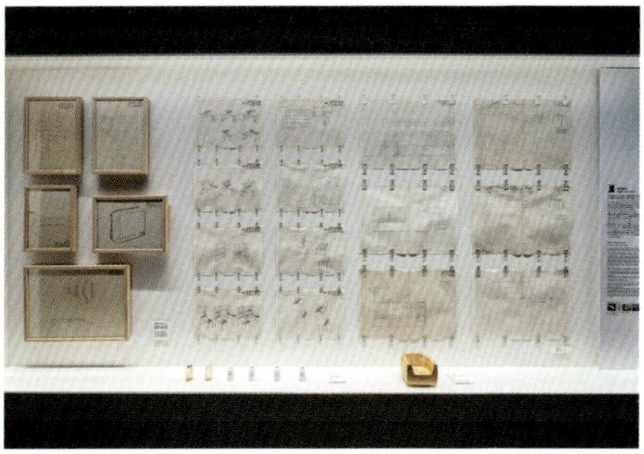

05 photo / 吉村昌也

06 photo / 吉村昌也

01 photo／吉村昌也

一地区星巴克数量的两倍还多。日本生活方式杂志《Casa BRUTUS》曾在社交平台Twitter上发起过“东京最受欢迎美术馆”投票，结果排在前十的美术馆中，有三间位于六本木地区。

21_21 DESIGN SIGHT 就是其中之一。这间美术馆最大的特色是没有馆藏，但它在十年间举办了30余场与设计相关的主题性展览。展览的内容可能是一个养乐多瓶子、一支艺术家用过的铅笔，甚至是一粒米或者一块巧克力。21_21 DESIGN SIGHT是东京诸多美术馆的一个典型代表，它没法继承前人的展品财富，而是专注于当下和未来。在这里，你经常会感叹：这也能做成展览？这种发掘和策划展览的能力，是东京美术馆的最大特点之一。

在英语世界，20/20 代表最完美的视力，21_21 取寓意为“比完美更出色的视力”。在创办之初，它就立下了“从设计的角度来丰富看展人对日常生活的看法，发现更多隐藏的可能性”这一目标。21_21 DESIGN SIGHT 的创始团队堪称豪华，包括服装设计师三宅一生、建筑设计师安藤忠雄、产品设计师深泽直人、平面设计师佐藤卓和媒体人川上典里子——算是集合了日本各个领域最顶尖的设计人才。

与许多美术馆一样，建筑本身就是展品。乍一看，21_21 DESIGN SIGHT 的建筑只是搭在中城花园草坪上的两块折叠铁皮。实际上它却是两位设计大师难得的跨界合作。为了凸显设计的日常性，他们把美术馆的标志设计成常见的门牌的样子，表示此处

02 photo/21_21 DESIGN SIGHT

03 photo/浅川敏

04 photo/浅川敏

即是“设计的场所”。

三宅一生擅长的“一匹布”设计是将二维空间的布通过折叠拉伸变成为三维空间的服装，安藤忠雄就将这“一匹布”用到建筑上。他选择将大部分结构藏于地下，用一块长达 54 米的铁板作为屋顶，并且折出了一个三维空间。

建筑内部的展馆，则是奉行总监深泽直人对 21_21 DESIGN SIGHT 策展的定位：“不展览那些已被世人所知的设计作品，而是将世间万物从设计的角度出发，重新思考、创作、再展示给世人。”

比如在“秘”展中出现的养乐多瓶子，可能是东京日常生活最随处可见的东西之一。而 21_21 DESIGN SIGHT 展览的重点在于，还原了这个瓶子如何被设计出来的历程：养乐多的瓶子为什么会有“脖子”？最初养乐多的瓶子是玻璃瓶，为什么要变成塑料瓶？这个展览把设计师的思路原原本本呈现给了观众。

“通过公开设计师们的工作方法、理念和素质，将日本设计的基因传达给下一代。”“秘”展策展人田川欣哉说。

01 21_21 DESIGN SIGHT 建筑由日本建筑师安藤忠雄设计，他着眼于三宅一生制作衣服的“一匹布”理念，构思了仿佛用一块铁板折弯而成的屋顶。约 70% 的建筑体量位于地下，美术馆有两个展厅和自然光洒落的沉园。

02—04 21_21 DESIGN SIGHT 总能挖掘出不同的企划。2019 年展出的“虫”展，就展现了设计师、建筑师、构造师、艺术家等不同创造者受“虫”的概念启发而创作的作品。

01　　photo／木奥惠三

从总监到企划人员，21_21 DESIGN SIGHT的大部分成员都是设计行业的从业者。企划部负责人前村达也带领团队 4 位成员每个月和总监们举行一次企划会议。虽然总监大多是日本设计界的权威人物，但在会议上，每个人都可以自由提出想法。

提出这些新奇的展览企划，并不是完全靠创意人才的天赋，很多时候是靠“笨办法”。21_21 DESIGN SIGHT 的很多展览灵感都是从调研中来。在筹划“米”特展时，总监深泽直人就和团队一起去了农田探访，在与农民聊天的过程中得知，“一反”一词代表产出一人一年吃米量所需的农田大小，是个计量单位。这个有趣的发现成为 21_21 DESIGN SIGHT 之后“单位”展的灵感来源。

21_21 DESIGN SIGHT 的策展团队并不固定。通常策展主题决定后，前村达也会动用一切人脉去寻找到相关领域的从业人员，让他们负责策展。他们可能是设计师、艺术家，也能是学者等相关研究人员。不同的策展团队可能又会带来不同的展馆设计、文字设计等团队。

比如，疫情期间，前村达也就找到了早稻田大学信息学副教授多米尼克·陈（Dominique Chen），策划了一场以“翻译”为主题的展览。

前村达也发现，近年来，越来越多日本人有一种倾向——他们感受不到外国的魅力，也没什么兴趣出国。前村达也就想办一场展，激发人们探索未知世界的欲望，加强日本与海外的交流。

如何将这个信息传达给观众？多米尼克·陈

自己有多元的语言和成长背景，法国国籍的他出生在日本，母语是日语，同时会法语和英语。他还有点天生口吃，这些成长经历也加深了他对翻译的理解。

从自身经历出发，多米尼克·陈提出“翻译是沟通的设计”这一理念。他找到了为视觉障碍者设计的会说话的眼镜，和为听觉障碍者设计的会震动的装置。眼镜将读到的信息转化为声音，通过播放器传到佩戴者的耳中。会震动的装置则是将捕捉到的音频转换成震动和闪光，让人能“触碰”和“看到”声音。

吸引不同背景的人参与策展是 21_21 DESIGN SIGHT 策展工作的一大特色。“和外部一起合作，会使展览内容变得更加广泛，突破一些内部成员的局限。这种形式在全世界也在逐渐增多。”前村达也说。

某种程度上，21_21 DESIGN SIGHT 能够源源不断推出令人意想不到的展览，本身也是基于日本拥有充足的创业和设计人才，说得更彻底些，是因为东京是一座把设计思维深入每个日常细节的城市。这才使得日常生活中的每一个小物件都值得拿到美术馆里细细拆解，展出给众人。

通过意料之外的创意而从人们的日常生活中孕育出来的展览，本身就有更大的传播价

01 在翻译展中，策展人提出“翻译是沟通的设计”的概念。比如，为视觉障碍者设计会说话的眼镜，为听觉障碍者设计会震动的装置。
02—03 森美术馆同样没有常设展品，它也是靠企划与目标意识取胜。除此之外，它还非常善于通过社交网络增强传播力。

02

Phyllida Barlow: dock 2014, Duveen Galleries, Tate Britain, London, 2014; courtesy/Hauser & Wirth ; photo/Alex Delfanne

03

值。这也让东京的美术馆越来越注重社交网络的传播。比如六本木的另一家知名美术馆——森美术馆，从 2015 年启用社交媒体 Instagram 起，运营至 2021 年初，账户关注人数已达到 20.2 万，名列日本美术馆 Instagram 账户粉丝数量第一位。

森美术馆营运的关键词是“目标意识”。森美术馆宣传负责人洞田贯晋一郎曾公开表示：“本馆粉丝以 20 至 40 岁为主，通过采用一些策略，有可能让这些人到 30 至 50 岁时也仍然是粉丝。但是，如果比这些人更年轻的一代不来的话，访客量就会呈断崖式下跌。为了吸引这些人，需要一边做研究一边行动。这对于访客人群较为高龄的美术馆和博物馆来说也很重要。”

森美术馆由森大厦株式会社运营，展馆所在的楼及周边一些大厦都属于他们的资产。森美术馆积极运营吸引来的人潮提升了整片地区的商业价值，森大厦株式会社也因此受益。

日本的大多数美术馆都是私营的。比如 21_21 DESIGN SIGHT 由三井不动产出资、三宅一生文化财团独立运营。由企业出资、公益财团法人运营，也是日本大多数私立美术馆的运营模式。

地产公司或综合集团参投美术馆，并不是指望这成为一个赚钱的生意。三菱集团出资的三菱一号美术馆馆长高桥明也则在自己的书中公开表示过，“原则上展览的收支目标不是大赚一笔，只要不是赤字，收支平衡，就在可接受范围内”。他承认，只有在超级有名的作品来日本展出，或者媒体方极力宣传的情况下，才有可能赢利，他们十次展览中大约有一次会赚钱。

由地产开发商开办美术馆，在日本以外的其他地方十分少见。借由这种特殊体制，开设在大型城市综合体中的美术馆可以吸引大量人潮，而美术馆的品牌效应又会反哺这一地区的商业。

21_21 DESIGN SIGHT 的建立和发展和其所在的东京中城有着密不可分的关系。由三井不动产开发、落成于 2007 年的东京中城，是继六本木新城之后的另一大位于六本木的城市综合体。

东京中城的规划设计思想是以人为核心，创造新的美学空间。所以这里不仅聚集了三得利美术馆和 21_21 DESIGN SIGHT

三得利美术馆位于东京中城商场空间内，它本身也与 21_21 DESIGN SIGHT 共同构建着这个区域的艺术氛围，连带也提升了周边的商业价值。

等美术馆，还以主办日本优良设计大奖评选、“G”标志认定机构——日本产业设计振兴会为中心举行各种展会，成为东京艺术和设计文化的发信基地。同时，东京中城里装点着 20 件公共艺术作品。

都市和艺术融为一体，使东京中城的日常空间拥有高品质的艺术氛围。21_21 DESIGN SIGHT 与其背靠的城市综合体联动，以实现三井不动产的商业宏图。

还是在《Casa BRUTUS》发起的那个“东京最受欢迎美术馆”投票中，有不少排名靠前的美术馆都与当代生活关系紧密。排名第一位的原美术馆定位于当代艺术，收藏千余件当代艺术展品；排名第四位的森美术馆围绕现代艺术的国际动向，组织企划展、收藏展和影像放映。

21_21 DESIGN SIGHT 的馆长佐藤卓认为，如果只展示作品，就会弱化展览的主题性，他希望21_21 DESIGN SIGHT 成为一间“不以艺术为主体，而以设计为主题的美术馆”。

这种相对超前的做法，也超越了一般人对美术馆的认知。21_21 DESIGN SIGHT 的团队认为他们现在做的可以说是一种试验，虽然存在不被认可的风险，但他们也期待冒险得到认可。在“东京最受欢迎美术馆”榜单中，21_21 DESIGN SIGHT 排名第七。

“21_21 DESIGN SIGHT 一直都想做‘能看到未来’的展览。”前村达也说，“怎么才能看到未来呢？我们需要看到现在。发现当下身边的点滴，任何一件事都可能改变未来。”

“我做的事情一面非常艺术，一面非常商业。”

teamLab 眼里没有边界

text / 杜竞草 杨舒涵

在一个典型的 teamLab 营造的数码氛围里，你可以充分享受与环境、光线的互动。

梦境、异世界、未来感，这是许多人参观完东京台场的数字媒体艺术博物馆 teamLab 无界（teamLab Borderless）后的感受。这个 1 万平方米的空间内展示了新媒体艺术团队 teamLab 的五十多件作品，由 teamLab 团队与东京城市开发商森大厦株式会社共同开发。2018 年 6 月开幕后，它迅速成为台场最热门的观光地。开馆第一年就吸引了来自一百六十多个地区的约 230 万参观者，成为世界上参观人数最多的单一艺术家美术馆，打破了阿姆斯特丹梵高美术馆（216.1 万人次）的纪录。

观众很难在游览 teamLab 展时压抑拍照的念头。Instagram 上带 teamLab 标签的帖子多达 66 万多条，周末通常是人流量最大的时候，除了对新媒体艺术本就有较高接受度的年轻观众，也有不少小孩子在这个彩色乐园中尽情奔跑。明确的目标年龄群体，让观众参与其中，是 teamLab 作品的一个常见特点。

把这种互动性体现得更彻底的是位于东京丰洲区的另一处常设馆 teamLab Planets TOKYO。观众可以赤脚在水里走动，水里“游动”的鲤鱼光影轨迹随之改变——当“鲤鱼”和人相撞时就会变成花朵四散。teamLab 的新试验也一并展出，比如观众可以通过智能手机选择元素自己构建一个宇宙空间。值得一提的是，展厅中的作品都是电脑程序实时绘制的，你无法两次看到同一个场景，每个观众的体验都是独特的。

teamLab 稀奇古怪、无法定义的创意，在日常生活中的存在感越来越强。你可以在偶像团体岚的演唱会上看到它设计的舞台特效，在 MUJI 的店铺里下载它制作的一款助眠应用，在电视上看到它制作的探索饮料广告。

猪子寿之创立了 teamLab。如果一定要给 teamLab 的公司文化下个定义，可能是“不受限于任何边界”。

“

短短数年间，teamLab 的身份跨越了数字产品供应商、新媒体服务商和国际新媒体艺术先锋。公司的转型如同他们的艺术作品一样，丰富、庞大，模糊边界。

”

没法用既有的概念定义 teamLab 这个团队。它不是设计公司，也不是特效公司，它的东京总部约有 650 名成员，与日本寻常公司相比已经算体量不小，其中 70%—80% 是技术人员。艺术家、程序员、工程师、CG 动画师、数学家和建筑师……各种身份各异、甚至身兼数职的专家一同工作。

而这个团队的创始人猪子寿之，被咨询公司日本韬睿惠悦（Towers Watson）社长淡轮敬三称为“变态”。猪子寿之当然也干过有点离谱的事，有段时间他只留下最喜欢的衣服天天穿，其他衣服都丢掉。他还尝试过连续两年没有固定居所，要见重要的人时先到公共卫生间梳洗。在韬睿惠悦眼里，“变态”是天才、有想法的友好称呼。

猪子寿之在大学里研究概率和统计模型，念硕士时又对自然语言处理和艺术产生了兴趣。也是在这个时候，他接触了互联网，感到数字技术或许是能够联通科技与艺术、帮助人认知世界的媒介。

2001年，猪子寿之与四个志同道合的伙伴一起创立了 teamLab 。“模糊边界、联通世界”是猪子寿之的终极目标，他在接受数英网采访时如此表达对公司的设想：“teamLab 的成立是为了创建一个‘实验室’，一个‘共同创造’的活动空间。我们的目标是创造一种新的体验，通过这样的经验，探索世界对人类的影响。”

基于最新的技术拓展艺术边界，是日本当代艺术的重要特征。这种传统往前可以追溯到 20 世纪 80 年代红遍全球的 YMO 乐团，它大量引入电子合成元素，对之后的流行音乐影响深远。在创意领域，在 teamLab 走红前，最为人熟知的是真锅大度和他的 Rhizomatiks。这个二十多人的团队最著名的作品是 2016 年里约奥运会上的“东京 8 分钟”。此外，它与女子团体 Perfume 的合作，也刷新了舞台表演的边界。“我想做没人能想象同时又能传达艺术性的东西。”真锅大度在接受采访时曾说，从这个角度看，teamLab 和它有同样的创业动机。

teamLab 没有专门的职位名称。猪子寿之不相信层级管理和战略之类的空话，而是自行命名各个职能组织，比如其特有的“催化部门”。“催化者”承担多种责任，如项目设定日程表，协调客户、设计师与工程师间的沟通。teamLab 主创之一、负责品牌的工藤岳把这个职位类比为“棒球队的女经理”。而且，迄今为止，teamLab 都没有销售，“所有的生意都是客户找上门来的”。

留着小辫子的工藤岳曾花六年时间环游全

球，也是猪子寿之的朋友。猪子寿之津津有味地听过工藤到处找公园过夜、在瑞典主编一本杂志的奇闻，最终希望和他一起工作。

除了对成员背景不设限，teamLab 项目创作过程也颇具开放性。构思期间，不同背景、语种的专家们凑在开放会议大厅的一张长条桌旁，互相比划着，展示自己的想法。这个装修原本就不那么商务的办公场所，在下午开会高峰期时常吵闹得像个彩色的儿童游乐场。这个会议室的风格后来成为了 teamLab 的室内设计项目模板，有 3 家与创意相关的公司和机构采纳了这一设计方案。

如果一定要给 teamLab 的公司文化下个定义，可能是“不受限于任何边界”。

比如 teamLab 的 logo 设计采用了彩色的卡通风格，毫不严肃，似乎并不像一个数字技术公司。猪子寿之很坚持这个设计，他有自己的想法：“如果想和平地改变人们的思维方式、改变世界，只有彩虹色是最适合的，例如 Apple、Google 最早的 logo 也都是彩虹色，teamLab 的许多成员的名片上，也都有一丁点儿彩虹。”

猪子寿之并不特别爱谈商业，对收入也没有概念，在多次对外采访中都不曾透露过团队的营收情况。更多时间，他只是执着于实验他那些有点不切实际的艺术创想，比如位于日本德岛的瀑布展，在露天的自然峡谷中动态投影出一条彩色瀑布。当时没有人看好项目的可行性，但猪子寿之却坚持说“试试看吧！”。成功后，他把现场照片存在手机里。

“我做的事情一面非常艺术，一面非常商业。”他曾告诉《第一财经周刊》（已改名为《第一财经》杂志）。很多作品可以在两者之间切换。有人对产品提出要求，它可以是个定制化商品；反之，它也可能出现在画廊和博物馆。

teamLab 并不是时刻都能随心所欲地做艺术作品。在创业初期的十多年间里，团队得依靠为不同企业和品牌提供网页技术和设计服务来“勉强为生”。它的客户既有东芝、奥迪和电视台这样的大公司，也有名气不大的小网站。按照客户的要求，teamLab 制作不同的引擎和软件，最后发一个定制数据包给对方。至今这依旧是 teamLab 重要的收入来源。

teamLab 通常会同时推进多个项目，有的是纯艺术项目，有的则是商业设计项目。《南方人物周刊》报道中曾提及，teamLab 在年终总结会中，艺术项目负责人会对于项目亏空情况在内部致歉。不过，不同类型的项目之间，仍会共享一些道具装置。

为了让主流艺术界接受它这样的新形式，teamLab 也等了很久。团队成立十年时，首次受日本艺术家村上隆之邀，在其位于台北的画廊 Kaikai Kiki 举办首个海外展览《活着》；后续又被佩斯画廊（Pace Gallery）等艺术机构相中，成为签约艺术团体，通过双方的合作，teamLab 的沉浸式游乐园项目“花舞森林与未来游乐园”先后被带往硅谷和北京展出。

之后，teamLab 接连亮相于 2013 年新加坡双年展、2015 年“艺术巴黎”艺术博览会等大型国际活动。在 2015 年米兰世博会中，为了看 teamLab 的展览，观众需要排 8 小时的队。

火热的巡展也引发了国际艺术投资者的关注。绽放文创创始人杨钜泽就曾是长队中的一员。 2017 年，他将 teamLab 的作品引进深圳并运营 teamLab 风格的高级餐厅，吸引了 40 万人次的参观。

同时，不少在逼仄空间中运用镜面反射原理的“星空艺术馆”开始在上海、武汉等地出现。票价则不到 teamLab 展览价格（3500 日元，约合 219 元人民币）的四分之一。

尽管没有正面表态，除了短期出海展出，在异军突起的竞争中，teamLab 也想给观众展现更成熟的自身。2019 年，即东京常设馆建成次年，受投影设备提供商爱普生支持，teamLab 无界上海新馆在上海黄浦滨江建成。他们还计划 2024 年在荷兰乌德勒支设立永久展馆，正式进军欧洲市场。

“拥有永久性展览意味着有更多的可能性来做艺术品实验、使用艺术空间，以及观察。我们思考艺术存在的新方式，不仅仅是艺术作品本身，还包括空间、观众和市场。”猪子寿之在接受采访时这样解释团队对常设馆发挥空间的期待。

常设馆会在特定时间上线限定艺术作品，比如 teamLab 无界上海室内时间轴会与现实世界时令同步，展现不同季节的艺术畅想——三四月份是樱花粉层层叠叠的灯，一二月份则试图以银白灰绿展现冬日大地。承接流量明星拍摄、艺术家歌舞演出、举办电音派对……除了展览，teamLab 也在挖掘空间本身的价值。

短短数年间，teamLab 的身份跨越了数字产品供应商、新媒体服务商和国际新媒体艺术先锋。公司的转型如同他们的艺术作品一样，丰富、庞大，模糊边界。

teamLab 最近把自己的边界又拓展了一点。2020 年年末，它成为智己汽车的艺术合伙人，这是一个由上汽集团、浦东新区和阿里巴巴集团三方联合推出的智能纯电汽车品牌。很难想象 teamLab 要如何在几平方米内的座舱空间里创造其特有风格的沉浸式体验。一如承接晚会舞台表演设计、为睡眠手机应用 MUJI to sleep 搜集自然声音、设计疫情期间的居家交互游戏，你永远想不到 teamLab 又会和什么扯上关系。

KOJIMA
DUCTIONS

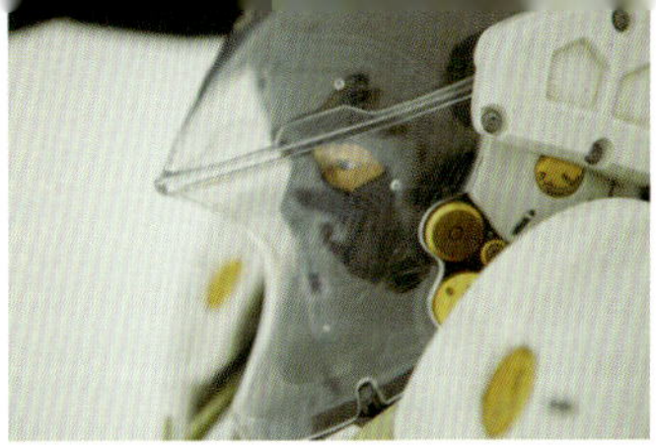

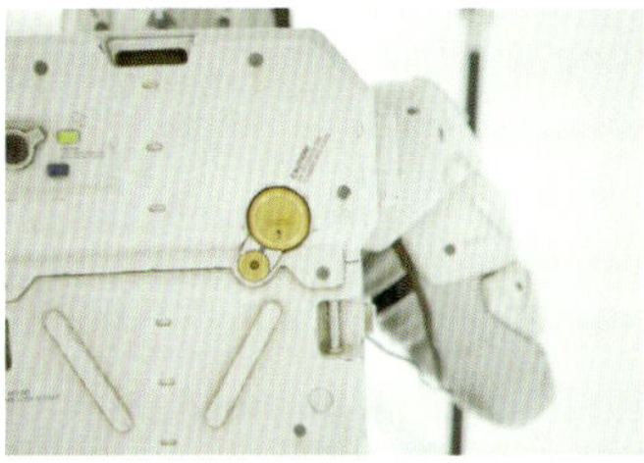

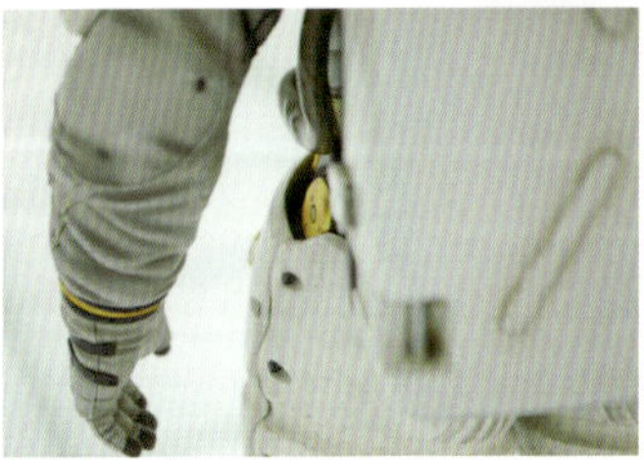

无论是对游戏玩家还是对员工来说，这个充满传奇色彩的工作室可能都曾经或正在诠释什么是“梦开始的地方”。

什么是游戏？
小岛工作室说不知道

text / 邢梦妮　photo / 岩泽高雄

卢登斯这个角色来自荷兰思想家约翰·赫伊津哈的理论以及他创造的概念“卢登斯人”（Homo Ludens，原意为“玩游戏的人”），小岛工作室把他具象化，并借以表达自己的理念：“我们要一直玩游戏，那样人类才能进化。”卢登斯也成为小岛工作室的象征，并出现在它的 logo 以及大量周边里。

PART A

2019 年 12 月 16 日，游戏制作人小岛秀夫走进了东京一座写字楼的办公室。房间不到 20 平方米，四张办公桌，两扇大窗户。小岛曾在这个办公室的墙角，对着窗外的一棵大树工作。这就是小岛工作室最初的所在地，曾有拍摄者吃惊地问：“所有人都在这里工作？”

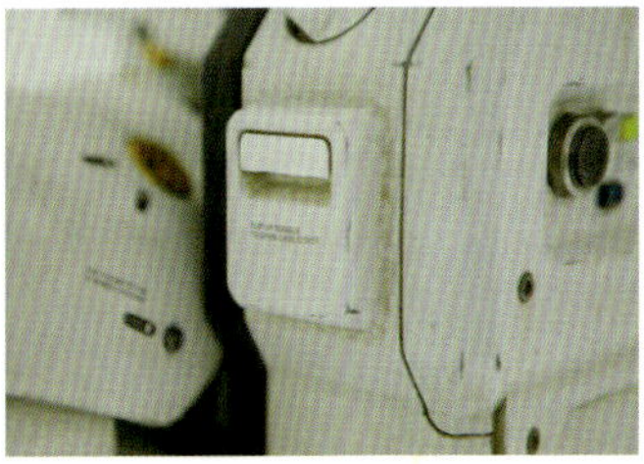

2015 年，小岛秀夫 52 岁，离开日本游戏大厂 KONAMI，到这间大楼落脚。所有关心游戏业界的人都曾猜测他的去向——他太有名了。1987 年，小岛秀夫主持制作了一款动作游戏《合金装备》，玩家需要尽可能收集信息，不必击杀敌人就能通关，他也因为开创了这种“战术谍报游戏”而名声大噪。

小岛秀夫没有加入任何一家公司，而是选择与索尼合作，独自创业。工作室的初始团队只有 4 个人。2019 年 11 月，小岛工作室终于推出成立后的首款游戏《死亡搁浅》。

在中文世界，玩家常用“3A 大作”形容这款游戏。这种说法可能源自美国投资人，他们会给那些极其可靠的债券勾上 3 个“A”。而对于游戏业界来说，3A 可能是一种约定俗成的美誉，代表商业口碑成功、开发成本和水平极高的作品。

但作为一款“3A 大作”，《死亡搁浅》的开发规模和周期都远小于同行。游戏媒体 GameSpot 采访小岛秀夫时，他表示团队有 80 人，开发大约用了三年。但同样体量的项目放到其他公司，可能需要 300—600 人的团队，花费最少八年时间。

这让小岛工作室看起来有点像一个励志故事。在微博上，有中国粉丝评论：“只能放 4 张小桌子的房间，也无法限制要上月球的梦想。”这背后，小岛秀夫采用了好几种压缩时间和成本的策略，比如采用现成的游戏引擎开发工具，尽量不用外包公司，他本人独揽了《死亡搁浅》的设计、开发计划、流程等所有管理决策工作。作为小公司，开发组的压力可能更多在于“优化”——他们要让游戏在不同规格的硬件上顺利运行。

现在，工作室拥有超过 100 名员工，其中 20% 来自全球各地，也不再缩在小房间里。他们在东京品川塔楼里有一间大平层工作室，小岛秀夫的房间就在角落。整间办公室在入场时颇有仪式感——每个人都会被移门缓缓展开时，那个通透、空荡荡的白色房间里的一座卢登斯（Ludens）雕像震撼一下：这就是小岛！但是开门仪式相当繁琐，所以员工们更喜欢抄一条可以迅速通往电梯间的近道。

往上走几层，工作室又预订了另一间可以远眺东京塔的较小的办公室。在办公用品尚未到位的时候，靠窗的地方会放上两张瑜伽垫。据说其中一张属于小岛秀夫。

在《死亡搁浅》里，因为平行异空间入侵，一些人变成了看不见的透明存在，而主角需要避开入侵的生物，靠送货团结人类，

小岛工作室入口的展示柜里，陈列着小岛工作室的作品获得的各项荣誉与各种纪念物。

拯救世界。小岛秀夫极度简化了玩法，你不是非得战斗，大部分任务都是派送货物，这也让很多玩家戏称自己在“送快递”。

一名不愿具名的游戏策划认为，《死亡搁浅》像一部“末世公路负重生存电影”。“玩法太简单，任务重复，会让一些玩家觉得枯燥，但更多在于音乐和场景的塑造。叙事非常影视化，”他感叹道，“音乐震撼得让人起鸡皮疙瘩！”在他看来，电影界定了一个“好的影像”和“视觉叙事”的标准，并且不断探索到极致，但游戏可以更加包容。

《死亡搁浅》的音响导演、作曲家 Ludvig Forssell 或许也会认同这个想法。他一直想用声音做视觉媒体：“其实你永远不可能真的知道别人怎么体验你的创作。对我来说，电影或电视这样的媒体一成不变，游戏却能让你直接和参与者互动合作。”

在《死亡搁浅》里确实有这么一段故事：游戏后期，上万个玩家在一起建公路。一名玩家开玩笑说：“我刚交了一个任务，出来路就通了。”根据游戏平台 Steam 2020 年 7 月的数据，《死亡搁浅》同时在线的玩家数量超过 3 万人。“连接”也是小岛工作室宣传时的一个主题。

一些玩家真的被打动了。工作室的社区负责人齐藤昭义记得，为了制作一个玩家视频集锦，他找到开发团队，大家想到了一个合适的人。“有个女孩连续直播了 3 天游戏，一边玩一边哭得很厉害。”齐藤昭义回忆。这些用户的反应让他觉得，这才是真正值得纪念的。

他还用绳子和棍子打了个比方。他认为，很多游戏，甚至整个世界的潮流都是“棍子思维”，你要追赶其他人，要打败敌人，但《死亡搁浅》不一样。“我们更想用‘绳子’的策略，让朋友和好东西往你身边聚集。我把‘连接’当成一个品牌主题，它后来也成了我们工作室第一个游戏的主题。”他说。

齐藤昭义期待更多人关注小岛工作室。去年，工作室的一个运营目标是让更多人关注他们的社交账号。因为收到了许多国际用户的评论，现在除了用日语和英语发推特，他们也开设了各种小语种的推特，比如西班牙语、德语、意大利语、阿拉伯语、葡萄牙语、法语等，还在俄罗斯社交网站 VK 安了家，你也可以在微博上搜到“小岛工作室”。

新的一年，小岛工作室很忙碌，为了专注于新的开发计划，小岛秀夫不太接受采访了。齐藤昭义说，科技在迅速迭代更新，团队试图引领娱乐领域的未来，挑战游戏这个信息载体。“十年前，没人知道 AI（人工智能）可以用于汽车，也许五年内，我们没法再定义什么是‘游戏’。”

2021 年 1 月，纽约游戏奖和小岛秀夫远程聊聊了他的行业经历，他也对年轻的游戏制作者们说了一段寄语。

PART 8

Eric = Eric Johnson

Eric Johnson 是小岛工作室的 AI 程序员。他来自美国，在游戏行业待了十三年。Eric 曾在开发《古墓丽影》系列的美国游戏公司 LucasArts 及开发太空沙盒网络游戏《星战前夜》（*EVE Online*）的冰岛游戏公司 CCP Games 工作。

Eric 的编程梦始于 9 岁。那年，他爸爸把一台电脑捎回了家，试玩过后，他萌生了用代码做游戏的念头。在高中，他自学编程，大学时选计算机专业，一切都指向游戏。“我想，不太有人从 9 岁到二十多岁都能坚持做同一件事。” Eric 补充说。他的梦越来越大，舞台也从家乡小镇逐渐升级，一直到了加州旧金山，最后在东京“通关”。

Ludvig = Ludvig Forssell

你能在《死亡搁浅》的原声大碟上发现 Ludvig 的全名 Ludvig Forssell，他来自瑞典，后来到挪威生活过一段时间。Ludvig 既是一名作曲家，也是《死亡搁浅》的音响导演，如今算是一名自由职业者。

和“一根筋”的 Eric 不同，Ludvig 飞来日本时毫无规划，也没决定要做游戏。他只知道一件事：音乐让他快乐。后来他爱上了东京这座城市，选择以制作游戏的音乐和音效谋生——据 Ludvig 说，他在东京差不多度过了“整个二十多岁的生涯”。在 Ludvig 看来，比起电影，游戏是一种互动性更强的媒体，玩家也可以参与创作。

> 十年前，没人知道人工智能可以用于汽车，也许五年内，我们没法再定义什么是“游戏”。

聊聊你的日常工作

程序员 VS 作曲家

Eric: 我在 NPC（Non-Player Character，非玩家角色）团队，和其他成员一起开发 NPC——那些游戏里是敌人、盟友或中立的虚拟角色，以及玩家会用到的支持系统、导航、感知和动画。NPC 团队里的 AI 程序员需要熟悉游戏 AI 技术，比如决策系统、状态或者行为树。你也要懂一点算法，举个例子，怎样让一颗星星的移动路径在导航时派上用场。除 AI 知识之外，你需要数学，主要是线性代数和三角学，还有最基础的计算机科学算法。

Ludvig: 我是少数几个拥有自己办公室的人，所以我可以专心地用设备写曲子，不必担心打扰到其他人。但我的角色不那么传统。过去几年里，很多事我都是边工作边学的。音乐创作的艺术性很个人化，公司里没有老师会告诉你该怎么写曲子。你可以把我的工作归结为两件事：做音乐，并且确保游戏时你的音频体验足够愉快。

说一件职业生涯里印象最深的事

大地震后，他决定留下

Ludvig: 我的答案可能有点怪。3·11 东日本大地震和海啸发生后的几星期，我入行开始了第一份工作。我只觉得那时候很明智。地震一来，我不得不考虑很多事——到底要不要留在日本？我当时不知道会不会留下来找工作，甚至不知道未来要发生什么，等到安顿下来，我更加确定要在日本游戏行业发展。

为什么选择到东京工作？

Eric 的周密计划 VS Ludvig 的发现之旅

Eric: 我从小一直认为大城市是一切精彩发生的地方，长大后也很想住在大城市。那时候我在家里玩红白机，玩到了很多来自日本的游戏。

随着事业发展，我的目标也从小变大。最初是想做游戏，然后我想在大城市里用 AI 做游戏，再到在日本的大城市里用 AI 做游戏。我就是这么过来的。在美国进入行业，搬到洛杉矶，从游戏程序员转到 AI 领域，再搬到了更大的旧金山，又从旧金山到东京，现在待了快七年，也结了婚——东京还是世界上最大的城市吗？

Ludvig: 我在东京已经待了十四年，20 岁以来都是在这里度过的，我觉得自己一直在东京成长。老实说，要是让我现在回老家，我都不知道在那里该怎么当一个成年人——我之前只是在那里上学。我的家乡也许没有 Eric 的那么小，但也肯定不是大城市。高中除了玩音乐以外，我根本找不到乐子，也完全不知道自己想做什么，更没有任何关于上大学的具体计划。

我来日本是因为朋友的邀请。在我们那边，读完高中，你很容易找工作，也很容易攒够钱来日本——我俩真的很爱日本文化，当时也就打算这么开始。一个星期后，我坐上了开往挪威首都的巴士，准备找一份狗屎工作，在奥斯陆上了 8 个月的班就飞来了日本。某种程度上，我所寻找的一切终点恰好在东京。

到日本后 1 个月，我意识到自己“想待久一点”。这里真的很有趣，从来没有一天不高兴。我在东京一所学校继续学习音乐，最后在这一行找了工作。现在这座城市绝对是我在地球上最喜欢的地方。东京永远不会变老，能在这里谋生，和她在一起，也算得上双倍惊喜了。

给行业新人们一些建议

能力只是基础，关键还是团队协作

Eric: 这份工作很有趣，令人兴奋。我做了很长一段时间，仍然喜欢它。但这个行业竞争激烈，工作时间长，所以你很难入行，却很容易疲倦和离开。作为一个工程师，我的建议是要有扎实的计算机科学背景。你不仅要能写出正确的代码，还要有算法和数据结构的知识，这样可以尽可能高效地产出。

当你要和其他系统合作，就有可能接触到所有系统。关键在于你必须懂得如何跟他人合作。如果你是工程师或者 AI 程序员，游戏设计师可能会有一个很好的点子，但却超出了我们现有硬件的能力范围，所以你的沟通能力就很重要了，这样才能在梦想和现实之间抓住平衡点，而这也取决于你的技术。

Ludvig: 我觉得游戏开发经常遇到的一件事就是有人被边缘化。毕竟一大堆人一起做一个产品，各有不同技能，所以要多了解整个流程。这也是我作为音响导演的回答。音效总是被扔在后面，从来没有人做一个时间表，你总会被推到外面去。

我认为，我们这个行业里，更多人需要意识到，这不仅仅是游戏设计，不仅仅是规划、整合很多东西。它更复杂，要付出沟通等看不见的努力，才能创造出我们现在看到的游戏。

很少有人能够独自完成一个游戏。有整合游戏的兴趣很重要，这意味着你可能对整个流程部署有兴趣，能在自己的专业领域外接受许多不同的知识。可能你得入行后才会注意到这些，比如说，如果团队里有人总是想尝试新玩意儿，那么你要想想，什么才是新的，什么是有趣的，什么是未来的趋势，这绝对很重要。

虽然有些寂寥，但粉丝们心里也明白：一个时代过去了。

岚和“杰尼斯时代”的落幕

text／邢梦妮

杰尼斯事务所旗下的偶像团体“岚”。过去，你很难在日本的媒体上看到杰尼斯偶像的照片，因为他们的肖像权被事务所严格管控。

2020 年 12 月 31 日，第 71 回日本红白歌会上，白组的第 12 组表演嘉宾尤其牵动人心。那是日本男子偶像组合“岚”最后一次登上这场相当于中国“春晚”的国民节目的舞台。

岚的故事始于 1999 年 9 月炎热的夏威夷。记者们聚集在一艘邮轮上，他们都是日本娱乐经纪公司杰尼斯事务所（Johnny's）请来的。摄影师将镜头对准面前的 5 名少年，听到他们说出组合的名字：岚。

杰尼斯已经很有名气，就在前一年，它旗下的男子组合 SMAP 的单曲《夜空的彼岸》（夜空ノムコウ）在日本售出了 100 万张，成员活跃于综艺节目，经常出现在电视荧幕上，其中一位是红遍亚洲的木村拓哉。

岚共有 5 名成员，分别是大野智、樱井翔、相叶雅纪、二宫和也和松本润。他们都在十多岁的时候接受面试，加入杰尼斯事务所，成为通称“Johnny's Jr.”的练习生，参加演艺活动的同时，在周末接受各种课程培训。

杰尼斯专注培养男子偶像，会定期让 Johnny's Jr. 成立组合，把他们包装出道，但这也是一场赌博——不是所有人都会大红大紫，少年们可能为了其他梦想离开演艺圈，公司的投入就全要打水漂。

夏威夷记者会后两个月，岚凭借单曲《A·RA·SHI》正式出道。此后十几年，就像名字所寓意的“狂风骤雨”一样，这个组合横扫整个日本娱乐业——音乐 DVD 销量位居日本历代第一，5 次夺下日本公信榜歌手部门销售额年度冠军，连续五年担任红白歌会主持人，甚至连日本政府都请他们担任观光宣传大使。

从收益和知名度来看，他们是杰尼斯成立以来最成功的组合之一。岚逐渐接过了日本“国民偶像”的称号，这个称号曾属于它在杰尼斯的前辈团体 SMAP。

虽然已经算得上长寿，但岚还是在成立二十年时迎来终结。2019 年 1 月 27 日，岚通过杰尼斯粉丝俱乐部的

> 喜多川想起了自己曾痴迷的百老汇——为什么日本人不能这样呢？

网站，宣布会在 2020 年年底停止活动。

这对粉丝来说当然是坏消息，但冲击更大的消息还在后头——半年后的 7 月 9 日，杰尼斯事务所的创始人约翰尼·喜多川（Johnny Kitagawa）去世，享年 87 岁。

粉丝们才意识到，一个时代即将结束。

当我们谈到日本的偶像文化时，多数也逃不开这位约翰尼·喜多川。

1952 年，喜多川在美国大使馆找了一份翻译工作。他出生于洛杉矶，后来在那里念了高中，到剧院打工，他还为到美国表演的日本国宝级歌唱家美空云雀做过翻译。

但喜多川真正以制作人身份进入演艺圈是 20 世纪 60 年代的事了。在宿舍附近，喜多川答应担任孩子们的棒球教练。棒球在 19 世纪末由美国人带到了日本，两国经常举行棒球交流赛，让喜多川来做这件事再好不过，他也喜欢运动。正当他们为起名发愁时，一个叫青井辉彦的少年说："既然是约翰尼先生当教练的话，那队伍名就叫'约翰尼的队伍'（Johnny's）不就好了？"

有一天，因为下雨不能训练，他带着"约翰尼的队伍"里的几个孩子去电影院打发时间。热映的电影是《西区故事》，主角们在纽约曼哈顿的街头又唱又跳。喜多川想起了自己曾痴迷的百老汇——为什么日本人不能这样呢？

20 世纪 60 年代初，日本的娱乐行业还很单调，音乐主要是传承自江户时代的"演歌"。此外，娱乐经纪的体系也不太完善，但已经出现了经纪公司。爵士音乐家渡边晋创立了一家"渡边 Production"，有意识地培养新人，引入经纪人、版权等制度，改善文艺工作者的地位。

喜多川在池袋找到了一家合适的事务所，让棒球队的孩子去学表演和唱歌。曾在池袋活动的演歌歌手秋湖太郎记得，喜多川总是开着一辆白色汽车来看排练，座位上堆着孩子喜欢的糖果、罐头和饮料。"因为在美国长大吧，他总是喜欢用'you'称呼别人，'这个就麻烦了，you'，这样拜托别人。"秋湖太郎回忆道，那时男子合唱组合 3 Funkies 很火，但喜多川聊起他们却会呢喃"还不够"。

1962 年，作为渡边 Production 旗下的

公司，杰尼斯事务所成立，1965 年完全独立。随后的二十年，喜多川和团队一直在尝试培养各种类型的男性艺人，比如中国偶像团体“小虎队”的原型“少年队”。杰尼斯的艺人们总是对着镜头微笑，展现出青春活泼的样子。

但偶像产业也并非永远稳赚不赔。20 世纪 80 年代末，日本偶像产业进入了一段约十年的“冰河期”。对于唱跳节目中遥不可及的偶像，人们不像 80 年代有那么大的兴趣了。杰尼斯的音乐作品和电视节目都卖不动了，这对于 1988 年在电视上出道的新组合 SMAP 来说，不是个好时机。

因为接不到工作，SMAP 不得不去尝试只有搞笑艺人才会去的综艺节目。这些节目可不顾忌什么形象，就是为了好玩和博眼球才设计的关卡，有些还会导致参与者骨折。

没想到，尝试综艺反倒让 SMAP 的事业有了起色，人们发现，偶像并不需要是完美的，也可以有好玩的一面。这个经营方向的变化背后，有一个新的关键人物：饭岛三智。她经山口百惠的经纪人推荐进入杰尼斯，后来当上了 SMAP 的首席经纪人。饭岛三智相当有执行力，让 SMAP 成了综艺节目《梦是 MORI MORI》的座上宾。

就这样，综艺渐渐成了杰尼斯艺人的一种传统，这是日本“多栖艺人”的雏形。但喜多川仍然强调音乐的影响力，尤其是红白歌合战这种国民节目。SMAP 一共在红白出场 23 次，其中 8 场拿下了节目收视率第一。

这种综合路线也被岚延续下来。在上海生活的江春茵 2012 年通过日本电视剧《流星之绊》和《温柔时刻》认识了岚的成员二宫和也。她当时还是一名大学生，这是她第一次追星。从电视剧，到拍摄岚的人物纪录片《情热大陆》，再到岚主持的综艺节目。她爱上了这个团体。

尤其是综艺，5 名成员在节目中的表现，让江春茵觉得他们真的互相关爱，不仅仅是同事关系。这种成员间的良好氛围也会提升岚的广告价值。《宣传会议》杂志董事田中里沙举例说，日立曾请岚拍过广告，重要的原因就是团队“关系融洽”的形象，能让日立这种严肃的大公司变得更亲民。

对江春茵来说，岚的魅力就在于人性，她不太在意成员帅不帅气，反倒更欣赏这种直言不讳的人。“（岚）没有很强的商品感和工业感，”江春茵说，“其实他们唱跳也不是很好，什么刀群舞，杰尼斯都没有。”刀群舞是韩国文娱产业里的一个词，专门指那些动作整齐划一的群体舞蹈，在她看来，虽然这是业务能力强的表现，可高度标准化也缺少吸引力。

江春茵翻了很多二宫和也的影视作品。二宫和也从偶像跨界做演员，出演过不少作品，其中还包括克林特·伊斯特伍德导演的电影《硫磺岛的来信》。她经常忘记自己“在追星”。“那些都是认真的作品，本身非常棒。同时，他在综艺里又是最有‘梗’的那个。”但她承认，自己没有以前那么狂热，近年来对杰尼斯的喜欢淡了。她个人的转折点是 2018 年。

“你还记得《偶像练习生》吗？”江春茵说。在朋友的大力推荐下，江春茵也去看了那档所谓的“养成类真人秀节目”。109 名艺人组成组合，在台上表演，通过网络票选等形式测算人气，最后留在舞台上的胜者出道。

杰尼斯的“资本局”

杰尼斯集团（Johnny & Associates, Inc.）旗下关联企业一览

公司名称	业务范围	业务主要内容
ARTBANK	● 网络运营 ● 网络内容版权管理	成立于 2019 年，该公司运营手机移动端网站 Johnny's web，主要负责管理偶像的内容版权和肖像权，包括要求网站或个人删除未经授权的照片和视频。
M.Co.	● 出版发行 ● 影像制作 ● 广告企划	负责制作事务所旗下艺人的限定周边产品，如海报、T 恤、荧光棒等。
J Storm	● 唱片及影像制作	原本是专为杰尼斯人气偶像组合“岚”（ARASHI）服务的唱片公司，这也是公司名称的由来。2019 年由于集团业务调整，内部已重组唱片事业部。
J Base	● 经营商店 Johnny's Shop ● 出版发行	运营杰尼斯事务所周边产品的零售商店，同时发行粉丝俱乐部刊物、《Jr. 名鉴》等出版物。
Johnnys' Island	● 培养杰尼斯事务所练习生“Johnny's Jr.” ● 运营视频网站 ISLAND TV	2019 年 1 月成立，同年 7 月开设网上商城 Johnnys' ISLAND STORE ONLINE。该公司社长为 2018 年解散组合“泷与翼”的前成员、现任杰尼斯事务所副社长的泷泽秀明。
Johnny's 出版	● 管理音乐版权 ● 制作唱片原盘母带 ● 培养作词者、作曲家、编曲家等 ● 房地产租赁	该公司曾发行杰尼斯事务所的演唱会节目单。
Johnny's Entertainment Inc.	● 唱片制作	为人气组合 KinKi Kids 的 CD 出道而成立；2019 年 5 月，集团将该公司的业务转让给了 J Storm。
Johnny's Music Company	● 制作唱片原盘母带 ● 管理、开发及企划音乐版权相关产品 ● 培养作词者、作曲家、编曲家等 ● 培养演员、舞蹈家、音乐家、歌唱家等表演者，并从事演艺经纪活动 ● 制作、销售、租赁及放映电影和广播节目	原名为 Music Mind，业务范围限定于唱片的发行制作，但于 2020 年更名后，扩大了业务领域，开始从事培育人才、演艺经纪、舞台企划等商业活动。
TSUZUKI STUDIO	● 设备及场地租赁	位于东京都港区的公司，运营排练室和录音室，1991 年成为杰尼斯事务所直营的公司。
东京·新·Globe 座	● 运营剧院“东京 Globe 座”	建于 1988 年、位于新宿百人町的剧院，曾由松下电器运营，但因为持续亏损，于 2002 年被杰尼斯事务所收购 。
YOUNG COMMUNICATION	● 演唱会和舞台娱乐	与票务部门“演唱会事务局”共享粉丝俱乐部信息，向 Johnny's Family Club 的成员们销售门票。
UNISON	● 制作电视节目、电影、电视剧、广告 ● 音响效果	目前为日本朝日电视台制作了两档综艺节目，分别是与知名主持人“贵妇松子”合作的《夜巷徘徊》以及《池上彰的新闻是这样的吗！》。

资料来源：根据杰尼斯集团官方网站、法人信息检索网站 JCN 等公开资料整理。

SMAP 不得不去尝试只有搞笑艺人才会去的综艺节目。没想到反而让事业有了起色。综艺渐渐成了杰尼斯艺人的传统，这种路线也被岚延续下来。

那边的热闹逐渐夺走了她的注意力。她忍不住看了一集，“蔡徐坤穿渔网装跳舞，我都没看完，但微博上火得一塌糊涂。”她开始喜欢中国的新人偶像。

江春茵承认，追杰尼斯的明星挺有压力，“规矩”很多。“不花钱就是‘白嫖’，是很大一桩罪。我当时还是个大学生，没有什么零花钱。”她说，自己和具有高消费力的粉丝基本不会玩到一起，因为“买的周边多，话语权才大”。

江春茵动过花钱的念头，但杰尼斯复杂而落后的系统让人失望——一切对于海外粉丝来说太不友好了。“东西你只能在官网买，要加入他们的粉丝俱乐部会员，要有当地的地址，要用邮局汇钱，简直是搞奢侈品的心态。”她评价杰尼斯“门槛设得太高”，还开玩笑说，“只有驾驭这些规则的人才能成为‘高贵的日饭’。”

对杰尼斯来说，烦琐的手续和规矩可以留下最忠心耿耿的粉丝，但他们保守的运营模式也会遭到诟病。

2018 年起，杰尼斯才缓慢推进艺人照片版权的开放。2019 年成立了子公司 ARTBANK，运营手机端官网，管理偶像肖像权。在这之前，杰尼斯对旗下艺人的肖像权管理严格，这么做是为了让粉丝去购买官方的艺人照片。这也是上文江春茵所说的周边的重要组成部分。日本媒体提到杰尼斯偶像时，都只能用黑色剪影代替，被一些粉丝讽刺为“柯南嫌疑人一样的引用”，更不用提网络宣传了。

这家公司很晚才开始推进数字化内容，很多艺人一直没有社交账号，至于岚的 YouTube 账号，也是 2019 年夏天才启动的。按照江春茵的说法，动作慢得“就像外公学用智能手机”。

最近这几年，江春茵听到了更多关于杰尼斯艺人的丑闻。

“所以，听到岚说‘活动休止’，我的反应是，就像一个帝国日落西山了吧。”江春茵感慨。

这种对杰尼斯的悲观判断，第一次出现是在 2016 年。日本社会学者太田省一曾在著作《杰尼斯的正体：文娱业战后史》中把 2016 年称为杰尼斯的“灾难之年”：1 月，一家八卦周刊爆料杰尼斯集团高层对立，引发外界对集团分裂的猜测。8 月 13 日深夜，有网络媒体传出 SMAP 将解散的风声，太田省一以为是误报——SMAP 已出道二十五年，长到所有人都习惯了。

结果杰尼斯随即发表公告证实了这一消息。“从早到晚，电视台、报纸、杂志、网络，只要是能被叫作媒体的东西，都在不断报道这件事。”太田省一把这件事定义为“在日本文娱史上留下痕迹也不为过的大事件”。

不过，在东京工作的另一名杰尼斯粉丝刘悦并不觉得杰尼斯已经日落西山。“其实我接触到的一些日本人仍然觉得杰尼斯垄断了整个男性偶像市场，这个局面现在也没有变。”根据公开资料，杰尼斯事务所是和吉本兴业、渡边娱乐平起平坐的大型娱乐经纪公司，掌握着 90% 的日本男子偶像团体。

刘悦说，在粉丝之中有一个逸闻：如果艺人得罪了杰尼斯，就无法出现在公众媒体上。这个传闻不是没有根据。早在 20 世纪 60 年代，杰尼斯开创了新的版权分成模式，会给电视台三分之一的报酬，以此击败了不愿让利的老东家渡边 Production，与娱乐业的核心机构电视台形成强绑定关系。

喜多川去世前，曾钦点旗下艺人泷泽秀明担任集团副社长，他也负责管理和培训 Johnny's Jr.，就在 2021 年 1 月 16 日，杰尼斯事务所宣布从 2023 年开始引入 22 岁毕业制度，没有与公司谈妥未来发展路线的 Johnny's Jr. 要按时“毕业”，离开公司。这意味着公司不再给年长一些却又没法出道的练习生“养老”了。

刘悦觉得这是好事，因为这象征着“杰尼斯从一个家族小作坊走向了规范的大公司”——喜多川的姐姐今年已经 93 岁，参与过杰尼斯创业，她的女儿如今也任公司高管。

在粉丝里，像刘悦、江春茵这样善于分析和搜集信息的人并不少，有些“粉龄”超过十年，自己也成了半个专家，熟知各种偶像和公司间的“利益关系”，形成了一套独特的话语体系。这些话听上去或许都挺有道理，但大多只是粉丝的推测，他们也只能通过八卦媒体抠到一些线索。

杰尼斯就像是个谜——这家公司并不想外人轻易找到他们。杰尼斯官方网站上连一个针对媒体的联络邮箱都没有，这意味着想接近他们得靠智慧或者关系。粉丝俱乐部成员倒是可以登录网站反馈问题，但网站表单限制了任何“说废话”的机会，将沟通内容局限于售后和运营服务。

这种对待粉丝的姿态背后，是一种基本的商业逻辑——偶像是产品，事务所是生产者和销售者，粉丝是购买者，所以粉丝只需要被动地去接受生产者提供的产品就可以了。他们不需要和生产者有什么互动。这与现在中国内地粉丝与经纪公司基于社交网络深度关联的模式有本质区别。

“

即使加入杰尼斯粉丝俱乐部，也只能得到一个演出抽选机会，
其他公司却大多会给 VIP 待遇。
有粉丝会问：“那我为什么要自找麻烦呢？”
杰尼斯很晚才开始推进数字化，很多艺人一直没有社交账号，
动作慢得“就像外公学用智能手机”。

”

以 SMAP、岚为代表，杰尼斯偶像团体的“服役期”越来越长。杰尼斯以少年出道的“养成系偶像”出名，粉丝和偶像也在一起成长。杰尼斯的粉丝也因此更长情。2020 年，岚的成员平均年龄为 38 岁。老粉丝对他们的心态已经接近家人。不过，虽然杰尼斯的头部团体“服役期”很长，但依然得遵守一些偶像职业不成文的规定，比如说不能恋爱、结婚。虽然杰尼斯对此没有明文规定，但凡是爆出绯闻的偶像，事业多少会受影响。他们可能需要牺牲个人生活，才能维持形象。

SMAP 的木村拓哉算是异类。当年，他在人气鼎盛时宣布结婚。粉丝们最终接受，此后木村拓哉保持超高人气至今。如今，他的女儿们也都进入了娱乐圈。另一方面，岚宣布解散后 10 个月后，成员二宫和也宣布结婚，2021 年 3 月，他的女儿也诞生了。但此时的波澜与争议的势头，已不及当年木村拓哉结婚的年代。

《偶像国富论》的作者境真良给出了另一种思路：岚会带动日本工作方式的改革趋势。他曾为日本政府经济产业省的文化产业课工作。接受《日本经济新闻》采访时，他表示，日本人一般对于“人”有两种看法，一种是人力资源，另外一种是每个人都有各自的人生。“此前，公司一直要求员工切合前者……现在，公司必须适应后者。更多人想依靠工作自我实现。”

不管如何，杰尼斯这个庞然大物不得不带着旧时的荣光重新上路。2019 年，杰尼斯宣布和直播公司 SHOWROOM 合作，投资由真人扮演的虚拟偶像。在由泷泽秀明担任最高负责人的 Johnnys’ Island 网站，你能观看到 Johnny's Jr. 的网络节目。至少，这家公司在积极地拥抱数字化浪潮。

2020 年 1 月，杰尼斯的新组合 Snow Man 出道，成员向井康二宣言：“我们想成为比岚更厉害的国民偶像！”不同于岚，他 2006 年进入杰尼斯事务所，做了将近十四年 Johnny's Jr. 才得以出道。Snow Man 的目标是“活跃于世界舞台”。

“国民偶像”已经走下舞台，但他们的神话仍未结束。

（应受访者要求，刘悦、江春茵为化名）

PART
08

初见东京
你可能会惊讶于
它的宽容感与多元化
各种人总能找到
适合他们的某个角落
紧接着
你会发现这些宽容背后
可能藏着大城市的冷漠
甚至与社会与文化各领域
存在千丝万缕的联系
好在
这些有个性有主张的人们
依然还在

多元化：自在生活与自我认知

PICTURE INSIGHT

御宅族 / 御宅族不是宅在家里的人，也不等于“二次元”。20 世纪 70 年代，“御宅族”（オタク）这个词发明时，指的是对某个细分文化的狂热爱好者，除了动漫、偶像、铁路等常见的“宅”外，也有地图宅、超频宅等小众到外人无法理解字面意思的宅。御宅族这个词最初确实带有揶揄意味，这个群体也曾在日本被污名化。但如今，随着一代代的御宅族发展壮大，并且延伸出诸多产业，人们越来越能接受和理解——这不是一群离群的怪人，只是特别喜欢某些事物而已。（text / 刘迪新）

女仆咖啡厅 / 如果去过秋叶原街头，你或许见到过穿着黑白法式女仆装拉客的女仆咖啡厅店员。2001 年，第一家女仆咖啡厅 CureMaid 在这里开业。现在秋叶原也是世界上女仆咖啡厅最集中的街区。女仆咖啡厅是一个尽可能塑造“萌的氛围”的世界。“让食物变好吃哦，萌萌 Q！”这是现在大多数女仆咖啡厅里，店员将食品端上桌时与客人互动的“魔法咒语”。在这里女店员身着黑白法式女仆短裙，扮成女仆的样子，在进门时用“主人，欢迎回家”代替“欢迎光临”。在女仆咖啡厅，蛋包饭是番茄酱的画布，糖浆是咖啡奶泡的画笔，食物需要你与女仆用共同的“魔法咒语”来召唤。不过，最早的那家女仆咖啡厅其实没那么萌，它是维多利亚风格的，那里的“女仆”身着长裙，也没有“魔法咒语”。（text / 刘迪新）

池袋乙女街／东池袋商业综合体 Sunshine City 西侧，有一条“乙女街”，翻译过来就是少女街。如果只看这个名字，你或许会觉得这是一条被粉红色填满的街道。然而，这里其实是女性动漫爱好者的聚集地。200 米长的道路边，漫画书店与动漫周边店密布，它们以贩售 BL（Boy's Love）相关的漫画与周边为主。与秋叶原的女仆咖啡厅相对应，这里还聚集着各种“执事咖啡厅”，男店员扮作动漫里管家的样子，身着燕尾服，在客人进门时说上一句“欢迎回家，大小姐”。（text／刘迪新 photo／陈伊宁）

animate / 1987 年诞生于东京池袋的 animate 是日本销售 ACG（动漫、漫画与游戏）及其衍生产品的最大的连锁店。如果你不熟悉动漫，animate 会让你吃惊，原来二次元的内容分类可以这么细。如果你是一个二次元爱好者，那么 animate 是一个“宇宙”，任何小众的爱好、周边都可以在那里找到。animate 还开设了自己的咖啡店，定期与不同的 ACG 作品合作，在店内推出联名食品或是限定周边。它就像唱片黄金时代的 Tower Records 唱片店，是一个行业的标志。（text / 刘迪新 photo / 陈伊宁）

提起新宿二丁目，每个人心中可能都有很多“标签”。
我们带你走近这些标签背后的现实世界。

goodbye, hello, 新宿二丁目

text／夏颖翀 陈紫雨 photo／陈伊宁 陈紫雨 Yasu

photo / 陈伊宁

人们可能会带着各种想象去寻找新宿二丁目，但它看起来实在是一个太普通的东京街区——甚至还有些脏乱。小酒吧隐藏在一个个不起眼的楼面或某个角落，做的就是熟客生意。

性少数人群的聚集区、荷尔蒙四溢的“猎艳圣地”、酒精度饱和的“午夜天堂”——这是新宿二丁目容易被人们贴上的标签。

新宿的一丁目是住宅区，三丁目是商业区，二丁目夹在中间，又被新宿大道分成了南北两区，人们口中常说的“新宿二丁目”其实仅指 gay bar（男同性恋酒吧）集中的北侧。对这里的常住民而言，出了北侧区域就算是出了“二丁目”，泾渭分明。

在新宿二丁目，四百二十多家酒吧沿着约240米长的中心主干道“仲街”错落分布。你很难在街上一眼发现它们，因为大多数酒吧都隐藏在沿街的楼房内部。也只有走进去，你才会发现真实的新宿二丁目与那些标签并不一样。

胆固醇

“胆固醇”是新宿二丁目最著名的酒吧之一。它有两个店面，相隔不到10米，老店不到10平方米，只能容纳三四个人。2013年开张的二号店也不过20平方米，J型吧台周边最多能坐十个人。

2013年，老板拓也在日本深夜综艺《德井义实的拉链拉下来》的“矛盾大对决”单元中登场；同年，在台湾综艺《康熙来了》中露面，从此成了新宿二丁目最著名的“拓也哥”。

几乎每晚七点半到凌晨一点，拓也通常在一号店厚厚的防盗门后招待“重要顾客”。而更为宽敞的二号店由员工Chimama负责，招待普通客人。

“二十年前离家后，我开始干起了这一行。” Chimama前后忙碌，有一搭没一搭地用着“オネエ言葉”（即有意地使用女性常用词汇和语气的说话方式）搭着话，“讨厌！可不要猜我的年龄哟。”他用双手捂住嘴，语气里满是调笑。

在他“出道”的上世纪末，新宿二丁目仍带有浓厚的地下边缘色彩。不像现今，胆固醇几近观光景点，来店客人有在周末专门从地方上东京的来访者，更有如今占据客流4成的来自中国大陆、台湾、香港的客人。他们基本都是为了看一眼拓也哥。

为了提高翻台率，胆固醇采用了在服务业中显得有些局促与不耐烦的“1小时翻桌制”。入场费加第一杯饮品为2000日元（约合120元人民币），在消费均价800—1200日元的新宿二丁目，胆固醇开出了更高的价钱。

随着2008年副都心线的开通，新宿三丁目站周围地价走高，每月都有店铺因无法负担租金而关门。这样的背景下，胆固醇算得上“长寿”了。

而胆固醇其实也只是新宿二丁目悠久历史的一小片波纹。日本学者伏见宪明曾在《同性恋的“经验”》中认为，新宿二丁目同性文化的形成可以追溯到1951年gay bar“易卜生”（イプゼン）的开业。当时报刊上的相关报道为易卜生带来了大量客人，渐渐地，新宿车站附近有越来越多类似的酒吧开始涌现。

20世纪50年代，新宿站作为东京副都心圈的交通枢纽快速发展，新宿附近出现了更多女性、儿童的身影。在“提供清洁稳重、无性化的娱乐”的制度背景下，百货店增多，gay bar的生存空间受到挤压，新宿车站附近的gay bar逐步衰落。

1956年，日本国会通过《卖春防止法》，1958年正式开始实施，这也终结了江户时代以来的著名红灯区新宿二丁目的性买卖活动。

当时的新宿二丁目“简直就是个空壳，或者说是没有人的‘鬼城’。可对于当时在地下悄悄活动的gay bar来说，却是个刚刚好的地方”。见证了新宿二丁目变迁的酒吧“New Sazae”店主紫苑曾这么对未来预人们看惯了电视上的女装艺人，觉得有趣，开始有所关心。但这并不代表 LGBT 群体已在根本上被接受或人们的观念已经转变。

photo / 陈伊宁

photo / 陈伊宁

隐藏着一代传奇酒吧 New Sazae，不仔细看，你很容易错过那张窗户纸招牌。

想图说。New Sazae 算是这一带的 gay bar 名店，1966 年开业，被称作“二丁目的有形文化财产”。

人少、地价便宜， gay bar 逐渐往此处聚集，地下色彩浓厚的新宿二丁目 gay bar 区的特征逐渐成形。

振兴会

日本的泡沫经济年代也将新宿二丁目推向全盛期，主干道上每夜来来往往都是人。“门口每夜几乎都大排长龙。”紫苑曾这么回忆说。但随着日本的经济泡沫在平成年间破灭，这里和许多曾经热闹的街道一样安静下来。1989 年开业的“碧珊瑚”店主茂回忆，泡沫破灭之后，因无法忍受生活水准落差而自杀的二丁目“妈妈桑”不在少数。

经历了 20 世纪 90 年代的起落，在千禧年之际，当时“东京同志游行”的主办者砂川秀树提出了个有趣的想法，他得到了在新宿二丁目拥有包括酒吧和商店等众多资产的元老级人物川口昭美的支持，他们联合二丁目部分商铺经营者，举办了第一次“东京彩虹祭”。

比起盛行“同志骄傲游行”的欧美，在日本，性别议题远没有得到充分讨论。因此，与其说这是那种传统意义上主张性别权力、较为严肃的骄傲游行，以新宿二丁目为中心的“东京彩虹祭”，更类似于一场“狂欢节”。

在“东京彩虹祭”上，人们就像逛一个常规的夏季祭典，可以买买小吃，甚至喝点酒，观赏异装皇后的演出。觥筹交错，人声鼎沸，“东京彩虹祭”时的新宿二丁目宛如一个大客厅。

“彩虹祭举办的目的在于促进这条街的活性化，获得附近居民的理解，以及加深加盟各店的友好关系。因为期待这个活动的人很多，所以我们决定每年都举办。”曾任新宿二丁目振兴会第三代会长 Toshi 说。

考虑到活动的资金来源和手续问题，“东京彩虹祭”的初代主办者成立了以“促进地区活性化”为宗旨的“新宿二丁目振兴会”，并正式在新宿区商工课登记。新宿区也开始承担活动的部分资金。

目前，振兴会吸纳了一百三十多间店铺加盟，年会费 6000 日元，用于制作每年发行三次的“二丁目瓦板”等纸质宣传品。它们被放置在各会员店，上面载有各店铺的详细信息，以吸引客流。

2020 年 8 月，Toshi 从振兴会会长的职位卸任，除了经营酒吧外，他多了个“群主”的新身份。Toshi 在社交聊天软件 LINE 上邀请新宿二丁目的酒吧经营者们组建了一个三十多人的信息分享群组，互通有无，共同度过疫情那段艰难时刻。

生意

在新宿二丁目一个不起眼的小楼的 2 层，驻扎着 1997 年开业的男同性恋专门（men-only）酒吧 Base。店面跟胆固醇二号店差不多大，但更安静，它的客人主要是 40 岁上下的男同性恋者。

Toshi 正是这家店的老板。“其实振兴会也好彩虹祭也罢，说到底还是为了做好生意。”在他看来——也许会让人感到不可思议——真正关心 LGBT 议题的新宿二丁目酒吧经营者是极少数。参与振兴会的会员们最重视的，还是如何通过加强各店间的联络分享客源这类实际利益。

近十年来，早先大多数为 gay bar 的二丁目迎来了新的成员，以“百合小道”为代表的女同性恋酒吧增加了三十多家。同时，男同性恋者交友方式的变化，也改变了那些推开二丁目酒吧大门的客人的样貌。“网络慢慢发达起来，gay（男同性恋者）们开始在线交友。不像以前，想要找到 partner（伴侣）就得到二丁目。”拓也回忆说，大约从 2012 年开始往后的四五年，“来二丁目的 gay 变少，观光客变多了。这也许是这条街最大的变化。”

New Sazae，这家曾经招待过日本作家三岛由纪夫和皇后乐队主唱弗雷迪·默丘里的酒吧，灵魂里仍然流淌着迪斯科音乐，舞池里闪耀着炫目的光球，人来人往时光流逝，店内却定格在了泡沫经济时期的繁荣光景。如果是工作日，店里几乎都是常客，其中不乏光顾四十一年的老相熟。店主甚至熟知老客人喜欢听哪些曲子。但一到周末，游客们就会涌进门来。

除了 2016 年在客人的劝说下给自己放了一个星期假去法国旅行，自从 New Sazae 开业以来，紫苑从未休息过一天。“我不用智能手机，也不太关心网上怎么介绍我的酒吧。”和一些老派人士一样，紫苑一直在使用翻盖手机。他表示，自己固然欢迎游客，但不会为游客改变自己的风格。

紫苑算是新宿二丁目的传奇代表人物，他于 2018 年 6 月去世。New Sazae 曾经的客人接任成为这家酒吧的第二代老板。总是夹着一支烟，一边跳舞一边与客人聊天的紫苑老板的身影从此烟消云散。

外来者

在新宿二丁目客人中比例越来越高的游客里，不少人其实并非“性少数”，也不了解二丁目的“规矩”——酒吧是面向女性还是男性，是面向所有性向，或是有特定性癖好，又或是收费方式有哪些门道等。因此，虽然酒吧数量众多，若没有知情人陪伴，很多人可能很难踏入。

那些进不去酒吧的人，常常去便利店买些酒水，站在新宿二丁目街边或跑去不远的新宿公园喝酒喧闹。周围居民无法忍受不断增多的深夜噪声和清晨成堆的垃圾，又跑去跟新宿区政府抗议。

人们只能坐下来谈。新宿区政府、区民代表会、二丁目振兴会、二丁目町会四方举办过两次谈话会。当时还是振兴会会长的 Toshi 回忆，自己花了太多口舌去解释那些噪声和垃圾的来源——它们主要来自年轻游客，和既存的酒吧以及同性恋群体没有必然的联系，但是，“居民们很难听得进去”。最后的解决方案，是在“重灾区”新宿公园安装栅栏，并在晚上彻底封锁，以防人群聚集。

越来越多游客的到访，和最近十几年来电视节目中女装艺人（生理性别为男性）的大量登场可能有一些关系。“人们看惯了电视上的女装艺人，觉得有趣，开始有所关心。但这并不代表 LGBT 群体已在根本上被接受或人们的观念已经转变。”Toshi 说。

Toshi 并不喜欢人们把 LGBT 这个词挂在

前任新宿二丁目振兴会会长 Toshi 也是酒吧 Base 的老板。他坐在酒吧里等待着那些熟悉的客人登门拜访。在他看来，真正关心 LGBT 议题的二丁目酒吧经营者是极少数，更多人还是更想做好生意。photo／陈紫雨

> 新宿二丁目也许会成为一个能容纳所有可能性的地方。你需要的都能在这里找到，各种各样的人都能在这里体验到快乐。

01 fancyHim 派对的举办地入口，在有派对的晚上，穿过这道门就进入一个异世界。

02 在 DJ Yasu 看来，二丁目的 fancyHim 派对没有严苛的打碟规则，酒吧老板、店员和顾客都是午夜狂欢的参与者。

01

photo／陈伊宁

02

photo／Yasu

嘴边，“这只是学术上为了大家更好地认识自己所下的定义，我们的群体也是普通人，并没有什么不同。”Toshi 说，“我们并不特别，我的喜欢与不喜欢，是来自每个个体，并不会因为他们来自哪个群体而有所改变。”

但新宿二丁目的名气还是越来越大。结伴或独自前来的女性客人的身影比往年多了不少。“二丁目的酒吧在整个东京来看，相对而言消费较低。而且在 gay 面前，女性感到非常安全，无论是感情还是工作，都可以畅所欲言。”Chimama 说。

这些“外来者”让原先活跃在二丁目的“性少数”人群越来越感到“有负担”。“很多 gay 都往新桥、上野、浅草、涩谷转移了。”在 Toshi 看来，很多 gay 一是担心在二丁目遇见熟人，二是女性和游客的存在，让他们仍然无法摆脱“白天拼命伪装着的自己”这种状态，无法得到真正的放松。

Toshi 仍然想象着二丁目的未来——“也许会成为一个能容纳所有可能性的地方。你需要的都能在这里找到，各种各样的人都能在这里体验到快乐。”

fancyHim

也有新的人群在享受二丁目的独特氛围。

2016 年，在美国服饰品牌 American Apparel 和新宿二丁目的联合派对中，DJ Yasu 第一次来到二丁目打碟，在此之前，他对 LGBT 群体并没有特别的印象。

“这里的酒吧和涩谷、六本木的完全不一样。”Yasu 说。通常，日本的酒吧（夜店）对 DJ 要求严格。DJ 的歌单根据酒吧风格已经基本被规定好，待上一整夜，音乐风格也不会有太大变化。对于喜欢不按常理出牌的 DJ 们，酒吧管理者会露出不满的表情。

“在二丁目，一切皆有可能。”Yasu 坦言，前一秒钟大家听到的是嘻哈音乐（hip-pop），下一秒也许变成电子音（edm），音乐只跟着 DJ 和顾客的现场情绪走。没有人在意今晚的 DJ 是资深音乐人还是刚入门的新手，也没有管理人员会刻板地说“no”。酒吧老板、店员和顾客都是午夜狂欢的参与者。

大部分参加过新宿二丁目 fancyHim 派对的人会用“感动和自由”形容这场异类都市音乐派对。这是新宿二丁目两个月举办一次的定期活动。从第一次举办到今天，也有十五年左右的历史了。

夜色渐深，新宿二丁目大大小小的酒吧开始忙碌起来。如果不知道 fancyHim 的入口处在哪里也不要紧，临近活动开始，身着闪闪发亮的奇装异服的人在二丁目某处小楼门口排起长队。对于习惯穿着低调、色彩柔和服装的日本人来说，这样的场景非常少见。而通过狭窄而不起眼的入口处，他们即将到达另一个独一无二的异世界。

等待入场的人们也许是东京最有表现力的艺术家、服装设计师与化妆师，也许是普通的同性恋者、上班族、学生。隔离了外面的条条框框，结合每期派对的不同主题，在短暂的夜晚时光里参与者用服装、音乐、酒精、舞蹈来相互沟通，寻找灵感和表达自我。

“理解所有事情的发生，接纳一切可能，这就是二丁目的自由吧。”Yasu 说。

在风气保守、小心翼翼、讲究不得罪人的日本社会里，她大胆的发言让很多人找到了共鸣。

“电波艺伎”松子的综艺人生

text／邢梦妮 illustration／于玚

“我很憧憬艺伎和女招待，如果生为女人一定会想做那些工作。我想这其实是我正在做的事。”

这段话出自 2018 年的一档对谈节目。松子身着她经典的女式礼服、盘着簪发，妆容一丝不乱。如果这是你第一次看到松子，你或许会有些惊讶。她身高达 180 厘米，体重超过 140 千克，散发着十足的存在感——尤其是当你发现，她对面坐着以英俊著称的“日剧天王”木村拓哉的时候。

艺人 Deluxe 松子，大家一般亲切地叫她松子。Deluxe 在英语中指“高档的”，再结合她总是穿着礼服裙的形象，在中文世界里有人把这个名字翻译成“贵妇松子”。

松子和那部著名的电影《被嫌弃的松子的一生》没有任何关系，但在日本同样无人不知。以日本最大的电视艺人人气排行榜“艺人权力榜单”为例——每年，日本主流媒体《日本经济新闻》旗下的娱乐杂志都会为此制作特辑，而松子曾在 2016 — 2018 年蝉联榜首，2020 年则排在第 4 位。你能在所有核心电视台看到她的身影。

和新垣结衣、绫濑遥这些演员不同，松子 35 岁时才登上电视荧幕，那时她还不是什么主持人，只是因为“变装皇后”的身份吸引了眼球。

这就要从头说松子的经历。

松子毕业于东京一所美容专科学校，后来她当上了美发师，时常对着启蒙她审美的时尚杂志《花椿》研究化妆的配色和技术。松子曾在一次节目中提到，初中时就发现自己的性取向是男性，因此去了新宿二丁目的同性酒吧兼职。

即使在多元化的东京，新宿二丁目也是一片聚集着 LGBT 群体的独特街区，在那里，人们不用顾忌太多他人的评头论足。松子接触到了“变装皇后”文化——男人穿着夸张的女装，上台表演歌舞。她也尝试了一段时间，最终定下了自己现在的艺名。

在公众的认知里，松子的主持风格可以用两个词概括：自由和“毒舌”。

在风气保守、小心翼翼、讲究不得罪人的日本社会里，她大胆的发言让很多人找到了共鸣。比如她曾说“人的嘴巴就是用来说坏话的，这是一种发泄的方式，不要因此感到羞愧”，她也会直率地在节目里表达对一件事的好恶。

因为和普通人的距离更近，松子抓住了观众的心。但她本人不认为这很特别。

“银座的妈妈桑们不是总说‘为了能和任何客人搭话，一定要去看报纸’吗？虽然我也不是要和所有人都说上话，但我会自称‘电波艺伎’。”她对木村拓哉这么说。

“电波艺伎”是个有来头的专有名词，最开始是贬义词，人们用它形容电视台作风傲慢，艺人地位低下。1988 年，演员中村敦夫因为日本民营电视台 TBS 老是变更他的节目播放时间，抱怨说：“虽然我们这样的艺人就跟‘电波艺伎’一样，在哪里的榻榻米上都可以跳舞，但这种不断改时间的做法，就好像在要求花柳派的日本舞舞者跳现代舞一样。”

松子却反其道而行之，在综艺节目《松子

昨日与世长辞》的宣传语里，打出“我是电波艺伎”这种口号，而节目所有的情节和话题，都以松子离世为前提。

这其实也和松子的经历有关。虽然曾以“变装皇后”的身份出现在公众视野中，她却志不在此。真正改变她想法的是一名质疑日本《LGBT 差别禁止法》的同性恋者作家——Samson 高桥。看到高桥在《SAMSON》杂志上的专栏，和他为了推行 LGBT 平等而奔走，松子深受触动，决定进入关注 LGBT 群体的杂志编辑部工作。

然而松子没能找到更多意义——她无法和自己和解，也没能推动社会改变观点。

辞职后，她从东京回到老家千叶县，与父母同吃同住，过了一段“家里蹲”的日子，靠给杂志写专栏赚零花钱。父母知道松子的性向，却一直避而不谈。作家中村兔赏识松子的写作才能，邀请她做访谈节目的嘉宾，但她还是没有想好自己要做什么。

之后，经欣赏她的女装艺人介绍，松子以女装形象当上了以言辞辛辣著称的时评节目《5 时梦中！》的新闻评论员。很快，她凭借“语不惊人死不休”的风格收获了一批粉丝，并与事务所签约，正式开始演艺生涯。

或许因为遭遇过认同危机和挫折，松子的态度总是十分坦然。她直言自己是个“引人发笑的异类”，也数次自嘲“我这样的人都能上电视真是太恐怖了”。她从不掩饰性取向，也会大声地对世界说出自己的看法。

有意思的是，松子认为，在大众媒体上具有影响力，反而是一件值得警惕的事。2017 年，他在和网络媒体 KAI-YOU 的访谈中提到，自己不愿也不能代表 LGBT 群体，担心公众因为她而误解同性恋。比如，像她这样会穿女装的，其实也是少数人，大部分同性恋的打扮都很普通。

“所以你出现在大众媒体上，并不是因为你有想要宣扬的个人观点，而是希望通过你的存在，能够为观众提供一个自由思考的机会？”

当记者这么问的时候，松子回答说：“我想，像我这样的大众媒体上的‘电波艺伎’，就应该扮演这种角色。”

月曜夜未央

《月曜夜未央》（月曜から夜ふかし）是日本电视台自 2012 年开始，于每周一深夜播出的一档高收视率综艺节目。主持人是松子和杰尼斯旗下偶像村上信五。在日文中，“月曜”是周一的意思。节目走红的一大原因是企划足够有趣。它会对日本各地开“地图炮”，会在深夜的街道采访普通人，听他们讲述个人故事，会去调查一些莫名其妙的观众来信，追踪报道甚至捧出好几个素人明星。都说日本人不外露情绪和隐私，但《月曜夜未央》总有办法找到有趣的故事或妙语。也有人说，《月曜夜未央》能带你看见“真实的日本社会”。（text / 侯珺）

PEOPLE INSIGHT

人们常常会用一些专有名词
形容接下来你看到的这些人群。
JK（女子高中生）、
老人（但是在老龄化的日本，多老算『老人』呢？）、
外人（意为外国人）……
在东京，
他们有梦想，
有自己选择的生活方式，
做自己喜欢的事。
也许标签与刻板印象框住的是我们，
不是他们。

“我问过那些不穿裤袜的同学冷不冷，回答全都是：冷。”

Key Word: JK

text／刘迪新 photo／岩泽高雄

“JK”这个词只是日文中女高中生的简称。相应的，其实日本人也会用两个英文字母来代称男高中生、女大学生、男大学生等。但没有一个词像“JK”这样深入人心、影响巨大，远远超出某一个人群。

在日本，JK 是某种象征——她们热爱一切新鲜好看的事物，追随着最新的潮流；她们喜欢在原宿拍各式各样的大头贴；即使休息日她们也会穿着制服一起逛街，隔很远都能听见她们嬉笑打闹的声音。她们的校服，也就是人们熟知的 JK 制服，如今已经成为一种服装时尚，在东亚流行。以至于人们想到 JK，就会想到在冬天也坚持穿裙子并露腿的形象。

高中生古川智惠直接打破了人们对 JK 的想象，她想要分享一个现实中的日本女高中生生活。

Q = 未来预想图（Dream Labo）
古川 = 古川智惠（Furukawa Chie）
神奈川综合高等高校高三学生

Q：对日本女高中生而言，制服意味着什么？毕业后还会有人穿制服吗？

古川：对我们来说，制服其实就是普通的校服。每个学校的校服是不一样的，有些学校的制服好看，可能会有学生日常也愿意穿着它出门，同时也会有不那么喜欢自己学校制服的学生。我们学校其实比较自由，没有自己的校服。大家可以去校服时装店挑选自己喜欢的花纹搭配穿来学校，也可以穿日常的衣服。但并不是所有学校都是这样的。我朋友的学校就会管得比较严格，如果大家一起穿校服出去玩，拍的照片就不允许发到社交网络上。

毕业后，应该就没有人再穿制服了。可能在中国，JK 制服已经成为一种服饰文化。但是在日本，JK 制服真的只是高中的校服，如果一个大学生还穿着高中校服是有一些奇怪的——但特定场合除外，比如说我有一些已经毕业了的学长学姐还是会穿着制服去迪士尼玩。还有女孩子们约好一起拍大头贴时也会穿制服。但毕业后穿制服的人真的很少了。有时候可能会在街上看到穿着制服一块逛街的女孩子，她们也还是中学生。日本学校放学都挺早，有时候三点半就放学了，所以学生们放学之后还会有时间约着一起出去玩。

Q：冬天穿制服的时候真的不会穿裤袜吗？为什么呢？

古川：我初中的时候，学校要求大家穿校服，刚开始降温时大家都不会穿裤袜，当天气越来越冷，我们可以向老师申请开始穿裤袜，一般老师都会同意。但也还是有很多人不愿意穿裤袜，觉得太难看了，所以即使天再冷也还是会露腿。

其实到了冬天，我们的上半身会穿得特别暖和，毛衣围巾外套都会有。就单看上半身服装是冬天，下半身服装却还留在夏天。不过其实腿也只会在上下学的路上挨冻，进教室后，大家就会把围巾盖在腿上。

我问过那些不穿裤袜的同学冷不冷，回答全都是“冷”。但比起穿裤子穿裤袜，肯定是穿裙子更好看啊。像我高一高二的时候也会为了好看而选择穿裙子露腿扛一下。是冷，但是可以忍受。

Q：你怎么看待经常有人将 JK 制服与色情联系在一起？会因此有什么困扰吗？

古川：我觉得不仅仅是 JK 制服，其实像白衬衣、紧身裤这样的制服也会和色情联系起来。

不过 JK 制服的裙子确实比较短，我如果穿制服去挤电车的话，就不大有安全感。一般私立学校都会要求裙子必须正好在膝盖以上，不能提高。但大家还是会在上学路上把它提高，到了学校再放下来，这样更好看一些，也显腿长。我们学校没有要求，大家想提多高提多高，不过大家也不会提得太过分，也就是提到普通短裙的长度。

Q：在日本，女高中生的话题常常会成为电视里讨论的“流行语”。那你们一般会聊些什么呢？

古川：我们现在是高三，大部分聊的都是关于学习或者大学之类的问题了。之前的话会聊一些文化祭、体育祭相关的话题，今年策划什么活动之类的。除此之外，也会聊一些女团相关的话题，比如最近有一个很火的女团 NiziU，感觉她们的歌曲 *Make You Happy* 的舞蹈大家都会跳了。我们学校的课程安排类似于大学的选课制度，所以一天的课程并不是连续的，有时候可能只有第一节和第四节有课，这时候我们就会去附近的咖啡厅照照相或者吃东西。

感觉女高中生一放假就会去迪士尼。我们学校去迪士尼也挺方便的。所以大家经常会约着一块穿相似或者相同的衣服，比如装扮成迪士尼角色的样子，或者一起穿着 JK 制服，照出来的照片很有统一感。如果放学放得早，偶尔也会约着去江之岛看看。大家一起穿制服去海边就会有一种很青春的感觉。

Q：所以你觉得用什么词可以概括你的高中生活呢？

古川：我觉得就是：青春。虽然我们一天的课并不多，但我的高中生活其实安排得蛮充实的，只是生活里并不全是学习。学习只是其中的一部分，还有跳舞、摄影、书法等各种活动。我高一还做过乐队的贝司手。虽然参加这么多活动，但我也并不担心我的学习会因此落后，因为我们上课会有很多时候需要做报告，我觉得这比起考试做题更加锻炼思维和技能。

东京什么都有，公共交通方便，可以坐电车去任何想去的地方。同时它也是一个古朴气质和现代化都市风格融合得很好的地方。还有，我个人很喜欢看展览，东京真的是一个艺术氛围很浓厚的地方，展览非常多。

Q：未来有什么计划安排？

古川：我现在已经拿到了庆应义塾大学的保送，准备在大学入学前去打打工，出去旅旅游。

“这里更像是一个重新开始的起点。”

Key Word：专门学校

text／刘迪新 photo／陈伊宁

日本的专门学校有些像中国的技校、专科，但又不一样。相似之处是，它们教授的内容偏向于实用技能，比如摄影、美容美发、设计或者西点制作。一切从头教起，对学生的筛选比大学入学宽松很多。也正因为它的宽松，很多人把它看成是考不上大学的人的被迫选择。

不同之处是，在日本，还有很多人主动选择了专门学校。对他们来说，这里更像是一个重新开始的起点。

专门学校的学制分为昼间部和夜间部，即白天上课和晚上上课这两种区别。昼间部的学生多为全日制学生，而夜间部的学生大多都是白天有本职工作的上班族。

夜间部学生里还有像金子义生这样的大学生，他白天是早稻田大学的理工科学生，晚上在文化服装学院学习服装制作与设计。

Q = 未来预想图（Dream Labo）
金子 = 金子义生（Kaneko Yoshio）
早稻田大学学生及文化服装学院夜间部学生

Q：为什么你一边读大学一边还选择在专门学校里学习呢？

金子：我想要挑战一下自己。说实话，我大学本科的专业比较轻松，有大量的课余时间。我想用这个时间再学一门技能。我大学的专业和设计有一些关联，我本身又对美术很有兴趣，但是单学美术感觉没有太大必要。我觉得服装是设计的载体，而且服装设计也是一个比较具体的工作。综合了自己的兴趣、与大学专业的适配性、上课时间和今后的就业这几点，我最终选择去读文化服装学校的夜间部，这个专业只有晚上上课。

Q：专门学校的学习生活是怎样的？

金子：首先我们一个年级大概是四个班，随机分班，一个班大约是三十人。我上的是夜间部，所以上课时间是晚上六点半到八点半。不过八点半只是下课的时间，回到家可能要到九十点。一周三到四天有课。相比于白天上课的人来说，夜间部每一天的上课时间比较短，所以学制会比昼间部多一年，总共要读三年。这三年学的只是服装设计和制作中最基础的知识和技术。如果之后想学更多，学完后直接做自己的服装品牌的话，就需要继续进修了。

专门学校虽说也有必修课和选修课，但选修课只占了很小的一部分，也都是以理论课为主，比如服装史之类的。实践课比理论课要多很多。像我们第一年主要是学做连衣裙和衬衫，第二年花了整整一年来学做西装，第三年主要是学做外套。实践课的上课流程，一般是老师先在前面做 10 — 20 分钟的示范，然后我们再按照老师的要求做出成品，这时候老师会过来指导。

Q：你觉得专门学校和大学有什么不同？

金子：除了上课形式和内容，最直观的感觉就是，专门学校的上课时间固定并且课堂纪律严格。有班主任管理上课纪律，我们不能迟到，不能偷偷吃东西，也不能偷偷玩手机。虽然大学课堂上这些也是不允许的，但其实教授管得并不是很严格。然后每一节课结束后会响铃，大家也都必须站起来向老师说谢谢，和小学课堂十分相似。

还有一个比较大的区别就是同学。专门学校里一直读到毕业的同学并不多，像我刚入学时，一个年级有 120 人左右，但到了第二年，有一半的人就退学了，第三年又会减少三分之一。大学里虽然有延期毕业的情况，但大部分同学还是正常毕业的。还有一个区别就是，相对于大学来说，专门学校的同学想法会更加自由大胆。我也认识不想读大学了就从大学转过来的人，也有工作了几年还想继续深造或者重新换一个职业从头再来的人。大家的目的和背景都不一样，专门学校的同学之间年龄跨度也比较大。

我所在的夜间部里，还是已经参加工作的人比较多，不像白天上学的学生组成可能以高中毕业生为主。夜间部的人一般是为了工作或为了赚钱来学做衣服，虽然出发点会有爱好这个原因，但爱好的成分并没有那么多。白天上课的高中毕业生或者大学毕业生还年轻，有更多的时间，也有更多的选择，社会压力比较小，他们很多人读专门学校的原因可能单纯只是出于爱好。

Q：你怎么看待外界对专门学校的偏见？比如会有人误解专门学校的学生都是考不上大学才去的。

金子：确实有部分人是考不上大学，或者不想考大学了才来专门学校的，这是真实存在的情况，我并不觉得这是误解或者偏见，但这并不是所有专门学校学生的状态。其实我们并不会太在意这些偏见，因为我们在做选择之前，肯定就已经了解到了专门学校是一个怎样的存在，大家会对此有怎样的看法。而且也不能说从专门学校毕业的人今后发展就不好。

当然就学习内容来看，专门学校学习的内容还是比大学容易很多。因为它根本不在乎你之前的知识背景，是一个偏技术实践类的教学，一切都是从头开始。

Q：今后的职业选择有什么打算？

金子：我现在还在实习，工作内容大概就是对接企业和艺术家，促成他们的合作。因为疫情，服装行业还是受到了很大的冲击。不过我毕竟有两个专业，感觉在社会上更有发挥余地的可能还是我在大学的专业，所以到时候再看。

我本人还是很想做产品设计，或者做平面设计也不错。我也不要求自己做出来的产品一定要署名，在别人的工作室里做设计也挺好。

01
02
03

“哪怕吃饭都成问题，我也想踏踏实实地做音乐。”

Key Word：乐队

text/邢梦妮 乔蔚 photo/陈伊宁

在东京，很多身怀音乐梦想的年轻人从中学或者高中开始组乐队。随着各种流媒体、视频网站的普及，乐队营销自己的成本也越来越低——他们只要做好曲子或录上一段演出，上传到平台，很容易积累一小撮粉丝。此外，日本的音乐培训体系相对完善，门槛也不高，不少乐队会抱着乐器自费去 livehouse 演出。但并不是所有人都有机会出道，在某种程度上来说，流行乐队 Bamboo 是幸运的。

Bamboo 的故事听起来很像少年漫画里才有的情节——一群土生土长的东京高中生加入了学校的轻音部，2017 年在日本“全国高等学校轻音比赛”中拿下大奖，一年后通过老牌唱片行 Tower Records 发行了第一张专辑 CD——*Bamboo*。值得一提的是，这场赛事的主要组织者都来自东京首都圈——生长在此的人，可能有更多地域和文化上的天然优势。

但当时他们还没下定决心走上专业道路。直到 2018 年 4 月，Bamboo 在 YouTube 上传了第二张单曲 CD 的主打歌《想要唱歌》（ウタウタイ），如今这首歌已有 30 万左右的播放量。也正因为这首曲子，一些唱片公司注意到了他们，第二年 4 月开始跟他们接洽。Bamboo 最终和索尼音乐签约，准备出道。

---

01 主唱兼吉他手
名字：チナミ（Chinami）
职业：自由职业者
年龄：21 岁

02 贝司手
名字：匠（Takumi）
职业：大学生
年龄：21 岁

03 吉他手
名字：大吉（Daikichi）
职业：自由职业者
年龄：21 岁

Bamboo 乐队
Twitter @Bambooisband，YouTube @Bamboo

Q = 未来预想图（Dream Labo）
Chinami = チナミ（Chinami），主唱兼吉他手
大吉 = 大吉（Daikichi），吉他手
匠 = 匠（Takumi），贝司手

Q：为什么会跟索尼音乐签约呢？

大吉：因为那里本来就有一位我们非常依赖，也一直默默支持我们的人，而且我们三个人也开始感觉到，自己能做的事情有限，所以选择了签约出道。

Q：最喜欢什么类型的音乐？有喜欢的乐队吗？

Chinami：最常听积极欢快的音乐，偶尔也会听不太积极的。喜欢的乐队有很多，常听的有蘑菇帝国。

大吉：我是因为接触了朋克摇滚才开始弹吉他的，所以一开始喜欢吉他表现比较激烈的曲子，但现在什么都会听，大约 80% 的时间都在听国外的乐队。一开始喜欢绿日（注：Green Day，活跃于 20 世纪 90 年代的美国朋克摇滚乐队）——因为哥哥最喜欢那支乐队，我也受了很大影响，但现在完全不受国家或者类型限制，什么音乐都会听。

匠：一开始跟大吉一起听外国吉他曲，从中学开始喜欢爱缪（注：あいみょん，日本女性创作歌手）。我喜欢的音乐类型很广泛，现在也非常喜欢动画主题曲，希望将来有机会做这种类型的曲子。最近还听了在中国也很火的 LiSA，还有像 UNISON SQUARE GARDEN 等等。

Q：创作音乐时会一起商量，还是会突然出现灵感？

Chinami：高中放学的路上，我的脑海中会忽然出现片段，或者随便哼唱出一段旋律，如果觉得还挺好听，就想写成曲子。我也经常在公园里作曲。

大吉：之前会把在公园录好的吉他演奏拿到工作室继续做，现在因为情况比较特殊，都各自在家用电脑做自己的部分。确实，我们各自的部分，不去工作室合成完整的曲子就无法确定（是否采用）。但也因为多了独处的时间，我的乐感更敏锐了，思路也更清晰，这是见面工作时做不到的，所以其实也有好处。

Q：你们会一直继续做音乐吗？

Chinami：我真的很喜欢音乐，从高中就开始组乐队，现在完全无法放弃。也许会一边做别的工作，一边把音乐当成兴趣来做。

大吉：我大概一生都会一直做音乐。哪怕吃饭都成问题，也想踏踏实实地做音乐。在这么多年的活动中，音乐已完全变成生活的一部分了，也是我表达自我的方式。

匠：我也一样，一生都会做音乐。我现在在读音乐大学，即使不能组乐队，也会做相关的工作。

Q：做音乐是能简单坚持的事吗？

大吉：如果想做音乐，现在确实是个简单又比较容易实现的时代——只要有一部手机就可以了。可能赚钱会比较不容易，但是我们的目的毕竟不是这个，只想大家快乐做音乐，所以我觉得可以轻松坚持。

Chinami：因为真的很快乐嘛。不过钱也很重要，吉他和电脑软件都很贵啊。

Q：你们在乐队简介里特别写明了“生长于东京”，这件事对乐队有什么影响？

Chinami：相较于别的地方，东京更丰富地汇集了日本各地的东西。不用特意去哪里，也会有别的地方的乐队来东京。

匠：音乐是一种表达方式，所以我们尝试把在东京街头感受到的东西，直接用音乐表现出来——人来人往，大家都有不同的色彩和独特的个性，这是个很有趣的事情。

大吉：人们可以了解更多不同的价值观。其他地方的人会憧憬东京，而我们一直住在东京，觉得东京确实很好，也想表达出来。

Q：在东京生活，你们有什么喜欢和不太喜欢的地方？

平田：电车很发达，想去哪里都很方便。

Chinami：涩谷之类人多的地方很有趣，可以观察到不同的人，像在国外一样。

大吉：现在因为疫情不太能开 live（现场演唱会），但是东京真的有很多乐队，而且各地区的乐队会有自己的特色，比如新宿的乐队和下北泽的乐队就完全不同。去哪里都会感到很新鲜。

匠：虽然东京很时尚，但是我们不会有家乡的感觉，这种感情很淡薄，也没有思乡情绪。

Chinami：去乡下的时候会觉得空气很好，东京虽然有趣但会感到累。

大吉：东京人太多了，想要冷静也没法冷静。去哪里人都多，尤其是新宿和涩谷，空气都很差。虽然喜欢某些地方，但是我想去没什么人的地方。

Chinami：大家一起去看 live 的时候，大吉会一个人躲在角落。

大吉：本来就很讨厌一直站着，不过这大概只是我的风格（笑）。去乡下演出会有旅游的感觉，甚至忘记是去工作的。

匠：大家都会来东京嘛，我们反而爱去别的地方，因为会感受到来自全日本的粉丝的爱，尽是开心的事情，有时候也会有外地的朋友来东京玩。不过最好玩的还是 live！我们在 YouTube 已经直播演出过两次了，但不能和观众面对面，我们感到很寂寞。

Chinami：录制在 YouTube 播出的演出时，我唱完后说谢谢，只得到一片寂静。我们还是想要观众的反馈，想听到掌声和喝彩。

Q：有什么在东京生活的趣事吗？

匠：日本全国的艺术家大概都生活在这里，想到（我们）离他们很近，彼此很容易碰见，就会很兴奋。

大吉：憧憬的乐队就在身边，能生活在孕育全日本文化潮流的地方，感到很开心。身边就有很多名人，有很多很多厉害的人，可以认识他们。

Chinami：我意外地感到音乐的世界很小，大家都会聚集起来。

KEYENCE

“相比于把他们当老人，
日本老年人更希望大家像对待普通人一样对待他们。”

Key Word：老人

text／刘迪新 photo／陈伊宁

虽然在全日本范围内，东京并不是老龄化非常严重的城市，但在这里你仍可以看到微微佝偻着背的入境管理人员，或者有了半头白发的便利店收银员，走在路上时也很容易看到拄着拐棍的老年人。日本内阁府 2020 年发布的调查显示，截至 2018 年，日本 65 岁以上的老年人已经超过了总人口的四分之一，这个比例未来还会持续增长。

然而，你在日本街头可能看不到年轻人主动上前给老年人帮忙的场景。甚至在公交车上，即使周围站了一圈老年人，有些年轻人也会安然坐在自己的座位上，并不会起身让座。“起身给我让座这件事不就是在提醒我，我已经老了吗？还是把我们当普通人就好。”75 岁的岩渕正子说道。

Q = 未来预想图（Dream Labo）
岩渕 = 岩渕正子（Iwabuchi Masako）
零部件贸易公司 Precision Plus 社长

Q：你现在还在做着什么样的工作呢？

岩渕：我现在自己经营一家小公司，主要是做中国和日本的市场对接，将日本公司的需求发给中国公司，再将中国公司生产的零部件产品供应给日本。我年轻时因为生小孩从原公司辞职，从三十五年前创建了这家公司开始，一直工作到现在。

Q：对老龄化，你有什么切身的感受吗？

岩渕：当然有，我感觉到日本老年人的数量一直在上升。比如住在我家附近街区的很多家庭，最近我发现，这些家庭里的夫妻双方也逐渐上了年纪，他们的孩子也已经离开家去其他地方居住了。新建成的公寓楼里可能还会有年轻人住进来，但除此之外，我感觉这个街区里大部分的居民都是老年人了。我年轻的时候，完全没觉得身边有很多老年人，但过 70 岁生日时，我突然意识到时间居然过得这么快，我已经到了“老年人”的岁数了。当意识到自己也已经是老年人之后，才发现周围真的生活着很多老年人。

Q：你觉得东京是一个对老年人友好的城市吗？

岩浏：非常友好。东京有很多老年人支援组织。以行政区为单位，每个区都有面向老年人的支援组织。如果区内有老年人生病，除了去医院之外，也可以联系支援组织的负责人。他们会针对你的健康状况给一些建议，比如去哪个药店买什么药，或者去哪个医院接受什么治疗。除此之外，区内的居民只要过了 50 岁，就会收到这些组织发来的健康检查提醒，过几年后，又会有一些癌症检查提醒。当然去不去做都是取决于老年人自己，但是国家会有补贴支持，所以做一次检查的价钱也负担得起，还是去检查比较好。

这些组织全都是政府在推动，以市区街道为单位，每个街道都有专门负责老年人援助的人，我们有什么事情都可以联系他们。电视上也经常会播放关于支援组织的广告，让大家更加了解这些组织。

政府对老年人的补贴也很多，除了刚刚提到的健康检查，70 岁以上的老年人可以免费乘坐公交车，交了健康保险后，医疗费只用自己承担 10%。但这只是没有收入的老年人能享受的待遇，像我还有固定收入，所以医疗费和公交车费还是和普通居民一样。

我觉得在东京，帮助老人这件事不仅仅是一个人或者一个家庭的责任，而是这个地区都会形成一种帮助老人的氛围。

最近因为疫情不能去太远的地方，但其实我日常生活也并不需要走很远。我家附近 500 米范围内有超市、便利店、药妆店、邮局和咖啡厅，所以我的生活在这一范围内都可以得到满足。当然最近如果偶尔想和住得远的朋友见面会比较难。

生活中，大家也只会把我当成一个普通人，并不会因为我上了年纪就特殊对待，一上来就嘘寒问暖之类。但如果我需要路人的帮助，只要开口找他们帮忙，大家也都会乐意来搭把手。

除了基本生活，我们的兴趣爱好也可以得到满足。老年人们自己会有很多根据兴趣爱好而建立的组织协会，就像大学的社团一样。所以大家的生活还是很充实的。

Q：你认为日本老年人有什么特点？

岩浏：可能相比于把他们当老人，日本老年人更希望大家像对待普通人一样对待他们，比如大家并不会给老年人让座。比起让人家注意到我们的年龄，我们其实更希望不要打扰到别人。日本的退休年龄本来是 60 岁，但是 60 岁的人依然可以继续工作。有一部分人到了 60 岁退休年龄后，会选择继续工作到 65 岁甚至 70 岁。我觉得这种现象挺好的，现在日本的生育率很低，本来劳动力就不足。日本老年人也和之前不大一样，看上去没有上了年纪的感觉。这样的人我觉得一直工作到 70 岁也完全没问题。

而且日本的老年人比较自由。我们都是和子女们分开居住的，可能偶尔会去子女家里串串门，但并不会像中国的老人一样帮子女带小孩。大部分人退休后都是在做自己感兴趣的事。

Q：将来有什么计划和展望呢？

岩浏：之后，随着年龄慢慢增长，身体也会越来越不方便，朋友们都住得远，也很难经常见面了。过几年我会把这家公司交给我的儿子，我自己做一些辅助性的工作。其他时间，我准备加入本地的老年合唱团。其实我年轻的时候对中国文学也很有兴趣，1996 年的时候还跟着读书会去过北京和杭州，空闲时间也会看看中国的诗集。

“有什么事情直接说就好，为什么要让别人来猜呢？”

Key Word：外人

text / 刘迪新 photo / 陈伊宁

在东京的药妆店和便利店，对你说着“欢迎光临”、给你结账的店员可能来自各个国家。他们大多数都不是这家店的正式员工，而是来打工的留学生。

2019 年，大约有 55 万外国人生活在东京，其中有 31 万人都是外国留学生。他们承担了许多维持城市日常运转的基础岗位，却又是个容易被忽视的群体——但在任何城市，一个 50 万人以上的庞大群体，都不应该被忽视。

2020年，一部名为《MIU 404》的电视剧，就通过一个刑事案件，关注到了外籍留学生在日生活中遭遇的歧视和不公正待遇。编剧野木亚纪子借剧中人物之口说道：“嘴上说着不接受移民，实际上却以实习生和留学生的名义，引入了数十万劳动力。你知道这是为什么吗？为了早上 5 点就在店里摆上便当，为了每天有人送报纸，为了用低价获得便利的生活。”

在日语中，称呼外国人有一个专门的词语——“外人”（Gaijin）。看上去它只是一个简略版的俗语，但是越南留学生 Quynh 并不喜欢这个词。

Q = 未来预想图（Dream Labo）
Quynh = Vo Thi Diem Quynh
在药妆店打工的国际经济学专业大一新生

Q：你什么时候来的东京？为什么要来呢？

Quynh：我是 2019年 4 月为留学来的东京。选择留学地点的时候也考虑了很多，当时结合在海外留学的朋友的经历，发现东京的环境是最宜居的。我将来想做与贸易相关的工作，经济是一个很重要的专业技能，再加上我是外国人，所以专业就选择了国际经济学。

Q：刚来东京时，你是更多跟本国朋友玩，还是积极融入日本人的圈子呢？

Quynh：刚来日本的时候，还是和越南朋友玩比较多，也会经常和她们联系。但在东京的越南人不像中国人这么多，再加上来日本后，大家也都有自己的目标，打工和学习让我们都非常忙碌，大家没有什么聚在一起的时间，现在也就慢慢有些疏远了。一开始，因为自己也不会几句日语，完全不敢上前和日本人搭话。现在渐渐学会了一些日语，加上打工时认识的一些日本朋友，考完试会约大家一起去吃饭放松一下。这样来看，现在日本朋友的数量可能会多一些。

Q：刚来东京时，生活上有不适应的地方吗？

Quynh：最不适应的就是电车。早上电车里的人也太多了！我刚到日本的时候，越南还没有电车这种交通工具。所以那时候几乎天天迷路，不知道怎么坐电车，也不知道怎么换乘，经常坐反方向。现在就好很多了。

最大的问题还是语言，刚来时因为不会日语，真的特别孤独，所以第一年就特别努力地开口和周围的人用日语说话。虽然我现在的语言水平依然不能很完整地表达出自己的想法，如果对方话说得很快，我可能也需要反应一会儿，但日常生活已经没有什么大问题了。

生活方面还有一个就是饮食习惯。日本料理的口味和越南菜还是有很大差异的，而且我也不大能接受生的东西，虽然好吃，但吃不太惯，这两年也是自己在家里做饭居多。

Q: 有喜欢的日本食物吗？

Quynh: 炸牛肉饼。

Q: 你在东京有哪些打工经历？

Quynh: 一开始在全家便利店打工。后来因为疫情，那家店倒闭了，现在在药妆店打工。药妆店的氛围比之前的便利店"冷"一些，同事间打个招呼就去工作了。工作内容也比便利店更复杂，客人经常有很多疑问，比如这个产品在哪里或者怎么用，外国人可能不一定答得上来，虽然大部分客人都能理解，但也有客人会生气。之前那家便利店的气氛很友好，店长会带些小零食分给大家吃。现在的工作，结束后就想马上回家。

Q: 除了日常生活，在文化以及各种想法上，你与日本人有什么不同呢？哪些是你能够理解的？哪些是你不能理解的？

Quynh: 我感觉日本人的性格会比较含蓄迂回，不会直接说出自己的想法。这方面我不大能接受，我觉得有什么事情直接说就好，为什么要让别人来猜呢？就像经常有日本人对我说："你的日语真的很好啊。"说实话我不是很喜欢听到这句话。当然可能有人确实觉得我日语说得不错，但有时候我其实没说两句，他们只是意识到了我是一个外国人，然后就来夸赞我日语很好，这不是在"欺骗"我吗？会让我有一种不大真诚的感觉。

在和日本人打交道的时候，我也感觉到一个明显的差异——饭后结账时他们一定会 AA 制，而且会把每个人要付的钱精确算到个位数。在越南，我们都是提出聚会的人来请客，其他人再轮流请回来。所以每次结账时我都感觉日本人相互之间有一些冷漠。当然，不仅是朋友之间界线很明显，我感觉日本家庭成员之间也比较独立。我身边的日本朋友成年后几乎都很自立，需要自己打工赚生活费。很多孩子成年后也和父母分开住。但是在越南，父母会一直担心着孩子，会支援孩子的生活，所以学生们几乎不会去打工。像我的学费、房租和生活费也都是父母在支付，我打工是想买一些自己喜欢的东西，然后也稍稍减轻一些父母的负担。

Q: 你怎么看待"外人"这个词？

Quynh: 我听过有些日本人会称呼外国人为"外人"。我会觉得这个词有一些贬义。"外人"这个词感觉像把我们与日本人画了一个界线，表明我们之间是有差别的，外国人是不被日本社会需要的人。所以听到"外人"这个词我是不大愉快的，直接喊"外国人"就好了。

Q: 将来有什么计划？会一直待在东京吗？

Quynh: 我已经拿到了大学的 offer，3 月入学。大学毕业后会在东京找一份工作，工作到第十年就回越南。我觉得十年的时间可以积累很多工作经验，体验到很多东西了。这些经验也能让我回越南之后找到一份好工作。

在日本的生活并没有那么轻松快乐。我现在还是学生，为兼顾学业和打工，每天早上六点就需要起床，一整天的时间也安排得非常满。回越南还是会轻松很多。不过来日本是我自己的选择，我这些年还是先在东京努努力，毕竟我还年轻。

sharehouse

与他人共用厨房、浴室、卫生间等公共设施，只保留小面积的私人空间，这就是 sharehouse。便宜，这是大部分日本年轻人住进 sharehouse 的理由。此外，入住 sharehouse 时，没有日本惯例的礼金、物业公司管理费和两年以上的租房合同，住户可以相对自由地入住、退房，前提是他能接受和陌生人共享。sharehouse 的另一个特色是房东不会限制住户的国籍，所以对很多日本人来说，这是一个不错的与外国人深度交往的空间。大部分日本人在 sharehouse 的入住时间不超过一年半。通常他们也不会再选择另一个 sharehouse 作为下一个住处。毕竟这里只是他们走向"独立"的一个落脚点。（text / 汤一涛）

"我觉得宠物治愈了我的生活。"

Key Word: 汪酱

text / 刘迪新 photo / 米川健

"汪酱"是人们对宠物狗的通用爱称。在东京，你很难看到在街上自由散步的狗，它们大多被主人用可伸缩的绳子牵着。你甚至很难听到它们的叫声，大多数时候宠物只会安安静静地从你身边走过。

"当然宠物不可能完全不叫的啊，只是为了尽量不打扰到他人，我们在刚接回狗狗的时候就会训练它要安静一点。"我们会在这篇文章和汪酱主人石堂翔大聊一聊在东京养宠物的体验。

Q = 未来预想图（Dream Labo）
石堂 = 石堂翔大（Ishido Shodai）
老家在横滨的大学生

Q：你最初为什么要养宠物？
石堂：我们现在的家里养了一只小狗。养狗的原因是有一年妹妹的生日愿望就是养一只宠物。当时我想让这只宠物陪着我妹妹长大，又觉得小狗的寿命相比其他小动物可能会长一些。决定养狗之后，我们考虑到家里的面积，于是选择了小型犬，而且小型犬遛起来没有大型犬那么辛苦。父母之前在老家也养过宠物，当我和他们提起这件事时，他们也答应了，所以就买了这只小狗作为生日礼物送给了妹妹。十一年了，它一直陪着我们。

Q：在日本选择养宠物之前需要考虑和准备什么呢？
石堂：其实日本的宠物店大多都会提前给宠物打好疫苗，所以前期的手续和准备并不是特别多。只是要考虑宠物的叫声可能会影响邻居，所以我们把狗狗领回家之前，会提前和邻居打好招呼，在训练它的这几个月可能会有一点吵，希望他们理解。当然在日本如果是租房住的话，很多房东不会同意租客在公寓里养宠物，所以养之前也要注意这栋房子是否可以养宠物。自己家的房子就没有这个约束了。

Q：养宠物需要注意些什么呢？有什么不便的地方吗？
石堂：我觉得肯定要注意一些基本的规则和礼仪。首先就像刚刚说的为了避免宠物的叫声打扰到其他人，在刚开始养宠物的前几个月需要训练它，它如果做得很好就要夸夸它——训练需要花费很多时间和精力。刚开始真的很辛苦，因为它也没有适应环境，比较害怕，经常会叫个不停。还有就是训练它自己上厕所。出去遛狗的时候也需要自己带着水，把它的排泄物冲洗干净。一般来说，出门遛狗时，大家还是会给狗狗牵绳。

还有一个需要考虑的就是宠物寄养问题。人们一般不会带着宠物出远门，所以当我们全家都出门旅行时，就需要考虑短期寄养的事情了，要决定是委托别人帮忙照顾还是送去专门的地方寄养，然后再提前联系那边的人。旅行时也经常会担心宠物的情况。

其实总体来说，养宠物需要付出很多时间和精力，特别是独居者。我实习的公司里有一位同事就是独居养宠物，他在家里装了监视器，方便随时照顾到家里的情况，还是挺辛苦的。

Q：东京是一个适合养宠物的地方吗？
石堂：我觉得东京已经算是一个对宠物很友好的城市了。现在东京有不少餐馆允许带宠物进去，我们出去就不用担心宠物怎么办了。理解养宠物的人也很多，大家也都很友善，看到你牵着宠物，他们会来夸一句它好可爱啊。

东京面向宠物的服务和设施也比较多，比如我刚刚说全家人出去旅行需要寄养宠物时，这几年比前些年方便了很多。东京开了很多宠物旅馆，就是专门给人短期寄养宠物的，现在我们出去旅行都会选择把宠物放在那里。有些公园里也有专门的空地或者设施（dogrun）给宠物锻炼，在那里，大家可以把牵引绳松开，然后让宠物自己玩。

还有就是人的安全问题。万一你被狗咬了，也不用打狂犬疫苗。日本有预防狂犬病的药物，但那是给宠物的药。

Q：对你而言，宠物意味着什么呢？
石堂：我觉得宠物治愈了我的生活。每当我很辛苦的时候，看到它就会觉得心情很舒畅。对我们家来说，宠物的存在也增进了家人之间的感情。在养宠物之前，我们家里人之间的交流非常少；养宠物后，大家会互相分享狗狗今天很有趣的行为或者很可爱的瞬间，交流也增加了不少。

狂犬疫苗：根据日本厚生劳动省公布的资料，日本、澳大利亚、新西兰、英国等少数国家为“狂犬病清除国”。虽然最近几十年间日本国内没有狂犬病案例，但不排除海外感染或被野生动物咬伤后需要接种疫苗的情况。

PART 09

城市的光鲜
永远不能仅仅靠地表以上的部分
与文化系统去支撑
让我们进入东京生活系统的深处
去看看它到底如何打下基础
完成一个城市最初的功能构建

秩序都市：系统的建立与完善

垃圾分类策略 >>

1955 年前

战后，东京都的垃圾分类并不复杂，只分为“生垃圾”和“其他垃圾”。垃圾构成简单，基本可以用来喂猪、堆肥、焚烧或掩埋。

1961 年起

养猪的农户变少，农田也减少了。东京都取消垃圾分类，所有垃圾一烧了事。

1971 年／1997 年

塑料垃圾数量激增，可垃圾焚烧设备都是低热量炉，处理方式跟不上，不仅生垃圾直接掩埋，塑料垃圾也不得不归入不可燃垃圾，一同掩埋处理。

“垃圾战争” >>

1955 年前

背景

日本进入经济高速发展期，东京垃圾数量激增，垃圾填埋场处理能力接近饱和。

1956 年

解决方案的提出——焚烧问题

为了应对不断增加的垃圾，东京都政府制定《清扫工厂建设十年计划》，计划在各区建立垃圾焚烧处理厂。

1964 年

解决方案的提出——填埋问题

东京都计划在江东区开拓第 15 号垃圾填埋场。一直被当作整个东京垃圾填埋处理地的江东区因为垃圾填埋带来诸多环境问题，抵制再次建设填埋场。

1966 年

矛盾凸显

在杉并区高井户地区的清扫工厂（垃圾焚烧厂）建设计划遭到当地居民强烈反对。

1971 年

矛盾发展

杉并区的垃圾焚烧处理计划受阻，导致江东区第 15 号垃圾填埋场再次延长使用期限。江东区要求各区自己处理自家的垃圾。

“垃圾战争”的提出

东京都知事美浓部亮吉正式提出“垃圾战争”的口号，推进垃圾就地处理政策。

东京并不是一个天生的“垃圾处理样板城市”。
东京的垃圾问题，
与其把问题归结于“文化”与“民族性”，
不如说，本质上是这座城市的治理能力
不断发展的过程。

东京如何一步步解决垃圾问题？

1972年

矛盾爆发

东京都设立了8个临时垃圾集放点。杉井区拒绝建设垃圾集放点，江东区抵制杉井区垃圾进入。

1973年

矛盾激化

因杉并区高井户清扫工厂争议问题，江东区又发生过一次针对杉并区垃圾入境的抵制运动。

1974年

矛盾开始解决

杉并区终于建立垃圾清扫厂。工厂的设计和利用必须参考居民团体的意见。东京都明确要求各区各自处理垃圾问题。

1974年/1985年

发展停滞

已经建好的垃圾处理厂大多在东京都边缘地带，但东京都中心区域没有自己的垃圾处理厂，只能持续委托其他区的工厂代为处理垃圾。

1986年起

问题再度浮现

泡沫经济时代，垃圾再度成为碍眼的问题。

垃圾战争@东京

text/赵慧 费灿亚 陈紫雨 illustration/于瑒

想弄清楚东京的“垃圾故事”，我们得先把视线拉回六七十年前。

20 世纪 50 年代中期，伴随日本战后经济复苏，城市垃圾量激增，东京都的垃圾填埋场接近饱和。当时，虽然已经有焚烧、掩埋等处理方法，但东京都只有 11 个焚烧处理场，处理速度远远跟不上垃圾增量。1971 年度，东京都垃圾总量已经达到 1954 年度垃圾总量的 6.8 倍，约 7 成只能直接掩埋。

为此，东京都政府在垃圾焚烧与填埋两方面展开行动。为了应对不断增加的垃圾量，东京都政府于 1956 年制定了《清扫工厂建设十年计划》，计划在各区建立垃圾焚烧处理厂（清扫工厂接近我们焚烧处理厂的概念）。此外，面对逐渐饱和的垃圾填埋场，计划于 1964 年在江东区填海处理需要掩埋的垃圾，为此开拓新的场地——第 15 号垃圾填埋场。但这些计划的实施并不是一帆风顺。

江东区是东京垃圾问题的“重灾区”。从 1655 年起，江东区就一直是东京（或者是早年的称呼——江户）垃圾的最终掩埋处理地。进入经济高速发展期后，东京都政府又于 1957 年在江东区梦之岛修建了第 14 号垃圾填埋场。当时，每天有 5000 辆垃圾车将东京都各地的垃圾运到江东区，运输和填埋工作导致的交通堵塞、蚊虫滋生、空气污染严重影响了江东区居民的日常生活。因此，当东京都提出要在江东区若洲修建第 15 号垃圾填埋场时，遭到了江东区的强烈抵制。

1997年起

在各类基础设施完善的基础上，东京都终于完成设备升级，实现了可燃垃圾100%燃烧处理机制。三十年间，被视为不可燃垃圾的塑料制品终于在理论上能够被归为可燃垃圾。但各区在垃圾、资源分类上有各自不同的历史分法，处理方式也演化得不尽相同。

1991年/2001年

尾声

东京都中心区域其他几个区陆续兴建完成了自己的工厂（目黑区1991年，墨田区1998年，港区、丰岛区1999年，涩谷区、中央区2001年）。

2000年

完成垃圾行政规划

东京都将清扫事业移交给23区各自负责管理，同时设立东京二十三区清扫一部事务组合，由它统一完成垃圾的中间处理。垃圾的最终填埋由东京都统一调度安排。

近期

策略调整

随着各个基础设施的完善，东京都不再强求各区一定要完全处理好自己的垃圾，而是在既有政策基础上，允许各区灵活运用资源与设备，可采用分别处理与统一处理结合的方式。

在各区设立垃圾焚烧处理厂的计划也并不顺利。1966年，东京都选定杉并区高井户地区建设清扫工厂，处理垃圾焚烧事宜。但是，由于选定方法不透明，加上没有跟当地居民做好协商，建设计划遭到居民反对，被迫中断。杉并区反对派居民以“NIMBY”（Not in My Backyard，反正别在我后院）的态度抵制东京都政府的计划。

一时间，东京都政府、各区政府、各区居民为了各自利益展开了抗争。事情愈演愈烈，垃圾堆积的问题无法得到解决。东京都政府提出的强制征用计划（利用公权力征收私有土地）遭到反对者的控告。

这个问题持续发酵，江东区的第15号垃圾填埋场本来计划只用到1970年，因为杉并区的垃圾燃烧处理计划受阻，一直沿用到1973年。1971年，东京都本来想开会讨论是否继续使用到1975年，受到江东区议会的强烈反对，要求各区自己处理自家的垃圾。由此，时任东京都知事的美浓部亮吉正式提出“垃圾战争”的口号，推进垃圾分地区处理政策。美浓部亮吉是一名经济学家，连任三届东京都知事，在任十二年，依次推动过老人免费医疗、公营组织退出赌博/博彩业界等制度，但也因站在居民角度反对外环高速等交通基础设施建设，最终导致慢性交通堵塞、空气污染等而受到指责。

紧接着矛盾再次爆发。日本的新年为每年元旦，年末年始，也是垃圾大量产生的时期。1972年年末，为了解决可能产生的垃圾问题，东京都新设立了8个临时垃圾集放点，但其中一个集放点的建设因遭到杉并区居民的反对而中止。江东区则认为杉并区对垃圾处理态度不够积极，在区长的带领下掀起抵制杉并区垃圾进入江东区的运动。杉并区的垃圾最终只能堆在没完工的临时收集点，造成附近居住环境恶化。之后，因杉并区高井户清扫工厂争议问题，江东区又发生过一次抵制杉并区垃圾入境的运动，这一次，东京都清扫劳动组合也加入抵制，拒绝收集杉并区的垃圾。

1974年，在地方法院的调解下，东京都终于在杉并区高井户得以建立垃圾清扫工

01

02

01 东京都港区资源处理中心在对塑料垃圾做“中间处理”。
02 东京一个位于居民区的垃圾焚烧处理厂，周边是居民区。

厂，但是工厂的设计和利用必须参考居民团体的意见。工厂于 1978 年开工建设，到 1982 年才最终投入使用。

“垃圾战争”之后，东京都决议明确要求各区各自处理垃圾问题。但是，20 世纪 70 和 80 年代，已经建好的垃圾处理厂大多在东京都边缘地带，这些区虽然能解决自己的垃圾问题，可东京都中心区域没有自己的垃圾处理厂，只能持续委托其他区的工厂代为处理垃圾。

此后，随着经济发展放缓，垃圾处理设施的兴建也一度停滞，直到进入 20 世纪 80 年代后半期的泡沫经济时代，垃圾处理再度成为棘手的问题，东京都中心几个没有垃圾处理厂的区域终于在之后的十来年间陆续兴建完成了自己的工厂（目黑区 1991 年，墨田区 1998 年，港区、丰岛区 1999 年，涩谷区、中央区 2001 年）。2000 年，东京都将清扫事业移交给 23 区各自负责管理，包括区内垃圾的收集、运输以及回收。另外，也设立了地方垃圾共同处理团体，也就是我们今天所说的——东京都二十三区清扫一部事务组合（基于地方自治法，根据 23 区共同意愿设置的特别地方公共团体），由它们统一完成垃圾的焚烧、粉碎、下水道处理等中间环节。垃圾最终填埋等则交给东京都统一调度安排。

目前，东京都 23 区共有 21 个清扫工厂（其中两个正在改建）。由于垃圾处理能力大幅提升，东京都不再要求新宿区、荒川区、中野区这几个没有垃圾处理工厂的区域兴建自己的垃圾处理厂，只需委托临近有处理余力的工厂。东京都不再强求各区一定要完全处理好自己的垃圾，而是在既有政策基础上，允许各区灵活运用资源与设备，采用分别处理与统一处理结合的方式。

如今，为避免在垃圾处理问题上与居民产生冲突，清扫工厂在展开垃圾处理工程之前，需要对周围环境做出环境影响评价，并召开居民说明会，针对居民展开生活环境影响调查与协商。

由此可见，垃圾处理方式直接决定着东京都的垃圾处理基础设施建设进程与垃圾处理的组织结构。至于垃圾分类，则是另一条发展线索。

战后复兴时期，东京都的垃圾分类并不复杂，只分为生垃圾和其他垃圾。生垃圾的一部分用来喂猪或堆肥，剩下的就掩埋处理。堆肥指的是将固体废物中的可降解有机物转化成为有机肥料的生物化学处理方法。当时其他垃圾大部分都是纸与纤维类制品，几乎都可以焚烧处理。

随着经济复苏，东京都养猪的农户变少了，也没有那么多农田需要施肥，在处理垃圾时，甲烷和苍蝇等问题就成了大麻烦，1961 年起，东京都干脆不做垃圾分类了，所有垃圾一烧了事。可是生垃圾水分含量多，燃烧产生的热量低，也不容易充分燃烧。20 世纪六七十年代，东京都建造的垃圾燃烧设备大多是低热量炉——记住这个名词，待会儿还要谈到它。

进入 20 世纪 70 年代后，塑料垃圾数量激增。塑料燃烧时会产生很高热量，很容易损伤低热量炉，而且，焚烧过程中可能会产生氯化氢等有毒气体，已有的垃圾处理设备没法把这些问题都完全解决。1973 年开始，东京都 23 区将垃圾分为可燃垃圾和不可燃垃圾分类回收。当时，不仅生垃圾被直接掩埋，塑料垃圾也不得不归入不可燃垃圾，最终被掩埋处理。

很难想象，这件事到上世纪末才得以解决。在各类基础设施完善的基础上，1997 年，东京都终于将垃圾燃烧、排烟处理、废弃

图为市川环境工程回收中心，垃圾被压缩在一个大塑料袋内。东京都葛饰区每天会向这个回收中心运送数十吨塑料可回收垃圾。

山内贵弘

在东京从事废弃物处理工作超过二十年

为什么在很长一段时间里，塑料制品在东京被归为不可燃垃圾，直接就填埋处理了？后来塑料垃圾又是怎么处理的？

东京对塑料制品垃圾的处理方式经过了三个阶段：

第一阶段（填埋处理）

① 当时的清扫工厂很少，而家庭产生的厨余垃圾和普通垃圾数量大量增加，清扫工厂光处理这些垃圾就已经力不从心。

② 塑料制品刚出现在市场上的时候，数量没有现在那么多，塑料垃圾也比较少。加上它们不会腐败也没有味道，从卫生角度上考虑，就直接填埋处理了。

③ 当时的政策与技术，无法解决塑料这样燃烧后产生大量光热的“高卡路里垃圾”问题。

第二阶段（焚烧处理）

随着塑料制品不断增加，加上东京土地面积有限，填埋场即将饱和，如何焚烧处理塑料废品就成了当时的议题。如今，我们采用的方法是尽量减少塑料垃圾的体积，在燃烧处理之后，将垃圾焚烧产生的热量回收用于发电和加温（比如加热泳池里的水等）。

塑料属于有机化合物，控制好燃烧的条件，基本上可以做到充分燃烧（二噁英类有害物质也可以分解掉）。即便如此，在塑料制品充分燃烧后，一旦温度降至 300° C — 500° C 这个区间，非常容易再度合成出二噁英。

如今，我们会通过缩短焚烧设备停留在 300° C — 500° C 温度带的时间，来防止二噁英的再次产生。在此基础上，针对焚烧排气过程中释放的微量二噁英，也会使用活性炭来吸附，以控制二噁英的浓度，从而让它符合排放标准。

物转能源等设备升级完毕，完成了可燃垃圾 100% 燃烧处理机制。三十年间，被视为不可燃垃圾的塑料制品，终于在理论上能够被归为可燃垃圾。但是，各区在垃圾分类上有各自不同的历史沿革，处理方式也演化得不尽相同，加上新时期对环保的考量更加严格，因此，如今对于塑料垃圾，东京都各区仍然有不同的分类规定。

看完“垃圾战争”的历史，你应该可以意识到，垃圾回收主体在东京都垃圾处理系统里有多重要。东京都以区为单位划分的垃圾分类政策出台于 1992 年，顺着历史脉络，这也是在“垃圾战争”结束、垃圾再度产生增量之后，各区需要负责自己处理垃圾、开始整备自己的垃圾处理工厂之时。发展至今，回收形态大致可以分为几类：

① 收集所回收：各区根据自己的回收种类，规定回收日期、时间，在指定地点，用指定装袋方式回收。

② 据点回收：在公共场所、超市、便利店等利用频率高的地方设置垃圾箱。

③ 集团回收：街道组合、公寓管理方等机构将家庭丢弃的报纸、瓶罐等资源统一收集，交给回收业者。

不过，各区在收集资源品类时会有不同的规则。比如，荒川、足立、墨田、涩谷等 8 个区就只回收 PET 塑料瓶，不回收其他塑料包装制品。一方面与这些区的财政实力有关——虽然增加资源回收种类可以降低需要处理的垃圾总量，从而降低支付给东京二十三区清扫一部事务组合的垃圾处理费用，但清扫组合共同处理垃圾时使用的垃圾燃烧设施会不断折旧，设备更新费用也需要各区承担，所以省下的钱未必能抵消新增的成本，因此，一些财力较弱的区就没什么动力推行垃圾减量——不如别分那么多资源种类，宁愿都当垃圾丢掉。还有一个原因则与这个区商户多少有关，商户丢垃圾并没有家庭分得那么精细，资源回收率也更低。

第三阶段（节能减排）

燃烧过程中产生的二氧化碳对环境有很大影响。如今环保领域的重要议题就包括如何减少二氧化碳的排放，以及如何解决海洋塑料垃圾的问题。现在我们会尽量通过不需要燃烧的循环再造（Material Recycle）方法回收塑料制品，2018 年，东京都废塑料的循环利用率约为 23%，废塑料总体回收率约为 84%。

总之，如今东京都已不再直接填废弃塑料制品，也几乎不会再像以前一样会兴建东京台场、横滨山下公园那样庞大的垃圾填海造地工程了。

在垃圾处理过程中，有哪些减少二氧化碳排放的方法？

方法很多，但都要花钱。胺回收（让二氧化碳与碱性的有机胺溶剂发生反应）的方法就是其中一种，但成本较高。一般我们会认为，不需要燃烧的循环再造是最好减排方法，但其中也会产生异议，因为虽然避免了处理过程排放二氧化碳，但回收废塑料的过程，特别是运输、物流的部分产生的二氧化碳排放，责任由谁承担？这就是个问题。也因此，通过循环再造减少排放是否是最好的塑料处理方式，也还在讨论之中。

为什么东京不同区域的垃圾回收政策各不相同？

东京都内处理垃圾以就地处理为原则。这符合日本的社会意愿，各市町村（地域行政单位）有义务处理本区域的一般垃圾。不过每个区域针对垃圾处理的规定各不相同，这和本区域是否有自己的垃圾收集业者有关，也和各区域是否有焚烧等中间处理设施、最终处理场，乃至区域财政税金的多寡都有关系。

未来会有哪些新的垃圾处理方案？

有大量的消费才会需要大量的处理，垃圾处理最快速的方法就是焚烧。但现在，大量消费已经不是人们推崇的社会主流趋势了，根据不同地区和居民的特点，或者他们想尝试的垃圾处理方法，我们也为大家提供不同的方案，比如在人数少的地区推进堆肥化等。并不是焚烧或者再生循环单一方法就是最好的，现在有越来越多的方法来处理垃圾了。我们公司也在开发推进化学循环（Chemical Recycle）和昆虫处理等方法。

和东京垃圾处理有关，你可能感兴趣的 8 个问题

层层现象背后，
为你揭示东京垃圾处理的秘密——
既不“变态”，也不复杂，
它其实是一套城市治理方法。

text／费灿亚 陈紫雨 photo／赵慧 illustration／于瑒

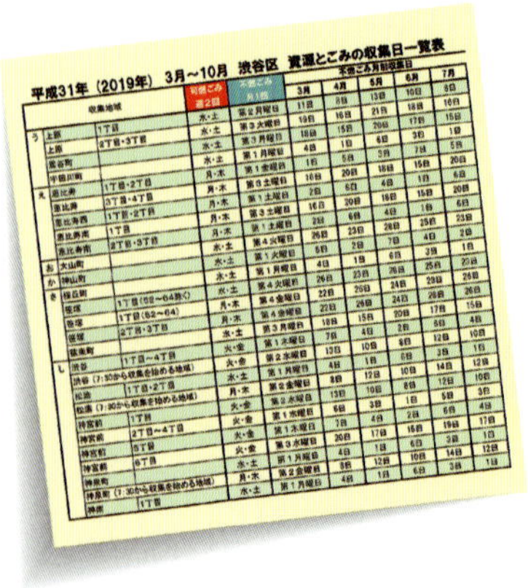

东京的街上很少有垃圾桶，但公共场所、超市、便利店等利用频率高的地方还是设置了垃圾桶，这种方式被称为“据点回收”。上图则是东京都涩谷区不同社区垃圾收集计划，每天收集、回收不同类型的垃圾与资源。右图为设置在便利店前的垃圾桶。

Q1：东京街上为什么很少有垃圾桶？

A: 这几乎是每一个初到东京的旅行者都会心生疑惑的问题。的确，在东京，除了便利店、电车站，只有表参道等少数人流量特别大的街道才设有垃圾桶。20 世纪 90 年代以来，东京开始逐渐减少街道上的垃圾桶设置，市民出行都会自己准备塑料袋，将垃圾带回家中处理。直接原因是为了防止恐怖事件的发生——垃圾桶极有可能成为恐怖分子放置武器的地方。1995 年东京地铁沙林事件后，东京就以反恐名义撤去了街道中的大部分垃圾桶。2017 年特朗普访问日本时，为防止恐怖袭击，东京甚至撤掉了地铁内的隐蔽储物箱。此外，减少垃圾桶也在客观上起到了节约公共费用的作用。

Q2：东京垃圾到底怎么分类？

A: 在东京，垃圾主要分为可燃垃圾、不可燃垃圾、大件垃圾和资源类回收物。各大类下面的细分种类，则根据各行政区制度有细微调整。以涩谷区为例：

可燃垃圾包括厨余垃圾、衣物、木屑、纸屑、塑料类、橡胶制品和皮革制品；不可燃垃圾包括金属制品、玻璃制品、陶瓷、干电池等，以及长宽高都在 30 厘米以下的小型家电产品；大件垃圾指灯油器具、家具、寝具等；资源类回收物包括塑料瓶、纸、瓶、罐、喷雾罐、荧光灯管等。

对每一大类下所包含的小类还会有详细的规定，如资源类回收物中的塑料瓶是指带有“PET”标记的塑料瓶；纸包含报纸、杂志和瓦楞纸箱，但是鸡蛋纸盒可当成可燃垃圾回收。此外，家电类（空调、电视、冰箱、洗衣机、干燥机等）需要专门付费回收。

Q3: 东京人怎么“扔垃圾”？

A: 东京垃圾的收集和搬运由各区清扫事务所负责，因此各个区域的垃圾处理方式都会有所不同。收集起来的垃圾需要根据各区的垃圾处理手册做预处理。垃圾也要根据主体不同，分为家庭垃圾与商户（比如商店、公司或组织机构）垃圾两类，有不同的回收方式。

就家庭垃圾而言，比如在涩谷区，厨余垃圾需要充分去除水分后再丢弃。如果有竹签，则需要先用纸包覆，并标注“危险”字样之后再投放。可回收的塑料瓶也不能直接丢，需要先拿掉瓶盖、撕掉包装纸，再用清水稍微冲洗一下瓶内、踩扁后装到垃圾袋中。至于资源回收物中的瓶、罐、喷雾罐等，需要按照种类分别放入透明袋中再丢，如果混

东京都 PET 塑料瓶回收方法

01 拿掉瓶盖，撕掉包装纸
* 瓶盖、包装纸作为可燃垃圾扔掉

▼

02 用清水稍微冲洗一下

▼

03 压扁

▼

04 装进袋里拿到收集处

资料来源：涩谷区政府官网。

在一起则不予回收。

如果居住在独幢房屋或者无人值守、没有垃圾房的公寓（apartment），住户需要根据各地区的垃圾收集日信息，将不同类别的垃圾在指定时间扔到固定的地点——如果没有赶上规定的时间，这些垃圾可能要在家里存放几天。如果不小心分错类或者没有按照规则处理垃圾，你的垃圾很有可能被退回——上面还会贴着一张警告。如果居住在配备垃圾房和管理员的公寓（mansion），你只需要将垃圾按照管理员规定分类放置，垃圾会由管理员统一在规定日期运至收集处。

如果扔大件垃圾，则需要提前向专门回收大件垃圾的业者预约，并在便利店等机构购买一张贴纸，贴在要处理的垃圾上，证明已为此垃圾预约处理并付费（再利用费和处理费）。如在东京都目黑区处理一个电饭锅，需要支付 300 日元（约合 18 元人民币）。

东京都 23 区会免费回收处理家庭垃圾（10 千克以上的除外），但由于商户产生的垃圾数量庞大，每个区都会制定每次收取“业务类垃圾”的总量限制与收费策略，因此，这些垃圾也需要先分类处理，粘好收费贴纸再丢。每个区都会有详细的“业务类垃圾”处理规则与方法，引导商户按规则执行。

至于收垃圾的具体时段，东京都各区域有自己的规定，一般会要求居民在早上 8 点或 8 点半以前将垃圾放到指定地点，一些繁华商业街会要求 7 点半以前放好垃圾。严格来说，各区都要求居民收集当日才能丢垃圾，但是也有人提前一晚把垃圾放出来——这可能会造成个人信息泄露、起火、吸引流浪猫狗觅食、噪声扰民等问题，也有可能因违反废弃物丢弃法，对回收业者造成“业务妨碍”而被问责。因此，居民可能需要自己判断好收集垃圾的时间统一丢弃，或

东京垃圾车

东京的垃圾车起初都是灰色的。考虑到形象和安全问题，东京都清扫局在 1986 年确定了垃圾车的配色——驾驶室为象牙白色，车厢为靛蓝色。这样漂亮得多。因为日本有很多狭窄的街道，所以垃圾车大多是 1—2 吨重的轻型垃圾车。垃圾车分为两种，压缩式垃圾车（右图）和自卸式垃圾车。压缩式垃圾车是目前运行数量最多的垃圾车，用来收集可燃和不可燃废弃物。回收人员在垃圾车尾部投入垃圾后，压缩板会将废弃物破碎、压缩，再装入储槽，这可以有效地提升垃圾收集效率。另一种自卸式垃圾车看上去更像我们熟悉的小卡车，专门用来收集家具、自行车等大件垃圾。（text / 汤一涛）

者自己拿到最近的垃圾处理工厂，或者预约专门业者上门收集。

Q4：东京怎么“收垃圾”？

A：正如我们在“垃圾战争 @ 东京”一文中提到的，东京的垃圾回收形态包括收集所回收、据点回收、集团回收等形态。东京都各区会各自处理垃圾收集、运输与资源回收问题。

一般而言，垃圾收集所会以每几个世代或十几个世代为单位设置一处（可以将日本的“世代”概念理解为我们的“户”）。这个设置频度比我们常见的“小区”要高很多，这意味着，每几户或者十几户就会有一个垃圾收集点。具体设置地点则会参考当地自治委员会等组织与居民的意见。最近，也有一些区域在尝试按照户别上门收集，这种方式可以提升垃圾回收服务水准，也能明确垃圾所属责任，但也为公共垃圾收集所的设置带来了问题——因为没人愿意在自己家门口放一个公共垃圾桶。

Q5：如何保证垃圾真的能按照计划收集？

A: 东京的垃圾处理，由 23 区各区、东京二十三区清扫一部事务组合、东京都分工合作共同完成。其中垃圾的收集、搬运和资源的回收由各区自行组织完成；由于部分区没有垃圾中间处理设施，同时也出于提高效率考虑，垃圾的中间处理（焚烧和破碎等）由东京二十三区清扫一部事务组合统一完成；垃圾的最终处理（填埋）由东京都完成。

东京都 23 区垃圾处理彼此独立，不同区的垃圾分类和收集也会有差别。为了更高效地收集垃圾，尽可能地节约公共费用，各区按照垃圾种类分别规定收集的日期和区域，根据垃圾量的季节变动和地区的实际情况制定作业计划，配置人员车辆，制定搬运路线。一般而言，可燃烧垃圾每周收集两次，不可燃烧垃圾和资源垃圾每周收集一次，大件垃圾的收集需要提前预约并付费，由专业人士上门收集。

为了保证垃圾按照计划收集，政府印制了详细的垃圾分类和丢弃指南发给市民。日本并没有严格意义上的户籍制度，居民可以自由搬迁，但是，每次搬家都必须在原住址所属的区政府或地方政府办理迁出手续，再到入住地所属的区政府或地方政府办理入住手续——这也是每次政府针对居民发放各类手册的时机。

规则普及后，不按规定时间、规定种类投放的垃圾，会不予收集甚至予以处罚，除此之外，还会针对老年人和残疾人实行上门收

家庭厨余垃圾含有大量水分，湿度相对较高，有什么特殊处理的方法吗？

针对专门的厨余垃圾，我们可能会使用堆肥处理方式，也就是将固体废物中的可降解有机物转化成为有机肥料的生物化学处理方法。但是在如今的东京这样人口较多、管理困难的大城市，回收的家庭垃圾里可能含有少量的电池或者其他类别的垃圾，导致生成的肥料带有毒性、无法使用，所以无法采用堆肥方式。东京都主要通过各个区“自治”的方式来处理垃圾，从量的角度来看，燃烧处理垃圾是主流方式。（text / 陈紫雨）

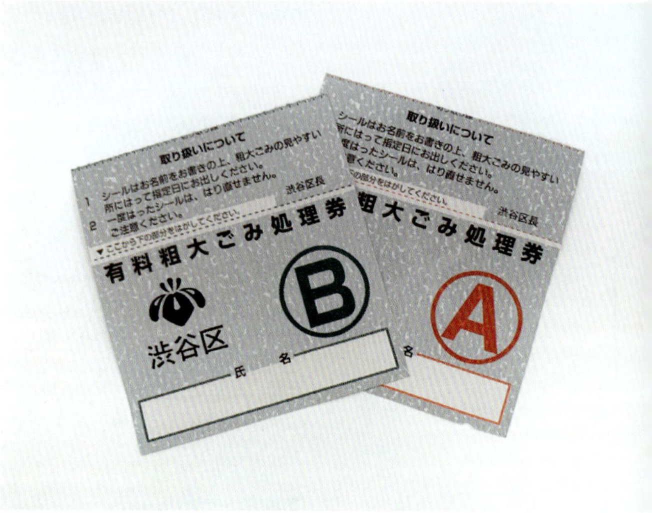

这是东京都涩谷区大型垃圾处理券，A 与 B 意味着不同价格。人们需要向专门机构预约收集时间，根据条目指示计算需要缴纳的费用，然后去便利店等机构购买不同价格的垃圾处理券，等到收集日前一晚，再贴上处理券放到指定收集地点。如果遇到高峰期，预约人数过多，这个预约需要提前好几周甚至一个多月。

photo／赵慧

集，确保 100% 垃圾收集率。

Q6：那些收集起来的垃圾去哪里了？

A：收集起来的垃圾，根据不同的分类，会流向不同的垃圾处理场所。

① 在东京，可燃垃圾会运往分散在各区的垃圾焚烧处理厂（东京都共有 21 个，其中两个正在改建），经过焚烧处理之后变成水泥、熔渣等再利用，剩下的部分最终会被运往新海面处理场填埋。

焚烧听上去简单，其实技术难度不低，最常见的难题是可燃垃圾中混入了汞等重金属。在东京从事废弃物处理工作二十年以上的山内贵弘说，它们会让垃圾燃烧设备出现故障，也可能让焚烧产生的气体中含有重金属物质，一旦超过排放标准，就会对附近居民的健康状况造成威胁。“如果发生这样的情况，我们会及时向周边地区发出公告。因此在排气的过程中，我们也会使用活性炭喷雾连续不断地吸收汞，从而使浓度符合排放标准。”

可燃垃圾焚烧产生的焚烧灰，可以作为水泥的原料——黏土的替代品，用作建筑土木材料。东京于 2015 年正式实施焚烧灰的“水泥原料化”。此外，焚烧灰熔融后产生的熔渣也能作为土木材料有效利用。如今，焚烧灰热处理（炉渣和水泥原料化）的再利用比例大约为 70%。

垃圾焚烧过程中产生的热能也可以有其功用，一部分可用于发电和产生高温水，满足垃圾焚烧处理厂自身运作，另外，也可转为电能对外出售。2018 年，东京垃圾焚烧处理厂售电售热收入约为 107 亿日元（约合 6.7 亿元人民币），总发电量达到 12.8 亿千瓦时（度）。也会有专业垃圾回收处理公司，将从各个区域的垃圾处理厂的垃圾处理过程中回收的能源转化成热能和电能，再将这些能源在当地售出，实现自给自供。

焚烧处理过程的成本考量也十分关键。因为要使用脱硫剂、活性炭、尿素等等各种化学药剂，气体处理的成本相对较高。山内贵弘表示，公司与机构们需要从整体角度平衡考虑处理方式，以求发挥最大性能。

② 不可燃垃圾会运往不可燃垃圾处理中心（东京都 23 区中共设有两处），经过破碎拣选之后可以回收部分铁铝，剩下的会被运往中央防洪堤坝外侧填埋处理场和新海面处理场，这也是东京都现在主要的两个垃圾填埋场，前者建于 1977 年 10 月，截至 2016 年年末填埋量约为 5471 万吨；后者建于 1998 年 12 月，截至 2016 年年末填埋量约为 777 万吨。

东京在填埋处理上充分考虑环保要求，先将垃圾堆垛，达到约 3 米高时再盖上 50 厘米土层，然后在形成的凹谷中再次填埋垃圾，填平后盖上 50 厘米土层。这种“三明治”式填埋方法的好处在于通过覆盖泥土可以防止垃圾飞散、臭气扩散、害虫、火灾的发生。

由于中央防洪堤坝外侧填埋处理场和新海面处理场位于东京都港湾，容易对地下水和公共水域造成污染。东京都在填埋处理时分别采用双重钢管板桩式护岸堤坝（中央防洪堤坝外侧填埋处理场）和沉箱式外围护岸（新海面填埋场），渗出水通过集水设备和排水处理场再处理，以降低填埋废弃物对环境的影响。

③ 至于大件垃圾，首先会被运往大件垃圾破碎处理设施（东京都 23 区内设有 1 处），经过破碎、拣选处理，然后跟随可燃烧垃圾一起处理。

④ 此外，为了促进垃圾的回收利用，各区回收的资源回收物通过产品制造商的再循环中心和民间再循环企业，实现再次利用与再次商品化。为此，日本在 2000 年制定了《推进循环型社会基本法》。在该法律基本框架下，对个别资源回收物作出相应的规定，包括《容器包装再循环法》《家电再循环法》《食品再循环法》《建设再循环法》《汽车再循环法》《小型家电再循环法》。

Q7：为了让居民能按照标准处理垃圾，东京做了什么？

A：除了前面所说的，在人们搬家时发放垃圾分类宣传手册；东京都各自治体政府都在官网设有垃圾分类专页，并翻译成英文、中文等多国语言，以供居民下载。此外，东京都政府敦促市民贯彻“3R 原则”——Reduce，尽量减少垃圾的产生；Reuse，尽可能地重复使用想要扔掉的东西；Recycle，鼓励垃圾的再循环。在垃圾回收上注重宣传教育，尤其注重培养下一代人的环保意识。

东京都每人每天排放的垃圾量

东京都处理每吨垃圾所需费用

注：1. 人口出处：东京都总务局统计部《基于居民基本台账的家庭和人口（日本人及外国人）》（截至 2019 年 12 月 1 日）※ 垃圾排放量包括事业类垃圾。
2. 垃圾处理费用根据东京清扫组合全年实际花费计算而成。

数据来源：东京二十三区清扫一部 2019 年度清扫事业年报 / 预算执行实际报告。

垃圾都去哪儿了？

① **垃圾填埋场＋**

全东京约有 80% 的垃圾最终还是被埋到了海里，当然前提是这些垃圾必须经过充分燃烧或粉碎。在日常生活中，垃圾分为可燃垃圾、不可燃垃圾、大件垃圾和资源类回收物这四类。燃尽后的焚烧灰和被粉碎后的不可燃垃圾，是垃圾填埋到海里的最终形态。目前东京仅剩两处可供使用的垃圾填埋场。其中新海面垃圾填埋场被称为“东京最后的垃圾填埋场”，因为东京都 23 区内已经没有适合用于建造垃圾填埋场的海面。环境省预期东京的垃圾填埋场仅可再使用不到二十年。

② **资源再利用**

塑料、纸制品、玻璃制品、铁铝部件等物品目前都有较成熟的再利用方式。塑料瓶、纸箱、玻璃瓶、易拉罐回收后，可以重制成原来的样子，再次投入市场。除此之外，塑料制品、铁轨、建筑材料等工业用品，也是常见的资源再利用后的去向。

③ **海外**

还有很多垃圾被“扔”到国外。日本是世界排名第二的废塑料输出国。2016 年是一个高峰，当年年出口废塑料近 150 万吨，约占当年日本垃圾总量的 3.5%。这些废塑料被劳动力价格低廉的国家当作资源购买，人工分拣、处理后，加工成再生塑料制品再次出售。2017 年，中国和一些东南亚国家等废塑料主要进口国开始限制垃圾进口，因此这个数字在 2019 年降至 90 万吨。（text / 管家艺）

垃圾处理的挑战

① **落实分类**

即便有那么多宣传教育，要让所有民众按照规范分类投放垃圾还是没那么简单。这里面有很多细节难题，比如原本可回收再利用的塑料包装，如果没有洗干净，便只能作为可燃垃圾一起焚烧；金属若被投入焚烧炉，融化后有可能引起机械故障；湿垃圾若水分含量太高，会影响燃烧炉内温度，导致燃烧不充分……2019 年，经日本容器包装回收协会统计，在约 900 家回收塑料包装的市町村区域单位中，依然发生了 230 次火灾，其中 70% 是因为电池分类错误造成的。

② **有害气体消除**

城市生活垃圾焚烧设施会产生粉尘和二噁英类等多种有害物质。通过改善燃烧性能、叠加烟气冷却、活性炭吸附、触媒分解等多种方法，有害烟气排放问题已经基本得到解决。新一代设备的目标是在无公害的基础上，提升能源利用效率，减少温室气体排放。

③ **渗滤液处理**

垃圾填埋后，遇上雨天，就会渗透出含有有害物质的渗滤液。填埋场会铺设防渗膜，以防止这些渗滤液污染地下水。它们必须经过净水设备处理后，才可排入污水系统。

④ **法律制定**

从 1964 年到 2002 年，日本颁布了十部法律来治理垃圾。《环境基本法》的出发点是为了应对 20 世纪 60 年代垃圾数量增长带来的环境公害，此后日本环境省主导并不断制定出以资源循环为目标、适用于不同行业的各种资源循环利用法。（text / 管家艺）

在宣传教育上，东京都 23 区想出了更多的方式。人们可以在官网上以个人或团队的方式预约参观垃圾处理厂。厂内设有为参观者播放宣传片、宣讲垃圾处理方式的教室，帮助居民更好地了解垃圾处理的全过程。为了提高下一代人对垃圾处理的认识，东京都 23 区制作了动画宣传手册、垃圾处理视频和游戏活动，将枯燥的垃圾处理过程生动地展示在孩子们面前。

Q8：东京在垃圾处理上花费多少？

A： 东京二十三区清扫一部事务组合在垃圾处理上的支出可以分为清扫费、设施重整修理费、总务费、议会费和国债服务费等主要

东京垃圾量、焚烧处理量、填埋处理量、资源回收量变化

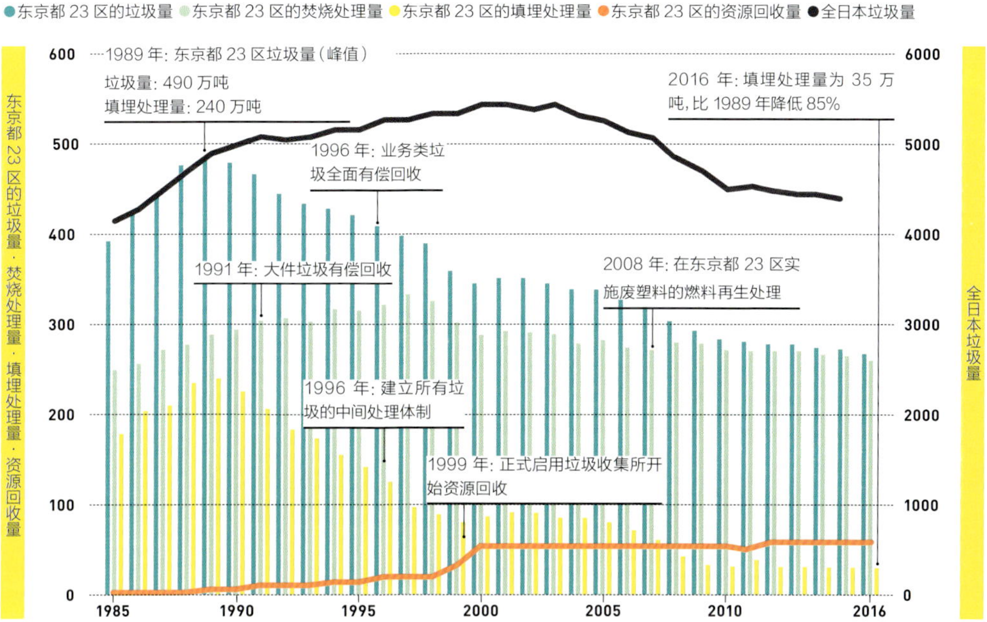

资料来源:《东京二十三区清扫一部 2017 年度清扫报告》。

项目。清扫费是指垃圾焚烧处理厂各类垃圾处理费、设备运营费用等，这一部分的支出比例最大，2019 年预算约 707.6 亿日元(约合 42.3 亿元人民币)，占总支出的 83 %。

Q9：东京在垃圾处理上取得了多大的成效？

A：在严苛的分类制度和日益高效的处理体系下，东京的垃圾处理事业成效显著。

首先，东京都垃圾排放量自 1990 年之后逐渐减少。1989 年，东京都区的垃圾量达到历史峰值——490 万吨，2019年，东京都垃圾量不到 300 万吨。

其次，东京不断推进循环型社会的形成，将垃圾对环境的影响降到最低。1989 年垃圾填埋量是 240 万吨，几乎为垃圾总量的 50%。2019 年东京都垃圾填埋量仅为 30 万吨，是 1989 年的 12.5%。

2019 年，东京每人每天的垃圾排放量为 548 克，1989 年的这个数值为 1600 克。

目前，东京都垃圾处理也并非毫无问题。各区关于 NIMBY 的争议仍未解除，技术更新带来的财务风险，以及温室气体排放等问题，也成为这个城市的垃圾处理议题的新挑战。

01

技术与成本，
永远是让一座城市的基础设施建设
艰难前行的双螺旋。

令人惊叹的地下宫殿

text／甘若兰 illustration／于瑒

窨井盖和排水口随处可见，但人们很难看见它们连接的地下世界。不过在东京，地下的世界或许没那么神秘——因为你可以“从地上一步步走进去”。

位于东京市区西边的和田弥生干线是一个不错的入口。它看起来像一个褐色的仓库，走进去，是一个由水泥和钢铁组成的空间。顺着楼梯走到地下 13 层，半蹲着穿过几条连接管，就能进入一条高约 8.5 米、长 2.2 千米的巨型水道——比地铁隧道还要宽敞。

不过，别在雨季进入，那时它可能装着差不多 12 万立方米的水，相当于 127 个 25 米长、8 泳道的游泳池。它最近一次满管是在 2019 年 10 月，台风“海贝思”袭击东京的时候。

02

一旦天气复晴，这些水将被输送到落合县污水处理厂（也称“水再生中心”），在那里净化之后排入神田川，或者被再次使用。当水全都流走，人们才可以再次走进这条巨型水道。所以，对游客来说，这条水道是“季节限定”的。水道被灌满的样子或许很难想象，只有墙壁上水位线和水痕告诉我们这里曾经发生了什么。

和田弥生干线是东京都内规模最大的调蓄下水道，但它仅仅是东京下水道网络“大动脉”的其中一段。在和田弥生干线的西侧，神田川环状七号线调蓄下水道将于 2025 年完工，建成后，它的规模比和田弥生干线更大。从这里往北边走到练马区，有一条作用类似但规模较小的第二田柄川干线。暴雨时节，雨水通过路面排水口直接流入这

01 东京都水道局朝霞净水场，它位于东京都隔壁的埼玉县，净水能力达到每天 170 万立方米。

02 在净水厂里，常常使用这类臭氧发生器，以消毒和杀死水中的病毒和污染物。

些巨型管道里，它们缓解了普通下水道的排水压力，从而避免城市内涝。

21 世纪以来，东京下水道系统成功应对了不少暴雨，让城市免遭内涝损害。在非强台风年份，东京都年浸水面积不超过 45 公顷，近十年里更是控制在了 10 公顷以内，不到东京都总面积的 5%。

但在这个现代的地下世界建立之前，东京也曾饱受洪水的困扰，甚至由此引发了严重的公共卫生事件。20 世纪 50 年代，东京进入战后复苏阶段，启动工业化进程，大量生活污水和工业废水随意排放。加上东京地势低平，河流密布，含有大量重金属和寄生虫的污水随着内涝和洪灾迅速扩散至城市里每个角落。

为了解决水污染问题，日本政府从 20 世纪 50 年代末开始重新规划整治下水道系统，于 1958 年颁布了《下水道法》，将改善城市环境和公共卫生定为下水道系统建设目标，指明都道府县负责各自管辖区域内的下水道系统，规定下水道系统包括下水管道、抽水泵站和污水处理厂。也就是说，管理下水道系统是各都道府县的职责，它们要在各自的管辖区域内，统筹整套下水道系统。为此，东京都于 1962 年 4 月成立了下水道局，主管东京都下水道系统事务。当时，东京下水道覆盖率仅有 20 % 左右。从那时起，下水道网络开始迅速扩张，东京下水道系统正式步入了现代化进程。

除了这类与中国城市类似，以行政区域来规划的公共下水道系统，东京都还有一套根据地形条件和河流流域来建设的流域下水道管理系统。1970 年，东京都下水道局将东京都 23 区划分成 10 个污水处理区，并且设立了两个独立的流域管理项目，为每个污水处理区和流域管理区修建了污水处理厂。这样既能避免重复建设管道和污水处理设施，节约维护成本，又能从水域本身出发考虑如何更好地提高水质，减少水污染，避免行政区域之间由于利益冲突而无法有效解决水污染的问题。

东京都下水道局花了近三十五年的时间将下水道铺满整个东京。凭借东京都下水道局的技术支持，下水道能够伸到一些相对偏僻的村镇。这样一来，污水在东京任何角落都有了去处，人们感染病菌的风险大大降低了。1995 年，下水道的覆盖率终于接近 100%。

供水系统

东京的现代供水计划制定于 19 世纪 80 年代，这个计划搭建了东京供水系统的雏形——把多摩川设为东京的主要水源地，水流经玉川引水渠通向淀桥净水厂，最后由供水管道送往东京市区。1898 年，这条供水路线正式投入使用，供水管道的范围也从此逐步扩大。如今，东京供水管道总长达 2.7 万千米，是赤道长度的三分之二，净水系统每天处理近 700 万立方米的污水，规模居世界前列。

污水收集系统

东京下水道收集了雨水和生活污水，为此出现了合流型和分流型两种管道形态。合流型造价低且输送速度更快，东京建筑密集，管渠空间小，所以东京都内 80% 的污水收集系统采用合流型管道。在合流系统中，污水和雨水被收集到相同的下水道，一同输送到污水处理厂。在分流系统中，污水和雨水被收集到不同的下水道。污水送往污水处理厂，雨水排入河流和海洋。

污水处理

污水经下水道被输送到污水处理厂。现代污水处理工艺包括多次过滤沉降、臭氧处理和用活性污泥除去水中氮和磷。这些再生水多被用于厕所冲洗、部分工业设备冲洗、冷却和景观水，或者重回河流。

伴随着下水道网络逐渐成形，东京也进入了高速城市化阶段，许多住宅楼、商业中心和高层建筑拔地而起，留给下水道的空间很少，给施工带来不小难度。为了解决这个难题，东京都下水道局采用了合流式管道。一根合流式管道能够同时收集雨水和污水，不需要更多管道来分别输送它们，所以造价更低，也节省了地下空间。目前，东京都内 80% 的下水道采用合流式管道，剩下的区域采用分流式管道。

然而，合流式管道的缺点也很明显——有可能将污水直接排到河流中。理想情况下，合流式管道把污水和雨水一同输到污水处理厂，全部净化后再排到河流里。晴天和普通雨天时，下水道系统也确实是这样运转的。但在暴雨期，降水量增大，管道内的污水也随之增多了。由于污水处理厂无法承受

自来水到底是怎样加工处理的？

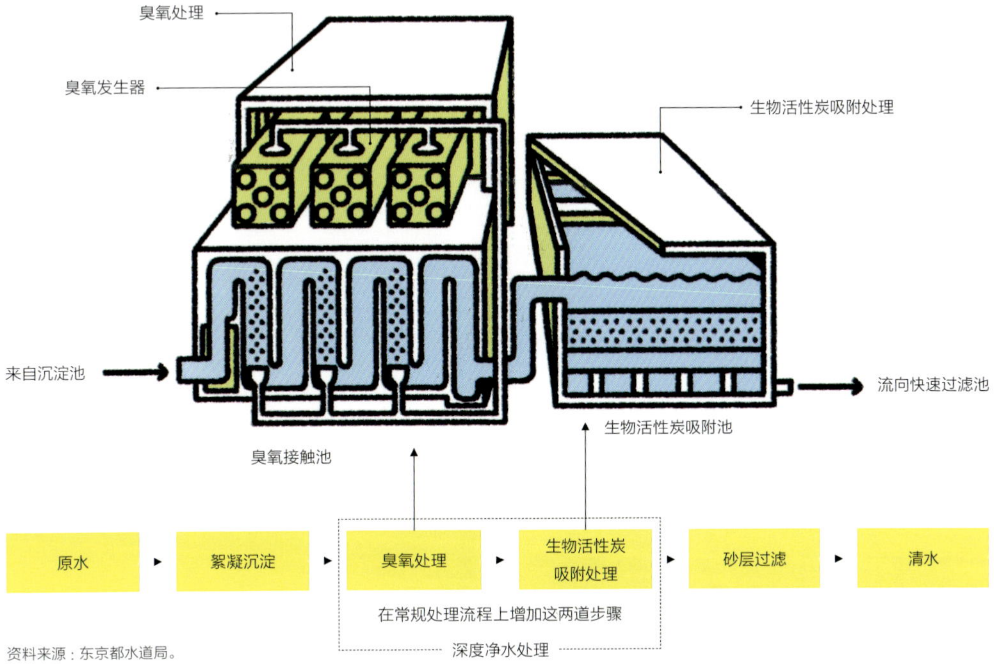

资料来源：东京都水道局。

01

02

首都圈外围排水道

在日本首都圈地区，中川和绫濑川流域被利根川、江户川及荒川等大河围绕，地形类似盆地，地势较低，容易积水，历史上曾多次发生洪涝灾害。而且因为河道坡度平缓，河水难以流入大海，所以在降水较多时，河流水位常常居高不下。再加上近年该地区城市建设进程加快，雨水很难渗透到地下，积聚的雨水大量涌入河流，导致河水随时可能泛滥。

首都圈外围排水道位于埼玉县春日部市，于2006年正式投入使用。埼玉县邻接东京北部，是蜡笔小新的家乡。首都圈外围排水道是一个超大型排洪工程，由排水道、竖井、调压水池组成，主要目的是为了排出雨季洪水，避免首都圈城市内涝。它的主体是一条位于地下50米、内径10米、长约6.3千米的水道。这条水道连接了5条竖井，承接着中川、仓松川、幸松川、大落古利根川和一些人工水路。调压水池是一个巨型水泵，洪水经此汇集后被抽往同一个方向。当雨季来临，河流水位暴涨，水流入竖井后汇集到主体水道，再流入调压水池，水泵以每秒200立方米的速度把水抽排至江户川。

自从首都圈外围排水道建成之后，周边地区发生洪涝的土地面积和房屋数大幅减少，摆脱了长期以来的洪水威胁，受灾情况显著改善。

位于埼玉县春日部市的首都圈外围排水道是一个超大型排洪工程。其中，调压水池（图01）由59根巨型混凝土柱支撑着，每根柱子重约500吨，内部十分壮观，它也因此得名“地下神殿”。另外，首都圈外围排水道拥有5个这种巨大的竖井（图02），用于引入洪水。

首都圈外围排水道整体构成图

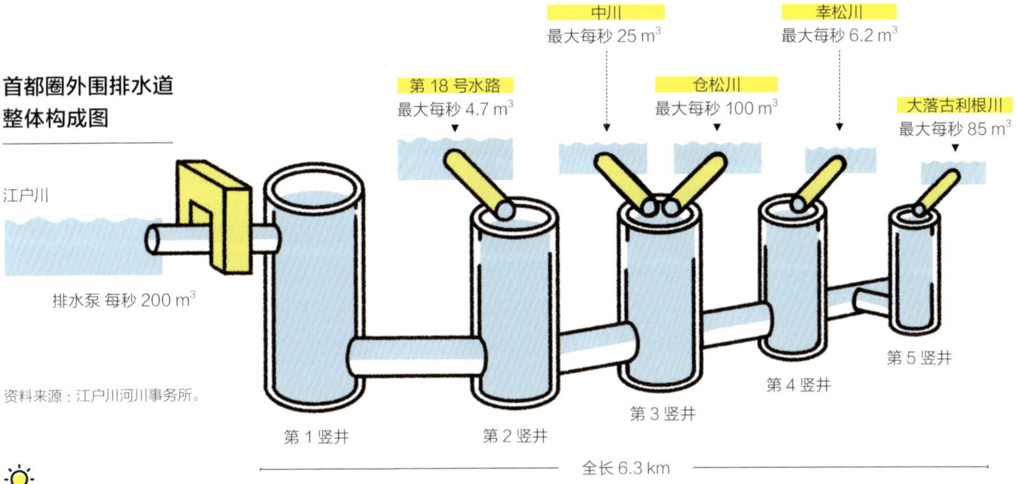

资料来源：江户川河川事务所。

被人忽视的水问题

01 下水道臭气反窜

在东京，浴室和厨房的排水管道口设计了存水弯，它是防止臭气反窜的主要装置。然而随着时间推移，管道逐渐被腐蚀、老化，或者存水弯里的水蒸发，管道口就会散发臭气。如果一些管道没有安装存水弯，就会无法挡住臭气。

02 棘手的油

油是加速下水管道损坏的元凶之一。油和其他物质混合，流入到下水道之后将会形成恶心的附着物。比起其他管道污垢，它们是最难清除的。而且，污水处理厂要耗费更多能源来处理混入油的水。所以，东京都下水道局不允许餐饮店直接将油倒入下水道，也不允许倒入混合了油污处理剂的油，要求店铺依法设置隔油池（油水分离器）。针对个人虽然没有法律规定，但建议人们先用吸油的纸张（比如报纸、厨房纸巾等）将油脂擦干净，再将其当作可燃垃圾丢弃。

03 水中的放射性物质

自 2011 年福岛核泄漏事件以来，应对水中的潜在核辐射和处理核废水成为日本政府的重要议程，人们也更加关注用水的安全性。福岛离东京约 300 千米，但由于地表水具有流动性，加上暴雨可以将空气中的放射性物质带入河流，东京的水资源也存在放射性隐患。实际上，东京一家自来水厂在 2011 年 3 月被查出水中的放射性碘超出婴儿摄入量标准。如今，一些官员和科学家认为水中的放射性物质已经被大量稀释，含量微小，不会对人体造成任何危害，但水的核污染仍旧是东京时刻注意的隐患。

过量的污水，为了防止城市内涝，只能把合流式管道中的被雨水稀释的污水排往就近的河流。

另外，随着城市化急速推进，公路和楼房越建越密，挤占了绿地面积。这些绿地原本可以像海绵一样吸收一部分雨水，但现在雨水只能通过房屋水管和路面排水口排入下水道。下水道承载的雨水也变得更多了。为此，20 世纪 90 年代之后，新建的下水道优先采用分流式管道，一些地区的合流式管道也开始更换为分流式管道，将雨水单独排入河流里。同时，每个河流入口加上了滤水栅，尽可能减少污染物进入河流。

经过五十多年的建设，东京下水道系统如今已是一个庞大而精巧的地下宫殿，维持着城市的正常运行。迄今为止，东京下水道总长达到 1.6 万千米，大约是北京到上海距离的 13 倍。10 个污水处理区一共有 13 个废水处理中心，它们每天总共处理六七百万立方米污水。东京的下水道系统不仅缓解了内涝，而且改善了水质。让东京人引以为傲的自来水便是优良水质的佐证之一——东京水道局一直在宣传，自来水可以放心饮用。

即便取得了瞩目的成就，随着时间推移，东京都下水道局也面临着新的难题，首先要面对的是长期的资金紧张。下水道系统覆盖率达到 100% 之后，下水道系统的建设成本和建设预算连年下降。直到 2005 年，第一批使用寿命为五十年的下水管道即将到期，东京开始大规模更新下水管道，加上修建巨型下水道，建设成本逐步回升。然而，下水道的建设预算并未随着成本回升而增加。20 世纪 80 年代末期，东京基本完成了新一轮人口增长和城市化，财政政策重心从基础设施建设转向发展社会经济。泡沫经济破灭后，日本经济停滞，东京都政府为了控制财政赤字，减少了下水道系统建设的财政预算。

在这种情况下，东京若要升级和维护下水道系统，只能从扩大收入入手。日本政府认为，处理生活污水是私人成本，而处理雨水、污泥等则被看作公共成本。这些公共成本体现在居民用水的消费税里。在日本，消费税一直在全国范围内统一调整，1995 年，消费税从 3% 调整到 5%；2014 年，税率涨到了 8%；2019 年，税率再次涨到了 10%。消费税不断上涨，这意味着居民承担了越来越多的水处理成本。

尽管如此，东京都下水道局仍面临越来越严峻的资金考验。未来三十年里，越来越多的下水管道需要更新，维护成本不会减少；但另一边，随着东京人口数量减少，下水道系统的财政收入将逐渐降低，收支关系将会变得越来越紧张。

不过，这或许不是件坏事，有限的资金逼着东京都下水道局不断开发新技术，争取以更低的成本维护下水管道。20 世纪 80 年代，东京都下水道局开发了免挖土更新下水管道技术，不必重新挖掘地面，只要在管道内壁铺上新型材料就能延长管道的使用寿命。由于不破坏地面，居民日常生活也不会受到影响。东京是日本首批掌握这项技术的城市之一。如今，东京都下水道局还在不断更新这项技术，还借此提高了管道的抗震性能，节省了至少 30% 的维护成本。

同时，污水处理厂也在不断追求以更节能、更环保的方式来处理污水。2013 年，位于东京都大田区的森崎污水处理厂采用了新的发电方式，把污水处理的过程中产生的沼气和排水落差转化为电能，这些电能够满足污水处理设施 20% 左右的用电量。森崎污水处理厂是日本规模最大的污水处理厂，在它的带领下，越来越多的污水处理厂也将采用新能源技术。

另一个节约成本的方法是避免损坏下水管道。洪水冲击、淹没下水管道是损坏的主要原因。为此，东京都下水道局于 1998 年开发了分析降雨强度和分布的信息系统，这样能提前操控泵站，合理分配污水的输送路线，减少管道负担。同时，为了抵御洪水，东京都下水道局在易发生洪涝的地区铺设了新的管道干线。旧管道只能应对每小时 50 毫米的降雨，当降雨量超过这个数值，下水管道将超荷运行，容易爆裂损坏。新管道的抗雨能力达到每小时 75 毫米，它们能够承载更多的雨水，分担了沿线旧管道的输送压力，从而达到减轻损耗的目的。

人们日常生活中不经意的坏习惯也会加速管道老化。比如，把油和开水倒入下水道，油凝固后形成的附着物将会堵塞、腐蚀管道，而开水则会破坏管道内壁的涂层。一些初到东京的游客将非水溶性厕纸冲入马桶，也会为下水管道带来负担。

为了提醒人们爱护下水道，东京都下水道局努力地向公众揭下它的神秘面纱。2013年，前身为污水处理厂的东京都下水道博物馆“彩虹下水道馆”和下水道文物遗址旧三河岛污水处理场泵站正式对公众开放。在这里，人们可以直观地看到下水道系统是怎么运转的。除了之前提到的和田弥生干线和第二田柄川干线，东京都下水道局还开放了已完工的管道施工现场“藏前水之馆”，供人们参观下水管道内部。为了吸引年轻人的注意，它发行了需要前往不同地点获得的井盖卡片，还定期举办青少年调研活动“东京地下实验室”。

技术与成本，永远是让一座城市的基础设施建设艰难前行的双螺旋。与此对应所付出的努力，则支撑着一座超级城市的地下世界。

东京都水道局给普通人的一些“常见问题解答”

Q：哪种水口感好？

A：由于各人口味不同，所以无法通过设置公共指标决定水的味道如何，但厚生省（即现厚生劳动省）于1985年成立了“改善水口感研究小组”，致力于供应“口感更好的水”。根据其研究成果，矿物成分和适量的二氧化碳能够令水的口感更好。此外，水的口感还取决于水温。研究小组发现，水的口感在15℃—20℃时最佳。

Q：我希望降低自来水中氯的浓度，让水的口感更好些。水道局对此有什么看法？

A：出于卫生考虑，我们使用氯进行消毒，并按照《水务法》之规定把水龙头处的自来水余氯浓度控制在最低0.1毫克/升。并且，东京都水道局还额外制定了“口感更佳水质目标”，规定自来水中的余氯浓度为0.1—1毫克/升。为了实现这一目标，东京都部署了131台自动水质检测仪，以检测整个供水系统的水质，确保余氯浓度维持在适当水平。此外，通过在向各地输配水的供水站安装加氯设备可以降低净水厂的加氯量。因此，无论您离净水厂有多远，我们供应的自来水中的余氯浓度都能保持在尽可能低的水平。

另外，我们也正在努力通过引进先进的水处理技术和推广直供系统向您提供更加安全、口感更好的水。

Q：浴缸里的水看起来是蓝色的，正常吗？

A：当吸收部分红光和散布在水面的蓝光后，水就会呈现蓝色。如果水中的铜（离子）含量升高至规定标准的100倍以上，则也可能会变成蓝色，但这通常不会发生在普通居民家里。

Q：水道局对在供水系统中加入氟来防止蛀牙有什么看法？

A：低浓度的氟可以预防蛀牙。但如果摄入过多的氟，则会导致氟斑牙（牙釉质上长斑）。多年来医学界对在水中加氟的利与弊争论不休，目前尚未得出结论。我们一直密切关注相关领域的进展，并会继续根据既定的水质标准和现有的科学知识尽力供应安全、口感好的自来水。

Q：如果向河里倒入一汤匙的酱油，那么需要多少淡水才能恢复到让鱼生存的水平？

A：为了能够供应安全、口感好的自来水，水源的水质自然越高越好。一般认为，淡水资源污染主要由工厂排放的工业废物造成的。但家庭排出的液体废物也是一大污染源。如果将一汤匙的酱油排入河中，则需要600升水（约3个浴缸的量）才能使水质恢复到鱼可以在河里生存的水平。因此，大家减少家庭废水排放的努力与保持饮用水资源的清洁息息相关。

资料来源：东京都水道局。

PART 10

让我们回到
形态各异的人群里吧
从兴趣与职业两个角度
看看东京人
颇有滋味的生活瞬间
可能这不仅仅是生活
也不仅仅是东京

东京人的东京一瞬

趣味

职业

森冈督行：我的东京建筑之旅

text / illustration / 森冈督行
translation / 江练

这次要在中国的媒体上为大家介绍东京的建筑，应当以何种标准来挑选介绍对象呢，此事使我深感烦恼。因为，具有未来感的壮丽高楼早已遍布在以北京、上海、深圳为首的中国各大都市，而寺庙等传统建筑又深受中国文化的影响。

在其中，"东京式的建筑"又是什么呢？经过一番很个人的考量之后，我选择了以下这些建筑。虽然我敢肯定，有些"东京通"会评价说"缺了某个代表性的建筑"，但在这里，不妨听一听我的想法。

森冈督行（Morioka Yoshiyuki）

1974 年出生于日本山形县。日本法政大学政治系毕业后，1998 年进入二手书店"一诚堂"工作。2006 年在东京茅场町开了"森冈书店"，主要出售艺术类二手书，也出租空闲空间做些小型展览。2015 年将森冈书店搬到东京银座，并开始了"一册一室"的运营方式——一次只卖一本书，并策划与此书相关的展览，也会请来与此书相关的作者或编辑做讲座或直接与读者交流。

要参观东京的建筑，首先请移步原宿站前的"WITH HARAJUKU"。这座由建筑师伊东丰雄设计的建筑，旨在探讨人们行走于地面上的意义，并从此角度出发设置了"道路"。在现代城市空间中，人们越来越少地行走在地面，更多地涉足建筑物内部和地下。"这对城市、对人来说，真的是好事吗？"据说伊东丰雄的内心曾有过这样的疑问。而关于围绕"道路"种植的绿植，伊东丰雄作出如下表述：

"随着时间的流逝和绿植的生长，它们可能会变得像一座真正的小山丘。慢慢地，从山坡下就看不到建筑物了。如果能在原宿这个商业区里，引入近似自然的景观就好了。"

换句话说，这是一座随着时间流逝而逐渐接近自然的建筑。也许就像设计建筑那样，伊东丰雄也设计了时间。

此外，原宿的表参道的开云大厦（原为 TOD' S 表参道大厦）也由伊东丰雄设计，它的外立面以表参道成排的榉树轮廓为基础，仿照向上延伸的树形为设计特征。东京郊区八王子市的多摩美术大学图书馆也是伊东丰雄设计的代表建筑，他将地板设计成被海浪冲击过后地面的样子。

另外，"WITH HARAJUKU"的 8 层是"资生堂 Parlour"，从那里可以眺望明治神宫的广阔森林。在森林的左侧，还能看到建筑师丹下健三设计的代代木国立综合竞技场。右边是新宿的摩天大楼群，在那里面也有同样由丹下健三设计的东京都厅和新宿公园大厦。在"资生堂 Parlour"一边享用美食，一边享受美景，是很幸福的事情。

正如人们所知，丹下健三在吸收日本传统

伊東豊雄
多摩美術大学図書館

丹下健三
国立代々木競技場 第一体育館

建筑的养分的同时，也倾心于勒·柯布西耶等建筑师的西方近代建筑，并在此之上确立了独有的建筑风格。其中，我特别喜欢代代木国立综合竞技场，我认为这个建筑是贝壳结构与钢筋混凝土的融合。正方形建筑中有机的圆形代表着什么呢？它既不是西方也不是东方的，但与此同时，它表现出的不正是人类所熟悉的“形状”吗？丹下健三将他在 1964 年窥探到的未来东京一隅，牢牢地印刻在这座建筑中。哪怕以现在的眼光来审视，也是常看常新。当旧物看出新意时，世间已无新物了。如果对丹下健三的建筑感兴趣，也请去探访位于筑地的旧电通大楼。不断有传闻称它将被拆除，所以现在可能是最后的机会。在那里，你可以感受到宛如细胞增殖一样的设计。

在明治神宫的森林中，有建筑师隈研吾设计的“明治神宫博物馆”。暗灰色的外观被周围的绿化同化，薄薄的屋檐像树叶一样飘浮着。建筑物的内部和外部松散连接着，似乎与明治神宫的树林相呼应。可以说，该设计旨在与森林里的树木安静地合为一体，而无须凸显建筑的独特性。

隈研吾还设计了新国立竞技场，2020 东京奥运会也会在这里举行。它的特色在于重叠木质屋檐形成的柔和阴影，以及屋檐上种植的野草。隈研吾表示，他在设计时重视的两点是“尽量降低建筑物的高度”，以及“使用当地的天然材料”。

预定于 2021 年秋天在原宿建成的香薰露台（Aroma Terrace），也拥有隈研吾风格的木质结构，虽然是小型建筑，但它似乎也能成为隈研吾的代表作之一。

走出“WITH HARAJUKU”沿表参道步行，右侧的 Dior 表参道店随即映入眼帘。该建筑由建筑师妹岛和世与西泽立卫主理的 SANNA 建筑事务所设计，外观也会随着昼夜变化而改变。白天，表参道上的榉树反映在建筑的外墙上，成为建筑外观的一部分；到了晚上，内部浮现的光线，使建筑看起来就像飘浮于空中。在夜景中，更能感受到 SANNA 擅长的建筑之“轻盈”。此外，剥离装饰、仅由线与线组成的设计，哪怕毫不声张个性，也散发出独特的存在感。它那乳白色的沉静外观也是我所喜爱的。

走进店铺，榉树成排的街景在外墙的玻璃和亚克力材料之间扩散，呈现出复杂的外观。虽然乍一看像是无机建筑，但也不妨说它是一座吸纳了树木有机性的建筑吧？

从原宿出发，走上稍远一段距离，由建筑师槙文彦设计、位于代官山的山坡露台（Hillside Terrace）也是我推荐一去的建筑，虽然生活在中国城市中的人们可能会觉得这种建筑太普通了。如果用一个词来形容山坡露台，我会说它是一种创造“欢乐”的建筑。都市空间和建筑彼此相连，非常自然地关联着人们的生活。换言之，它尊重每位居民和每位访客的存在。人是主角，而非建筑。居住在这里的餐饮连锁店 Soup Stock TOKYO 主理人远山正道说：“这是座由业主、居民和租户共同创造和保护的理想中的城中村，其文化价值只会提高，不会消减。”

这座建筑里入驻的服装品牌 Mina Perhonen 和餐厅 kuchubue，都是值得造访之地。在那里，一定可以体验到东京当下的感觉。远山正道在这建筑中还开展过让成人和儿童都能乐在其中的手工制作“鬼屋”活动。毫不夸张地说，它不但是代官山区域的核心，也造就了代官山如今的街景。顺便说一句，槙文彦还因设计了位于纽约的 4WTC（Four World Trade Center，世界贸易中心 4 号大楼）而声名远扬。

在这次东京建筑的介绍中，我选择了这些清晰展现建筑家思想并具有有机元素的建筑物。像世界上其他城市一样，在不久的将来，东京也将建造木制摩天大楼。我想，未来都市所需要的，是那些更加具有可持续发展属性，且带有人性化视角的建筑。

在东京，咖啡是日常，也可以是仪式。

在东京的咖啡馆，度过一段悠闲时光

text／刘小宇 illustration／Marika & Takumi

此刻，我正坐在东京的一间咖啡馆门口的长凳上。眼前有人坐在地上抱着吉他唱歌。情侣在门口拍照，来递咖啡的老板凑近镜头摆了个鬼脸。喝完咖啡的老夫妇牵着手离开，熟客们向他们挥手告别。我喝下杯底最后的一口咖啡，阳光让人眩晕。

这是我在东京最常去的一类咖啡馆。与其说是咖啡馆，它们反倒更像是街区内的小客厅，只要营业，大门就向任何人敞开。交谈从问你要不要来一杯咖啡开始，人们视线交错，似乎就可以自然地聊起天来。人们爱咖啡，也爱与咖啡共生的社区日常。

在东京，咖啡是日常，也可以是仪式。涩谷街头，你可以把单车停靠在路边，在 Coffee Stand 迅速喝一杯冰咖啡再上路。在咖啡激战区清澄白河，你可以花一天时间到职人的烘焙工坊里尝不同风味的豆子。而在那些地下喫茶店，老板们还在用法兰绒冲煮他们从昭和年代就钟爱的深烘口味咖啡豆。多元有趣的本土咖啡文化，离不开东京成熟的消费习惯，但除此之外，还有热爱咖啡的人们，在不停探求关于“咖啡馆”存在形式的可能性。

这次，我们邀请了住在东京的朋友 Marika 和 Takumi。他们是我心中典型的咖啡迷——喜欢有咖啡馆陪伴的日常，并常常在 Instagram 上分享。我们一起挑选了东京 3 种类型共 6 间有趣的咖啡馆，祝你下次来东京时，也能在其中的某一间收获让人眩晕的温暖体验。

Marika & Takumi

住在东京的店铺探险者。目前主要活跃于 Instagram，让人们从多个切面和东京有趣的店铺相遇。

- HP: https://linktr.ee/norarikurari1122
- Instagram: Marika@pikake07／Takumi@jitsu_tkm

(01)

Coffee Stand

Coffee Stand 是日本近年流行的一种店铺形态。这些店大多规模小巧，很少设置座位，甚至只是临街而开的一个窗口。为了满足人们在通勤途中的外带需求，Coffee Stand 普遍出品快速且品类简单。同时，作为一个歇脚点，Coffee Stand 也可以让单车、滑板爱好者们停下来，喝一杯咖啡再上路。

little nap COFFEE STAND

little nap 的店门口总是很热闹。附近遛狗的居民、滑板少年，大家喝着咖啡，三两成群地闲聊着。每次来代代木公园散步，我都会先来这里买一杯拿铁和一块曲奇。店里有一张已经贴了十年的海报，上面写着："比起拍照，杯中的咖啡更重要。"

Marika & Takumi: 可能是日本 Coffee Stand 的先驱者。每次约会，我们都会先在这儿外带咖啡和冰淇淋，然后到代代木公园的草地上野餐。

店铺信息

地址：东京都涩谷区代代木5-65-4

营业时间：9:00 — 19:00 周日店休

ABOUT LIFE COFFEE BREWERS

在涩谷走街串巷时，这间咖啡馆会冷不丁地出现在某个转角。它只有一个开放式的点单窗口和一张长凳。店旁设置了墙挂式的停车位，方便单车骑士们随停随喝。对匆匆路过涩谷的人来说，这里就是一个能量补给站。

Marika & Takumi: 这里从大清早就开始营业，让人们在通勤路上也能喝到一杯好咖啡。我们喜欢坐在门口的长凳上，看着涩谷来来往往的人群，真是幸福的小憩。

店铺信息

地址：东京都涩谷区道玄坂1-19-8

营业时间：平日 8:30 — 20:30

周末、节假日 9:00 — 19:00

02

社区咖啡馆

东京咖啡馆的社区性，在于它不区分特定的消费者，无论是附近的居民，还是来“打卡”的年轻人，都可以在这个空间里自在地小憩，热络地交流。此外，一间社区咖啡馆还可以帮助附近店铺建立互助关系。比如在吧台摆放附近店铺的名片，与同一街区的店铺合作售卖甜品、面包等。好的社区氛围与街道品牌，正是由这些小型商业共同体一同建立的。

MIA MIA

“MIA MIA”是澳大利亚原住民的语言，意思是为朋友、路人搭建的庇护所。店主Vaughan是澳大利亚人，而妻子理惠在日本长大，夫妇二人虽然成长于不同的文化背景，但在他们的记忆中都有像MIA MIA一样注重交流且包容的公共空间。理惠说：“每一个咖啡杯，都是传送友好信息的容器。”

Marika & Takumi: 不论是第一次来，还是隔了很久再到访，店里的氛围总让人觉得自在舒服，就像在朋友家做客。对了，有几种豆子，哪怕是在东京，也只能在MIA MIA喝到哦。

店铺信息

地址：东京都丰岛区长崎4-10-1

营业时间：周四至周一 8:00 — 22:00

paddlers coffee

春天坐在门前的樱花树下喝咖啡，是在paddlers可以体验到的惬意。paddlers毗邻一条名为西原，但近年来不太景气的商店街。主理人松岛大介希望能以这间咖啡馆为起点，和邻里一起重建西原的社区氛围。除了日常营业，店里还会不定期联合附近的店一起办展览，paddlers的活跃陆续吸引了新的商户入驻商店街。

Marika & Takumi: 商店街里一间很受附近居民喜欢的咖啡馆，原木色的外观让人觉得不像是在日本。推荐你走进店里，听着唱片，悠然地度过一杯咖啡的时间。

店铺信息：

地址：东京都涩谷区西原2-26-5

营业时间：7:30 — 17:00 周一店休

03

咖啡职人工作室

喫茶店文化背景下的咖啡职人，会花费几十年去研究怎么去呈现一杯最完美的咖啡。但在现代精品咖啡文化的背景下，日本咖啡师更善于建立完整的店铺体验和服务，在和客人的实际互动中体现自己的职业性。走进这些店，不是去领略和崇拜，而是让一个经验者引领你走进有趣的咖啡世界。

KOFFEE MAMEYA – Kakeru–

仅提供无奶咖啡和咖啡豆的 KOFFEE MAMEYA 在表参道一隅经营了十年，2021 年搬迁至清澄白河。客人们环坐在 U 型吧台外，咖啡师们基于经验，通过一对一的对话来推荐咖啡豆以及相应的制作手法。新店还设有 3 种对比体验菜单，客人可以分别从产地、烘焙和萃取方法三种维度来认识咖啡豆风味的可能性。

Marika & Takumi: 你可以在这里尝到来自世界各地烘焙师的咖啡豆。虽然店面让人觉得很酷，但咖啡师都很亲切，他们会站在你面前为你冲泡咖啡。

店铺信息

地址：东京都江东区平野2-16-14

营业时间：11:00 — 19:00

ignis

拥有明亮酸味的咖啡，在习惯了喝深烘豆的日本似乎并不太受欢迎。土桥永司开这家店，就是为了告诉人们“苦，并不是咖啡本来的味道”。店内陈列着由他挑选的十余种咖啡豆，客人们先逐个打开瓶子闻闻香气，再坐下来选豆。为了引出不同豆子的风味，土桥永司会拿不同的冲煮器具。咖啡被斟在宽口的日式茶碗中，也是这里的特色。

Marika & Takumi: 店主太爱咖啡了。这里的咖啡好喝且有趣。我们在这儿喝到了个人感觉最好喝的澳白咖啡！

店铺信息

地址：东京都文京区千驮木3-44-11

营业时间：工作日 8:30 — 18:00

周末、节假日 11:00 — 18:00

"东京是苏格兰威士忌爱好者的天堂。"

在东京，任何人都能找到适合自己的酒吧

text / 张凯

英国威士忌杂志 *Whisky* 的撰稿人、东京资深威士忌酒徒泰勒·斯密森（Taylor Smisson）认为，日本的威士忌酒吧几乎可以称得上是全球最佳，他称东京为"喜好苏格兰威士忌的酒徒们的人间天堂"。

由威士忌爱好者转为职业收藏家的赵夏也有同样的看法。虽然威士忌的原产地在苏格兰，但在日本比在苏格兰更容易喝到年份老的威士忌。说起来，这还有一些特殊的历史原因——20 世纪 80 年代末，正值日本泡沫经济时代，包括威士忌在内的大量嗜好品流入日本，但没多久泡沫经济破灭，很多威士忌便消耗不掉了。

"所以我们常能在日本偏僻的乡下找到储藏量惊人的威士忌酒吧。这非常不符合商业逻辑——这些地方没有消费者，也没有人会做这样的积累。"赵夏说。他也在北京经营着一家会员制的威士忌酒吧，因为倾心于日本酒吧的丰富程度与酒品选择的广阔度，从 2016 年开始，他几乎每周末都会去日本逛各类酒吧。

除威士忌之外，日本的鸡尾酒吧也特点鲜明。日本的鸡尾酒文化受英美影响很深，但在发展过程中又慢慢融入自己的个性——仪式感。他们讲究冰块的形状、酒杯的温度、怎样搅拌冰块、搅拌的次数、如何摇动酒壶等细节。赵夏感觉，从口味上来说，与重甜味的美式鸡尾酒不同，日本调酒师做的鸡尾酒没有那么甜，甚至会有些酸，强调酒精感，喝起来比较辛辣。日本鸡尾酒也受到料理风格的影响，重视季节性，倾向于表达更原始的风味。

日本酒吧业非常成熟，分类细致。比如按照售卖的产品，这些酒吧可以分成威士忌吧、鸡尾酒吧、清酒吧、葡萄酒吧等。赵夏认为，每一种酒吧形态都可以在东京体验到，"东京是浓缩了日本从前到现在不同文化的城市。东京酒吧的密度非常高，仅银座就有上千家。任何人去东京都可以找到适合自己的酒吧，问题是通过什么方法找到。"

东京有些酒吧只针对会员开放，所以在决定去一家酒吧之前，最好先跟店铺联系确认清楚。也可以参考餐饮点评网站和社交媒体的推荐，它们可能更开放、包容，不少酒吧的店员都可以用英文交流。

"去了这些店之后，你可以再请店内调酒师或其他工作人员再推荐一些店。这时候，他们会根据自己的经验以及对你的判断，推荐一些与你气质相符的店。我觉得这是在日本发现酒吧最好的方式，也是最'日本'的方式。"赵夏说。

除此之外，"协会酒吧"也是一个好线索。协会酒吧指的是那些加入日本调酒师协会（Nippon Bartenders Association，简称 NBA）的酒吧。这个协会创立于 1929 年，是一个以调酒师和鸡尾酒为纽带结成的庞大体系，每年还会在日本举行两场全国性的

调酒比赛。一个地区的协会酒吧可能是本地人去得最多的名店。去这些店可以体验到更地道的日本酒吧文化。此外，由于拥有大量本地客源，协会酒吧可以以协会的名义直接向苏格兰威士忌酒厂购买最稀有的酒款，一些酒款只有在协会酒吧才能喝到。

在日本酒吧需要注意的礼仪

- 很多日本的酒吧严禁拍照，拍照前最好先询问清楚。
- 除了店员递给你的物品之外，不要上手摸其他物品——吧台上有酒、工具和装饰，这些东西是拿来做鸡尾酒的，只有调酒师才可以触摸。

这些店铺值得一去

店名： The Mash Tun
特色： 四度获得"Great Whisky Bar of the World"奖项的威士忌酒吧，收藏有超过 250 款珍稀威士忌。店员可以讲英文，对外国人非常友好。
地址： 东京都品川区上大崎 2-14-3
网址： https://ameblo.jp/themashtun2009/
电话： +81-3-3449-3649
开店时间： 周一至周六 19:00 — 3:00 周日 19:00 — 24:00

店名： Zoetrope
特色： 想喝齐全的日本威士忌？这里是一个绝佳去处，有超过 300 款日本威士忌可供选择。既有很多停产的老酒，也有很多新兴酒厂的稀有瓶装酒。
地址： 东京都新宿区西新宿 7-10-14
网址： http://ryden.way-nifty.com/zoetrope
电话： +81-3-3363-0162
开店时间： 17:00 — 23:45 周日、法定节假日店休

店名： STAR BAR GINZA
特色： 是体验日式鸡尾酒技术的绝佳去处。调酒师兼老板岸久是日本调酒师协会的前任会长，也是第一个在国际比赛上获得冠军的日本人。
地址： 东京都中央区银座 1-5-13 三弘社大楼 B1F
网址： https://www.starbar.jp/star-bar-ginza/
电话： +81-3-3535-8005
开店时间： 17:00 — 24:00 周一店休

店名： Bar Benfiddich
特色： "亚洲最佳 50 酒吧"评选的常客。老板鹿山博康在东京郊外的农场种植了 100 棵杜松子树，以及其他辛香料。这些植物为酒吧提供了不可复制的美味。
地址： 东京都新宿区西新宿 1-13-7
网址： https://ameblo.jp/kayama0927
电话： +81-3-6279-4223
开店时间： 18:00 — 3:00 周日、法定节假日店休

鉄道ピクトリアル
THE RAILWAY PICTORIAL NO.404
6
馬車鉄道100年特集
日本国有鉄道百年史
京王線
吉祥寺
新宿
子玉川
荏原町
中延
戸越公園

"乘车才是我们旅行的目的。"

列车迷：在电车与交通系统里挖掘乐趣

text／刘迪新 photo／陈伊宁

就算是同一条铁路线的同一个站，进站的列车也并不完全相同，即使它们在外观上没有什么区别。这一点，就算每天乘电车，也不会注意到——但有一群人会。

他们会收集特别的车票，仔细观察进站列车并熟记它们的型号，知道哪座山里有废弃的车站……列车和铁路对他们而言，不仅仅是出行方式，更多的是一种兴趣。他们被称作"列车迷"。在日本，这是一个庞大到约有 100 万人的群体。居住在东京的穴水俊太郎就是其中之一。

为了找到与自己志同道合的伙伴，列车迷们会加入当地的铁路研究会。穴水俊太郎也不例外。自中学起他就加入了学校关于铁路的社团，进入大学后也毫不犹豫地选择了铁路研究会，每周与同为列车迷的社员们聚在一起，约着一同去乘坐电车、去轨道旁摄影、参观铁路博

穴水俊太郎

列车迷，25岁。如今从事建筑咨询工作。

最喜欢的电车型号是京王电铁 5000 系（初代）。

物馆或者拿出自己收藏的列车模型，和大家一起观赏讨论。

寒暑假的社团旅行是铁道研究会每学期最重要的活动，大家会投票选出旅行的目的地。而无论去哪里，大家都要去当地列车公司的基地参观。随后社员们根据这个要求先选好列车基地，再就近选择附近适合居住的酒店。

穴水俊太郎所在的早稻田大学铁道研究会总共有 80 人左右。他们成为列车迷的原因各不相同——有的是因为动漫，更多则是因为周边环境的影响。“我都不记得我是什么时候喜欢上列车的了，只记得从小看到列车经过就会很开心。”穴水俊太郎从小住在东京京王线电车铁路沿线，列车每天都从家门口经过。

小时候的兴趣决定了穴水俊太郎的成长轨迹。念书时，他读的是交通规划专业；求职时的目标也是与交通相关的工作。如今，他在一家咨询公司从事与列车和交通有关的咨询工作。

列车迷们关注的领域也有差别。每一辆列车的属性甚至是部件，发车音乐、车票以及车内播报，都可能成为他们的关注点。还有人可能喜欢收集列车模型，或者喜欢去轨道旁蹲点摄影，或者干脆只是沿着轨道散步。

穴水俊太郎就格外关注铁路与列车的相关构造。每天通勤时，他会关注今日进站列车的型号，还会仔细听列车进出站时引擎发出的声音。如果恰巧是他喜欢的列车型号，或是他了解的引擎声音，那么这就会成为他这一天好心情的开始。

穴水俊太郎攻读硕士学位时期研究过“本源需要”的主题，指的是以乘坐公共交通本身为目的的出行，而不仅仅将其当作一种出行工具。这也是列车迷们旅行的主旨。与一般的游客不同，他们几乎不会跟着旅行社推荐的路线走，因为那些规划都是以目的地为主，忽略了来去的路途。“我们会先选择自己想乘坐的电车线路，然后再在沿线找能居住的酒店，规划行程。”穴水俊太郎说，“乘车才是我们旅行的目的。”

日本铁道公司也意识到了铁路本身的吸引力。他们会在通往旅游景点的列车线路上推出专门的旅游列车，提高座椅的舒适度，重新设计车内的装潢，让列车内部的设计与窗外的风景形成旅途中的另一道风景。但相比铁路公司精心设计的旅游列车，穴水俊太郎更喜欢列车保留它本来的样子。

东京是一个对列车迷很友好的城市。电车本身就是日常出行工具。列车迷已经能够在现实中见到足够多的列车了。除此之外，他们还可以去秋叶原的小店里淘列车模型，去神保町购买与列车相关的书籍杂志，去葛西的地铁博物馆，或者隔壁埼玉县大宫市的铁路博物馆。其中，穴水俊太郎最喜欢的是一座横跨日暮里车站的天桥，虽然只是一座普通的天桥，但站在桥上可以俯瞰所有经过日暮里站的列车。

Q = 未来预想图（Dream Labo）

穴水 = 穴水俊太郎（Anamizu Shuntaro）

建筑咨询公司的铁道部门职员

Q：在东京，你希望还能有什么对列车迷更友好的地方吗？

穴水：其实东京已经是一个对列车迷很友好的城市了，除了之前提到的各种设施与店铺，还会有很多面向列车迷的活动。我听说中央线沿线的一个站台里还开设了咖啡馆，咖啡馆离轨道很近，我们可以坐在里面看列车从眼前开过。一定要说一个的话，我希望已经停运的列车能再运行一次让我们看看。

Q：你有什么向新列车迷们推荐的书籍和活动吗？

穴水：无论如何，还是先去坐坐电车吧。杂志书籍的话，种类实在是太多了，所以先找到自己喜欢的列车种类，再去找相关的书籍杂志吧。还有就是现在 YouTube 上有很多人拍摄了关于列车的视频。其实我觉得不大会有人说“从今天开始成为一个列车迷”，都是会先有一个感兴趣的点，然后循序渐进。

Q：在东京之外，还有什么列车迷推荐的好去处吗？

穴水：京都和名古屋都有不错的铁路博物馆。但最大的铁路博物馆还是埼玉县的那一家。

还有一些我很感兴趣的“奇怪”车站。这些车站建在群山里，几乎没有什么人在使用了。比如 JR 饭田线的小和田站，应该是最知名的山中车站了。再比如 JR 上越线的土合站，它是一个特别特别深的车站，可能离地面有 400 米左右吧。现在这个车站也还在使用。我很喜欢去这些“秘境车站”拍照。还有一些就是列车融入进景色，成为风景的一部分吧。就比如位于日本四国地区的下滩站，它是建在海边的铁路，离海特别近，列车开过时与海边景色相结合，特别好看——这是在南方。往北的话，还有青森县的一些沿海铁道线和沿着日本海行驶的列车等等（都挺不错）。还有最长的海底列车，也就是从青森到北海道的新干线，我觉得很值得专门为了乘坐它而旅行一趟。

“那本书之所以被摆在那里，
是因为我觉得对这个话题来说‘它很重要’。”

不要动我分区的陈列！

text / 刘小宇 photo / 佐佐木谦一

早上 8 点 45 分，东京五反田车站的通勤高峰时间。天野公平刚刚抵达职场——一间位于站前百货店内的连锁书店。

开店时间是上午 10 点钟，天野公平每天要提前一个半小时到店准备。打扫店面、清点钱款，然后打开当日到店的货箱，为新刊做分类上架。新到的书应该摆在哪儿？要给它多大的展示面积？对于书店的分区陈列，书店员掌握着大部分的主动权。

“如果我发现同事动了自己分区的陈列，会觉得不太爽。”天野公平说。客人在自己设计的专题区停留，拿起书翻阅，拿到收银台买单——这些动作对书店员来说是最正面的反馈。天野公平说：“大多数书店员都是因为爱书才入行的吧。如果连自我表达和分享欲都被抑制的话，不如去做别的收入更可观的行业。”书店把空间陈列的权力让渡给书店员，但后者也要为销量负责。这份工作看似门槛不高，但能否在个人喜好和销售指标之间找到平衡，及时调整，是门学问。

天野公平在展区前踌躇了一会儿，把刚上架的新刊封面朝向调整至正对入口的位置，在旁边又增设了一块展示区。最后一遍巡场结束，店里即将迎来当日的第一位客人。

天野公平

东京连锁书店店员，从事书店业九年。毕业于神户艺术工业大学漫画设计专业。

Q = 未来预想图（Dream Labo）
天野 = 天野公平（Amano Kohei）
书店 Book1st. 五反田店店员

Q：你是怎么成为书店店员的？

天野：我大学的专业是漫画设计，毕业后理所当然进入了设计行业，但你知道在日本这一行的竞争有多么激烈。当时我的哥哥在书店工作，受他影响，我也进入书店工作，一做就是九年。

Q：你觉得书店员这份工作的有趣之处是什么？

天野：我很享受做分区陈列和展台设计的过程。虽然谁都可以完成“把书分类然后摆上架”这件事，但我会想，怎样通过自己的参与把它变得更有趣。其次我还很喜欢和客人建立信赖关系的过程。书店虽然是服务业，但其实在书店里和客人的互动并不多，所以我会很珍惜每次沟通，尽可能引导他们说出具体需求。过去公司调动工作地点时，还有客人专门来店里为我饯行——被信任的感觉真好。

Q：在转角的专题区，你摆了一本《日本设计百年史》，这种书又重又贵，会畅销吗？

天野：那种书一个月都卖不出去几本啦，哈哈。但我觉得，让客人在书店和自己未知的知识领域相遇很重要。我喜欢策划别人没做过的专题，如果一本引发话题的新书卖得不错，我就会趁机把过往和此话题相关的书单拉出来，自己做一轮筛选，把能够互相补充和启发的书组成一个专题。那本书之所以被摆在那里，是因为我觉得对这个话题来说“它很重要”。

Q：书店员最需要具备的能力是什么？

天野：首先肯定是体力，没有一次能端十本书的单手臂力是不行的。其次我想是信息收集能力和多线程处理能力。虽然我一直很重视和客人的互动，但我也在有意识地更新自己的信息储备。比如我会经常看社交媒体，捕捉当下的话题趋势。当我了解人们当下正在关心什么，我会知道什么样的书应该摆在客人第一眼就能看到的位置，一些旧书是不是现在又有了新的卖点。及时更新信息储备对书店员来说很重要。

Q：进入这行之后，有让你觉得很辛苦的时候吗？你是怎么克服的？

天野：自从进入书店，我经历了很多次人事变动。每间书店都有其各自的工作方法需要适应，因此变动后的前几个月内会很辛苦。虽然很多时候只要言听计从就能迅速上手，但我总提醒自己不要变成“职场工具人”，即便是小小的书店员，工作方式也要尽可能有自己的个性。每天打开书箱，一眼锁定自己感兴趣的书，那一刻特别开心。

Q：目前你阅读纸质书还是电子书更多？对你来说，实体书店的魅力是什么？

天野：一半一半。电子书的检索功能的确很方便，但读小说时我更喜欢纸质书。我想，实体书店最大的魅力是“偶遇”。那些在未来可以生存下来的实体书店，应该不仅能够提供客人需要的书籍，更能为他们制造更多和陌生书籍相遇的机会。

Q：你觉得书店店员这个职业会在十年后消失吗？

天野：我不确定是否会彻底消失，但从业人数一定会减少。机器的确正在取代书店员做许多工作。比如通过机器检索和购买书籍，一定比人工的效率更高。但我认为，书店员不同于机器的一点是，ta 能主观表达。我们通过沟通和表达，把书和客人连接起来。我相信比起人工智能的选品，还是有很多人更信赖人的推荐。

Q：那你害怕有一天会失业吗？

天野：我知道自己是在一艘正在下沉的船上。东京的实体书店行业正在被挤压，我知道大家也无法改变大趋势。所以我目前业余的时间都在坚持画画，也想发展其他的职业可能。

她曾觉得自己是
生存在文化夹缝中的人，
现在，她被称为日本国宝级清洁职人。

著名清洁工新津春子：我现在觉得自己什么都能实现

text／photo／米川健

“我现在觉得自己什么都能实现。”新津春子说。

以前她并非如此。17 岁以前在中国生活，因为是混血，同学欺负她，向她丢石子。回到日本上高中后，因为是混血，还是有同学欺负她，在她座位上放图钉。在打工的地方她面临的也是同样的境况。这类经历让她非常怕生，觉得自己是生存在文化夹缝中的人。为了获得肯定，她集中磨炼自己的清洁技术，力图“成为第一”。现在在日本，她被称为日本国宝级清洁职人。

Q = 未来预想图（Dream Labo）
新津 = 新津春子（Niitsu Haruko）
东京国际机场（羽田）卫生管理指导员

Q：在你 23 岁，也就是回到日本六年后，你去专门学校念了大厦卫生管理专业。为什么会选择这个职业？当时已经认为这是值得一生从事的工作了吗？

新津： 当时并不这么认为，因为还没到那样的阶段。我 17 岁来日本时，全家只有从中国带来的一点点钱，很快就用完了，有时只能吃点面包充饥。最终因为清洁不需要日语，只要打扫干净就能拿到工资，不得已，一家都做了清洁工作。

当时，我打工的清洁公司教给我们很多清洁技巧，我边做边学，倒也乐在其中。但是，日本清洁公司在教怎么打扫时，会告诉你清洁剂指定用哪一个，却不说为什么用那个清洁剂，这让我觉得不可思议——这样怎么能学会？我想，那在学校就能学会了吧？没学会也能问老师吧？于是，我就去专门学校念了半年，一共上了 700 小时的课程。

专门学校毕业后，比起就业和工资，因为自己已经打扫过各种大楼，我更担心学不到新东西了。当时的班主任建议我去机场工作，因为机场很大，高的地方特别高，宽的地方特别宽，这样我就无暇停下来思考。于是我就进了现在的公司，如今已有二十六年了。

Q：在不同的行业里做久了，都会了解这个行业的职业发展路径，以及它存在的问题。你觉得在卫生管理行业，也就是你所从事的职业，它的发展路径是怎样的？又存在哪些问题？

新津： 职业发展路径就是——不断学习、提升技术、评定、升迁。

在我们公司，每半年都要写自己的工作目标，直属上司会在这半年里评价成绩，决定职位升迁。我这半年的目标是在现在的公司下面开一家为家庭提供服务的清洁公司。可是提交半年目标和提案书后，公司不让我做，上司说：“要是亏钱怎么办？”我回答道：“一开始就只考虑亏损，那什么新事业都做不成，我的半年目标又该怎么办？”我一旦想做某件事情，哪怕上面不同意，辞职也要做，不会考虑丢了工作怎么办。之后我就跑到母公司

JATEC

新津春子

东京国际机场（羽田）卫生管理指导员。1970 年出生于辽宁省沈阳市，中日混血。17 岁回到日本，进入清洁行业。25 岁起隶属于 Japan Airport Techno Co., Ltd.，现在是该公司 400 名清洁工的指导员。截至 2020 年，在英国航空服务咨询公司 Skytrax 实施的全球机场排名中，她负责卫生管理工作的东京国际机场（羽田），已经 7 次获得全球最高水准的“五星级机场”赞誉。

此外，她曾出演 NHK 纪录片《PROFESSIONAL 专家的工作》（プロフェッショナル 仕事の流儀），获得当季最高收视率。也曾参演《全世界最想上的课》（世界一受けたい授業）等电视节目。目前已出版《不烦不累扫一屋》、《新津春子 世界第一的清洁巨匠》（新津春子 世界一のおそうじマイスター）等书籍。

去，跟社长说想开一家清洁公司，得到了社长的同意。

这个职业存在的问题就是，在经济不景气的时候，会最先被扣工资；地位也低，拼了命工作工资也不高。

这个行业的从业人员对外倾诉得不够多，外部不够了解我们。清洁是为了健康，但人们并不知道自己什么时候健康会变差。如果效果立竿见影，大家就会认真思考清洁行业的重要性。这个行业的从业人员必须让大家知道这个行业的重要性，让这个想法慢慢渗透进社会，只有这样，才能提升自己的地位。

还有一个问题，目前已经很少有女性来做这一行。日本清洁行业从业人员主要还是男性，几乎完全没有二十几岁的女性。男性喜欢这份工作也可以理解，现在使用机器的清洁工作很多。熟练之后，女性倾向于抓紧时间做好，但是男性会更加认真，这和厨师有点类似。

Q：你觉得在你的职位上，什么可以称得上“职业”二字？有职业素养的表现是什么？

新津：是不是“职业”，不是自己想的，而是必须让别人这么认为才行。

你必须不断学习。现在很多人称我为“清洁大师”，说我“很厉害”，但这只是起点，不是终点。如果不持续学习，很快就会有人超越我。就像一场跑步比赛，我在前面，后面的人在追赶着我。我要是不努力，就会落到他们后面去。专业的人，对人对物都能看到其他人看不到的东西，能考虑到更多细节，如果连“不能懈怠”这点都想不到，不能算有职业素养。

还有，能不藏私、把自己会的东西教给别人，也是职业素养的体现之一。什么都藏着，不能被称为专家。我们早晚要离开这个世界，藏着的东西带不走。我现在写书也是这个道理，我有很多知识不是别人教授给我的，而是自己的经验和思考所得。大家看了我的书，了解了我的心得、技巧，从某种意义上来说，工作会变得轻松，这也是我存在的价值。

Q：日本有很多职业资格考试与认证。比如你就有“大厦清洁技能士（ビルクリーニング技能士）”“清扫作业监督者（清掃作業監督者）”这两个资格证。在你的工作中，它们起到什么作用？

新津：我持有日本清洁领域几乎全部的相关资格，每个都非常有用。如果没有“清扫作业监督者”资格就不能到清洁现场监督，没有“大厦清洁技能士”资格就不能在国家设施工作，没有“家庭清洁技能士”（ハウスクリーニング技能士）资格，我接下来想开的服务家庭的清洁公司就缺少说服力。为了获得资格和认证学到的东西，在职业之路上也异常宝贵。为了前进，我不得不持续学习。

Q：你遇到过哪些挑战？如何解决？最艰难的时候是什么时候，为什么？

新津：工作方面和私人生活，挑战都不曾间断。我还一直主动挑战新的东西，没做过的事情都想挑战下。

我演讲时经常手足无措，和我父亲一样，比较怕生。不是不自信，是很怕那种不知道说什么的紧张感。我谈论工作方式的演讲比较多，面向酒店、婚庆公司、殡葬公司员工等对象，演讲的内容自然完全不同。也就是说，提高他们生活、工作热情的方法并不一样。

考虑之后，我想我既不聪明，时间观念也不好，于是就开始训练自己不用草稿，入会场前只问是什么人参加——比如，在酒店演讲，受众是前台、服务生，还是管理层？进会场后先观察大家，再决定说什么开场白。我甚至会去估算会场人数，如果是能容纳 800 人的会场，我会估算一下，说一句“没有 800 人呢”。要是有人在睡觉，我就会说“第三列睡觉的大学男生，对我的话不感兴趣的话先回家也没关系哦”。这样，话就自然地出来了。

Q：很多职业都已经在强调“一生学习”的概念，强调要不断接受新的信息。在你的行业里，这些新东西、新信息是什么？你如何寻找、接受这些新讯息？

新津：新的清洁用品一直在推陈出新，我会去想，为什么推出这样的新产品，而且会试用。如果好用，我就会把它引入公司，让大家都用，这样，大家的工作变得轻松，也相当于降低了成本。还有，多和人交流。每个人考虑事情的方式不一样，因为某个人的一句话灵光一闪，就有可能创造新的东西。另外，不断思考，做各种清洁剂实验，这也是必需的。

Q：在中国，因为社会高速发展，所以频繁跳槽成了社会现象。你同一件事做了三十年，是因为兴趣吗？你对中国的年轻人有什么职业上的建议吗？

新津：因为清洁这份工作没有终点，总有下一个目标等待着我。进这个公司前，我在十几家公司打过工。在日本，清洁类工作的工资哪里都差不多，一个地方能学到的东西学到了，我就辞职，去另一家公司学新的东西，因此当时我一天会在 3 家公司打工。我觉得，要获得大的成功，人际关系的维护、积累、时机和运气缺一不可。

中国的现状我不是很清楚，如今日本很多年轻人看到招聘广告应聘后，如果工作途中发现和人合不来或其他原因，会有很多人马上辞职。会去应聘，肯定是有什么原因。但如果因为与人关系不和就辞职，自己的工作能力也不会提高，只能原地打转。

说起“钱”，一次天灾人祸就可以消失殆尽，因此能抓住人心的不会是金钱。如果只看哪边工资高就去哪边工作，即便换了工作，上一个公司的人也不会给他好的评价。再换一次，还是如此，最终，他会没有自己的立足之地。更何况，从 100 万日元（约合 6 万元人民币）工资的地方换工作去 200 万日元工资的地方，如果没能创造出 200 万日元的价值，最终也会被舍弃。

所以，人一直都被人观察、让人评价。如果不知道自己的水平与定位，被抛弃也是理所当然。

Q：你接下来的计划是？

新津：我上阶段定的目标已经实现——成立了清洁公司，出版了中文书《扫除大作战》。接下来，我打算将我的清洁知识和技术带回中国，特别是带到我的家乡辽宁沈阳。

我想成立清洁协会，提高中国的清洁水平，特别在实用技能方面，希望能有标准。因此，我希望我有更多机会去中国考察，毕竟在日本学到的知识，不一定符合中国的情况。我也想用中文写书，写出我的故事；也想开设视频号，和年轻人更多地交流。

东京这座现代城市还保留着传统的一面，
人与人之间“距离感刚刚好”。

在东京这座“万花筒”城市里施展“让人开心的魔法”

text／邢梦妮 米川健 photo／米川健

米川文是一个典型的日本理发师。从东京一所美容专门学校毕业后，她便一头扎进这行，在连锁美发沙龙 TONI&GUY 工作了二十四年，现在是区域经理，主管东京所有门店。如今，她负责培训美发界新人，不仅担任 TONI&GUY JAPAN 的指导老师，也在几所专门学校任教。

对米川文来说，做发型是“让人开心的魔法”。5 岁时，她的弟弟要过儿童节，母亲需要穿和服，平时与母亲不和的奶奶也会帮忙编发，这时婆媳二人就会放下矛盾。

“其实那两人是典型的日本婆媳关系，老是互相埋怨。”米川文回忆道。当时理发店还叫“烫发店”，她那时就已经告诉家里的大人自己要做这行。在日本，这类职业都被归为“美容师”。

她曾期待成为专业理发师给母亲理发，但在她 18 岁那年，母亲去世了，就在她进入东京美容专门学校前的一个月。

米川文

从东京一所美容专门学校毕业后，在连锁美发沙龙 TONI&GUY 工作了二十四年，最后升上区域经理，主管公司在东京的所有门店。如今，她负责培训美发界新人，担任 TONI&GUY JAPAN 的指导老师，也在几所专门学校任教。

米川文选择东京的理由很简单，比起以工农业为主的老家茨城县，在东京，人与人之间“距离感刚刚好”。另一方面，东京的机会很多，每年都有时尚活动和赛事。米川文说，自己从没想过离开东京。

但即使在这样的东京，理发师行业也不是一条好走的路——专业性与职业化的背后，美发界晋升路径高度系统化，新人只能从洗头和清扫做起。即使考取了国家美容资格证，从业后还要忙于公司内部的技能考试。

米川文算是幸运的那一拨。她的老东家TONI&GUY是日本美发界的“大厂”。这个品牌源自英国，原本只是1963年马斯克洛兄弟在伦敦开设的一家小店，现在在48个国家开设有631家分店。1974年，日本理发师杂贺健治只身到伦敦拜师学艺，后来把这个牌子带回了东京，定位高端。以TONI&GUY原宿分店的价目表为例，最便宜的剪发套餐也要6440日元（约合440元人民币）。

2010年起，米川文自认上了年纪，便不再服务新顾客。“除非是老客人介绍，或者一些从网上找上门的客人（我才会服务）。”她补充说，这是把机会留给后辈，也能向他们展示，无论是带新人还是服务老客户，都能有高业绩。

米川文说自己状态不错，每天都很快乐，毕竟在喜欢的城市工作，也完成了梦想，“对我来说，东京是万花筒——这是我突然想到的词哦。”

Q = 未来预想图（Dream Labo）
米川 = 米川文（Yonekawa Fumi），理发师
连锁美发沙龙 TONI&GUY JAPAN 东京地区经理

Q：你在工作过程中，最享受什么？为什么享受？

米川：看到顾客嘴角上扬的时候。当一个新客人光顾我们店，我会认为ta曾在其他店理发，但没能解决问题，因此我想通过最佳的服务让对方得到满足。我不会问客人为什么换店，这在接触过程中慢慢就知道了，他们的好恶也能慢慢了解，就像在玩游戏。另外，我从不和别人比较，只和自己竞争，在心里一直追逐某个目标。

Q：你还担任过好几家分店的店长，当时你最大的挑战是什么？

米川：应该是管理员工，以及教他们提升营业额。提升员工营业额是店长的使命，我也要想办法让他们通过资格考试，提升等级，这样可以上调收费。不过我做区域经理和店长的心境不同，区域经理管理店长，可以直接

日本美容师从业后的收入变化 *

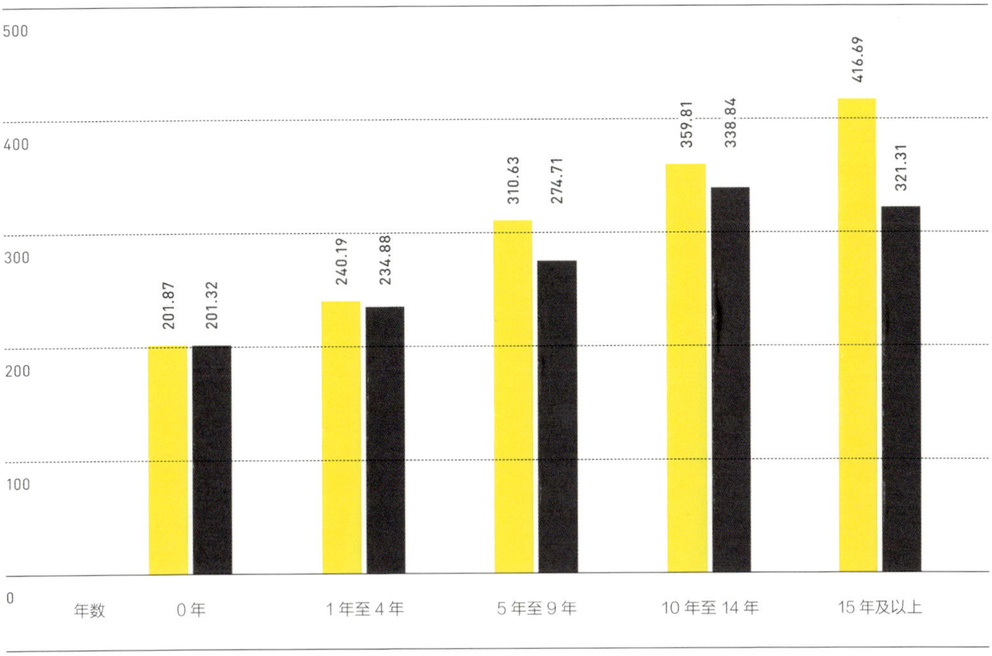

* 资料来源：日本厚生劳动省，《令和元年赁金构造基本统计调查》，2020 年。
注：平均年收入 = 合同月薪 × 12 个月 + 年度奖金及其他补贴

指导他们该怎么做，但店长要磨炼普通员工的技术，这就需要时间检验。

Q：如果有人想成为理发师，通常要经历什么步骤？

米川：一般都是高中毕业后到专门学校上技术课和理论课，理论课包含理发史、卫生科学、公众卫生等。在专门学校第二年，学生需要考取国家认证的理发师资格证书，考试分实操和笔试两部分，只有拿到资格证书才能从业。

如果新人入职我所在的连锁店 TONI&GUY JAPAN，通常要干上三年才能给顾客理发，其间还要参加公司内部的考试，没通过的话就只能给客人洗头、清扫店面，不过他们可以私下找发型模特练习，收取正式价格一半的费用。

TONI&GUY JAPAN 有教学团队，接收来自世界各地的理发师，也有专门参加赛事的艺术团队。以前开设教学项目的理发店比较罕见，最近几年慢慢多起来了。

Q：你喜欢东京哪个街区？

米川：表参道、乃木坂、青山、银座和日比谷。这些地方是东京时尚的最前沿，特别是在银座，能看到各种传统、前卫的建筑。我很喜欢建筑，因为爸爸是木工，以前我常去他的工地玩。我最喜欢建筑师弗兰克·劳埃德·赖特（Frank Lloyd Wright），他设计过东京的帝国饭店。这么说来，做发型和造房子有点像，都是层层堆叠起来。我不喜欢新宿那类街区，因为人很多。

"搞笑艺人这一行更像是在为兴趣买单，就算上了电视做了节目，有时候到手的报酬还不够来回交通费，不另外打工很难维持生活。"

我打算离开搞笑艺人行业了

text／陈紫雨 photo／陈伊宁

搞笑艺人——这是个日本特有的职业，他们的工作就是让人开心。

菊地英之就是其中之一。北海道出身的菊地英之在大学毕业后选择"上京"，此后一直住在中野区。"很多搞笑艺人都住在中央线上，尤其是新宿往西走，中野、高圆寺到吉祥寺的几个街区。"菊地英之说，"高圆寺附近聚集了很多对音乐狂热的乐手和音乐人，中野的气氛更吸引漫画家和搞笑艺人。"

菊地英之最初想成为电台 DJ 主持，尝试一段时间以后，发现自己离演播室的距离还很遥远。"当时朋友们说我长得很搞笑，表情也很搞怪，怎么不试试做搞笑艺人呢。"菊地英之选择了渡边娱乐作为自己新梦想的起点，这是日本一家有名的经纪公司兼节目制作公司。他先进入了这家公司旗下的渡边娱乐学校，学习发声、表演、写段子。训练一年后，签约成为渡边娱乐事务所旗下搞笑艺人。

菊地英之上京已经十多年。近两年，新宿等地建了几个新的小剧场，搞笑艺人的演出也逐渐向新宿、下北泽迁移，中野的剧场比以前冷清了不少。菊地英之也在计划搬家离开中野区，尝试在东京找一片新的区域生活。

2020 年，菊地英之打算退出这一行。

菊地英之

他先进入渡边娱乐学校，学习发声、表演、写段子。训练一年后，签约成为渡边娱乐事务所旗下搞笑艺人。

Q = 未来预想图（Dream Labo）

菊地 = 菊地英之（Kikuchi Hideyuki）

渡边娱乐签约搞笑艺人

Q：你觉得都是怎么样的人想成为搞笑艺人？

菊地：想加入这个行业的人，大部分是喜欢表演，想要表现自己，或者想获得大家的认可的人。大家会努力获得在电视节目里露脸的机会，这样可以被观众记住，积累更多的粉丝。当然，最近几年电视行业也在走下坡路，YouTube 频道等形式让我们有更多被观众认识的机会。不过，大家最初的目标大多还是想上电视、成为名人。

Q：经纪公司（事务所）能为你们提供什么机会？跟没有签约的自由艺人相比又如何？

菊地：事务所能提供舞台演出的资源和电视台的试镜机会，遇到剧场里有演出时，也会负责联络场地租赁和费用商榷。一般而言，自由活动的艺人很难有上电视的机会，演出的一切成本也要自己负担。

出道初期，事务所像家一样，经纪人会提供资源和行业指导，事业上有事务所照顾，也会感到比较安心。

但是今后与事务所签约的艺人应该会越来越少，因为现在大家可以在网络平台上创建自己的频道，艺人即便签约，也可以从其他渠道获得收入。可是按照合同，与事务所无关的收入也要上交。那些没有电视出镜机会，只通过网络渠道获得收入的签约艺人，就好比明明没有住在房子里，却要支付房租，所以现在也有很多艺人选择不签约，做自由艺人。

Q：不同的事务所之间有什么区别？

菊地：不同事务所旗下的艺人个人专长不同，事务所为艺人提供的资源也不太一样。我所在的渡边娱乐事务所提供的资源以电视台、电台等媒体合作的机会为主，偶尔也有电影演出机会。至于吉本兴业，他们有自己的剧场，因此艺人有专场演出机会，当然也有在综艺节目上出镜的机会。大家资源有重合的部分，分界没有那么明显。

另外，不同事务所与艺人的收入分成也不一样。有名的事务所能提供更好的资源，但事务所的分成会更高。据说有事务所与艺人的分成比是 9∶1。

Q：都说搞笑艺人竞争激烈，是这样吗？

菊地：每年都有很多人想加入这个行业，比如吉本兴业旗下、位于大阪和东京的 nsc 吉本艺能学院，每年大约招收 1000 人，学员入学一年后，只有不到一半的人能毕业，以新人身份开始活动，其中卖座的不到 10 组。加上事务所往年签约的艺人们，大家都在争取零星的出镜机会，能不能出名又是另外一回事了。

对行业里的人来说，30 岁是一个分界线，此后积累粉丝和出镜的机会都在减少。22 岁入行的新人熬了七八年如果还没有人气，就会考虑今后的出路。也有新人出道就走红的，但那是极少数。其实还是引退的艺人们看

吉本兴业：大型艺人经纪公司、电视节目制作所，因旗下拥有丰富搞笑艺人资源，也被称为“搞笑综合商社”。

上去比较幸福。搞笑艺人这一行更像是在为兴趣买单，就算上了电视做了节目，有时候到手的报酬还不够来回交通费，不另外打工很难维持生活。

Q：为什么离开这一行的人看上去更幸福？

菊地：有人转行做了 YouTuber，有人成了普通的公司职员，也有人自己做生意开了餐厅。比起搞笑艺人，这些工作更能存到钱，生活质量变得更好了。

但是重头来过并不容易，一般来说，如果你想在日本当普通的公司职员，可到了 30 岁还在打工、没有稳定工作，可能会被人怀疑不务正业，不太容易被接纳，重新就业的道路也很狭窄，一切都要从头再来。坚持下去的人可能还是因为热爱，我身边还是有许多虽然完全赚不到钱，却也一直努力表演，不打算放弃的人。

Q：你遇到过最大的困难是什么？为什么想放弃？

菊地：人际关系中，上下级关系比较复杂，后辈要向前辈鞠躬打招呼是行业里的规矩。在前辈的演出现场，新人也要帮忙打下手，摆座位、整理物品等。如果没有关系好的前辈照应，新人会被孤立，也不会有人和他搭话了。大家平时参加聚餐和酒会，后辈不小心喝多说错话也是很失礼的事。但总有擅长沟通、反应灵活，能和很多前辈都打好关系的后辈，他们处境会好很多。

外人看来，我们在台上永远是欢乐的，但在舞台之下，和同伴不断磨合、反复练习的过程非常枯燥。加上人际关系复杂严格，靠演艺工作又很难维持生活等理由，都会让人想放弃。毕竟生活之余，我们也想好好存钱，去各地走走，吃美味的食物。

Q：你现在的工作情况怎么样？每周时间如何安排？

菊地：2020 年之前，我每周有一场剧场的演出，每周打工四五天。受疫情影响，工作几乎全部停了。现在我每周有 5 天时间在唐吉诃德（大型超市）打工，在居酒屋打工则是两周一次。

上京

在当代日本，“上京”指的是“去东京”。而在平安时代至江户时代，上京指“去京都”。上京也叫“上洛”，因为平安时代的日本都城平安京的建设，部分参考了中国的城市洛阳。因此，“洛阳”也是平安京的别称。平安京也是现代京都的前身。直到明治时代天皇的居所皇居迁到东京后，“上京”才变成“去东京”。一个“上”字，背后是地域之间越来越大的差距。随着日本经济的腾飞，东京及其周边城市成为世界级的首都圈，整个日本的资源也在向东京聚集。现代日文里“上京”的意思，更接近于中文里的“北漂”，它是年轻人通过奋斗，实现梦想的地方。同样，“北漂”所经历的烦恼和苦痛，上京的年轻人也会面对。大都会的冷漠、残酷的竞争、高昂的生存成本，在日本的文化作品里随处可见。但同时，一代又一代的年轻人仍在离开故乡，来到东京。（text / 米川健）

WINNER!
Let's PLAY

这个表情搞怪的男人，
号称日本最早的职业 YouTuber。

在东京上野的超市，做职业 YouTuber 的梦

text／邢梦妮 米川健 photo／UUUM illustration／袁良明

HIKAKIN，微胖，戴着框架眼镜，咖啡色锅盖头，在 Instagram 上通常只有两个拍照姿势，噘嘴和敬礼——这个表情搞怪的男人，号称日本最早的职业 YouTuber。目前，HIKAKIN 在 YouTube 上经营 4 个频道，一共拥有 1600 万多名粉丝，视频总播放量超过 127 亿，从数据上来说，他是日本人气第一的 YouTuber。

如今距离 HIKAKIN 通过 YouTube 赚到第一桶金已过去整整十年。但直到今天，仍有人说他是日本 YouTuber 鼻祖，因为他常常做一些没有先例的事。比如，2020 年疫情期间，他曾和东京都知事小池百合子视频连线。在日本，这可能是第一次由网红和政府官员直接对话。

更早之前，他与朋友创办了日本首家 YouTuber 经纪公司 UUUM，以收取佣金的方式服务创作者，其中不乏一些有人气的头部主播。它也有自己的培养和选拔体系，UUUM 在 2017 年于东京证券交易所面向新兴企业的 Mothers 股票交易市场上市。

HIKAKIN

高中毕业后来到东京，先在上野一家超市打工，同时开始在 YouTube 上传视频，直到收入可以维持生计之后，辞职成为全职视频博主。如今，他在 YouTube 上经营 4 个频道，拥有超过 1600 万名粉丝，视频总播放量超过 127 亿。从数据上来说，他是日本人气第一的 YouTuber。

HIKAKIN 最早靠精湛的 Beatbox 表演成名，那是一种用发声器官模仿乐器节奏的口技。他从高中时就开始练习，后来尝试往 YouTube 上传视频，理由是“想向全世界展示技术”。Beatbox 这种有些生僻的音乐技术也让大众感到新奇，随着 HIKAKIN 越来越熟练，他还因此上了富士电视台一档 Beatbox 竞赛节目。2010 年 6 月，HIKAKIN 的一期“Super Mario Beatbox”视频表演，以两周 200 万浏览量的成绩拿下了日本地区播放量第一，这个数据在 2021 年超过了 5000 万。

HIKAKIN 并不神秘。他出过好几本书和一堆音乐专辑，网络资料甚至详细到小学时的梦想。据本人说，高中毕业后他来到东京，在上野一家超市打工，一干就是四年，但他没有放弃创作。这段日子 HIKAKIN 讲过许多遍——一边上班，一边在 YouTube 上投稿，直到能够独立生计，最终辞职做全职 YouTuber。

当时，YouTube 这个平台本身不过初出茅庐，为了吸引创作者，会提供一定比例的激励奖金。在那个几乎不存在专职 YouTuber 的年代，HIKAKIN 曾想过放弃。在 2013 年出版的自传《我的工作是 YouTuber》里，他提到美国美妆 YouTuber 米歇尔·潘（Michelle Phan）的经历鼓励他走下去。和 HIKAKIN 相似的是，米歇尔也是草根出身，靠录制名人仿妆教程一炮而红，时尚杂志和美妆集团抢她做广告，她得以成立自己的品牌和公司，一步步走上 YouTuber 财富榜。

HIKAKIN 想过，他能做的只有坚持。对他来说，东京既是梦想的起点，也是日本娱乐事业的战场——太多新东西在不停涌现，YouTube 未必永远会是网络营销的主战场。2018 年，抖音海外版（TikTok）登陆日本，他是最早一批开账户的网红。而 UUUM 推出了面向 Instagram 的智能投放工具 LMND，在 2020 年和娱乐经纪公司吉本兴业合作。HIKAKIN 说他也必须顺应时代，不停改变。

Q = 未来预想图（Dream Labo）
HIKAKIN = HIKAKIN，YouTuber 经纪公司 UUUM 联合创始人

Q：你的第一个 YouTube 频道 HIKAKIN 走音乐 Beatboxer 路线，但在三年前已经停止更新了。这有什么考量？未来你还会改变频道的内容定位吗？

HIKAKIN：当时，我在 YouTube 上发布的 Beatbox 表演视频浏览量达到了全球第一——我尝到了“走到顶点”的滋味，开始在 YouTube 上介绍自己喜欢的东西。正好 YouTuber 也多了起来，大家的势头都很强，我就想到，如果能活用 Beatbox 技术制作视频应该也很有意思，于是做了游戏和日常题材的内容。随着时代、流行的变化，我也在改变。比如，现在很流行游戏直播，正好我喜欢玩游戏，就顺理成章地做起了这件事。如果以后的流行趋势是适合我做的，我还会慢慢改变定位。

Q：你一天的工作节奏是怎么样的？

HIKAKIN：几乎没有一天是一样的，因为有时要上电视，参加活动。但基本上我每天都会上传视频到“HikakinTV”和“HikakinGames”这两个频道。在开完关于视频内容的会议后，我要和摄影、剪辑沟通，忙完这些后一天就结束了。醒着的时间，我都在做关于视频的事。不过倒没什么缺乏灵感的时候，反而是想做的事太多了，时间真的不够用啊。

Q：你觉得，东京是什么样的地方？

HIKAKIN：我特别喜欢东京，这里集聚了日本最先进的事物，但是如果是指娱乐事业，我会说东京是战场吧。我喜欢上野，那是我在东京起步的地方，当时在那里的超市打工。阿美横丁和上野公园有节日的氛围，也有很多让人想拍照的地方。我还推荐去东京塔，那是这座城市的象征。东京还有很多好吃的拉面店。大家一定要吃吃看哦！

图书在版编目（CIP）数据

制造东京：东京城市文化指南 / 赵慧 主编. — 北京：东方出版社, 2021.6

ISBN 978-7-5207-2211-7

Ⅰ. ①制… Ⅱ. ①赵… Ⅲ. ①城市文化－东京－指南 Ⅳ. ①G131.3-62

中国版本图书馆CIP数据核字（2021）第097625号

制造东京：东京城市文化指南

（ZHIZAO DONGJING: DONGJING CHENGSHI WENHUA ZHINAN）

主　　编：赵　慧
出版统筹：吴玉萍
责任编辑：杨袁媛
责任审校：曾庆全
出　　版：东方出版社
发　　行：人民东方出版传媒有限公司
地　　址：北京市西城区北三环中路6号
邮　　编：100120
印　　制：北京印刷集团有限责任公司印刷一厂
版　　次：2021年8月第1版
印　　次：2021年8月第1次印刷
开　　本：710毫米×1000毫米　1/16
印　　张：25
字　　数：310千字
书　　号：ISBN 978-7-5207-2211-7
定　　价：89.00元
发行电话：（010）85924663　85924644　85924641

またね。再会呀。

DREAMLABO
未来预想图